확실하게 배우는 엑셀

- 기초부터 활용 -

| 강성희 · 옥정윤 공저 |

Human Science
휴먼싸이언스

[저자약력]

강성희

명지대학교 방목기초교육대학

옥정윤

명지대학교 방목기초교육대학

확실하게 배우는 엑셀 – 기초부터 활용

초판 인쇄 : 2023년 8월 23일
초판 발행 : 2023년 8월 28일

저　자 : 강성희·옥정윤
발행인 : 박 주 옥
발행처 : 휴먼싸이언스
주　소 : 서울시 도봉구 시루봉로 291 B1(도봉동 613-14 숙진빌딩)
전　화 : (02) 955-0244
팩　스 : (02) 955-0245
e-mail : humansci@naver.com
표지디자인 : 성지은

등록번호 : 제2008-20호
등록일 : 2008. 10. 13

ISBN : 979-11-89057-37-4 (93560)
정가 29,000원

* 파본이나 잘못된 책은 구입처나 본사에서 교환하여 드립니다.
* 이 책의 전체 내용이나 일부를 무단으로 복사·복제·전재하는 것은
　저작권법에 저촉됩니다.

머리말

지난 학기 나의 엑셀 수업을 수강한 4학년 학생이 조기 졸업하게 되어 인사를 오겠다고 연락이 왔다. 항상 교실 맨 앞자리에서 성실하게 수업에 참여했던 모범생 스타일의 남학생이었다. 해당 분야에서 잘 나가는 좋은 회사에 취업을 하게 되었는데 합격의 이유가 엑셀 수강이었다고 감사하다는 말을 전하고 싶었다고 한다. 최종 면접에서 엑셀을 잘 쓰느냐라는 질문을 받았는데 엑셀을 수강하고 있어서인지 근자감이 생겨서 아주 잘 쓴다고 씩씩하게 대답했고, 본인 생각엔 이것이 최종 합격하는데 큰 몫을 한 거 같다고 한다.(사실 그 학생은 중간고사 시험에서 그리 좋은 성적을 받지는 못했던 거로 기억하지만.. ㅎㅎ)

초거대 인공지능 시대, 4차 산업혁명 시대를 살아가는 지금, 엑셀을 가르치고 배우는게 너무 시대에 뒤떨어지는게 아닐까 의심하는 사람들이 종종 있다. 그러나 아직까지 우리 학생들이 취업하고자 하는 많은 회사에서는 엑셀을 필수적으로 요구하고 있다. 엑셀을 이용한 실제 업무는 여전히 현재 진행 중이며, 엑셀을 잘 다루는 것은 반드시 필요하고 잘 쓸 수 있어야 한다. 챗GPT가 엑셀로 해결할 문제를 다 알아서 척척 해줄 거라고 착각하지만, 엑셀을 기본적으로 알아야 챗GPT를 활용하여 업무의 효율을 높일 수 있는 것이다. 현재의 챗GPT는 엑셀을 쓸 줄 아는 사람이 자신의 직무 역량을 업그레이드할 수 있는데 도움을 주는 훌륭한 도구일 뿐이다. 엑셀이 뒷방 늙은이 취급을 당하는 건 아직은 이르다는 것이다.

또한 엑셀은 4차 산업혁명 시대에 필요한 프로그래밍이나 데이터 분석 등을 위한 배움의 기초를 제공한다는 측면에서도 유익한 응용 프로그램이다. 예를 들어, 엑셀의 셀 번지 등을 통해 변수의 개념을 이해할 수도 있고, if 함수를 통해 프로그래밍의 논리를 터득할 수도 있으며, 통계나 데이터 분석의 기초를 쉽게 접할 수도 있다. 물론 4차 산업혁명 시대에 걸맞고 또 앞서갈 수 있는 배움(파이썬이나 텐서플로우, R 등)은 중요하지만, 엑셀이 그러한 배움의 기초가 될 수 있는 충분한 가치가 있는 프로그램이라는 점에서 배워둘 가치는 충분하다는 점을 강조하고 싶다.

본 교재는 엑셀을 전혀 사용해 본 적 없는 경우에도 엑셀이라는 프로그램의 개념을 쉽게 이해할 수 있도록 기초적인 것부터 엑셀이 제공하는 다양한 기능을 완벽하게 마스터하여 실무에 적용할 수 있는 응용까지 커버할 수 있도록 구성하였다.

엑셀의 다양한 기능의 핵심을 확실히 이해할 수 있도록 간단한 예제를 통해 쉽고 자세히 설명하였고, 이러한 기본 이해를 바탕으로 각 장의 활용하기에서는 기본 기능을 실제 문제에 적용하여 해결해 보도록 하였으며, 확인하기 문제를 통해 그 내용을 실제 업무에 응용할 수 있게 하였다.

본 교재를 통해 엑셀 프로그램을 제대로 배워 엑셀 활용 능력의 향상을 직접 확인해 보고, 더 나가서 코딩이나 데이터 분석 프로그램으로 발돋움할 수 있는 발판으로써 엑셀이라는 프로그램을 경험할 수 있기를 바란다.

마지막으로 이 책을 함께 만든 옥정윤 선생님께 이 자리를 빌어 고마운 마음을 전하며, 이 책이 나오는데 도움을 주신 휴먼사이언스 관계자 여러분께도 진심 어린 감사를 표한다.

가끔 졸업생들한테 감사의 메일을 받는다. "교수님. 감사합니다. 엑셀 잘 배워서 회사에서 잘 쓰고 있어요... 오늘도 vlookup과 함께 업무 중입니다. ㅎㅎ"

이번 학기 내 수업을 듣는 학생들도 이 교재와 함께 엑셀을 잘 배워 자기 분야에서 유용하게 활용할 수 있기를 기대한다. 그리고 챗GPT 같은 새로운 기술에 대해 공포보다는 기회를 포착하는 지혜를 갖추기를 바래본다.

2023년 8월
대표저자 강성희

목차

CHAPTER 1 엑셀 시작하기

1.1 엑셀 이해하기 ... 2
1.2 엑셀 사용하기 ... 5
1.3 엑셀 화면 구성 살펴보기 ... 12
1.4 엑셀 기초 다지기 ... 19

CHAPTER 2 엑셀 데이터 다루기

2.1 엑셀 데이터 사용하기 ... 26
2.2 수식 데이터 사용하기 ... 39
2.3 편리한 입력 기능 사용하기 ... 50
활용하기 [컴퓨터 활용 능력 평가표] 데이터 입력 및
         수식 사용하기 ... 60
확인하기 [매출 현황표] 작성하기 ... 69

CHAPTER 3 셀과 워크시트 다루기

3.1 셀 편집하기 ... 72
3.2 워크시트 편집하기 ... 88
3.3 기타 편집 관련 기능 사용하기 ... 94
활용하기 [컴퓨터 활용 능력 평가표] 셀 및 워크시트 다루기 103
확인하기 [주문현황] 편집하기 ... 108

CHAPTER 4 엑셀 문서 꾸미기

- 4.1 엑셀 기본 서식 이해하기 … 112
- 4.2 표시 형식 살펴보기 … 125
- 4.3 다양한 서식 기능 사용하기 … 131
- 확인하기 [주문현황] 표 꾸미기/[품의서] 및 [거래명세표] 작성하기 … 153

CHAPTER 5 통합 문서 인쇄하기

- 5.1 인쇄하기 … 158
- 5.2 인쇄 형식 설정하기 … 159
- 확인하기 [매출 현황표] 인쇄하기 … 174

CHAPTER 6 엑셀 함수 사용하기

- 6.1 엑셀 함수 이해하기 … 178
- 6.2 기본 함수 사용하기 … 188
- 6.3 중첩 함수 사용하기 … 230
- 활용하기 [컴퓨터 활용 능력 평가표] 함수 사용하기 … 241
- 확인하기 [급여관리표] 작성하기/ [PC 매출 현황] 작성하기 … 248

CHAPTER 7 차트 작성하기

- 7.1 엑셀 차트 이해하기 … 254
- 7.2 기본 차트 작성하기 … 256
- 7.3 혼합 차트(또는 콤보 차트) 작성하기 … 283

7.4 스파크라인(Sparkline) 만들기　286

확인하기 [주방 가전 판매 현황] 원형 차트 작성하기/
[초과 달성 매출 비교] 막대 차트 작성하기/
[기본급/수당 지급 현황] 혼합 차트 작성하기/
[중간/기말 성적 현황] 혼합 차트 작성하기　289

CHAPTER 8　데이터 관리 및 분석하기

8.1 데이터베이스 이해하기　296
8.2 표 기능 사용하기　298
8.3 정렬하기　303
8.4 필터하기　309
8.5 부분합 사용하기　323
8.6 피벗 테이블 작성하기　327
8.7 기타 데이터 관리 기능 사용하기　350

확인하기 [PC 매출 현황] 기본 데이터 관리 기능
사용하기/기타 데이터 관리 기능 사용하기　390

CHAPTER 9　매크로로 업무 자동화하기

9.1 매크로 준비하기　400
9.2 매크로 사용하기　402
9.3 매크로 편집하기　411
9.4 VBA 이해하기　416
9.5 VBA 프로그램 작성하기　420

확인하기 [PC 매출 현황] 고급 필터 매크로 작성하기/
[글자 반전] 매크로 작성하기　427

CHAPTER 1

엑셀 시작하기

Microsoft 365는 Microsoft의 Word, PowerPoint, Excel 등의 사무 자동화를 위한 기본 응용 프로그램과 클라우드 스토리지 등을 온라인으로 사용할 수 있게 제공한다. 구독으로 구매하게 되면 추가 비용 없이 최신 기능, 수정 및 보안 업데이트를 항상 받을 수 있고, 엑셀 사용에 있어 영구 설치형 제품과 거의 차이가 없다. 본 서의 내용은 구독형 라이센스 제품인 Microsoft 365 버전을 기반으로 한다.

1.1 엑셀 이해하기

마이크로소프트 엑셀(Microsoft Excel)은 스프레드시트 작업을 위한 응용프로그램이다. 스프레드시트(spreadsheet)는 넓게 펴져 있는 종이를 의미하는 데서 비롯되었으며, 스프레드시트 작업이란 판매·재고 관리나 회계 관리 등에 필수적인 방대한 양의 숫자를 계산분석하여 정리하는 작업을 말한다. 마이크로소프트 엑셀은 효율적인 스프레드시트 작업을 위해 계산과 관련된 강력한 기능을 제공하며 이외에도 자료 검색이나 차트, 그래프 등의 보고서 작성에 필요한 부가적인 기능도 제공함으로써 관련 실무 작업의 능률을 배가하는 탁월함을 발휘할 수 있는 강력한 프로그램이다. 특히 엑셀은 사용자 중심의 화면 구성을 제공함으로써 손쉽고 편리하게 엑셀 문서를 작성할 수 있다.

1 엑셀의 기능

엑셀의 기본적인 기능은 다음과 같다.

■ **데이터 입력과 계산 기능**

데이터를 입력하고 수식이나 함수를 이용하여 복잡한 계산을 간단하게 처리할 수 있다. 이러한 기능을 사용하여 성적 관리, 회계 관리, 급여 관리, 매출 관리, 통계 처리 등의 다양한 작업을 쉽고 빠르게 할 수 있다.

■ **차트 작성 기능**

엑셀은 막대, 선, 영역 등 다양한 차트를 작성하여 데이터를 시각적으로 분석하고 비교할 수 있는 편리한 기능을 제공하고 있다.

■ **대량의 데이터 관리 및 분석 기능**

데이터를 저장하고 검색, 수정, 삭제하는 등의 기본 데이터 관리 기능 뿐 아니라 원하는 방식으로 정렬하고 필터링할 수 있으며 부분 집계를 산출할 수도 있다. 또한 여러 가지 데이터를 사용자가 원하는 대로 손쉽게 볼 수 있도록 분석해주는 도구인 피벗 테이블을 작성하는 기능을 제공한다. 이외에도 데이터 가상 분석 기능, 데이터 유효성 검사, 데이터 통합 기능 등을 사용할 수 있다. 엑셀은 이러한 기능을 제공하여 대용량의 데이터에 대한 관리 및 분석을 용이하게 한다.

■ **매크로를 이용한 작업의 자동화 기능**

매크로(Macro)를 이용하여 반복되는 작업을 버튼 하나만 누르면 자동 실행되도록 함으로써 작업의 자동화를 간단하고 쉽게 처리할 수 있다. 또한 VBA(Visual Basic for Application)를 이용한 프로그래밍 기능까지 갖추고 있어서 사용자가 원하는 응용 분야에 폭넓게 활용되고 있다.

2 엑셀 기본 구조

엑셀의 기본 구조는 통합 문서(Workbook)와 시트(Sheet) 그리고 셀(Cell)로 구성된다. 통합 문서는 엑셀에서 작업하는 문서로 엑셀로 작성한 파일을 의미한다고 할 수 있다. 엑셀을 시작하면 엑셀 화면의 제목표시줄에 통합 문서 즉, 파일의 이름이 나타난다. 사용자가 따로 지정하지 않으면 기본적으로 "통합문서1", "통합문서2", "통합문서3", ...등으로 통합 문서의 이름이 지정된다. 이러한 엑셀 통합 문서 파일의 확장자는 "파일명.xlsx" 형식을 취한다.

엑셀로 작업하는 하나의 문서에는 여러 개의 시트가 포함될 수 있고, 시트에는 각종 데이터 뿐만 아니라 그림과 같은 각종 개체(Object)를 비롯해 매크로 정보를 보관하고 있는 비주얼 베이직 코드 등도 통합해서 저장되기 때문에 이를 통합 문서라고 부른다.

일반적으로 한 통합 문서는 "Sheet1"이라는 이름을 갖는 한 개의 시트로 구성된다. 필요에 따라 기본적으로 표시되는 시트의 수를 조정할 수도 있고 시트 이름을 사용자가 지정하거나 시트를 삽입, 삭제, 이동할 수도 있다. 통합 문서를 구성하는 시트들 중에서 작업 중인 시트를 워크시트(Worksheet)라고 한다.

각 시트는 행과 열이 이루는 격자 형태의 칸인 셀들로 구성된다. 셀은 엑셀 작업의 가장 기본이 되는 데이터 입력의 단위이다. 하나의 시트는 A부터 XFD까지의 16,384개의 열과 1행부터 1,048,576개의 행으로 구성되며 모두 16,384×1,048,576개의 셀로 이루어져 있다. 모든 셀은 자신이 속해 있는 열머리글

(A-XFD)과 행머리글(1-1,048,576)로 자신의 위치를 표시하는데 이를 셀 주소 또는 셀 번지(Cell Address)라고 한다. 셀 주소는 셀의 열머리글에 행머리글을 결합한 것으로, 예를 들어 A열 2행에 있는 셀의 주소는 A2가 되고 A2 셀에 입력된 값이 있다면 이것이 셀의 데이터이다.

현재 선택된 셀을 가리키는 사각형(⬚)을 셀 포인터라고 하는데 셀 포인터는 방향키를 사용하거나 마우스 포인터(✚)를 움직이면서 임의의 셀을 클릭하여 선택하면 이동된다. 데이터의 입력이나 수정 등의 작업이 현재의 셀 포인터 위치에서 수행되게 된다.

- **셀(Cell)** : 엑셀에서 데이터 입력의 기본이 되는 단위이다.
- **시트(Sheet)/워크시트(Worksheet)** : 셀 들을 포함하고 있는 작업 공간을 시트(Sheet)라고 하고, 작업중인 시트를 워크시트(Work Sheet)라고 한다.
- **통합 문서** : 관련된 시트들로 구성된 엑셀로 작성된 문서를 의미한다.

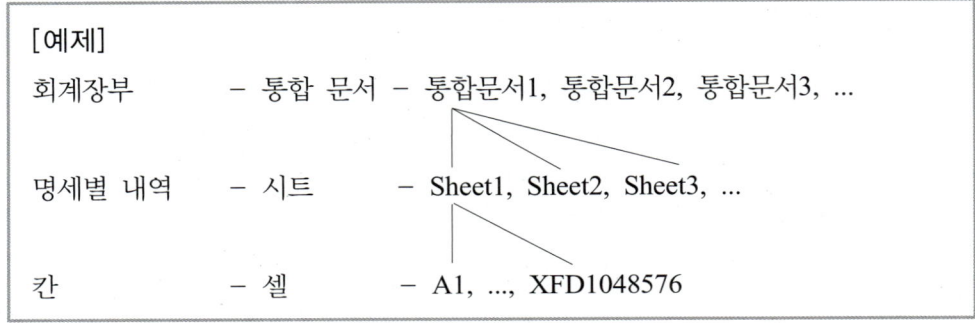

| 그림 1-1 | 엑셀 통합 문서의 기본구조

1.2 엑셀 사용하기

1 시작 및 종료하기

(1) 엑셀 시작하기

Microsoft 365에서 엑셀을 실행하는 방법은 다음과 같다.

■ 프로그램으로 시작하기

윈도우 버튼을 클릭하고 [모든 앱]에서 [Excel]을 클릭한다.

■ 바탕 화면 바로 가기 아이콘으로 시작하기

바탕 화면에 엑셀 바로 가기 아이콘( )을 만든 후 바로가기 아이콘을 실행한다.

> **TIP 바탕 화면에 엑셀 바로 가기 아이콘 만들기**
>
> [시작] 단추를 클릭한 후 [모든 프로그램]–[Excel]에서 마우스 오른쪽 단추를 클릭한 후 [보내기]의 [바탕 화면에 바로 가기 만들기]를 선택하면 된다.

> **TIP 윈도우11에서 바탕 화면에 엑셀 바로 가기 아이콘 만들기**
>
> 윈도우 버튼의 [모든 앱]–[Excel]에서 마우스 오른쪽 단추를 클릭한 후 [기타]–[파일 위치 열기]를 하면 시작메뉴에 있는 전체 프로그램들이 보인다. 엑셀에서 마우스 오른쪽 단추를 클릭한 후 [보내기]의 [바탕 화면에 바로 가기 만들기]를 선택하면 된다.

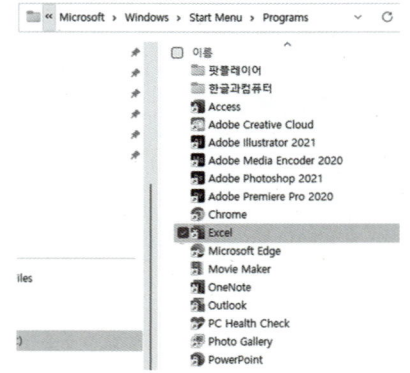

┃그림 1-2┃ [파일 위치 열기] 실행 화면

(2) 엑셀 종료하기

엑셀 프로그램 화면 상단의 [파일]탭을 클릭한 후 [닫기]를 선택하거나 오른쪽 상단의 [닫기](✕)를 클릭하여 종료한다. 또는 Alt 키를 누른 상태에서 F4 키를 누른다. 그러나 내용이 있는 문서의 경우 [파일]탭-[닫기]를 클릭하면 프로그램 창은 그대로 있고 문서만 닫힌다.

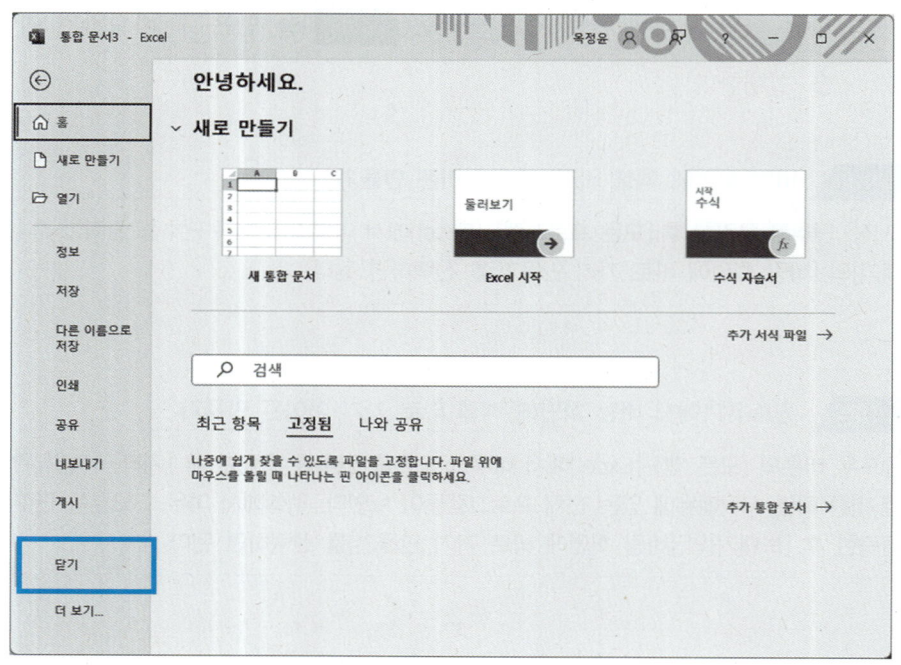

┃그림 1-3┃ 엑셀 프로그램 종료하기

2 새 통합 문서 만들기

① 엑셀로 저장한 파일을 엑셀 통합 문서라고 한다. 새 통합 문서를 만들려면 [파일]탭을 선택한 후 [새로 만들기]를 실행한다.
② 사용가능한 서식 파일 중 [새 통합 문서]를 클릭하면 새로운 통합 문서가 만들어진다.

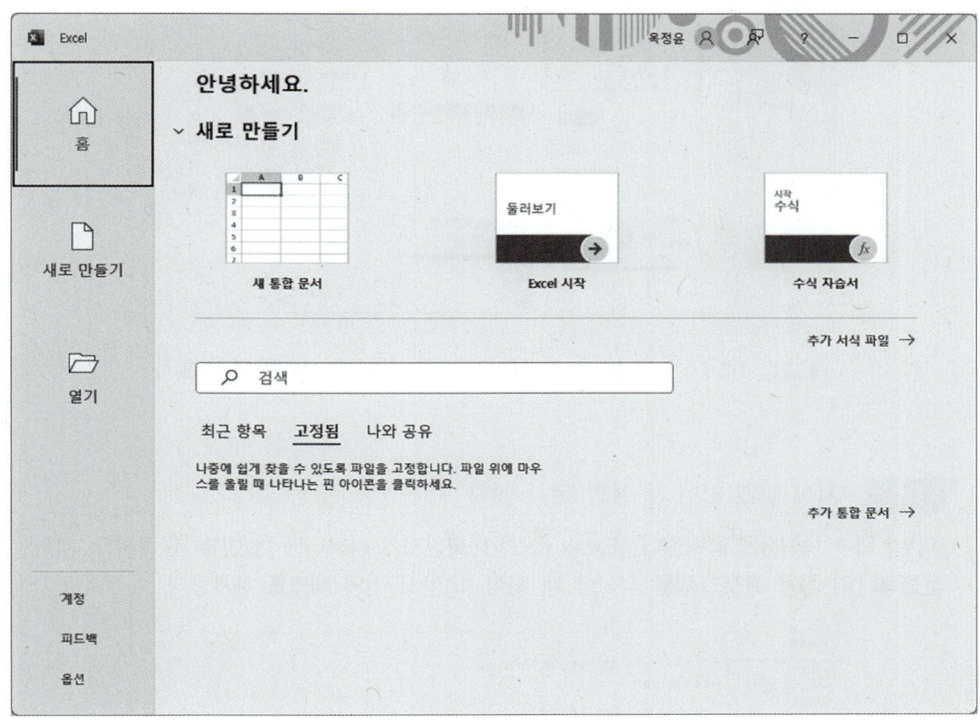

| 그림 1-4 | 새 통합 문서 만들기

> **TIP** Office.com 서식파일을 이용하여 새 문서 만들기

[파일] 탭의 [새로 만들기]를 클릭한 후 검색 상자에 "캘린더"을 입력하고 엔터를 누른다.

| 그림 1-5 | [Office.com] 서식파일을 이용하여 새 문서 만들기

> **TIP** 시작 화면 없이 새 통합 문서 열기

[파일] 탭 – [옵션]을 클릭한다. [Excel 옵션] 대화상자가 나타나면 [일반]을 클릭하고 '시작 옵션'의 [이 응용 프로그램을 시작할 때 시작 화면 표시]의 체크를 해제한다.

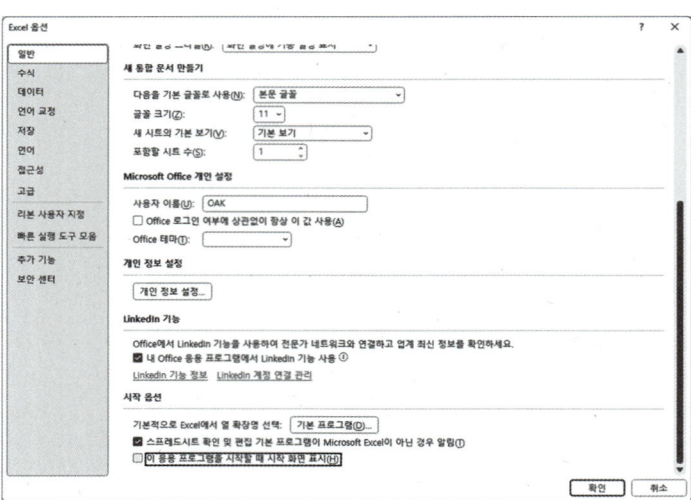

| 그림 1-6 | 시작 화면 없이 새 통합 문서 열기

3 통합 문서 저장하기와 열기

(1) 통합 문서 저장하기

① [파일]탭을 선택하여 [저장]을 선택하거나 [빠른 실행 도구 모음](🖫 ↺ ↻ ▾)의 [저장] 단추를 선택한다. 이미 저장된 기존 문서를 위치나, 이름을 바꾸어 새롭게 다른 문서로 저장하려면 [다른 이름으로 저장]을 사용한다.

② [다른 이름으로 저장]의 백스테이지 화면이 나타나면 [찾아보기]를 클릭한다.

③ [다른 이름으로 저장] 대화상자가 나오면 저장위치와 파일 이름을 지정한 후 [저장]을 클릭하여 저장한다.

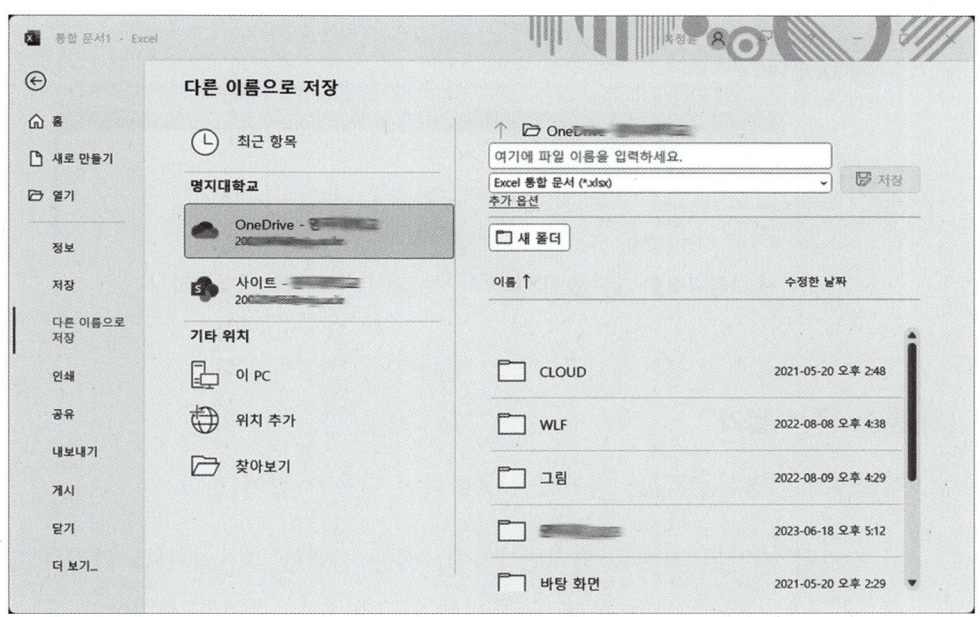

|그림 1-7| 통합 문서 저장하기

> **TIP** 다양한 저장 형식으로 저장하기
>
> [다른 이름으로 저장] 메뉴에는 다양한 형식의 저장 명령이 제공된다.
> [다른 이름으로 저장] 대화상자에서 [파일형식] 중 저장을 원하는 형식을 선택하여 저장한다.
>
>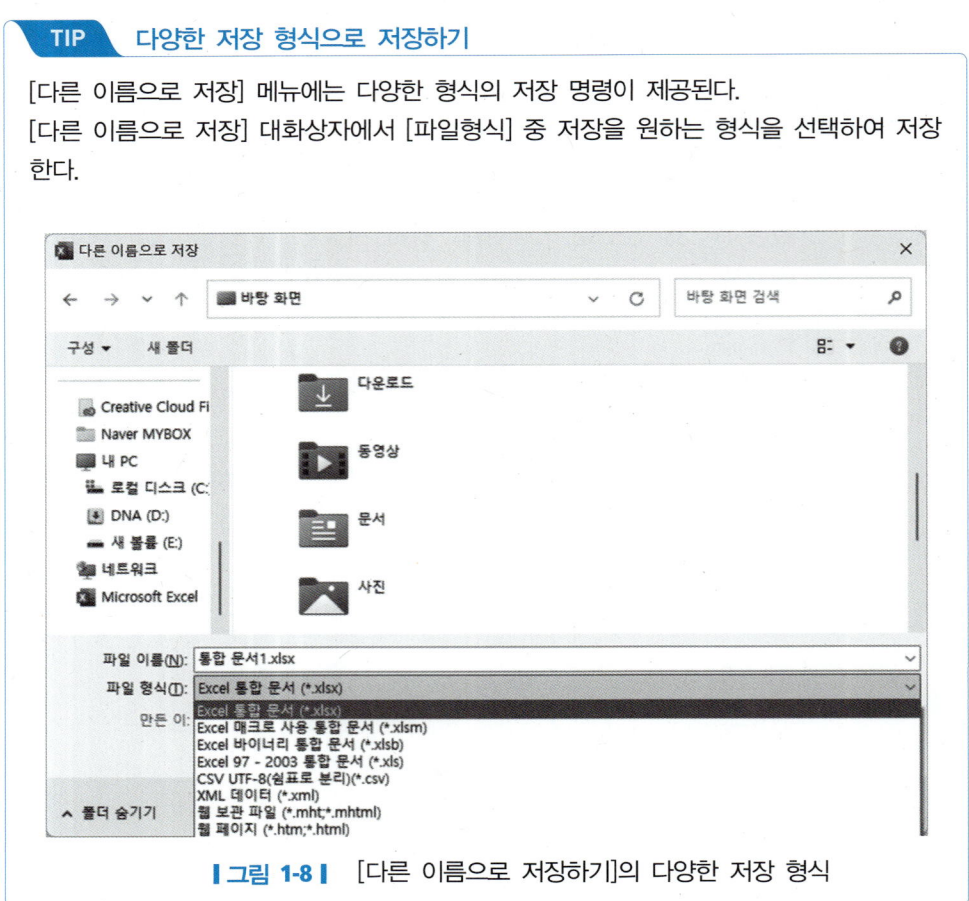
>
> ▌그림 1-8 ▌ [다른 이름으로 저장하기]의 다양한 저장 형식

(2) 통합 문서 열기

엑셀에서 저장된 파일을 열어서 사용하려면 다음과 같이 한다.

① 작업할 저장된 파일을 열려면 [파일] 탭을 선택한 후 [열기]를 클릭하고, [최근에 사용한 통합 문서] 목록에서 열고자 하는 문서를 선택한다. 최근 문서 목록에 없는 파일의 경우에는 [찾아보기]를 클릭하여 열고자 하는 파일을 선택한다.

② [열기] 대화상자에서 파일의 저장된 위치를 찾아 열고자 하는 [파일]탭을 선택하고 [열기] 버튼을 클릭하면 파일이 열린다.

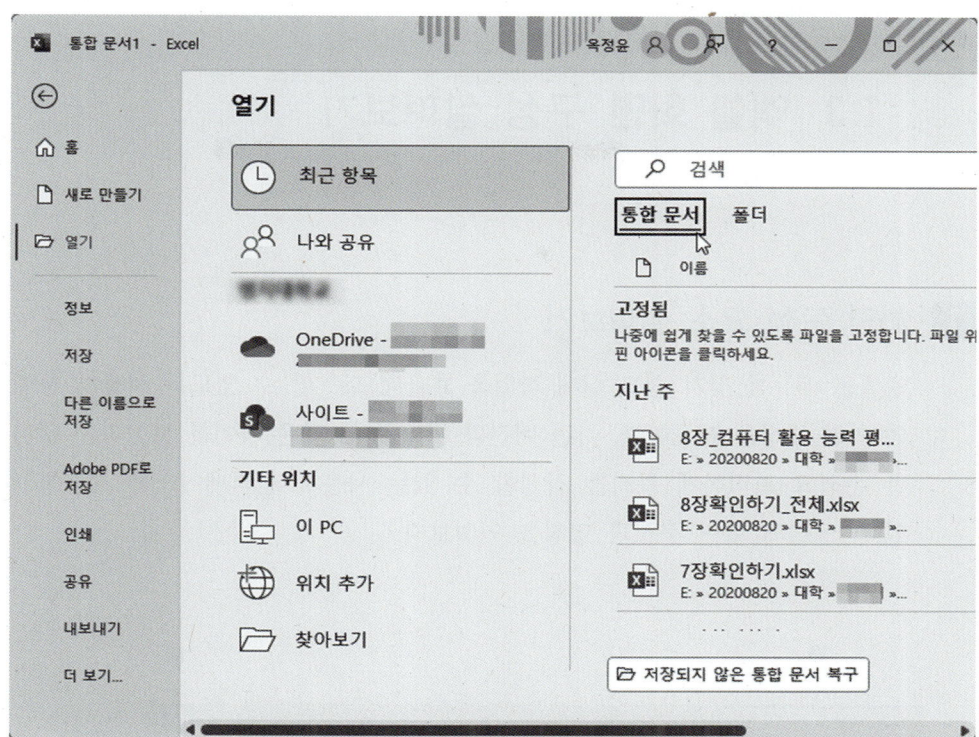

| 그림 1-9 | 통합 문서 열기

> **TIP**
>
> [열기] 대화상자에서 Ctrl 키와 Shift 키를 사용하여 여러 개의 파일을 선택하면 동시에 여러 파일을 열 수 있다.

1.3 엑셀 화면 구성 살펴보기

1 화면 구성 요소 살펴보기

엑셀은 메뉴를 찾기 쉽고 실제 작업을 효율적으로 할 수 있도록 사용자 중심의 화면 구성을 제공한다. 이전 버전과 비교할 때 많은 차이를 보이지는 않지만 손쉽고 편리하게 문서를 작성할 수 있는 사용자 인터페이스를 제공하고 있다. 엑셀의 화면 구성과 명칭을 익혀보자.

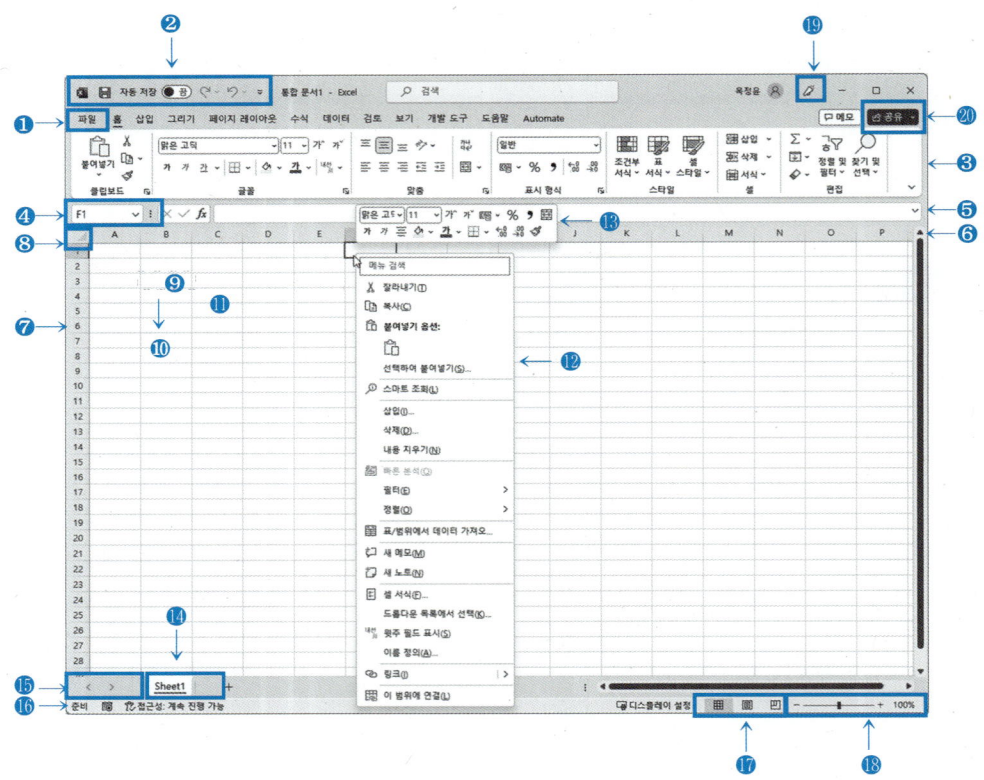

┃그림 1-10┃ 엑셀 화면 구성 요소

① [파일]탭 : [파일] 탭을 클릭하면 백스테이지 화면이 나타나고 저장, 인쇄, 공유 등의 일반적인 명령들이 제공된다.

② 빠른 실행 도구 모음 : 자주 사용하는 명령을 빨리 실행하고자 할 때 사용하며 사용자가 마음대로 편집하여 사용할 수 있다.

③ 리본 메뉴 : 탭과 관련 그룹 그리고 실제 실행 가능한 명령 단추인 아이콘으로 구성된 도구 모음 집합으로 탭을 클릭하면 탭과 관련된 명령 단추들이 나타난다.

④ 이름상자 : 선택된 셀의 주소나 정의된 이름이 표시된다.

⑤ 수식 입력 줄 : 현재 셀 포인터가 있는 셀의 입력 내용을 표시하며 이곳에서 직접 데이터를 수정할 수 있다.

⑥ 열 머리글 : A, B, C...로 표시되는 엑셀의 열을 지칭한다. 엑셀은 A부터 XFD까지의 16,384개의 열을 가진다.

⑦ 행 머리글 : 1, 2, 3...으로 표시되는 엑셀의 행을 지칭한다. 엑셀은 1행부터 1,048,576개의 행을 가진다.

⑧ 셀 전체 선택버튼 : 열 머리글과 행 머리글이 교차하는 지점으로 워크시트의 모든 셀을 선택하는데 사용된다.

⑨ 셀 : 행과 열이 교차하는 작은 사각형으로 워크시트 구성 기본 단위이면서 데이터 입력의 단위이다. 셀은 위치를 나타내는 셀 주소를 가지며 셀 주소는 열머리글과 행머리글의 조합으로 구성된다.

⑩ 셀 포인터 : 현재 선택된 셀을 가리키는 사각형을 셀 포인터라고 하며 워크시트에 데이터가 입력될 초점이 맞추어진 셀을 표시한다.

⑪ 채우기 핸들 : 복사나 데이터 채우기 등의 기능을 수행하며 셀 포인터의 오른쪽 하단의 십자표시 모양의 포인터이다.

⑫ 바로 가기 메뉴 : 엑셀에서는 바로 가기 메뉴(또는 단축 메뉴)를 유용하게 사용한다. 바로 가기 메뉴는 작업하려는 범위 내에 마우스 포인터를 이동하고, 오른쪽 마우스를 클릭해서 표시되는 메뉴이다. 대부분 작업할 메뉴가 표시된다.

⑬ 미니 도구 모음 : 엑셀에는 자주 사용되는 서식을 손쉽게 사용할 수 있도록 미니 도구 모음을 제공한다. 셀에서 마우스 오른쪽 단추를 클릭하면 서식 지정을 위한 미니 도구 모음이 나타난다.

⑭ **시트탭** : 통합 문서에 삽입되어 있는 시트들의 이름이 표시되며 작업할 시트를 선택할 수 있다.

⑮ **시트탭 이동 버튼** : 시트 수가 많은 경우 화면에 표시되지 않는 시트를 볼 수 있도록 시트탭의 시트를 이동하게 한다.

⑯ **상태 표시줄** : 엑셀에서 현재 선택한 메뉴나 아이콘, 상태에 대한 설명내용이 표시된다. 엑셀에서는 상태 표시줄에서 마우스 오른쪽 버튼을 눌러 상태 표시줄에 표시되는 내용을 사용자가 마음대로 지정할 수 있다.

⑰ **화면 보기 선택기** : [기본], [페이지 레이아웃], [페이지 나누기 미리보기] 등의 화면 보기 모드를 선택할 수 있도록 화면 보기 선택기를 제공한다.

⑱ **화면 확대/축소 컨트롤** : 화면 확대/축소 컨트롤을 이용하여 보기 화면의 확대나 축소를 손쉽게 할 수 있다. 리본메뉴의 [보기] 탭에서 [확대/축소]를 사용하거나 간단하게 Ctrl 키를 누른 상태에서 마우스의 휠을 상하로 움직이면 화면의 배율이 자동 조절된다.

⑲ **도움말** : 도움말 대화상자가 표시되며, 키보드에서 F1키를 눌러도 된다.

⑳ **공유** : Office 계정으로 로그인하고 엑셀 파일을 클라우드에서 다른 사람과 공동으로 작업할 수 있다.

> **TIP** 인쇄 시 확대/축소 적용
>
> 화면 배율 조정은 인쇄 시에는 적용되지 않는다. 인쇄 시 확대/축소를 적용하려면 리본메뉴의 [페이지 레이아웃]의 [크기조정]에서 변경해야 한다.

2 리본 메뉴 알아보기

엑셀의 사용자 인터페이스에서 리본 메뉴에 대해서 자세히 알아보기로 하자. 리본 메뉴는 보다 편리하게 이용할 수 있는 사용자 인터페이스 환경을 제공한다. 리본 메뉴는 탭, 그룹 그리고 실제 명령을 실행하는 아이콘으로 구성되며, 특정한 작업 시 요구되는 도구를 필요한 때에만 자동으로 표시하는 상황별 도구도 제공한다.

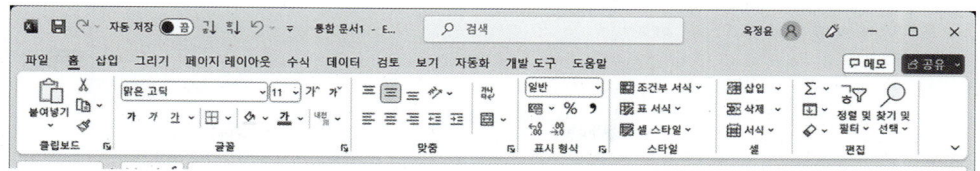

그림 1-11 엑셀의 리본 메뉴

■ **탭**

리본 메뉴의 탭은 각 작업 내용별로 구분되어 있으며, [홈], [삽입], [페이지 레이아웃], [수식], [데이터], [검토], [보기], [자동화], [개발 도구], [도움말]로 구성된다. 예를 들어, 표나 차트를 삽입하려면 [삽입] 탭을 선택해야 하고 함수를 사용하기 위해서는 [수식] 탭을 선택하면 된다.

■ **그룹**

탭을 클릭하면 각 탭의 작업과 관련 있는 명령 단추(아이콘)들이 그룹으로 나뉘어져 구성되어져 있다. [홈] 탭의 경우, [클립보드], [글꼴], [맞춤], [표시 형식], [스타일], [셀], [편집] 등으로 그룹이 구분되어 구성되어져 있다. 그룹의 오른쪽 하단에 있는 대화상자 표시 아이콘( )을 누르면 관련된 기능의 대화상자를 표시하여 더욱 상세한 선택을 할 수 있게 한다.

■ **아이콘**

각 그룹에 속하는 명령 단추인 아이콘을 선택하여 원하는 명령을 실행할 수 있다. 명령 단추에 마우스를 위치시키면 해당 아이콘의 간단한 도움말과 단축키 등에 대한 정보를 볼 수 있다.

■ **상황별 도구**

리본 메뉴는 특정 작업에 필요한 상황별 도구를 제공한다. 예를 들어 차트를 선택하면 차트와 관련된 상황별 도구인 [차트 도구]가, 그림을 선택하면 [그림 도구]가 리본 메뉴에 자동으로 표시되어 관련 작업을 용이하게 한다.

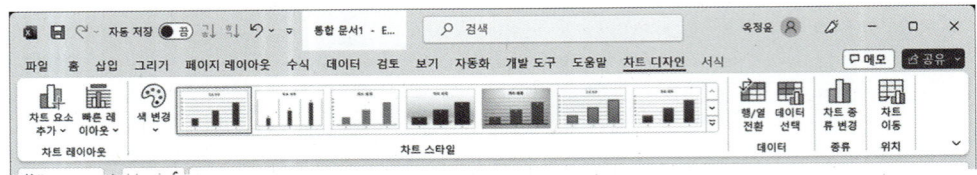

| 그림 1-12 | 상황별 도구의 예 – 차트 도구

> **TIP** 리본 메뉴의 모양 및 리본 메뉴의 최소화
>
> – 리본 메뉴는 해상도나 창의 크기에 따라 아이콘의 모양이 다르게 표시된다. 해상도가 높고 화면의 크기가 크면 표시 공간이 넓어져 아이콘이 더 크고 상세하게 표시된다.
> – 작업공간을 늘리기 위해서 리본메뉴를 최소화할 수 있다. 리본메뉴를 최소화하려면 [리본 메뉴 축소] 버튼을 클릭하거나 리본 메뉴에서 마우스 오른쪽 마우스를 클릭하여 [리본 메뉴 축소]를 선택한다. 다시 원래 상태로 복원하기 위해서는 탭 이름을 더블클릭하면 된다.

| 그림 1-13 | 리본 메뉴의 최소화

3 빠른 실행 도구 모음 편집하기

빠른 실행 도구 모음은 자주 사용하는 명령을 빨리 실행하고자 할 때 사용한다. 사용자가 빠른 실행 도구 모음에 필요한 아이콘을 추가하거나 불필요한 아이콘을 삭제할 수 있다.

(1) 아이콘 추가하기

빠른 실행 도구 모음에 아이콘을 추가하는 방법은 다음과 같다.

① 빠른 실행 도구 모음 오른쪽 끝의 버튼을 눌러 [빠른 실행 도구 모음 사용자 지정]을 사용해서 추가하기 원하는 메뉴를 선택한다.

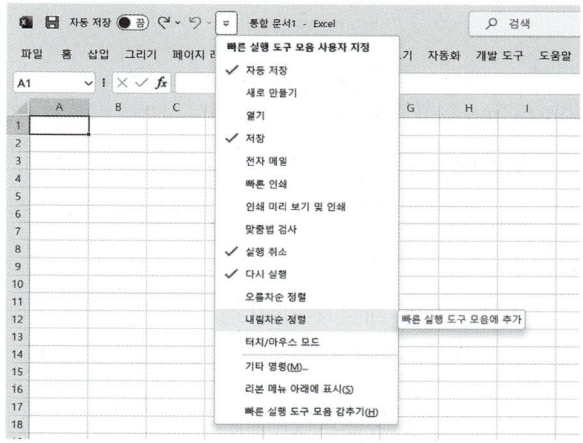

┃그림 1-14┃ 빠른 실행 도구 모음 사용자 지정하기

② 이 때, 표시된 메뉴 이외의 메뉴를 추가하려면 [기타명령]을 선택한다. [명령 선택]의 [많이 사용하는 명령]을 선택하고 제공되는 메뉴 목록에서 추가하고자 하는 명령을 선택한 후, [추가], [확인]을 선택한다.

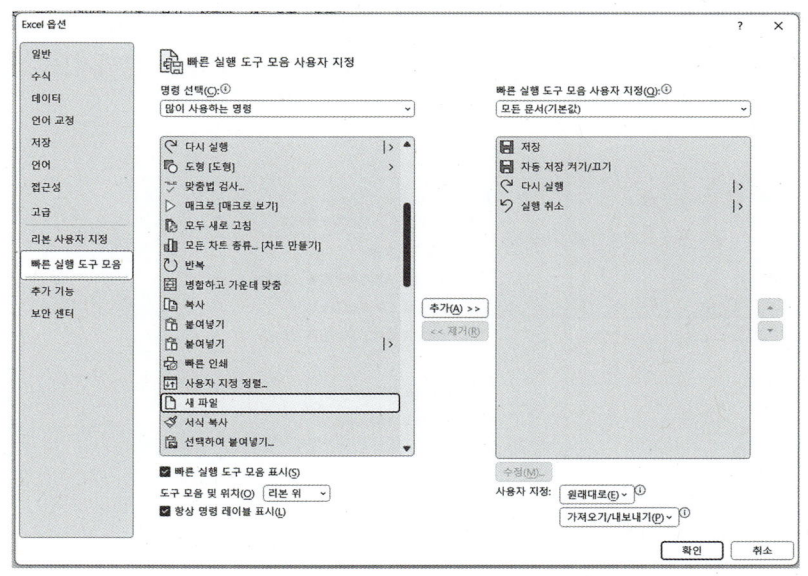

┃그림 1-15┃ 빠른 실행 도구 모음에 기타 명령 추가하기

> **TIP** 다른 방법으로 아이콘 추가하기
>
> 리본 메뉴의 해당 아이콘 또는 [파일] 선택 후 해당 명령 위에서 마우스 오른쪽 단추를 클릭하여 [빠른 실행 도구 모음에 추가]를 선택해도 된다.
>
>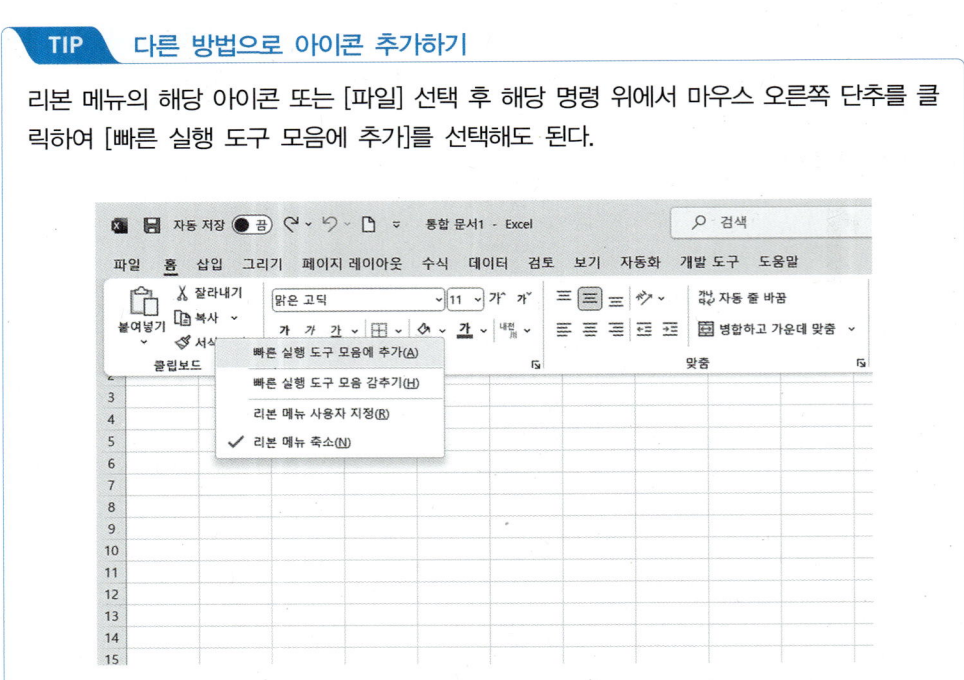
>
> **|그림 1-16|** 빠른 실행 도구 모음에 아이콘 추가하기

(2) 아이콘 제거하기

빠른 실행 도구 모음에서 아이콘을 삭제하려면 삭제를 원하는 아이콘 위에서 마우스 오른쪽 단추를 선택한 후 [빠른 실행 도구 모음에서 제거]를 선택하면 된다.

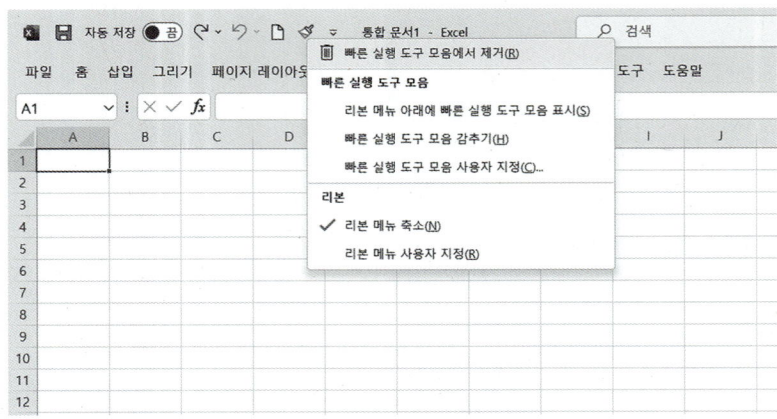

|그림 1-17| 빠른 실행 도구 모음에서 아이콘 제거하기

1.4 엑셀 기초 다지기

1 셀 선택하기와 셀 범위 지정하기

엑셀에서 워크시트에 입력, 수정, 편집 등의 작업을 하기 위해서는 우선 대상 셀 또는 일정한 셀의 범위를 선택하여 작업할 영역을 지정해야 한다. 특히 셀 범위의 선택은 동시에 동일 작업을 수행할 때 용이하게 사용될 수 있다.

(1) 연속 셀 선택하기

선택할 범위에 해당하는 첫 셀을 클릭한 후 마우스 왼쪽 단추를 누른 채 마지막 셀까지 드래그 하거나 또는 선택할 범위에 해당하는 첫 셀을 클릭하고 Shift 키를 누른 채 마지막 셀을 클릭하면 된다.

(2) 비연속 셀 선택하기

첫 셀을 선택한 다음 Ctrl 키를 누른 채 다른 셀을 선택한다.

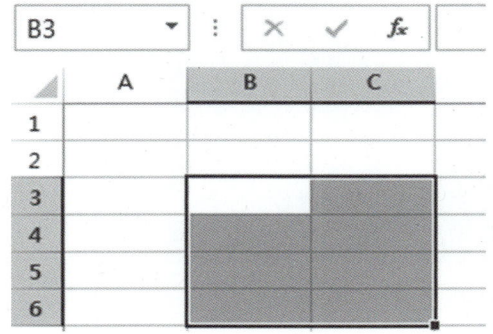

▎그림 1-18 ▎ 연속 셀 선택

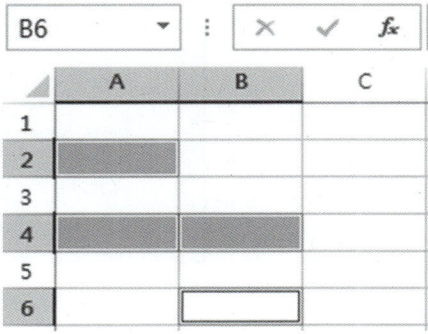

▎그림 1-19 ▎ 비연속 셀 선택

(3) 행 전체 또는 열 전체 선택하기

선택할 행 또는 열 머리글을 클릭한다. 이 경우에도 연속 또는 비연속 선택을 하려면 Shift나 Ctrl 키를 이용하면 된다.

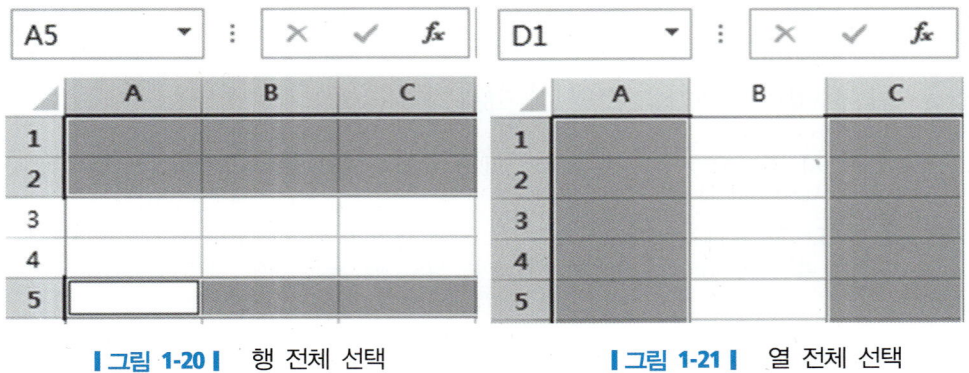

┃그림 1-20┃ 행 전체 선택   ┃그림 1-21┃ 열 전체 선택

(4) 시트 전체 선택하기

셀 전체 선택버튼을 클릭하면 워크시트 전체 셀이 선택된다.

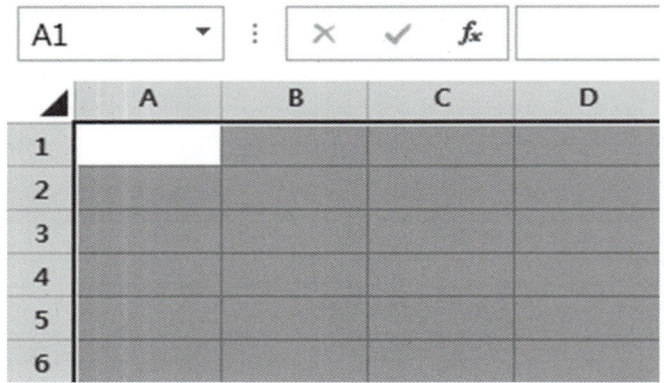

┃그림 1-22┃ 시트 전체 선택

MEMO

셀 클릭과 더블클릭

특정 셀을 클릭하면 작업할 단일 셀 선택이 되지만 특정 셀에서 더블 클릭하면 커서가 나타나면서 셀에 데이터를 입력하거나 입력한 데이터를 수정할 수 있는 입력 대기 상태가 된다.

셀 클릭 – 단일 셀 선택

셀 더블 클릭 – 데이터 입력 대기 상태

TIP 셀 포인터 이동 및 선택을 위한 키 사용하기

키	기능
↑, ↓, ←, →	한 셀씩 위쪽, 아래쪽, 왼쪽, 오른쪽으로 이동
Enter	아래쪽 셀로 이동
Shift + ↑, ↓, ←, →	상, 하, 좌, 우로 셀을 연속 선택
Shift + Enter	위쪽 셀로 이동
Ctrl + ↑, ↓, ←, →	위쪽, 아래쪽, 왼쪽, 오른쪽의 마지막 셀로 이동
Shift + Ctrl + ↑, ↓, ←, →	위쪽, 아래쪽, 왼쪽, 오른쪽 모든 셀 선택
Ctrl + A	시트 전체 셀 선택
Shift/Ctrl + Spacebar	전체 행/열 선택
PgUp, PgDn	한 화면 위, 아래로 이동
Ctrl + Home	워크시트의 시작 셀로 이동
Ctrl + End	워크시트의 마지막 셀로 이동

TIP 지정한 셀 포인터 바로 이동하기

[홈] 탭–[편집] 그룹–[찾기 및 선택] 명령에서 [이동] 메뉴를 선택하거나 F5를 누르면 [이동] 대화상자가 표시된다. 참조 부분에 해당 셀 주소를 입력하면 셀 포인터가 지정한 곳으로 바로 이동된다. 또는 이름 상자에 이동할 셀의 주소를 입력하고 Enter키를 눌러도 원하는 셀로 바로 이동할 수 있다.

2 데이터 입력 및 편집하기

엑셀로 하는 가장 기본적인 작업은 셀에 데이터를 입력하고 입력된 데이터를 수정 또는 삭제하여 필요한 내용을 작성하는 것이다.

(1) 셀 선택하여 입력하기

워크시트에 데이터를 입력하려면 일단 입력할 셀 또는 셀 범위를 선택하고 해당 데이터를 입력해야한다. 데이터 입력은 Enter키나 Tab 키를 이용해서 완료하게 되며 동시에 다른 셀로 이동할 수 있다. 기본적으로 Enter키를 선택하면 셀 포인터가 입력된 셀의 아래로 내려가며, Tab 키를 선택하면 오른쪽으로 가게 된다. 입력 도중 Esc키를 누르면 입력 작업을 취소할 수 있다.

① 입력할 셀인 B2셀을 클릭한다.
② 키보드의 한/영 키를 이용하여 한글 입력 상태로 바꾼 후 "오피스 365"라고 입력한다. 혹은 수식 입력줄에서 "오피스 365"라고 입력해도 가능하다.
③ 입력이 끝났으면 Enter키나 Tab키로 입력을 완료한다. Enter를 치면 셀의 아래로 이동하고, Tab키를 치면 셀의 옆으로 이동한다.

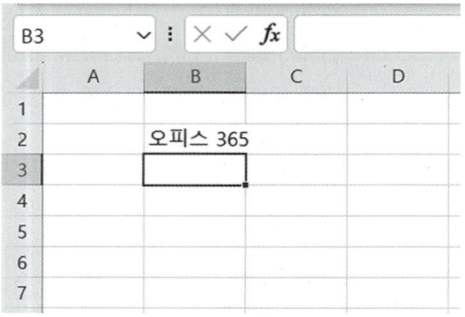

| 그림 1-23 | 셀에 데이터 입력

> **TIP** 데이터 입력 시 Enter키의 이동방향 변경
>
> Enter키를 누르면 기본적으로 아래의 셀로 이동되는데 Enter 키를 누를 때 다른 셀로 이동하도록 변경할 수 있다. [파일] 탭을 선택한 후, 하단의 [옵션]을 선택한다. [옵션] 대화상자는 엑셀 프로그램의 환경설정에 관련된 작업을 수행하는데 이용된다. [옵션] 대화상자에서 [고급]을 선택한 후 [편집 옵션] 중 [⟨Enter⟩키를 누른 후 다음 셀로 이동(M)]의 목록단추를

눌러 해당 방향을 선택하면 된다.

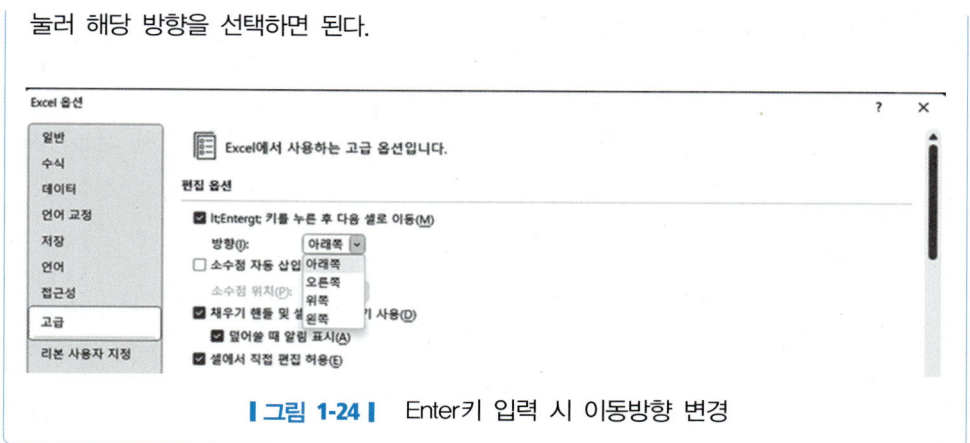

그림 1-24 Enter키 입력 시 이동방향 변경

(2) 입력된 데이터 지우기

엑셀에서 셀에 입력된 데이터를 지우는 방법은 여러 가지가 제공되지만, 여기서는 기본적으로 해당 내용만 삭제하는 방법을 살펴보기로 한다.

① 지우고자 하는 셀 또는 범위를 선택한다. A2 셀에서 B6 셀까지 마우스로 드래그로 범위를 지정한다.
② 키보드에서 Delete키를 누르거나 마우스 오른쪽 단추를 눌러 바로 가기 메뉴에서 [내용 지우기]를 선택한다. 또는 리본메뉴의 [홈] 탭의 [편집] 그룹에서 [지우기]를 선택한 후 [내용 지우기]를 선택해도 된다.

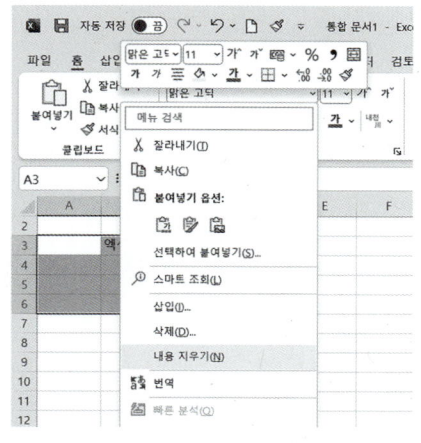

그림 1-25 바로가기 메뉴 사용하여 내용 지우기

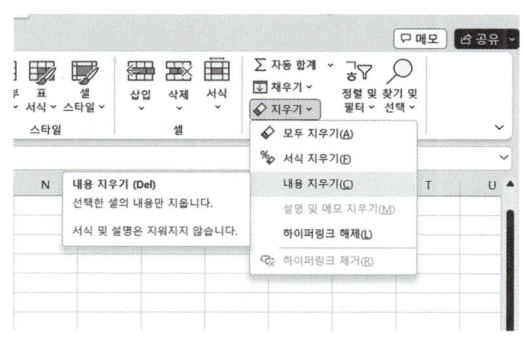

그림 1-26 리본 메뉴 사용하여 내용 지우기

(3) 입력된 데이터 수정하기

셀에 있는 데이터 전체 내용을 수정할 때는 선택 후 재입력하면 되고, 입력한 데이터의 일부를 수정하기 위해서는 수정하려는 데이터가 입력된 셀을 더블 클릭하거나 셀 선택 후 F2키를 누르면 셀 편집 상태로 변경되므로 부분 수정이 편리하다.

① 바로 전에 삭제한 작업을 취소하기 위해서 Ctrl+Z를 누르면 삭제가 취소되어 셀에 데이터가 나타난다.
② A2 셀의 "오피스 365"을 "Office 365"로 부분 수정하기 위해서 A2 셀의 수정할 부분에 커서를 두고 더블 클릭하여 수정하거나, F2키를 눌러서 편집할 수 있는 상태로 변경한 후 내용을 수정한다. 또는 해당 셀 데이터를 선택한 후 수식 입력 줄에서 수정해도 된다.

> **MEMO**
>
> **실행 취소하기**
>
> 이미 실행한 작업을 취소하는 기능(UNDO 기능)으로 하나씩 취소하려면 [빠른 실행 도구모음]의 실행취소(↶) 아이콘을 누르거나 Ctrl+Z를 누른다. 반대로 취소한 작업을 다시 실행하는 기능(REDO 기능)을 사용하려면 다시 실행(↷) 아이콘을 누르거나 Ctrl+Y를 누른다. 실행취소와 다시실행 버튼의 오른쪽에 있는 내림단추를 누르면 작업 수행의 순서대로 작업 히스토리를 표시해주므로 이를 이용하면 여러 단계의 실행취소나 다시 실행 작업을 한 번에 간단히 할 수 있어 편리하다.

CHAPTER 2
엑셀 데이터 다루기

엑셀 프로그램을 열어보면 하나의 시트는 셀들의 집합으로 이루어져있다. 엑셀의 셀은 데이터 입력의 단위이다. 따라서 엑셀을 이해하고 잘 다루기 위해서는 셀들에 입력되는 데이터를 잘 알아야 한다. 이 장에서는 엑셀의 셀에 입력되는 데이터의 종류(문자, 수치, 날짜/시간, 논리, 수식 데이터)를 살펴보고 각 데이터의 특징 및 사용법을 익혀보기로 한다.

2.1 엑셀 데이터 사용하기

엑셀에서는 다양한 데이터들을 입력하여 계산 및 문서 작성에 이용할 수 있다. 엑셀은 실제 업무에 사용 가능한 거의 모든 데이터 종류를 처리할 수 있는데, 엑셀에서 지원 가능한 데이터는 기본적으로 수치 계산에 사용되는 수치 데이터뿐만 아니라 한글, 영어, 한자, 특수기호 등의 문자 데이터, 날짜와 시간을 표현하기 위한 날짜/시간 데이터, 논리값(TRUE, FALSE)을 나타내는 논리 데이터, 그리고 실제 계산 작업을 수행하는 수식 데이터로 구분할 수 있다. 엑셀의 워크시트는 셀들의 집합이고 셀은 데이터 입력의 기본 단위이므로 엑셀을 잘 다루기 위해서는 엑셀에서 다루는 데이터를 제대로 이해하고 정해진 규칙에 따라 알맞은 형식으로 사용하는 것이 중요하다.

엑셀 데이터의 종류 – 수치 데이터
　　　　　　　　　　문자 데이터
　　　　　　　　　　날짜/시간 데이터
　　　　　　　　　　논리 데이터
　　　　　　　　　　수식 데이터

1 수치 데이터

(1) 수치 데이터 이해하기

수치 데이터는 엑셀에서 가장 많이 사용되는 데이터 유형 중 하나로 실제 계산의 대상이 되는 데이터를 의미한다. 엑셀에서 입력할 수 있는 수치 데이터는 다음 문자의 조합으로 구성된다.

- 수치 데이터 구성 문자) 0 1 2 3 4 5 6 7 8 9 + - , . ( ) / ₩ $ % E e
  예) 123　　　　　　➔ 양의 정수 123을 의미
  　　-123 (123)　　➔ 음의 정수 123을 의미
  　　123.45　　　　➔ 소수 123.45를 의미

> 10%　　　　　　　→ 0.1을 의미
> 0 1/3　　　　　　→ 분수 1/3을 의미
> ₩1000 $1000 1,000 1000.0 → 표시 형식만 다를 뿐 모두 수치값 1000
> 을 의미

엑셀에서 사용되는 수치 데이터는 다음과 같은 특징을 가지고 있다.
- 모든 수치 데이터는 기본적으로 셀의 오른쪽을 기준으로 정렬된다.
- 입력된 숫자가 셀의 너비보다 큰 경우에는 수치 크기에 맞게 자동으로 너비가 조정된다.
- 셀에 표시되는 자릿수와 상관없이 15자리까지의 수치 데이터만 저장한다. 숫자의 유효 자릿수가 15를 넘으면 넘는 자릿수는 0으로 바뀐다.
- 일반 서식의 수치 데이터는 11자까지 표시된다. 자릿수가 11을 넘는 수치 데이터는 소수점, "E"와 "+", "−" 기호 등을 이용한 지수서식으로 표시되거나 사용자 지정 수치 서식을 적용한다.
- 수치 데이터의 경우 셀의 너비가 숫자의 길이보다 좁은 경우 "####" 형태로 표시된다. 이 때는 열의 너비를 늘려주면 제대로 표시된다.

(2) 수치 데이터 입력하기

① 셀 포인터를 A1 셀로 이동하고 셀에 수치 데이터 "12000"을 입력하고 Enter 키를 누른다. 데이터가 입력되면서 셀 포인터는 A2셀로 이동되며, 기본적으로 수치데이터는 오른쪽 정렬이 된다.
② A2 셀에 "1234567890"를 입력한다. 입력을 완료하면 열의 너비가 수치 데이터가 전부 표시되도록 자동으로 조정되는 것을 확인할 수 있다.
③ A3 셀에다 "123456789999"를 입력한다. 입력되는 수치 데이터가 12자리 이상이면 지수형태로 변환되어 표시된다.
④ 음수를 입력하기 위해서는 숫자 앞에 − 기호를 붙이거나 숫자를 괄호로 묶어서 입력하면 된다. 예를 들어 −12345 또는 (12345)으로 입력하면 음수값 −12345를 의미한다.
⑤ 분수의 입력은 분수 앞에 0을 입력한다. 예를 들어 0 1/3이라고 입력하면

1/3이 된다.

⑥ 10%라고 직접 입력하면 0.1에 해당하는 수치 데이터를 말하며, 1.000과 ₩1000, $1000을 직접 입력해도 모두 1000이라는 동일 수치 데이터를 의미한다. 단 다른 표시 형식이 적용되어짐을 의미한다.

> **MEMO**
> **1/3과 0 1/3의 구분**
> 1/3은 날짜 데이터(1월 3일)를 의미하고 0 1/3은 분수(1/3)를 나타내는 수치 데이터이다.

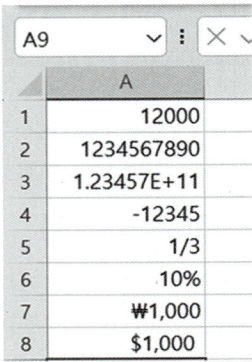

┃그림 2-1┃ 수치 데이터 입력의 예

(3) 수치 데이터에 간단한 표시 형식 적용하기

동일한 수치 데이터라고 할지라도 사용자가 원하는 대로 원화로 나타내거나 천 단위마다 콤마를 찍는 등의 다른 형식으로 표시할 수 있다. 즉 동일 수치 값이라도 표시 형식을 달리하면 보이는 모양이 달라질 수 있다. 엑셀에서는 데이터 값과 구분하여 데이터를 꾸며주는 역할을 서식이라고 한다. 엑셀에서 사용하는 서식은 일반적으로 데이터를 보기 좋게 하는데 사용되는 글꼴, 테두리, 채우기, 맞춤 이외에 동일한 값을 달리 표시하게 하는 표시 형식도 포함된다. 이에 대한 자세한 사항은 4장에서 다룰 것이므로 여기서는 간단히 숫자에 적용되는 표시 형식의 몇 가지를 살펴보기로 한다.

간단하게 표시 형식을 적용하기 위해서는 [홈] 탭-[표시 형식] 그룹의 아이콘들을 사용하면 된다. 수치 데이터에 대한 표시 형식 적용을 위한 아이콘들은 다음과 같다.

[홈] 탭-[표시 형식] 그룹에서 수치 데이터에 대한 표시 형식 적용 아이콘

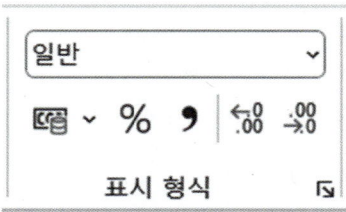

| 그림 2-2 | [홈] 탭-[표시 형식] 그룹메뉴

간단하게는 다음과 같은 아이콘을 직접 사용할 수 있다.

- 통화 스타일( ) : 원화 표시
- 백분율 스타일(%) : 숫자가 백분율로 표시
- 쉼표 스타일(,) : 천마다 콤마 표시
- 자릿수 늘림( ) : 클릭할 때마다 소수점 이하 자릿수가 하나씩 늘어남
- 자릿수 줄임( ) : 클릭할 때마다 소수점 이하 자릿수가 하나씩 줄어듦
- 또는 [표시 형식] 그룹의(일반)명령의 목록단추를 누르면 제공되는 목록 중에서 다양한 숫자 형식을 선택하여 지정할 수 있으며, 이 목록에 없는 경우는 [기타 표시 형식]을 선택한 다음 [셀 서식] 대화상자의 [표시 형식]에서 직접 지정해주면 된다.

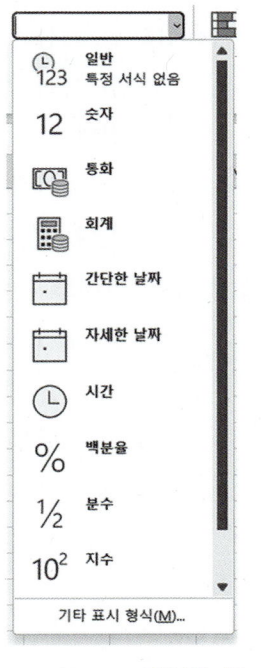

| 그림 2-3 | 다양한 표시형식 목록 메뉴

① 숫자에 다양한 표시 형식 서식을 적용하기 위해서 새로운 워크시트에 다음과 같이 데이터를 입력한다.

	A	B
1	입력값	표시 형식 적용
2	25000	25000
3	25000	25000
4	25000	25000
5	123.45	123.45
6	0.25	0.25

│그림 2-4│ 수치 데이터 표시 형식 적용을 위한 데이터 입력

② B2 셀을 선택한 후 쉼표 스타일(,) 아이콘을 클릭한다. 숫자가 천 단위마다 콤마가 찍히는 서식이 적용되어 표시된다.

③ B3 셀을 선택한 후 통화 스타일( ) 아이콘을 클릭한다. 숫자 앞에 원화 표시를 해준다.

④ B4 셀을 선택한 후 통화 스타일( ) 아이콘 옆의 목록단추를 선택하면 다양한 통화 스타일을 적용할 수 있다. 목록 상자에서 달러표시인 "$"를 선택한다.

⑤ B5 셀을 선택한 후 도구모음 표시줄에 있는 자릿수 늘림( ) 아이콘을 클릭한다. 한 번 클릭할 때마다 소수점 이하 자릿수가 늘어남을 알 수 있다. 반대로 자릿수 줄임( ) 아이콘을 한 번씩 클릭할 때마다 소수점 이하 자릿수가 줄어든다.

⑥ B6 셀을 선택한 후 도구모음 표시줄에 있는 백분율 스타일(%) 아이콘을 클릭하면 백분율로 표시된다.

⑦ 결과 화면은 다음과 같다.

	A	B
1	입력값	표시 형식 적용
2	25000	25,000
3	25000	₩ 25,000
4	25000	$ 25,000.00
5	123.45	123.4500
6	0.25	25%

│그림 2-5│ 수치 데이터 표시 형식 적용 결과

2 문자 데이터

(1) 문자 데이터 이해하기

엑셀에서 수치 데이터 다음으로 많이 사용되는 데이터 유형 중 하나가 문자 데이터(텍스트 데이터)이다. 문자 데이터는 제목이나 설명 등을 표시하는데 사용되고 데이터 연산의 용도로도 사용된다. 한글, 영어, 한자, 그리고 특수기호 형태가 있다.

엑셀에서 사용되는 문자 데이터는 다음과 같은 특징을 가지고 있다.

- 문자 데이터는 숫자, 공백, 숫자가 아닌 문자 등의 조합으로 이루어진다. 다음의 예는 모두 문자 데이터로 인식된다.
  예) 12AB345, 777XYZ, 88-765, 345 6789.
- 문자 데이터는 기본적으로 셀의 왼쪽을 기준으로 정렬된다.
- 입력된 자료의 길이가 셀 보다 길 경우, 오른쪽 셀이 비어 있으면 빈 셀에 이어져서 표시된다.
- 문자 데이터는 수치 계산에 사용되지 않는다. 다만 문자를 대상으로 하는 텍스트 연산은 가능하다.
- 한 셀에 여러 줄을 입력하려면 강제로 줄 바꿈 할 위치에서 Alt+Enter를 누른다.

(2) 일반 문자 데이터 입력하기

한글 및 영어의 입력은 키보드의 한/영 키를 이용하여 입력을 원하는 문자 형태를 선택한 후 입력하면 된다.

① A1 셀에 "엑셀"을 입력한다. 기본적으로 문자데이터는 왼쪽 정렬이 된다.
② A2 셀에 "엑셀 파워포인트 365"을 입력한다. 열의 너비를 넘는 문자 데이터가 입력되면 셀의 열 너비가 자동으로 넓혀지지 않고 문자 데이터의 내용이 B2 셀까지 표시된다.
③ A3 셀에 "엑셀 파워포인트 365"을 입력하고 B3 셀에 "스프레드시트"라고 입력하면, A3 셀의 문자 데이터 내용이 일부만 표시된다.

④ A4 셀에 "엑셀 365"을 두 줄로 입력하려면 줄이 바뀌는 부분에서 Alt + Enter를 눌러 강제로 줄 바꿈을 해야 한다.

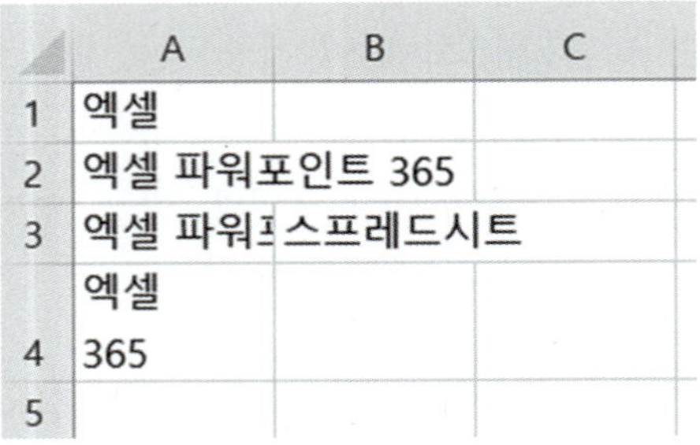

| 그림 2-6 | 문자 데이터 입력 예

⑤ A2와 A3 셀의 내용이 모두 표시되게 하려면 A 열머리글과 B 열머리글 사이의 열 구분선에 마우스 포인터를 맞추고 더블 클릭한다. 셀에 입력된 데이터에 알맞게 열의 너비를 자동 조절된다.

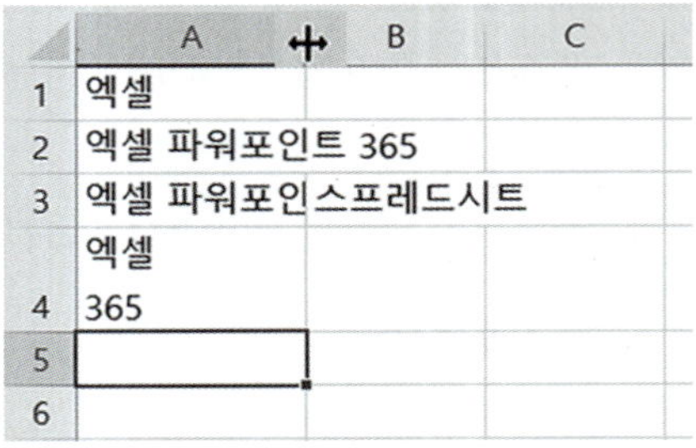

| 그림 2-7 | 열 너비 자동 조절 | 그림 2-8 | 열 너비 자동 조정 결과

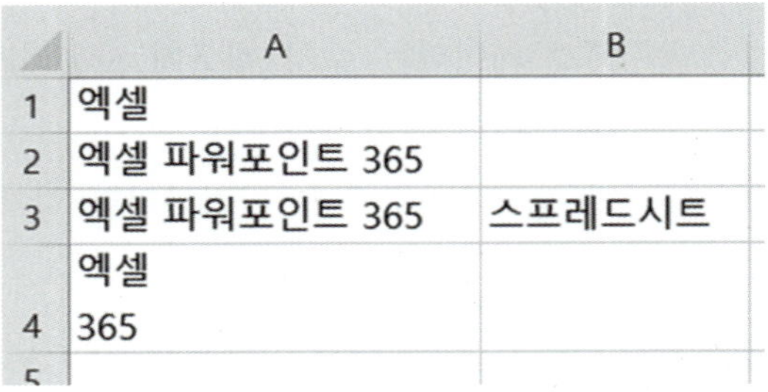

MEMO

입력 데이터에 맞게 셀 너비 자동 조절하기

셀에 문자 데이터를 입력하면 자동으로 셀의 너비가 조정되지 않는다. 이 때 셀의 너비를 입력 데이터의 크기에 맞게 자동으로 조절하게 하려면 해당 셀의 열 구분선 위에 마우스 포인터를 맞추고 마우스 포인터의 모양이 (✚)로 되었을 때 더블클릭하면 된다.

입력 시 줄 바꿈하기

입력 셀에서 "강제"로 줄 바꿈하려면 Alt + Enter를 누른다.

(3) 한자 입력하기

엑셀에서 한자를 사용하기 위해서는 한글을 입력한 상태에서 한자 키 또는 윈도우의 입력 도구 모음 중 한영/한자 변환 단추를 눌러 나타나는 한자 목록에서 원하는 한자를 선택하면 된다. 한 글자씩 변환하거나 등록된 단어의 경우는 단어로 변환가능하다.

■ 한 글자씩 한자로 변환하기
① 한자로 변환할 문자를 입력한 상태에서 한자 키 또는 한영/한자 변환 단추(가漢)를 클릭한다.
② 입력한 글자에 해당하는 한자 목록이 나타나면 원하는 한자를 선택한다.

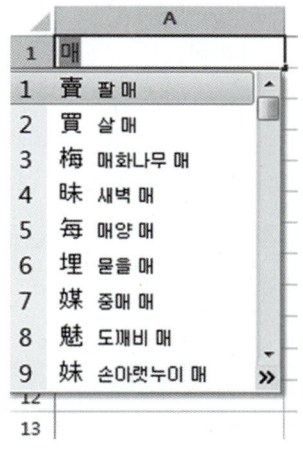

│그림 2-9│ 한 글자씩 한자 변환

■ 단어로 한자 변환하기
① 한자로 변환할 단어를 입력하고 이 단어를 블록으로 지정한 후 한자 키 또는 한영/한자 변환 단추를 클릭한다.
② 입력한 단어에 해당하는 한자 목록이 나타나면 해당 한자 및 입력 형태 등을 선택한 후 변환 버튼을 선택한다.

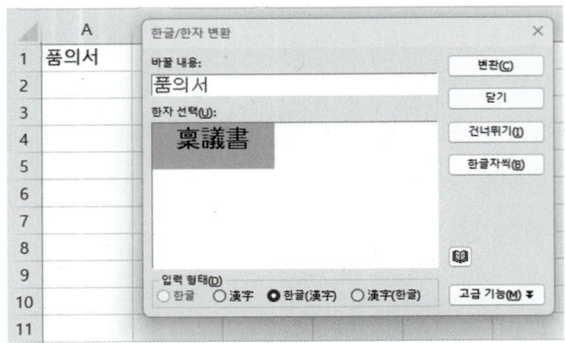

┃그림 2-10┃   단어로 한자 변환

(4) 특수기호 입력하기

특수기호(또는 특수문자)란 키보드로 입력할 수 없는 문자를 말하며 엑셀 워크시트 작성에 자주 사용된다. 엑셀에서 특수문자를 사용하려면 아래의 두 가지 방법 중 선택하여 사용한다.

■ [기호] 대화상자를 사용하여 특수기호 삽입하기

① 기호를 입력할 셀을 선택한 후 [삽입] 탭 - [기호](Ω)를 선택한다.
② 표시되는 [기호] 대화상자에서 원하는 글꼴과 특수기호를 선택하고 [삽입] 버튼을 클릭한다.

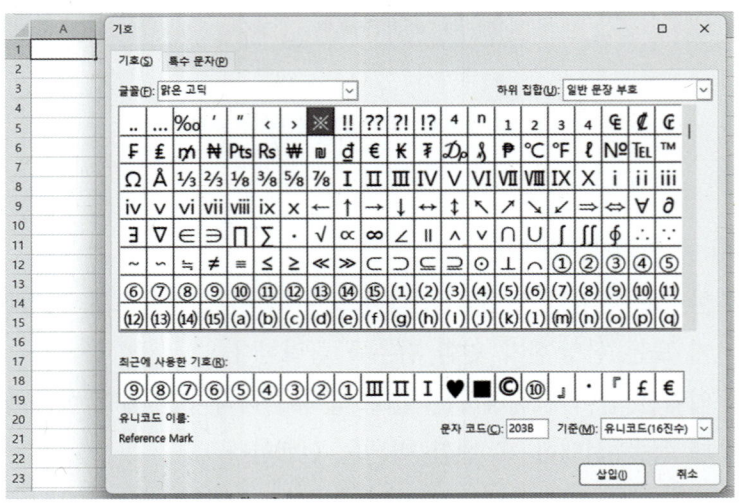

┃그림 2-11┃   [기호] 대화상자에서 특수문자 입력

■ 한자 키를 사용하여 특수기호 삽입하기

① 한글 자음(ㄱ, ㄴ, ㄷ, ...) 중 한 글자를 입력한 후 한자 키를 누른다.
② 나타나는 특수문자 목록에서 원하는 특수문자를 선택하여 입력한다. 예를 들어, ㅁ에 대한 특수문자 목록은 다음 그림과 같고 원하는 문자를 선택하면 된다.

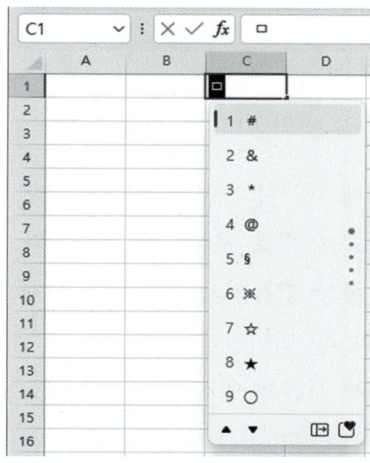

| 그림 2-12 | 한자 키를 사용하여 특수문자 입력

표 2-1 한자 키에 대응하는 특수 문자 예

한글자음	기호구분	특수문자의 예
ㄱ	기호	! ' , / : ; ? ...
ㄴ	괄호	" ( ) [ ] { } ...
ㄷ	수학기호	+ − 〈 = 〉 ± × ...
ㄹ	단위	$ % ₩ ℃ Å ...
ㅁ	도형, 화살표	# & @ ※ ☆ → ← ↑ ↓ ...
ㅂ	괘선	─ │ ┌ ┐ ┴ ...
ㅅ	한글 원문자, 괄호문자	㉠ ㉡ ㉢ ㈀ ㈁ ㈂ ...
ㅇ	영문 원문자, 괄호문자	ⓐ ⓑ ⓒ ⒜ ⒝ ⒞ ...
ㅈ	로마숫자	ⅰ ⅱ ⅲ ...
ㅊ	분수, 첨자	$^{123}_{123}$
ㅋ	자모음	ㄱ ㄲ ㄳ ㄵ ...
ㅌ	고어	ㅿ ㅺ ㆆ ᴼᴼ ...
ㅍ	영문자	A B C ...
ㅎ	로마문자	А В Г Д ...

3 날짜/시간 데이터

(1) 날짜/시간 데이터 이해하기

엑셀은 셀에 약속된 방법으로 날짜를 입력하면 이를 날짜 데이터로 인식하여 날짜 형식에 맞춰 표시하는 기능을 제공한다. 날짜를 입력하기 위해서는 년, 월, 일을 -, /로 구분하여 입력하고 시간은 시, 분, 초를 :으로 구분하여 입력해야 한다.

날짜 및 시간 데이터의 입력방법 및 특성은 다음과 같다.

- 숫자와 숫자 사이에 "/" 나 "-" 기호가 있으면 날짜 데이터로 인식한다.
- 시간은 시, 분, 초를 " : "로 구분하여 입력한다.
- 년도를 생략하면 항상 컴퓨터가 인식하는 현재 년도를 의미한다.
- 초를 생략하면 00초를 의미한다.
- 엑셀은 현재 날짜와 시간을 입력할 수 있는 단축키를 제공하는데, 현재 날짜를 입력하려면 Ctrl+;(세미콜론)을, 현재 시간을 입력하려면 Ctrl+Shift+:(콜론)을 누르면 된다.
- 시간 입력 시 24시간제를 사용하나 12시간제를 사용하려면 시간 뒤에 공백을 두고 AM(또는 A), PM(또는 P)를 입력해야 한다.

엑셀에서 날짜와 시간은 별도의 데이터 유형으로 구분되지만 사실은 모두 숫자로 저장되어 계산에 참조될 수 있다. 엑셀에서 날짜/시간 데이터는 다음과 같은 일련번호로 내부에서 처리되고, 날짜/시간 형식으로 표시되어 날짜 및 시간을 나타내게 된다.

- 날짜 일련번호 : 1900년 1월 1일을 1로 지정하고 이후의 날짜들에 계속 수를 증가시켜 일련번호로 해당 날짜 값을 저장한다. 따라서 1900년 1월 31일은 실제로는 31로 엑셀이 알고 있다. 단지 화면에 표시될 날짜 서식을 지정해서 보여줄 뿐이다.
- 시간 일련번호 : 24시간제로 일정 시간을 24로 나눈 0과 1사이의 소수점 이하의 수치로 표현한다. 예를 들어, 정오는 0.5로 표현된다.

따라서 날짜와 시간을 함께 표현하기 위해서는 정수 부분은 날짜 일련번호로 날짜를 표현하고 소수점 이하 값으로 시간을 나타내면 된다. 예를 들어, 1900년 1월 31일 정오는 31.5로 내부적으로 표현되며, 날짜/시간 표시 형식이 적용되어 1900년 1월 31일 정오를 나타내게 된다.

① 셀에 수치데이터 31.5라고 입력하고 해당 셀을 선택한다. [홈] 탭-[표시 형식] 그룹에서 [표시 형식]의 목록단추를 누른 후, 제공되는 목록 중 [간단한 날짜] 표시 형식을 선택한다.

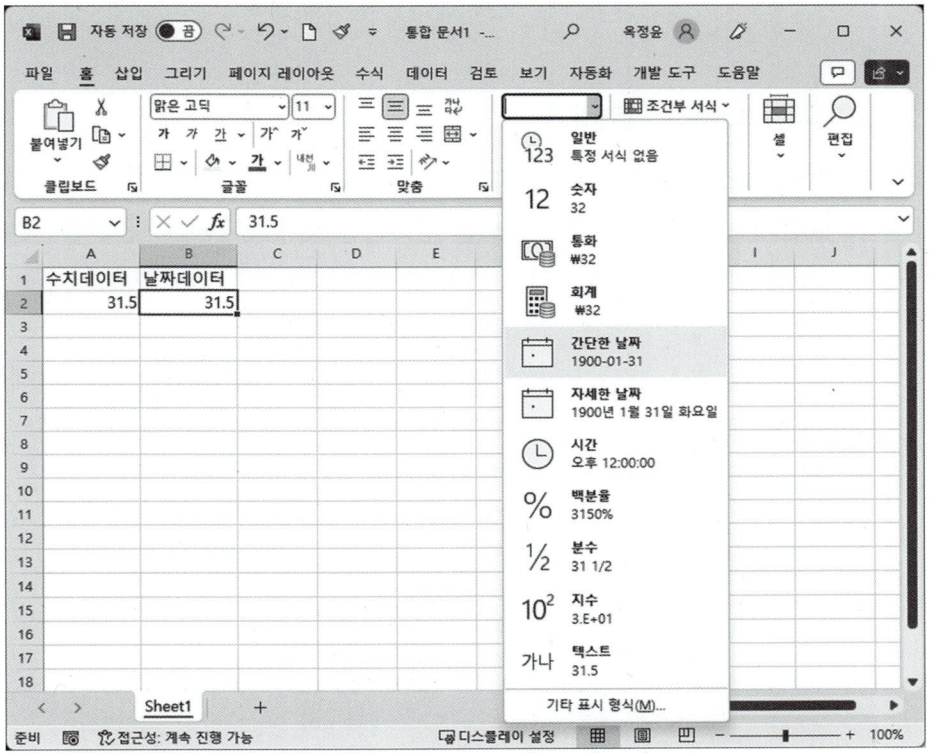

그림 2-13 수치값에 날짜 표시 형식 적용하기

② 결과 31.5라는 수치 값이 날짜 표시 형식이 적용되면 1900년 1월 31일 정오를 나타내는 날짜/시간 데이터로 나타나게 된다. 이는 날짜/시간 데이터가 엑셀 내부에서는 수치값(날짜/시간 일련번호)으로 저장되고 단지 표시 형식만 날짜/시간 표시 형식이 적용된 것임을 알 수 있다.

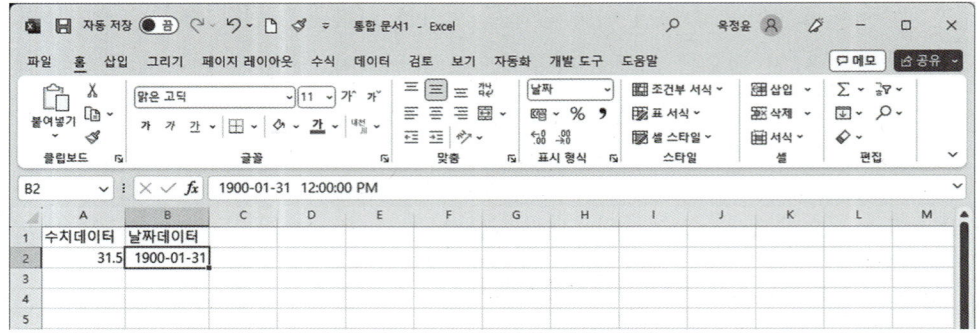

| 그림 2-14 | 날짜 표시 형식 적용 결과

(2) 날짜/시간 데이터 입력하기

① 셀에 2023년(현재 연도) 3월 2일을 입력하기 위해서 "2023/3/2" 또는 "2023-3-2"라고 입력한다. 연도를 생략하면 항상 컴퓨터가 인식하는 현재 연도를 의미하므로 "3/2"라고 입력해도 된다. 셀에는 "03월 02일"이 표시되고, 수식 입력줄에는 "2023-03-02"로 표시된다.

② 셀에 오후 3시 15분 15초를 입력하기 위해서는 일반적으로 24시간제를 사용하므로 "15:15:15"로 입력한다. 만약 12시간제를 사용하려면 "3:15:15 PM" 또는 "3:15:15 P"라고 입력해야 한다.

	A	B
1	수치데이터	날짜데이터
2	2023/03/02	2023-03-02
3	2023-03-02	2023-03-02
4	3/2	3월 2일
5	15:15:15	15:15:15
6	3:15:15 PM	3:15:15 PM

| 그림 2-15 | 날짜/시간 데이터 입력 예

> **TIP 날짜/시간 데이터에 표시 형식 적용하기**
>
> 동일한 날짜나 시간 데이터도 표시 형식에 따라 다르게 표시되어질 수 있다. 입력된 날짜 및 시간 데이터에 대해서도 표시 형식을 적용하여 다양하게 나타낼 수 있다.

2.2 수식 데이터 사용하기

수식 데이터란 숫자나 문자를 직접 입력하는 방식과 달리 입력되어 있는 셀의 내용과 수치 등의 데이터를 포함한 계산식(또는 함수식)을 말하며 항상 등호(=)로 시작해야 한다. 셀에 수식 데이터를 입력하고 완료하면 = 다음의 수식이 계산된 결과 값이 표시된다.

워크시트의 각 셀에 7, 3 + 4, = 3 + 4를 입력해보자. 7은 수치데이터를 의미하고 3 + 4는 3, +, 4로 구성되는 문자 데이터이다. = 3 + 4는 =로 시작하였으므로 수식 데이터이고 수식데이터인 경우 입력이 완료되면 = 다음의 식을 계산한 결과 값이 표시된다. 따라서 입력이 완료된 상태에서는 7로 표시되나 셀에 입력된 데이터 자체는 = 3 + 4라는 수식데이터가 된다.

엑셀에서는 = 3 + 4와 같이 직접 수치 값(상수 값)을 계산하는 것보다 셀에 특정 값을 입력한 후 셀 번지를 변수처럼 참조하여 수식을 작성하는 것이 더욱 일반적이다. 예를 들어, A1셀에 3이라는 값이 있고 A2셀에 4라는 값이 있다면 = A1 + A2와 같이 수식을 쓸 수 있다. 변수 개념을 이용하면 데이터 입력이 잘못되어 수정한 경우, 식 자체를 변경하지 않아도 자동 계산이 되는 장점이 있다.

수식 데이터에서 계산식을 작성하기 위해 사용하는 연산자로는 일반적으로 수치 계산을 하기 위한 산술연산자를 비롯하여 비교, 문자 연산자 등을 사용할 수 있으며, 복잡한 계산을 쉽게 처리할 수 있도록 내장 함수를 사용하여 수식을 작성할 수도 있다. 함수에 대한 내용은 5장에서 자세히 다룰 것이므로 여기서는 수식 데이터와 관련되어 이해해야 할 기본 개념들과 기본적인 계산식 형태의 수식 데이터를 작성하는 방법에 대해 살펴보기로 한다.

1 수식 데이터 입력하기

(1) 셀 번지를 직접 입력하여 수식 데이터 입력하기

① A1에 3을 입력하고, A2에 4를 입력한 후, A3에 "=A1+A2"를 입력한다.

② A3 셀에 A1 셀과 A2 셀의 수치 데이터를 더한 값 7이 표시된다.

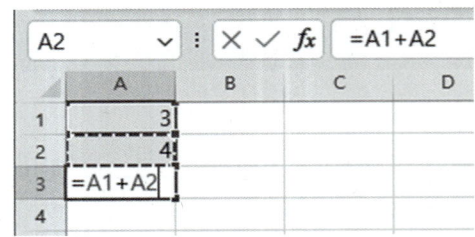

| 그림 2-16 | 셀 주소를 참조하여 수식 작성하기

| 그림 2-17 | 수식 입력 완료 결과

③ 셀 주소를 참조해서 수식을 작성한 경우에 수식에 포함된 셀의 값이 변경되면 수식의 값도 자동으로 변경된다. A1 셀의 값을 30으로 변경해보자. A3 셀의 값이 34로 변경된다.

| 그림 2-18 | 수식에 참조된 셀 값 변경 시 자동 계산

(2) 셀을 클릭하여 간단히 수식 입력하기

수식을 입력하는 경우 인자로서 셀 주소를 일일이 입력하기에 번거로운 경우 마우스를 이용해서 해당 셀을 클릭하면 수식을 간단하게 작성할 수 있다. 함수 사용 시 연속적인 셀을 사용하는 경우는 해당 셀 범위를 드래그한다.

① 계산식을 입력할 셀을 선택한 후 등호(=)를 입력한다.
② 마우스로 참조할 셀을 클릭하면 자동으로 선택한 셀의 주소가 입력된다.
③ 연산자(+, - 등)를 키보드로 입력하고 계속 참조하는 셀의 주소를 마우스로 클릭한다.

④ 수식이 완성되면 Enter키를 쳐서 완료한다. 계산된 결과 값이 해당 셀에 나타난다.

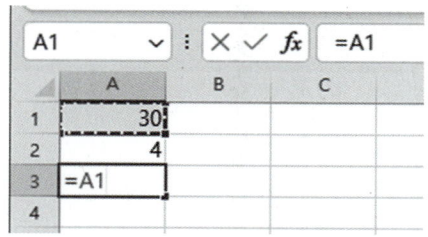

| 그림 2-19 | 셀 클릭하여 계산식 작성하기

| 그림 2-20 | 셀 클릭하여 계산식 완성하기

2 수식 작성하기

(1) 기본적인 계산식 형태

엑셀로 작성되는 계산식의 형태는 이항 연산을 기본으로 한다. 물론 단항 연산의 형태를 가지는 식도 작성할 수 있다. 이항 연산은 가운데 연산자가 오고 양쪽에 피연산자가 오는 구조이며, 피연산자로는 상수, 변수 개념의 셀 번지, 셀 번지를 대신하는 정의된 이름 등이 사용된다. 물론 이러한 기본 연산식을 결합하여 수학에서 사용하는 것과 같은 더 복잡한 수식을 작성할 수도 있다.

- **이항연산**
  = 피연산자 연산자 피연산자
  예) = A1 + B1

- **단항연산**
  = 연산자 피연산자
  예) −A1
  = 피연산자 연산자
  예) A1%

(2) 계산식에 사용되는 연산자

엑셀 계산식에서 사용되는 연산자는 다음과 같다.

■ 산술 연산자

연산자	기능	예
+	더하기	= A1+B1
-	빼기	= A1−B1
*	곱하기	= A1*B1
/	나누기	= A1/B1
^	지수	= A1^B1
%	백분율	= A1%
-	음수	= −A1

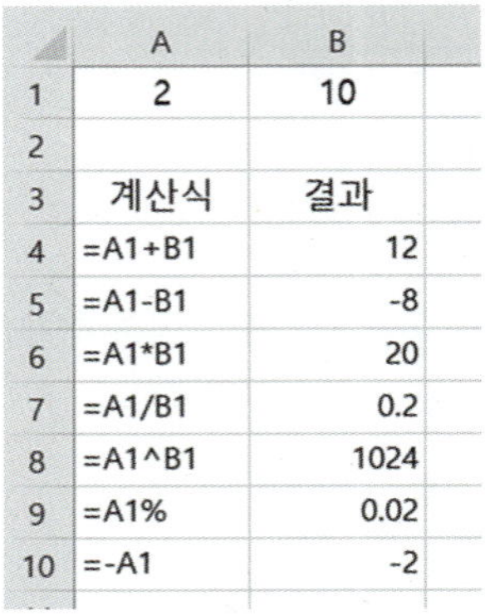

	A	B
1	2	10
2		
3	계산식	결과
4	=A1+B1	12
5	=A1-B1	-8
6	=A1*B1	20
7	=A1/B1	0.2
8	=A1^B1	1024
9	=A1%	0.02
10	=-A1	-2

| 그림 2-21 | 산술 연산자 사용 예

■ 비교 연산자

연산자	기능	예
=	같다	= A1=B1
>	크다	= A1>B1
<	작다	= A1<B1
>=	크거나 같다	= A1>=B1
<=	작거나 같다	= A1<=B1
<>	같지 않다	= A1<>B1

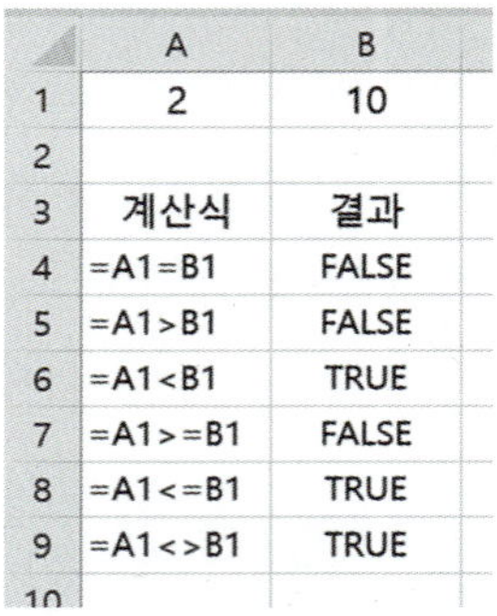

	A	B
1	2	10
2		
3	계산식	결과
4	=A1=B1	FALSE
5	=A1>B1	FALSE
6	=A1<B1	TRUE
7	=A1>=B1	FALSE
8	=A1<=B1	TRUE
9	=A1<>B1	TRUE

| 그림 2-22 | 비교 연산자 사용 예

> **MEMO**
>
> **논리 데이터**
>
> 논리 데이터는 함수식을 이용할 때 주로 사용되는 것으로 참(TRUE)과 거짓(FALSE) 두 가지의 값을 가진다.

■ 문자 연산자

연산자	기능	예
&	문자와 문자를 연결(concatenate)	= A2&B2

	A	B
1		
2	대한	민국
3		
4	입력식	결과
5	=A2&B2	대한민국
6		

▎그림 2-23▎ 문자 연산자 사용 예

계산식을 입력할 때 원하는 경우 여러 개의 연산자를 혼합하여 사용할 수 있는데 이 경우 연산자의 연산 우선순위를 주의해야 한다. 산술 연산자가 비교 연산자보다 우선순위가 높고 괄호( )가 다른 어떤 연산자보다 우선순위가 높다. 산술 및 문자 연산자의 경우 우선순위는 -(음수), %(백분율), ^, *(또는 /), +(또는 -), & 순이다.

(3) 셀 참조하기

일반적으로 수식은 연산자와 함께 숫자(상수)를 직접 입력하거나 이미 값이 입력된 셀 주소 또는 등록되어 있는 이름을 사용하여 작성한다. 숫자와 셀 주소 그리고 셀 이름은 하나의 수식에 혼용해서 사용할 수도 있다.

수식에서 단일 셀을 계산에 사용하는 경우는 직접 참조하는 해당 셀 주소를 입력해주면 된다. 그러나 하나 이상의 셀 내용을 수식에서 사용할 수도 있는데 이 경우에 다음과 같은 셀 참조 연산자를 사용하면 편리하게 수식을 작성할 수 있다. 이러한 셀 참조 연산자는 함수를 이용한 수식 작성에서 유용하게 사용된다.

연산자	기능	예
:	두 셀 주소 사이의 연속적인 모든 셀을 포함해서 지정한다.	A3:D3
,	연속적인 혹은 비연속적인 모든 셀을 각각 참조 영역으로 지정한다.	A4,D4

(4) 이름의 정의

수식에서 특정 셀 또는 셀의 범위를 참조하는 경우 셀 주소 형태로 사용하기보다는 의미 있는 이름을 부여함으로써 셀 참조를 보다 용이하게 할 수 있다. 이러한 이름의 사용은 해당 범위의 셀을 참조하는데 셀 주소와 동일하게 사용될 수 있다. 이름 정의와 관련된 작업은 [수식] 탭-[정의된 이름] 그룹의 명령 단추를 이용한다.

① 이름을 정의할 셀이나 셀의 범위를 선택한다.
② [수식] 탭-[정의된 이름] 그룹에서 [이름 정의] 메뉴를 선택한 후, [새 이름] 대화상자가 나오면 [이름]의 입력란에 원하는 이름을 입력하고 [확인]을 누른다. 이름 정의를 간단하게 하기 위해서는 이름 상자를 이용할 수 있다. 이름을 정의할 셀 또는 셀의 범위를 선택한 후 이름 상자에 직접 정의할 이름을 입력하고 Enter를 누른다.

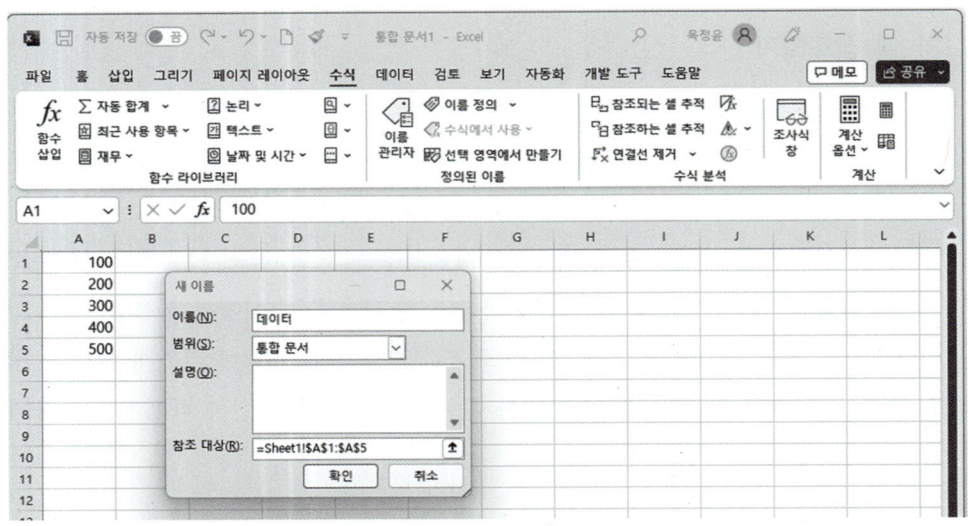

| 그림 2-24 | 이름 정의하기

③ 정의된 이름을 수정하거나 삭제하기 위해서는 [이름 관리자] 아이콘을 선택한 후, [이름 관리자] 대화 상자에서 정의된 이름을 선택한 후 수정 또는 삭제하면 된다.

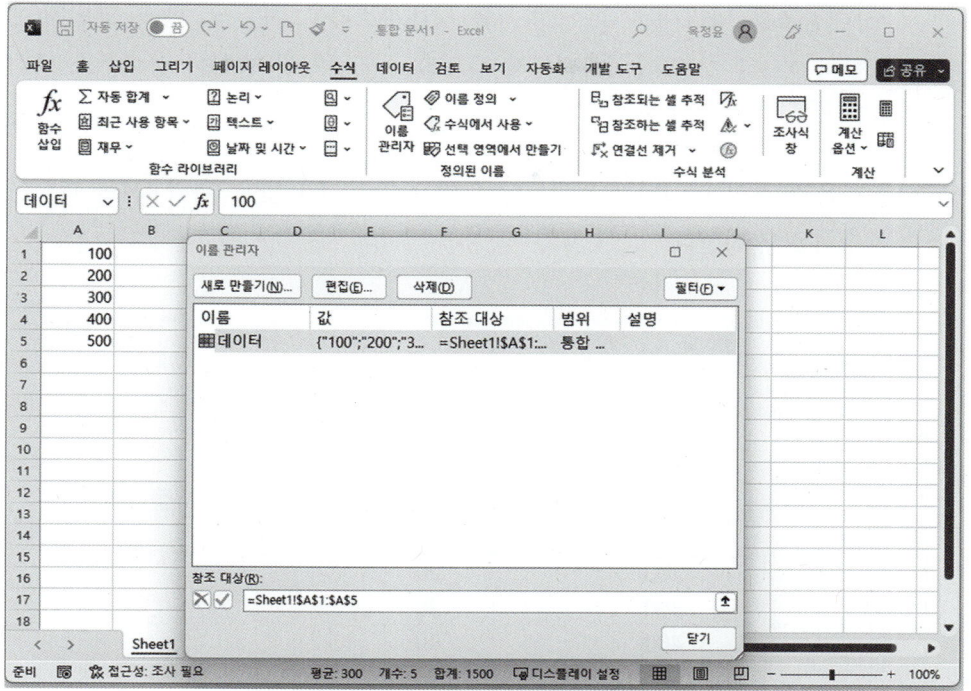

| 그림 2-25 | [이름 관리자] 대화 상자

3 셀 주소 참조 방식 (상대참조, 절대참조, 혼합참조) 이해하기

엑셀 수식에서 셀 주소를 참조하는 방식은 상대참조, 절대참조 및 혼합참조로 나눌 수 있다. 어떤 방식으로 참조했느냐에 따라 셀 참조를 사용하는 수식을 복사할 때의 결과가 달라지기 때문에 정확한 계산 결과를 얻기 위해서 충분한 이해가 필요하다.

(1) 상대참조

현재 셀을 중심으로 상대적인 위치에 있는 셀을 참조하는 방식으로 현재 셀의 위치가 바뀌면 상대참조로 지정된 위치도 상대적으로 바뀌게 된다. 따라서 상대참조로 사용된 수식을 복사하면 복사하는 행이나 열의 방향에 따라 수식 내의 셀 주소도 변하게 된다.

상대참조를 나타내는 주소 형식을 상대주소라고 하는데, 행과 열번지(예를 들어 A1)로 지정되는 엑셀에서 사용되는 일반적인 형식이 상대주소 방식이다.

① 다음과 같이 데이터가 입력되어 있다고 하자. F4 셀에 B4와 D4를 더하는 수식을 작성한다.

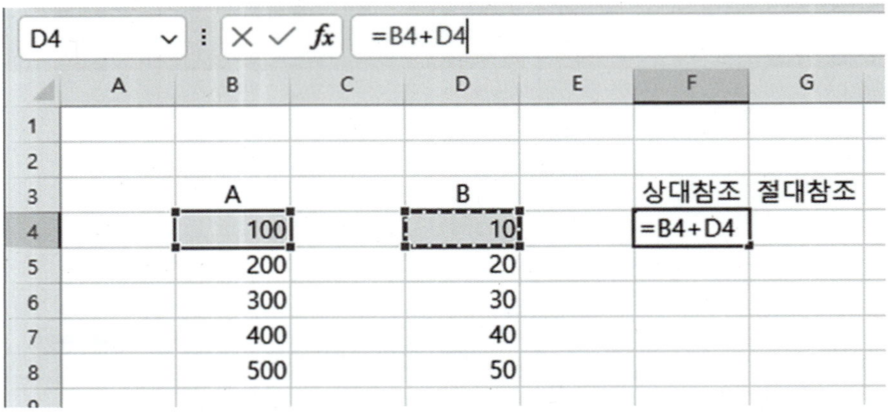

| 그림 2-26 | 상대참조 방식의 수식 예

② F4에 채우기 핸들을 이용하여 열 방향의 나머지 셀 범위(F5:F8)를 자동으로 채운다. 수식이 나머지 영역으로 복사된다.

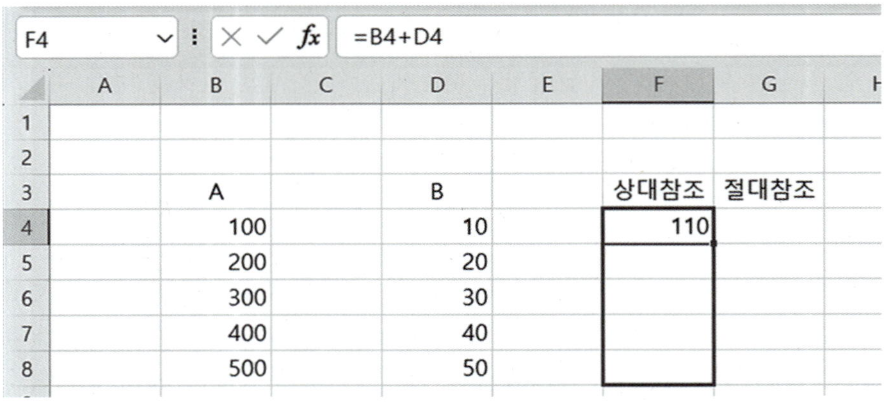

| 그림 2-27 | 채우기 핸들을 이용한 수식 복사

> **MEMO**
>
> **채우기 핸들의 자동 채우기**
>
> 채우기 핸들은 같은 내용을 반복해서 입력하거나 동일한 과정의 계산을 반복해야 하는 작업, 연속된 데이터를 입력해야 하는 경우에 아주 유용하게 사용되는 도구이다. 자동 채우기는 셀의 오른쪽 아래에 있는 채우기 핸들을 채우고자 하는 셀 영역으로 드래그하면 된다.
>
>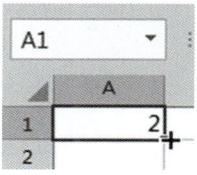

③ Ctrl+~를 이용하여 복사된 수식을 살펴보자. 사용하는 주소가 상대주소이기 때문에 수식 셀의 주소가 F4에서 F5로 바뀌면서 상대적으로 수식에 참조되었던 B4과 D4의 주소도 상대적인 위치를 가리키는 셀인 B5와 D5로 바뀌면서 복사된다.

| 그림 2-28 | 상대참조로 복사된 수식

> **MEMO**
>
> **Ctrl +~의 기능**
>
> 셀에 수식을 입력하면 기본적으로 수식의 결과가 나타나는데 셀에 원래의 수식을 표시하기 위해서 Ctrl +~ 키를 사용한다. 이 단축키는 수식이 제대로 완성되었는지를 확인하는데 유용하게 사용된다. 원래로 복원하기 위해서는 다시 Ctrl+~를 누르면 된다.

(2) 절대참조

상대참조와 달리 현재 셀의 위치에 상관없이 지정한 셀 주소의 절대적인 위치에 있는 셀 내용을 참조해야 할 때 사용하는 방식을 말한다. 즉, 절대참조한 셀 주소를 사용한 수식을 복사한다면 주소의 열과 행이 모두 변하지 않는다. 절대주소를 나타내는 기호는 "$"로 행과 열 앞에 모두 붙이면 절대주소(예를 들어 $A$1)가 된다. 직접 "$" 기호를 입력하거나 키보드의 F4키를 이용한다.

① 같은 데이터에 대해 G4 셀에 B4과 D4를 더하는 수식을 작성한다. 이 때 D4셀을 절대번지 방식($D$4)으로 지정하도록 한다.

	B	C	D	E	F	G
1						
2						
3	A		B		상대참조	절대참조
4	100		10		=B4+D4	=B4+$D$4
5	200		20		=B5+D5	
6	300		30		=B6+D6	
7	400		40		=B7+D7	
8	500		50		=B8+D8	

| 그림 2-29 | 절대참조 방식의 수식 예

② G4에 채우기 핸들을 이용하여 열 방향의 나머지 셀 범위를 자동으로 채운 후, Ctrl+~로 복사된 수식을 살펴보자. 사용하는 주소 중 B4는 상대주소 방식이므로 수식 셀의 위치가 G4에서 G5로 바뀌면 위치가 상대적으로 변경된다. 그러나 $D$4는 절대주소방식을 사용하기 때문에 수식 셀의 위치가 G4에서 G5로 바뀌어도 참조된 $D$4의 위치는 변하기 않고 항상 $D$4로 계산된다.

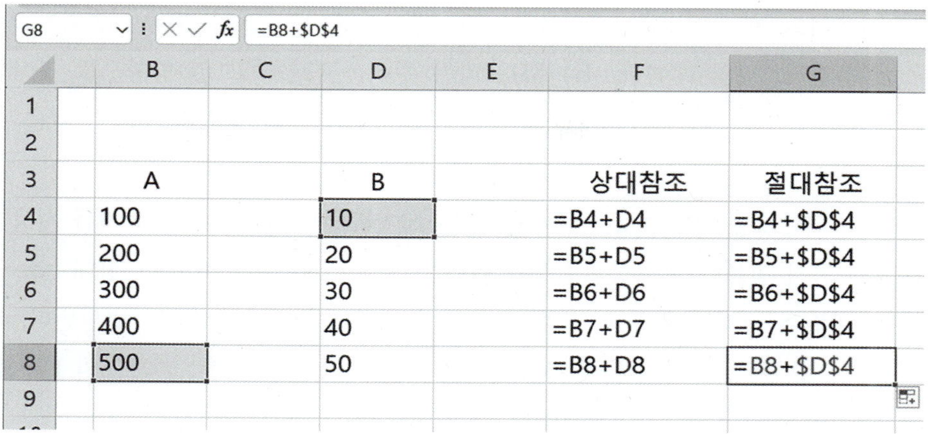

| 그림 2-30 | 절대참조로 복사된 수식

③ 수식에서 상대참조 또는 절대참조를 사용하였는가에 따라 전혀 다른 결과가 나온다. 상대참조와 절대참조에 대한 이해의 부족은 잘못된 계산 결과를 가져올 수 있으므로 주의해야 할 것이다.

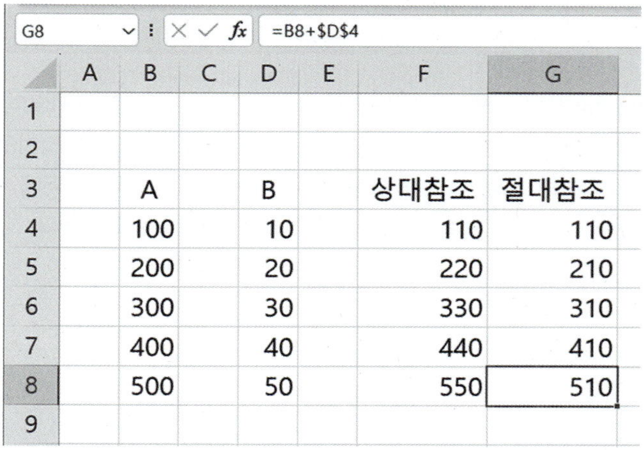

| 그림 2-31 | 상대 및 절대 참조 결과

(3) 혼합참조

상대참조와 절대참조가 혼합된 형식의 참조 방식이다. 즉, 행과 열중에서 한 가지만 절대주소를 사용해야 하는 경우(예를 들어 $A1 또는 A$1)이다. 일반적으로 열 방향으로 수식을 복사할 때에는 A$1과 같이 행에만 절대참조를 사용하고, 행 방향으로 수식을 복사할 때에는 $A1과 같이 열에만 절대참조를 사용한다. 위의 예에서 =B4+$D$4라는 수식을 작성하고 열 방향으로 복사하였다. 이 경우 =B4+D$4라고 혼합참조를 사용한 식과 동일한 결과를 얻을 수 있다.

이러한 3종류의 주소를 좀 더 편리하게 입력하기 위해서는 F4 키를 사용한다. 먼저 참조하려는 상대주소를 입력한 후 F4키를 누를 때마다 상대주소 → 절대주소 → 혼합주소 → 혼합주소 → 상대주소...가 반복적으로 변환된다. 입력된 셀 주소에 커서를 두거나 범위를 드래그로 설정한 후, 키보드의 F4키를 누르면 주소 종류가 변경된다.

> - F4를 이용한 주소 참조 방식 변경
>   A1(상대주소)에 커서가 위치해 있을 때 → F4 → $A$1(절대주소) → F4 → A$1(혼합주소) → F4 → $A1 → A1(상대주소)

MEMO

다른 통합 문서 셀 참조하기

엑셀을 사용하다 보면 다른 통합 문서에 있는 데이터를 참조하여 계산하는 경우가 있다. 이 경우에는 참조할 통합 문서를 동시에 열어서 하나의 통합 문서에서 작업하는 것과 같이 참조할 부분을 클릭하면 해당 주소가 자동으로 지정된다. 다른 통합문서에 존재하는 셀의 표현 방법은 "[문서이름.xlsx]시트이름!셀번지"와 같은 형식으로 표시된다.

2.3 편리한 입력 기능 사용하기

엑셀은 대량의 다양한 데이터를 다루기 때문에 데이터를 보다 쉽게 입력할 수 있는 다양한 방법을 제공한다.

1 자동 완성 기능으로 문자 데이터 입력하기

자동 완성 기능은 열 방향으로 데이터를 입력할 때만 적용되는 기능으로 셀에 입력되는 첫 글자에 따라 이미 위에 입력된 내용이 있으면 자동으로 셀의 내용을 완성시켜주는 기능이다. 입력하려는 내용과 같은 내용이면 Enter키를 누르고, 아니면 입력하려는 다른 내용을 계속 입력하면 된다. 따라서 동일 데이터가 반복되어 입력되는 경우 첫 글자만 입력하면 나머지 내용이 완성되므로 손쉽고 빠르게 입력할 수 있다.

① B3 셀부터 학교 리스트를 입력한다고 하자.
② B6 셀에 동일한 데이터를 입력하기 위해 "중"을 입력하면 다음과 같이 나머지 데이터가 자동으로 셀에 표시되는 것을 볼 수 있다. 나머지 글자를 입력하지 않고도 Enter키를 누르면 동일 데이터 입력이 완성된다.

| 그림 2-32 | 자동 완성 기능 사용하기

2 셀 범위 지정하여 입력하기

일정한 범위를 드래그로 선택한 후 입력하면 범위 내에서 셀 포인터가 자동으로 입력될 다음 셀로 넘어가기 때문에 입력을 편리하게 할 수 있다. 이때 데이터를 지정된 범위의 상하 방향으로 입력하려면 키보드에서 Enter 키와 Shift + Enter 키만 이용해야 지정된 범위가 해제되지 않는다.

① 데이터를 입력할 범위를 선택한다. 여러 셀들을 선택할 때는 마우스로 드래그(Drag)한다.

② 입력할 데이터를 한 셀씩 연속적으로 Enter키로 구분하여 입력한다. 입력되는 순서는 지정된 범위의 가장 왼쪽 열을 위에서 아래 순으로 채우고 다음 열로 이동하면서 셀을 채우게 된다. 이 경우에도 오른쪽으로 데이터를 채우려면 Tab키를 이용해서 데이터를 입력하면 된다.

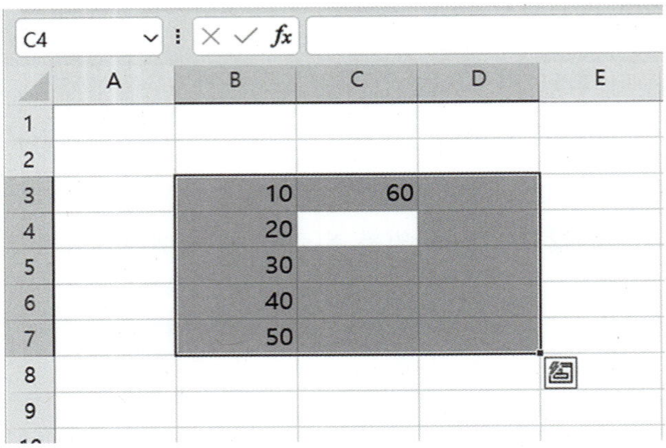

| 그림 2-33 | 선택한 범위 내에서 데이터 입력하기

3 자동 채우기를 이용하여 입력하기

엑셀의 가장 큰 특징 중의 하나는 채우기 핸들을 이용한 자동 채우기(Auto Filling) 기능이다. 자동 채우기는 인접한 셀로 내용을 복사하거나 연속된 데이터뿐만 아니라 수식을 복사하여 채우는데 사용된다.

(1) 동일 데이터 반복 입력하기(데이터 복사하기)

행이나 열 방향으로 데이터를 복사하려면 복사할 셀을 선택한 후 채우기 핸들로 데이터를 채울 셀까지 드래그하면 된다. 채우기 핸들을 이용하여 간편하게 동일한 데이터가 반복적으로 입력된다.

① A1 셀에 "2"를 입력한 후, A1 셀을 선택하고 채우기 핸들로 마우스 포인터를 이동한다.

② 채우기 핸들로 이동한 마우스 포인터 모양이 작은 십자가 모양이 되었을 때, 마우스의 왼쪽 버튼을 누르고 A6 셀까지 드래그한다.

③ 동일한 데이터가 드래그 한 부분까지 복사된다.

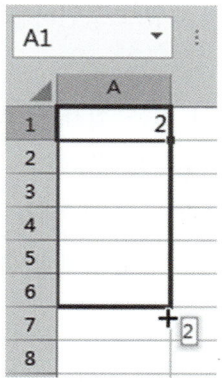

| 그림 2-34 | 자동 채우기

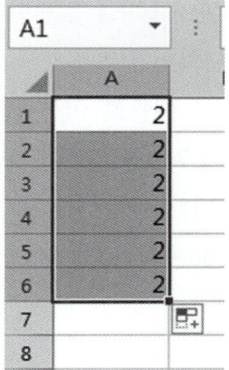

| 그림 2-35 | 복사 완료

TIP

채우기 핸들을 사용하여 자동 채우기를 하려면 [파일]탭–[옵션]을 선택한 후, [Excel 옵션] 대화상자의 [고급] 메뉴 중 [편집 옵션]에서 [채우기 핸들 및 셀 끌어서 놓기 사용] 확인란이 선택되어 있어야 한다.

| 그림 2-36 | 채우기 핸들 및 셀 끌어서 놓기 허용

2.3 편리한 입력 기능 사용하기

(2) 연속적인 수치 데이터 입력하기

자동 채우기를 이용하여 학번, 사원번호 등의 일련의 연속된 수치 데이터를 쉽게 입력할 수 있다.

① C1 셀에 100을 입력한 다음, 셀을 선택하고 마우스 포인터를 채우기 핸들로 위치시킨다.
② 채우기 핸들로 이동한 마우스 포인터 모양이 작은 십자가 모양이 되었을 때, 마우스의 오른쪽 버튼을 누르고 C6 셀까지 드래그한다.
③ 표시되는 단축 메뉴에서 [연속 데이터 채우기]를 선택한다. +1씩 증가하는 100에서 105까지의 수치 데이터가 C1-C6 셀 범위에 연속적으로 입력된다.

| 그림 2-37 | [연속 데이터 채우기] 선택 | 그림 2-38 | [연속 데이터 채우기] 완료

> **TIP**
> - 연속된 수치 데이터를 채우는 간단한 방법은 채우기 핸들에서 Ctrl 키를 누른 채 왼쪽 버튼을 누르고 드래그하면 된다.
> - 마우스의 오른쪽 버튼을 이용해서 자동 채우기를 하는 경우 월 단위 채우기, 년 단위 채우기, 연속 데이터의 방향 및 유형 등 다양한 옵션으로 채우기를 할 수 있다.

(3) 일정한 간격으로 증감하는 연속 수치 데이터 입력하기

+1씩 증가하는 수치데이터 외에, 수치 데이터가 사용자가 원하는 일정한 간격으로 증감하는 경우 데이터를 쉽게 채우려면 첫 셀에 시작 값, 바로 다음

셀에 두 번째 값을 입력한 후 이들 범위를 지정하여 채우기 핸들로 드래그한다.

① A1에 10을 입력하고 A2에 30을 입력한다.
② A1과 A2 두 셀을 선택한 후 채우기 핸들에서 왼쪽 버튼을 누르면서 입력되기 원하는 부분까지 드래그한다.
③ 처음 입력한 두 수의 차이만큼 증가한 데이터로 채워진다.

| 그림 2-39 | 일정 간격으로 자동 채우기

| 그림 2-40 | 일정 간격으로 자동 채우기 완료

(4) 연속된 문자 데이터 입력하기(목록 채우기)

원래 자동 채우기 핸들에 마우스 포인터를 위치시키고 마우스의 왼쪽 버튼을 눌러 드래그하는 것은 셀의 내용을 복사하는 기능이다. 그런데 입력된 셀의 내용이 상식적인 주기를 가지고 있는 데이터라면 복사가 아닌 주기 상의 연속적인 데이터가 입력된다. 예를 들면 1사분기, 1월, 월요일 등으로 [파일]탭-[Excel 옵션]의 [기본설정] 메뉴에서 [사용자 지정 목록 편집] 단추를 누르면 자동 채우기가 가능한 목록을 확인할 수 있다.

■ 이미 지정된 목록의 자동 채우기 기능 사용하기

기본적으로 엑셀에서 지정되어 있는 목록을 사용하는 방법은 다음과 같다.

① 다음과 같이 입력한 셀 범위를 선택한 후 채우기 핸들을 D12 셀 위치까지 드래그하여 자동 채우기한다.
② 다음과 같이 내용이 표시된다.

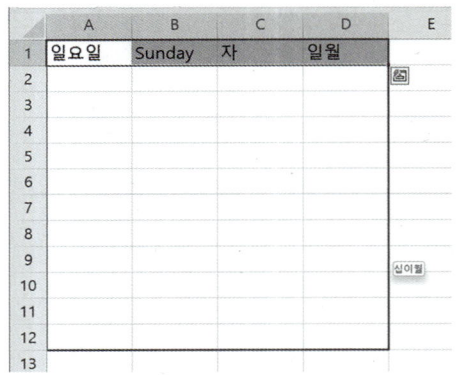

| 그림 2-41 | 목록 자동 채우기   　　　| 그림 2-42 | 목록 자동 채우기 완료

■ 사용자 지정 목록의 자동 채우기 기능 사용하기

이미 지정된 목록이 아니더라도 사용자가 원하는 목록을 사용자 지정 목록으로 정의하여 자동 채우기를 할 수 있다.

① [파일]탭-[옵션]의 [고급]메뉴의 [일반]섹션에서 [사용자 지정 목록편집] 단추를 클릭한다.

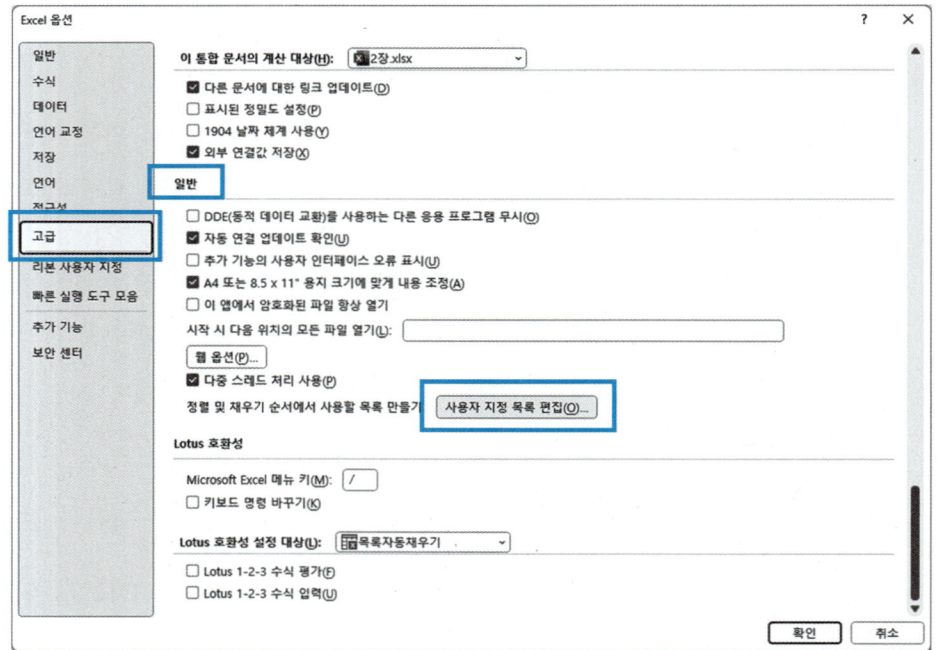

| 그림 2-43 | [옵션]에서 사용자 지정 목록 항목 메뉴 위치

② [사용자 지정 목록] 대화상자에서 오른쪽의 [목록 항목]에 사용자가 사용할 항목인 "초등학교, 중학교, 고등학교, 대학교"를 입력한다. 목록 항목 사이는 Enter키를 입력하여 구분한다.

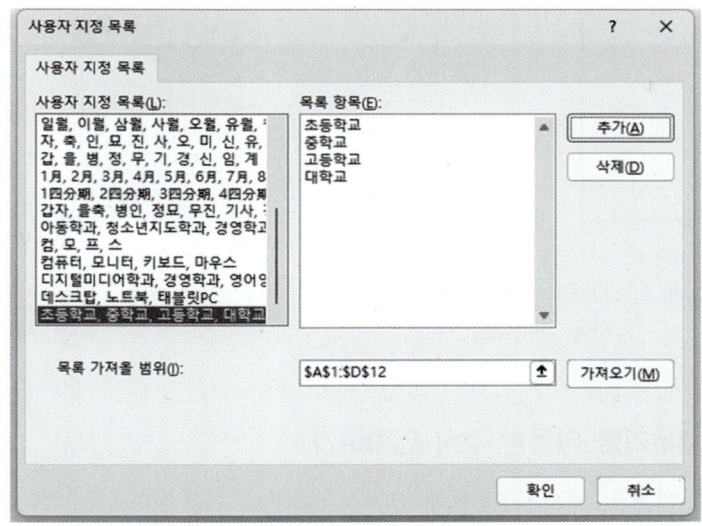

| 그림 2-44 | 사용자 지정 목록 항목 추가하기

> **TIP**
>
> 사용자 지정 목록 추가 시 목록 항목 간 Enter키를 이용하는 것 이외에 콤마(,)를 구분하여 입력할 수도 있다.

③ [추가] 버튼을 클릭하면 [사용자 지정 목록]에 입력한 항목이 추가됨을 확인할 수 있다.
④ 임의의 셀에 "초등학교"를 입력하고 자동 채우기 핸들에서 복사하려는 방향으로 드래그 한다.
⑤ 지정된 목록의 항목 순서대로 자동 채우기 된다.

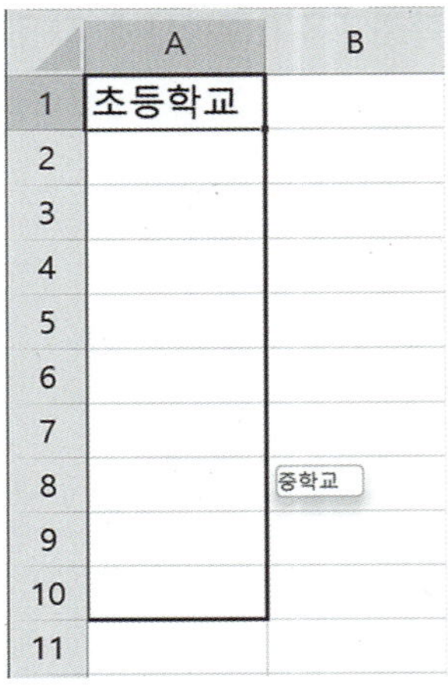

| 그림 2-45 | 사용자 지정 목록 자동 채우기

| 그림 2-46 | 사용자 지정 목록 자동 채우기 완성

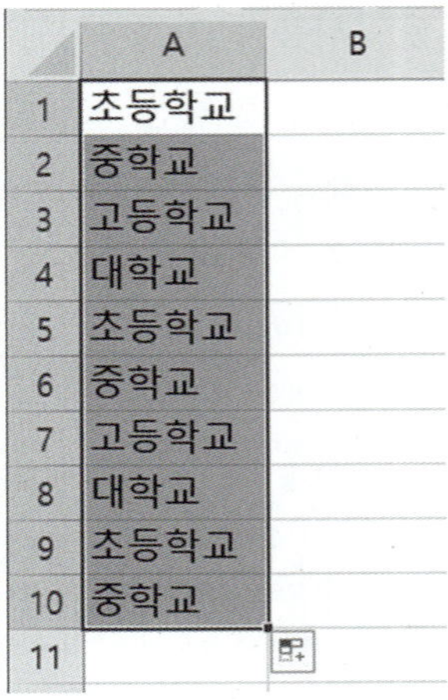

(5) 자동 채우기를 이용한 수식 입력하기

채우기 핸들은 계산식을 쉽게 채우는 데에도 활용된다. 동일한 계산 작업을 반복해서 입력해야 하는 경우 채우기 핸들을 사용하면 수월하다. 이에 대한 예는 셀 참조 방식을 설명하면서 이미 다루었으므로 자세한 내용은 생략하기로 하겠다.

4 기타 편리한 입력 기능 사용하기

(1) 빠른 채우기를 이용한 데이터 입력하기

빠른 채우기를 이용하면 기존에 입력된 데이터의 패턴을 인식해서 자동으로 데이터를 채우는 기능이다.

① B2 셀에는 "서울"을 입력하고 B3 셀에는 "경기"을 입력한 후 B4 셀이 선택된 상태에서 [데이터] 탭의 [데이터 도구] 그룹의 [빠른 채우기]를 클릭한다.

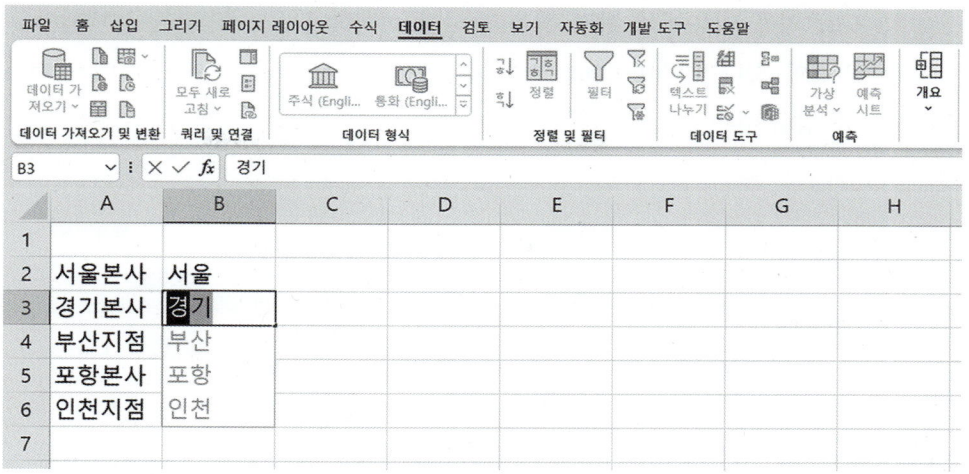

| 그림 2-47 | 빠른 채우기 실행하기

② A열의 근무지점 항목에서 앞에 두 글자만 B열에 자동으로 표시된다.

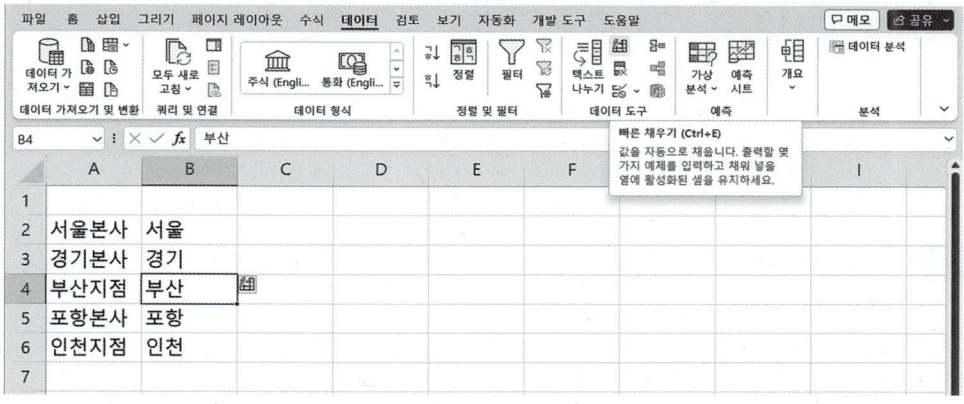

| 그림 2-48 | 빠른 채우기 결과 화면

(2) 같은 데이터를 여러 셀에 동시에 입력하기

대량의 데이터를 처리하다 보면 동시에 같은 데이터를 여러 셀에 입력해야 될 필요가 있다. 이런 경우를 위해 엑셀은 동시 입력 기능을 가지고 있다. 먼저 데이터를 입력할 셀들을 선택한 후 데이터를 입력하고 Ctrl+Enter키를 누르면 된다.

① Ctrl 키를 이용해서 여러 셀을 동시에 선택한 다음 데이터를 입력한다.
② 입력이 끝나면 Ctrl+Enter 키를 누른다. 지정된 모든 셀에 동시에 데이터가 입력된다.

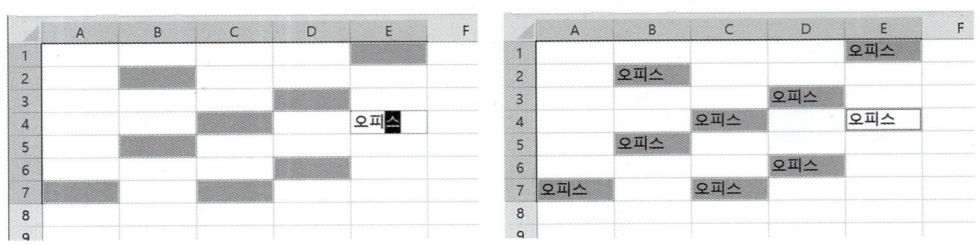

| 그림 2-49 | 셀 범위 선택 후 데이터 입력 | 그림 2-50 | Ctrl+Enter 키로 입력 완료

활용하기 [컴퓨터 활용 능력 평가표] 데이터 입력 및 수식 사용하기

2장에서 배운 내용에 기초하여 성적 처리를 위한 데이터를 작성하고 입력된 데이터에 계산식을 적용하여 보자.

1 [컴퓨터 활용 능력 평가표] 데이터 입력하기

(1) 자동 채우기와 자동 완성 기능을 사용하여 데이터 입력하기

① A1 셀을 클릭하여 "컴퓨터 활용 능력 평가표"를 입력한다.
② A3 셀에 "순번"을 입력한다. A4 셀에 "1"을 입력한다.
③ 채우기 핸들을 이용하여 A18 셀까지 연속적인 수치 데이터를 입력한다.
④ B3 셀에 "시험일자"를 입력하고, B4-B18 셀에 날짜를 입력한다.
⑤ C3 셀에는 "학번"을 입력하고, C4-C18 셀에 학번을 입력한다.
⑥ D3 셀에는 "학년"을 입력하고, D4-D18 셀에 학년을 입력한다.
⑦ E3 셀에는 "학과"를 입력하고, E4-E15 셀에 자동 완성 기능을 이용하여 학과 데이터를 입력한다.
⑧ F3 셀에 "이름"을 입력하고, F4-F18 셀에 이름을 입력한다.

	A	B	C	D	E	F
1	컴퓨터 활용 능력 평가표					
2						
3	순번	시험일자	학번	학년	학과	이름
4	1	2022-05-05	6020-B0123	4	행정학과	유지연
5	2	2021-03-06	6019-E0203	4	국어국문학과	최수희
6	3	2022-12-07	6021-D0111	3	사회복지학과	남미란
7	4	2022-04-05	6021-D0303	3	사회복지학과	배태성
8	5	2023-05-09	6021-E0321	2	국어국문학과	하준영
9	6	2022-05-10	6020-D0334	4	사회복지학과	김수희
10	7	2023-10-10	6020-E0145	3	국어국문학과	이인숙
11	8	2023-12-12	6021-B0234	2	행정학과	서주연
12	9	2024-03-13	6022-B0205	1	행정학과	최태련
13	10	2021-06-25	6019-B0145	4	행정학과	전슬기
14	11	2023-09-15	6020-E0204	3	국어국문학과	오영주
15	12	2023-05-16	6022-D0302	2	사회복지학과	이선우
16	13	2023-11-17	6022-B7841	2	행정학과	김슬기
17	14	2024-02-18	6023-E4872	1	국어국문학과	한미성
18	15	2024-03-30	6023-D4789	1	사회복지학과	박재희

┃그림 2-51┃ 자동 채우기와 자동 완성으로 데이터 입력하기

(2) 일정한 범위에 점수 입력하기

① G3 셀에 "한글"을, H3 셀에 "워드"를, I3 셀에 "엑셀"을 J3 셀에 "파워포인트"를 입력한다.

② G4-J18 셀 범위를 블록으로 설정하고 해당 점수 데이터들을 입력한다.

	A	B	C	D	E	F	G	H	I	J
1	컴퓨터 활용 능력 평가표									
2										
3	순번	시험일자	학번	학년	학과	이름	한글	워드	엑셀	파워포인트
4	1	2022-05-05	6020-B0123	4	행정학과	유지연	92	90	100	88
5	2	2021-03-06	6019-E0203	4	국어국문학과	최수희	96	88	92	75
6	3	2022-12-07	6021-D0111	3	사회복지학과	남미란	54	73	75	96
7	4	2022-04-05	6021-D0303	3	사회복지학과	배태성	45	56	48	82
8	5	2023-05-09	6021-E0321	2	국어국문학과	하준영	100	95	68	65
9	6	2022-05-10	6020-D0334	4	사회복지학과	김수희	85	95	82	45
10	7	2023-10-10	6020-E0145	3	국어국문학과	이인숙	45	78	65	49
11	8	2023-12-12	6021-B0234	2	행정학과	서주연	67	80	67	78
12	9	2024-03-13	6022-B0205	1	행정학과	최태련	55	70	100	72
13	10	2021-06-25	6019-B0145	4	행정학과	전슬기	95	83	82	100
14	11	2023-09-15	6020-E0204	3	국어국문학과	오영주	68	62	45	45
15	12	2023-05-16	6022-D0302	2	사회복지학과	이선우	82	88	55	69
16	13	2023-11-17	6022-B7841	2	행정학과	김슬기	88	98	98	48
17	14	2024-02-18	6023-E4872	1	국어국문학과	한미성	55	67	23	69
18	15	2024-03-30	6023-D4789	1	사회복지학과	박재희	35	55	78	78

┃그림 2-52┃ 일정 범위에 점수 데이터 입력하기

2 [컴퓨터 활용 능력 평가표] 간단한 수식 사용하기 및 표시 형식 적용해보기

(1) 수식을 사용하여 총점, 평균 및 항목별 평균 구하기

입력한 점수 데이터를 이용하여 총점 및 항목별 평균을 구하는 수식을 작성해 보자.

① K3 셀에 "총점"을 입력한다. 첫 지원자의 총점을 구하기 위해서 K4 셀로 셀 포인터를 이동한다. "유지연"의 한글, 워드, 엑셀, 파워포인트의 총점을 구하는 수식("=G4+H4+I4+J4")을 입력한다.

학년	학과	이름	한글	워드	엑셀	파워포인트	총점
4	행정학과	유지연	92	90	100	88	=G4+H4+I4+J4
4	국어국문학과	최수희	96	88	92	75	
3	사회복지학과	남미란	54	73	75	96	
3	사회복지학과	배태성	45	56	48	82	
2	국어국문학과	하준영	100	95	68	65	
4	사회복지학과	김수희	85	95	82	45	
3	국어국문학과	이인숙	45	78	65	49	
2	행정학과	서주연	67	80	67	78	
1	행정학과	최태련	55	70	100	72	
4	행정학과	전슬기	95	83	82	100	
3	국어국문학과	오영주	68	62	45	45	
2	사회복지학과	이선우	82	88	55	69	
2	행정학과	김슬기	88	98	98	48	
1	국어국문학과	한미성	55	67	23	69	
1	사회복지학과	박재희	35	55	78	78	

그림 2-53 총점 수식 입력하기

② K4 셀에 셀 포인터의 채우기 핸들에 마우스 포인터를 맞춘 후 K18 셀까지 드래그한다. 이 드래그의 결과로 K4 셀의 수식이 각 셀의 위치에 맞는 상대참조로 수식이 정확하게 변경되어 복사되므로 나머지 지원자들의 총점도 구할 수 있다.

수식이 제대로 맞는지 확인하기 위해 CTRL+~ 키를 눌러 수식을 볼 수 있는 상태로 변경하면, 각 셀의 수식이 정확하게 변경된 것을 확인할 수 있다.

	D	E	F	G	H	I	J	K
1								
2								
3	학년	학과	이름	한글	워드	엑셀	파워포인트	총점
4	4	행정학과	유지연	92	90	100	88	370
5	4	국어국문학과	최수희	96	88	92	75	351
6	3	사회복지학과	남미란	54	73	75	96	298
7	3	사회복지학과	배태성	45	56	48	82	231
8	2	국어국문학과	하준영	100	95	68	65	328
9	4	사회복지학과	김수희	85	95	82	45	307
10	3	국어국문학과	이인숙	45	78	65	49	237
11	2	행정학과	서주연	67	80	67	78	292
12	1	행정학과	최태련	55	70	100	72	297
13	4	행정학과	전슬기	95	83	82	100	360
14	3	국어국문학과	오영주	68	62	45	45	220
15	2	사회복지학과	이선우	82	88	55	69	294
16	2	행정학과	김슬기	88	98	98	48	332
17	1	국어국문학과	한미성	55	67	23	69	214
18	1	사회복지학과	박재희	35	55	78	78	246
19								

그림 2-54 자동 채우기로 총점 수식 복사하기

③ L3셀에 '평균'을 입력하고 L4셀에 평균을 구하는 수식(=K4/4)을 작성한 후 채우기 핸들로 나머지 셀로 복사한다.

④ 유사한 방법으로 A19 셀에 "평균"을 입력하고 G19 셀로 셀 포인터를 이동하여 "한글"의 평균을 구한다. 이 경우, G19 셀의 수식을 계산식으로 직접 입력하는 것은 상당히 어려움이 있다.

("=(G4+G5+G6+G7+G8+G9+G10+G11+G12+G13+G14+G15+G16 +G17+G18)/15")

이러한 어려움을 해결하기 위해서 함수를 사용하는데 합계나 평균과 같은 함수는 [홈] 탭-[편집] 그룹 또는 [수식] 탭-[함수 라이브러리] 그룹에서 [자동합계](Σ)아이콘의 내림단추를 눌러 해당 함수를 사용하면 편리하게 함수 형태의 수식을 입력할 수 있다.

G19셀을 선택한 후, [자동합계]에서 [평균]을 선택한다.

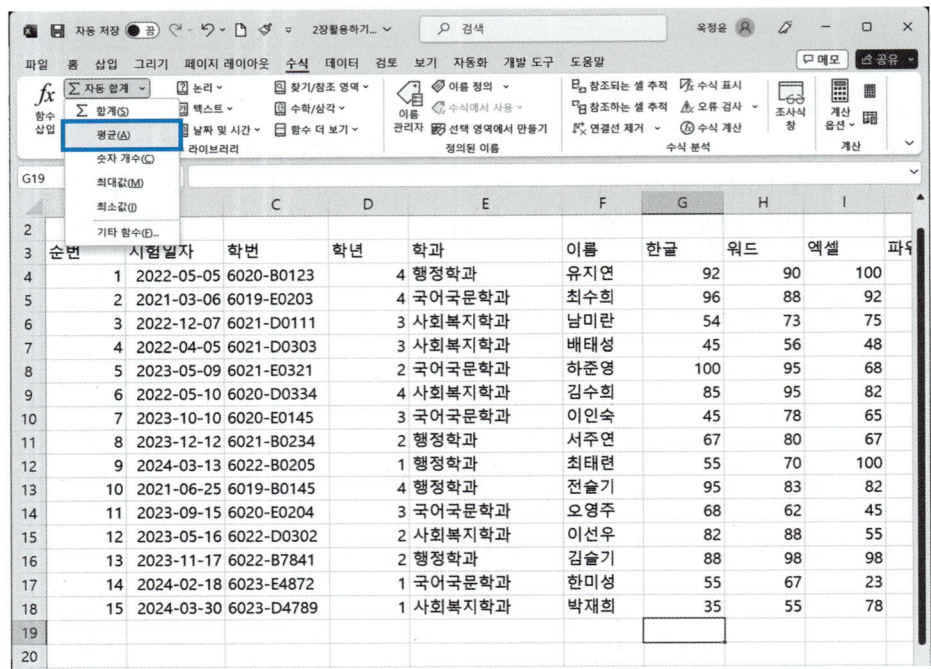

| 그림 2-55 | 자동합계 아이콘을 이용하여 평균 수식 입력하기

⑤ 평균을 구하는 수식이 함수형태로 완성된다. 해당 범위 지정이 제대로 되었으므로 입력 완료를 위해 Enter를 입력한다. 함수에 대한 자세한 내용은 6장에서 다루기로 한다.

| 그림 2-56 | 평균 수식 확인하기

⑥ 채우기 핸들을 이용해 복사하여 한글, 워드, 엑셀, 파워포인트, 총점, 평균에 대한 평균값을 구한다.

학년	학과	이름	한글	워드	엑셀	파워포인트	총점	평균
B0123	4	행정학과	유지연	92	90	100	88	370	93
E0203	4	국어국문학과	최수희	96	88	92	75	351	88
D0111	3	사회복지학과	남미란	54	73	75	96	298	75
D0303	3	사회복지학과	배태성	45	56	48	82	231	58
E0321	2	국어국문학과	하준영	100	95	68	65	328	82
D0334	4	사회복지학과	김수희	85	95	82	45	307	77
E0145	3	국어국문학과	이인숙	45	78	65	49	237	59
B0234	2	행정학과	서주연	67	80	67	78	292	73
B0205	1	행정학과	최태련	55	70	100	72	297	74
B0145	4	행정학과	전슬기	95	83	82	100	360	90
E0204	3	국어국문학과	오영주	68	62	45	45	220	55
D0302	2	사회복지학과	이선우	82	88	55	69	294	74
B7841	2	행정학과	김슬기	88	98	98	48	332	83
E4872	1	국어국문학과	한미성	55	67	23	69	214	54
D4789	1	사회복지학과	박재희	35	55	78	78	246	62
			71	79	72	71	292	73

┃그림 2-57┃ 자동 채우기로 평균 수식 복사하기

(2) 표시 형식을 적용하여 평균 데이터를 소수 둘째 자리까지 표시하기

표시 형식을 이용하여 계산된 개인별, 항목별 평균 데이터의 소수 자릿수를 둘째자리까지 표시해보자.

① 평균에 해당하는 셀인 L4-L18와 G19-L19을 동시에 선택한 후, 표시 형식의 [자릿수 줄임] 또는 [자릿수 늘림]을 이용하여 평균 데이터를 둘째 자리까지 표시한다.

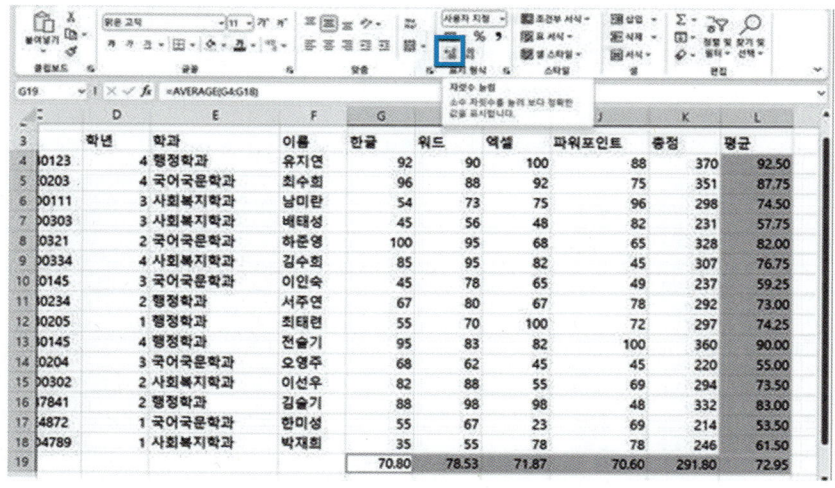

┃그림 2-58┃ 평균 데이터를 소수 둘째 자리까지 표시하기

(3) 절대참조를 활용하여 개인별 평균과 전체 평균과의 차이 구하기

현재 산출된 개인별 평균값에 대한 평균(L19 셀 값)과 각 학생들의 평균이 얼마나 차이가 나는지 알아보려고 한다.

■ 개인별 평균과 전체 평균과의 차이를 구하는 수식 작성하기

① M3 셀에 "평균과의 차이"라고 입력한다. 우선 전체 평균과 "유지연" 평균과의 차이를 구해보자. M4 셀로 셀 포인터를 이동하고 수식을 입력한다. 수식은 "=L4-L19"이다.

| 그림 2-59 | 평균과의 차이를 구하는 수식 작성하기

② 전체 평균과 "유지연"의 평균의 차이가 정확하게 계산된다. 나머지 지원자들의 차이도 구하기 위해 L5 셀에서 L18 셀까지 드래그로 복사한다. 복사된 결과 값이 잘못 계산됨을 알 수 있다.

| 그림 2-60 | 잘못된 수식 결과

③ 복사된 계산식을 살펴보기 위해 CTRL+~키를 누르고 워크시트를 수식을 표시할 수 있는 상태로 변경한다. 수식을 살펴보면 고정되어야 할 K16 셀의 주소가 상대 번지이므로 복사되는 방향에 따라 함께 변해서 L19 셀이 아닌 L20, L21,... 등으로 변경되는 것을 볼 수 있다.

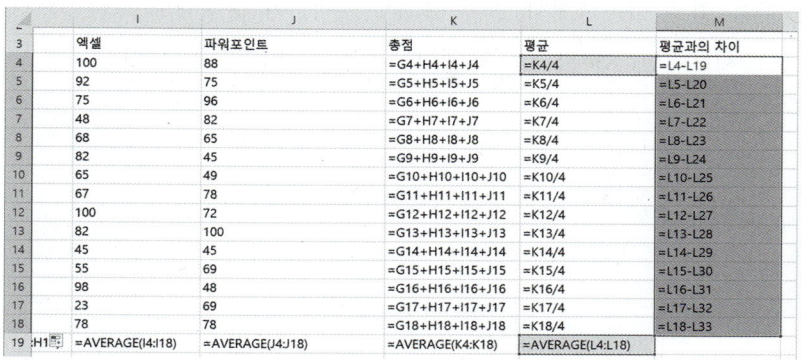

| 그림 2-61 | 수식 복사 결과 잘못된 수식 확인하기

■ 절대 주소 사용하기

M4 셀의 수식을 변경해서 평균 셀인 L19 셀 주소를 복사해도 변경되지 않도록 수정해야 한다. 복사해도 수식내의 주소가 고정되도록 절대 주소를 사용하여 계산식을 변경해보자.

① M4 셀로 셀 포인터를 이동하고 더블 클릭한다. 셀 내용의 편집상태가 되면 L19에 커서를 두고 F4 키를 이용하여 절대번지로 바꾼다. 또는 19앞에만 "$"기호를 입력해도 된다.

| 그림 2-62 | 절대참조를 이용해 수식 수정하기

② M4 셀의 변경된 수식을 M18 셀까지 복사한다. CTRL+~키를 눌러서 셀 내용을 확인해 보면 절대주소를 나타내는 총평균 셀인 L19는 변경되지 않고 그대로 복사 되어 M4-M18 셀 범위에서 $L$19로 표시된다.

	I	J	K	L	M
1					
2					
3	엑셀	파워포인트	총점	평균	평균과의 차이
4	100	88	=G4+H4+I4+J4	=K4/4	=L4-$L$19
5	92	75	=G5+H5+I5+J5	=K5/4	=L5-$L$19
6	75	96	=G6+H6+I6+J6	=K6/4	=L6-$L$19
7	48	82	=G7+H7+I7+J7	=K7/4	=L7-$L$19
8	68	65	=G8+H8+I8+J8	=K8/4	=L8-$L$19
9	82	45	=G9+H9+I9+J9	=K9/4	=L9-$L$19
10	65	49	=G10+H10+I10+J10	=K10/4	=L10-$L$19
11	67	78	=G11+H11+I11+J11	=K11/4	=L11-$L$19
12	100	72	=G12+H12+I12+J12	=K12/4	=L12-$L$19
13	82	100	=G13+H13+I13+J13	=K13/4	=L13-$L$19
14	45	45	=G14+H14+I14+J14	=K14/4	=L14-$L$19
15	55	69	=G15+H15+I15+J15	=K15/4	=L15-$L$19
16	98	48	=G16+H16+I16+J16	=K16/4	=L16-$L$19
17	23	69	=G17+H17+I17+J17	=K17/4	=L17-$L$19
18	78	78	=G18+H18+I18+J18	=K18/4	=L18-$L$19
19	=AVERAGE(I4:I18)	=AVERAGE(J4:J18)	=AVERAGE(K4:K18)	=AVERAGE(L4:L18)	
20					

그림 2-63 수정된 수식 복사하기

③ 총 평균의 셀 주소(L19)가 절대참조로 수식 내에서 고정됨으로써 수식의 결과 값이 제대로 표시됨을 알 수 있다.

	D	E	F	G	H	I	J	K	L	M
1										
2										
3	학년	학과	이름	한글	워드	엑셀	파워포인트	총점	평균	평균과의 차이
4	4	행정학과	유지연	92	90	100	88	370	92.50	19.55
5	4	국어국문학과	최수희	96	88	92	75	351	87.75	14.80
6	3	사회복지학과	남미란	54	73	75	96	298	74.50	1.55
7	3	사회복지학과	배태성	45	56	48	82	231	57.75	-15.20
8	2	국어국문학과	하준영	100	95	68	65	328	82.00	9.05
9	4	사회복지학과	김수희	85	95	82	45	307	76.75	3.80
10	3	국어국문학과	이인숙	45	78	65	49	237	59.25	-13.70
11	2	행정학과	서주연	67	80	67	78	292	73.00	0.05
12	1	행정학과	최태련	55	70	100	72	297	74.25	1.30
13	4	행정학과	전술기	95	83	82	100	360	90.00	17.05
14	3	국어국문학과	오영주	68	62	45	45	220	55.00	-17.95
15	2	사회복지학과	이선우	82	88	55	69	294	73.50	0.55
16	2	행정학과	김슬기	88	98	98	48	332	83.00	10.05
17	1	국어국문학과	한미성	55	67	23	69	214	53.50	-19.45
18	1	사회복지학과	박재희	35	55	78	78	246	61.50	-11.45
19				70.80	78.53	71.87	70.60	291.80	72.95	

그림 2-64 수식 사용 결과

3 [컴퓨터 활용 능력 평가표] 통합문서 저장하기

워크시트의 데이터 처리에 필요한 기본 데이터를 입력하면 작성한 내용을 파일로 저장해야 한다.

　[파일]메뉴의 [저장]을 누르면 [다른 이름으로 저장] 대화상자가 나타난다. 저장하려는 드라이브와 폴더를 선택한다. 엑셀의 기본 저장위치는 "내 문서" 폴더이다. 파일 이름을 "컴퓨터활용능력평가표.xlsx"로 하여 특정 폴더에 저장한다.

확인하기 [매출 현황표] 작성하기

다음은 영업팀 매출 현황표를 작성한 것이다. 필요한 기능들을 적절히 사용하여 매출현황 데이터를 입력하고, 수식을 사용하여 합계, 매출비중, 상여금을 산출한다.

	A	B	C	D	E	F	G	H	I	J	K
1	※영업팀 매출 현황표※										
2									작성일자:	2024-01-08	
3											
4										상여금	
5	소속	지점	삼성	애플	LG	샤오미	합계	매출비중	3%	7%	10%
6	영업1팀	서울	725,000	100,000	2,103,000	234,000	2,928,000				
7	영업2팀	인천	1,540,000	579,000	950,000	480,000	3,069,000				
8	영업3팀	대전	590,000	470,000	724,000	1,240,000	1,784,000				
9	영업4팀	부산	2,650,000	561,000	479,000	984,000	3,690,000				
10	영업5팀	부산	550,000	779,000	1,200,000	785,100	2,529,000				
11	영업6팀	대전	1,504,500	2,354,000	1,100,000	457,000	4,958,500				
12	영업7팀	인천	150,000	1,479,000	980,000	220,000	2,609,000				
13	영업8팀	서울	98,000	941,000	354,000	648,000	1,393,000				
14	영업9팀	대전	3,540,000	223,000	884,000	1,125,400	4,647,000				
15	영업10팀	부산	520,000	2,450,000	560,100	784,100	3,530,100				
16	총합계										
17											

│그림 2-65│ [매출현황표] 입력

	A	B	C	D	E	F	G	H	I	J	K
1	※영업팀 매출 현황표※										
2									작성일자:	2024-01-08	
3											
4										상여금	
5	소속	지점	삼성	애플	LG	샤오미	합계	매출비중	3%	7%	10%
6	영업1팀	서울	725,000	100,000	2,103,000	234,000	2,928,000	9.4%	87,840	204,960	292,800
7	영업2팀	인천	1,540,000	579,000	950,000	480,000	3,069,000	9.9%	92,070	214,830	306,900
8	영업3팀	대전	590,000	470,000	724,000	1,240,000	1,784,000	5.7%	53,520	124,880	178,400
9	영업4팀	부산	2,650,000	561,000	479,000	984,000	3,690,000	11.9%	110,700	258,300	369,000
10	영업5팀	부산	550,000	779,000	1,200,000	785,100	2,529,000	8.1%	75,870	177,030	252,900
11	영업6팀	대전	1,504,500	2,354,000	1,100,000	457,000	4,958,500	15.9%	148,755	347,095	495,850
12	영업7팀	인천	150,000	1,479,000	980,000	220,000	2,609,000	8.4%	78,270	182,630	260,900
13	영업8팀	서울	98,000	941,000	354,000	648,000	1,393,000	4.5%	41,790	97,510	139,300
14	영업9팀	대전	3,540,000	223,000	884,000	1,125,400	4,647,000	14.9%	139,410	325,290	464,700
15	영업10팀	부산	520,000	2,450,000	560,100	784,100	3,530,100	11.3%	105,903	247,107	353,010
16	총합계		11,867,500	9,936,000	9,334,100	6,957,600	31,137,600				
17											

│그림 2-66│ [매출현황표] 결과

> **POINT**
>
> **[데이터 입력]**
> ① 제목(※ 영업팀 매출 현황표 ※)은 기호 ※를 입력하여 작성한다.
> ② 작성일자는 단축키를 사용하여 오늘 날짜가 입력되도록 한다.
> ③ 소속은 채우기핸들을 이용한 자동 채우기 기능을 사용하여 입력한다.
> ④ 지점은 채우기핸들을 이용한 자동 완성 기능을 사용하여 입력한다.
> ⑤ "삼성, 애플, LG, 샤오미"는 사용자 지정 목록을 추가하여 자동 채우기 한다.
>
> **[수식 및 표시 형식 적용]**
> ⑥ 합계 및 총합계 : 자동합계 도구를 이용하여 팀별, 제품별 총액을 계산한다.
> ⑦ 매출비중 : 각 팀별 합계/총합계(G16)로 계산한다.
> ⑧ 상여금 : 합계 * 상여금비율(3%, 7%, 10%)로 계산한다.
>   (단, 상여금 비율은 3%, 7%, 10%에 해당하는 셀번지를 사용할 것.)
>
> **[TRY]** 합계와 상여금 비율의 계산에서 셀번지를 사용할 때, 혼합번지를 이용해보자.
>
> ⑨ 매출비중은 소수점 이하 한자리, %로 표시하고, 나머지 수치 데이터는 천 단위마다 콤마를 표시한다.
> ⑩ 작성된 통합문서를 "매출현황표.xlsx"로 저장한다.

> **MEMO**
>
> **오류값 #DIV/0!의 의미**
> 엑셀에서 오류값은 입력한 수식으로 답을 계산할 수 없는 상황에서 표시된다. #DIV/0!의 의미는 0으로 나누기하고 있음을 표시하는 오류값이다.

CHAPTER 3

셀과 워크시트 다루기

엑셀 프로그램을 다룰 때에도 복사 또는 잘라내어 붙여넣거나 삭제 및 지우기 등 원하는 모양으로 문서를 만들어 내기 위한 편집 기능이 필요하다. 엑셀에서의 편집 기능은 크게 셀 편집과 워크시트 편집으로 나누어 볼 수 있다. 본 장에서는 셀과 워크시트에 대한 기본적인 편집 기능과 편집과 관련하여 알아두면 유용한 기타 편집 기능(틀 고정하기, 창나누기, 노트 사용하기, 시트 보호 기능 등)을 다룬다.

3.1 셀 편집하기

워크시트의 셀 편집은 입력된 표 형식의 데이터에 대한 복사, 이동, 지우기, 삭제, 삽입 등의 작업을 의미한다.

1 데이터 이동 또는 복사하기

모든 응용프로그램에서 데이터를 복사하거나 잘라 낼 때에는 클립보드라는 임시 기억장소를 사용한다. 엑셀에서도 클립보드를 이용해서 특정 셀 범위의 데이터를 다른 곳으로 복사하거나 이동하는 것이 가능하며, 클립보드의 데이터들을 직접 관리할 수 있으므로 좀 더 효과적인 이동, 복사가 가능하다. 특히 복사한 것을 붙여넣기 할 때, 여러 속성들을 분리해서 선택하여 붙여넣기 기능을 제공함으로써 효율적인 편집 작업을 가능하게 한다.

데이터 복사 및 이동과 관련된 작업은 [홈]탭 [클립보드] 그룹의 명령 단추를 사용한다.

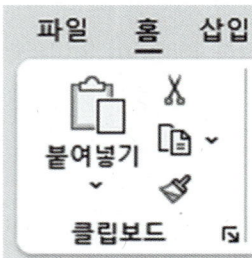

| 그림 3-1 | [홈]탭-[클립보드] 그룹 메뉴

(1) 데이터 이동하기

지정한 범위의 셀을 원하는 위치로 이동하려면 이동할 셀 범위를 선택한 후, 다음의 여러 가지 방법들 중 선택하여 사용한다.

■ 바로 가기 메뉴 사용하기

① 마우스 오른 쪽 단추를 클릭하여 바로 가기 메뉴에서 [잘라내기]를 선택한다.
② 붙여 넣고자 하는 부분으로 셀 포인터를 이동시킨다.
③ 바로 가기 메뉴에서 [붙여넣기]를 선택한다.

■ [홈]탭-[클립보드] 그룹의 명령 단추 사용하기

① 잘라내기 단축 아이콘(✂)을 선택한다.
② 이동되어질 부분으로 셀 포인터를 이동시킨다.
③ 붙여넣기 단축 아이콘(📋)을 선택한다.

■ 단축키 사용하기

① Ctrl+X를 누른다.
② 이동되어질 부분으로 셀 포인터를 이동시킨다.
③ Ctrl+V를 누른다.

■ 마우스 이용하기

선택한 영역의 테두리 부분에서 원하는 부분으로 드래그한다.
마우스를 이용하여 데이터를 이동해보자.

① 이동할 영역을 마우스로 선택한다.
② 선택한 영역의 테두리 부분에서 원하는 부분으로 드래그한다.

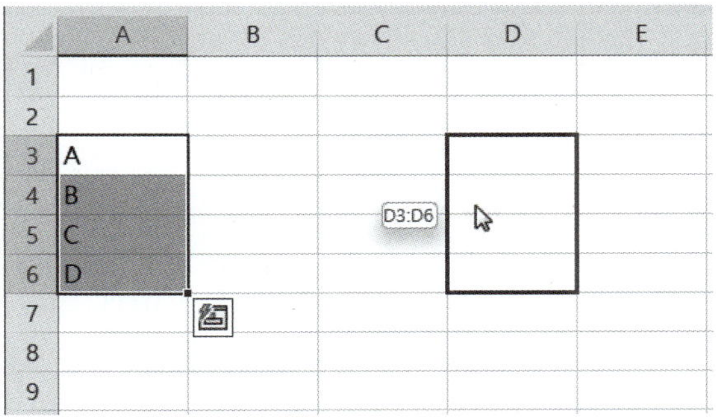

| 그림 3-2 | 마우스 드래그로 데이터 이동하기

(2) 데이터 복사하기

지정한 범위의 셀을 원하는 위치로 복사하려면 복사할 셀 범위를 선택한 후, 다음의 여러 가지 방법들 중 선택하여 사용한다.

■ 바로 가기 메뉴 사용하기

① 마우스 오른쪽 단추를 클릭하여 바로 가기 메뉴에서 [복사]를 선택한다.
② 붙여 넣고자 하는 부분으로 셀 포인터를 이동시킨다.
③ 바로 가기 메뉴에서 [붙여넣기 옵션]( ) 중 단축 아이콘의 옵션단추를 클릭하여 원하는 형태의 붙여넣기 방식을 선택하거나 선택하여 붙여넣기에서 원하는 붙여넣기 방식을 선택한다.

■ [홈] 탭 - [클립보드] 그룹의 명령 단추 사용하기

① 복사 단축 아이콘( )을 선택한다.
② 붙여 넣고자 하는 부분으로 셀 포인터를 이동시킨다.
③ 붙여넣기 단축 아이콘( )을 선택하거나 붙여넣기 단축 아이콘의 옵션단추를 클릭하여 원하는 형태로 붙여 넣을 수도 있다.

■ 단축키 사용하기

① Ctrl+C를 누른다.
② 붙여 넣고자 하는 부분으로 셀 포인터를 이동시킨다.
③ Ctrl+V를 누르거나 옵션단추를 눌러 원하는 형태로 붙여 넣을 수 있다.

■ 마우스 이용하기

복사하고자 하는 영역을 설정하고, Ctrl키를 누른 채 선택한 영역의 테두리 부분을 붙여 넣고자 하는 부분으로 드래그한다.

단축키를 이용하여 데이터를 복사해보자.
① 복사할 대상을 선택한 후, 단축메뉴에서 Ctrl+C를 선택한다.
② 복사를 선택하면 다음과 같이 지정된 부분에 점선 모양의 경계선이 생긴다.
③ 복사되어질 부분에 셀 포인터를 이동시킨 다음 Ctrl+V를 선택한다.

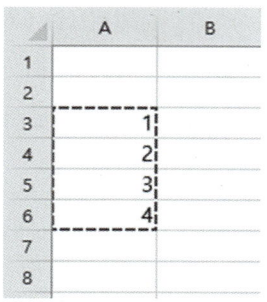
| 그림 3-3 | 복사 영역 표시

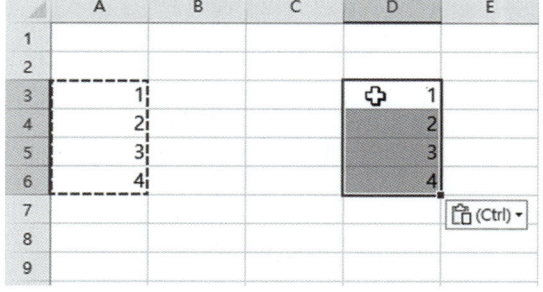
| 그림 3-4 | 단축키로 데이터 복사하기

> **TIP**
>
> 복사를 선택하면 지정된 부분에 점선 모양의 경계선이 생기게 된다. 복사가 완료되어도 이 선이 그대로 남아 있음을 볼 수 있다. 이것은 다른 부분에도 계속해서 복사할 수 있음을 나타낸다. 복사 작업을 중단하려면 Esc 키를 눌러 점선을 해제한다.

(3) 선택하여 붙여넣기

일반적인 복사는 데이터 값과 형식, 수식 등의 속성도 함께 복사된다. 경우에 따라서 데이터 값이 아닌 서식, 메모 등 원하는 형식만 복사할 필요가 있다. 이를 위해서 엑셀에서는 선택한 범위를 복사해서 붙여넣기를 할 때 원하는 형식만 선택해서 붙여 넣을 수 있도록 하는 선택하여 붙여넣기 기능을 제공한다.

■ **수식을 값으로 선택하여 붙여넣기**

① A열과 B열에 데이터를 입력하고 C열에 [자동합계](∑)를 이용하여 합계를 구한다. C2셀을 계산하고 나머지 셀은 채우기 핸들을 이용하여 채운다.

| 그림 3-5 | 데이터 입력 및 합계 구하기

② C2-C6셀의 합계 데이터 값을 A11-A15셀에 복사하기 위해서 C2-C6셀을 선택하고 Ctrl+C를 누른다. A11셀에 와서 Ctrl+V를 선택한다.

③ 이 때, 수식에 사용된 데이터가 들어있는 셀 범위를 인식하지 못하기 때문에 다음과 같은 오류가 발생한다.

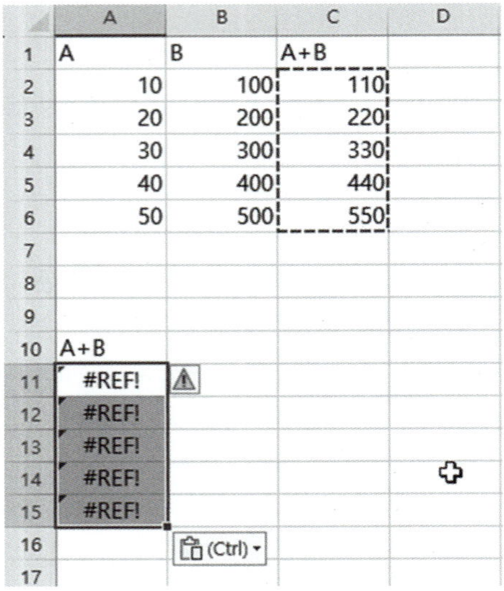

| 그림 3-6 | 수식 복사 오류

> **MEMO**
>
> **오류값 #REF!의 의미**
>
> 엑셀에서 입력한 수식으로 답을 계산할 수 없는 상황에서는 오류 값이 표시된다. #REF!의 의미는 수식에서 참조하는 셀이 삭제되었거나 셀을 잘못 참조하여 셀 참조가 유효하지 않을 때에 표시되는 오류 값이다.

④ 오류 없이 데이터 값을 붙여넣기 위해서 옵션 단추에서 값 붙여넣기를 선택한다. 또는 빠른 도구모음의 [값]을 선택하여 사용하면 간편하다. 또는 [선택하여 붙여넣기] 대화상자를 불러 [값]을 선택한 후 [확인]을 누른다.

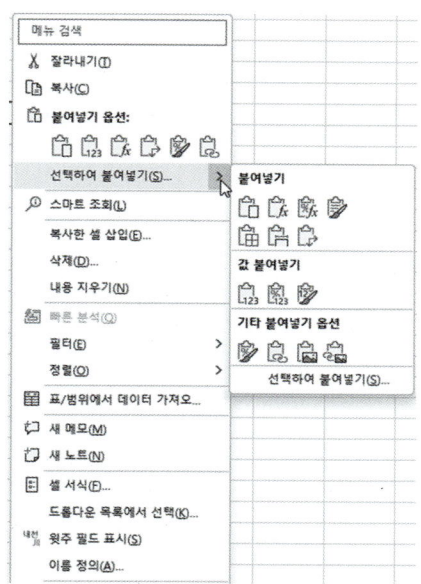
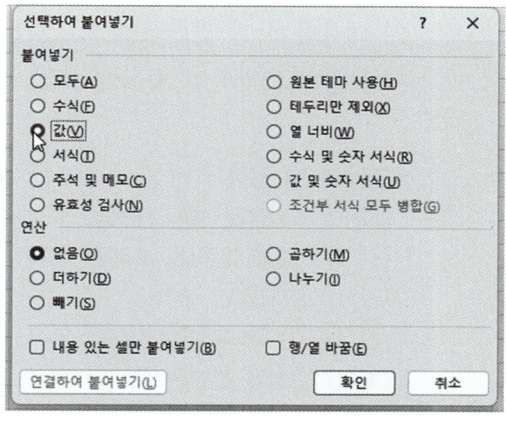

| 그림 3-7 | 옵션 단추에서 값 붙여넣기 | 그림 3-8 | [값] 선택하여 붙여넣기

⑤ 다음과 같이 수식의 속성이 값의 속성으로 변경되어 붙여 넣어진다.

| 그림 3-9 | 수식을 값으로 선택하여 붙여넣기의 결과

3.1 셀 편집하기

■ [선택하여 붙여넣기] 대화 상자의 기능

[선택하여 붙여넣기] 대화상자의 [붙여넣기] 항목에서는 원하는 형식만 복사하도록 선택할 수 있고, [연산] 항목에서는 복사한 셀과 붙여넣기 한 셀의 내용을 사칙 연산하여 그 결과 값을 붙여넣기 영역에 나타나도록 하는 기능이다. 세부적인 항목에 대한 내용은 다음과 같다.

- [붙여넣기] 항목
  [모두] : 지정된 셀의 내용을 포함한 모든 속성을 복사
  [수식] : 셀에 입력된 수식만 복사
  [값] : 결과 값만 복사
  [서식] : 셀에 지정된 서식만 복사
  [메모] : 셀에 지정된 메모만 복사
  [유효성 검사] : 데이터에 지정된 제한사항이 복사하여 데이터 제한을 붙여 넣은 셀에 제한 조건이 맞지 않은 데이터가 있으면 복사되지 않는다.
  [원본 테마 사용] : 지정된 셀의 테마를 복사
  [테두리만 제외] : 괘선을 제외한 모든 속성이 복사
  [열 너비] : 대상 셀의 열과 동일한 너비로 복사
  [수식 및 숫자 서식] : 수식과 숫자에 관련된 서식만 복사
  [값 및 숫자 서식] : 결과 값과 숫자에 관련된 서식만 복사

- [연산] 항목
  [없음] : 지정한 범위를 단순히 붙여 넣을 영역에 붙인다.
  [더하기] : 선택한 셀의 값을 붙여 넣을 위치의 셀 값에 더한다.
  [빼기] : 선택한 셀의 값을 붙여 넣을 위치의 셀 값에서 뺀다.
  [곱하기] : 선택한 셀의 값을 붙여 넣을 위치의 셀 값에 곱한다.
  [나누기] : 선택한 셀의 값으로 붙여 넣을 위치의 셀 값을 나눈다.

- 기타 항목
  [내용 있는 셀만 붙여넣기] : 복사할 범위 중 빈 셀은 무시한다.
  [행/열 바꿈] : 복사한 영역의 행과 열을 바꾸어서 복사한다.
  [연결하여 붙여넣기] : 사용 중인 워크시트의 표의 일부를 다른 워크시트로 복사할 경우 서로 연결시킴으로써 원래 워크시트의 내용이 변경되면 붙여넣기 한 워크시트의 내용이 자동으로 변경된다.

> **TIP**
>
> - [선택하여 붙여넣기]에서 [서식]을 선택하여 복사하는 것은 간단히 도구 모음에 있는 서식 복사(🖌)아이콘을 이용할 수 있다.
> - [클립보드] 작업창 사용하기
>
>   [홈] 탭-[클립보드] 그룹에서 [대화상자 표시 아이콘](클립보드 ⤵)을 선택하면 엑셀 화면의 왼쪽 편에 [클립보드] 작업창이 표시된다. 이를 이용하여 클립보드에 복사된 내용을 관리함으로써 복사 작업을 쉽고 간편하게 할 수 있다. 작업창에서 보여주는 클립보드의 항목을 선택하여 원하는 셀에 쉽게 복사할 수 있다.
>
>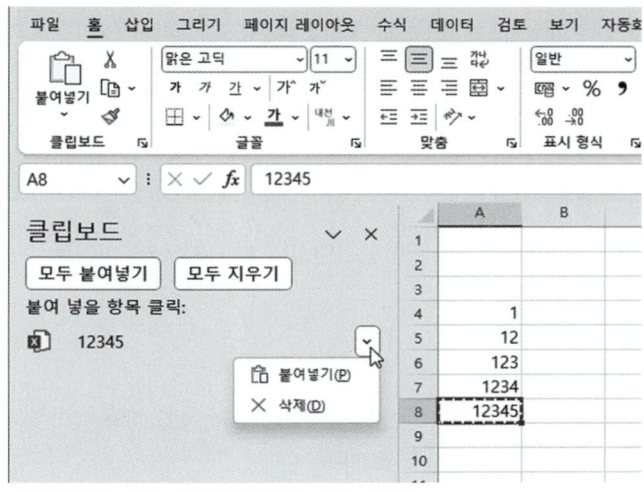
>
> ┃그림 3-10┃ [클립보드] 작업창에서 붙여 넣을 항목 선택하여 복사하기

2 데이터 지우기

워크시트의 내용 중 잘못 입력되었거나 불필요한 내용을 지울 때 사용한다.

① 지울 셀 범위를 지정한다.
② [홈] 탭-[편집] 그룹-[지우기]를 선택한 후 지우고자 하는 상황에 따라서 하위 옵션 중에서 선택한다.

하위 옵션의 기능은 다음과 같다.
- [모두지우기] : 모든 내용을 삭제한다.
- [서식지우기] : 서식만 지우고 셀의 내용은 지우지 않는다.

- [내용지우기] : 내용만 지우고 셀의 서식은 지우지 않는다.
- [메모지우기] : 삽입된 메모만 지운다.
- [하이퍼링크해제] - 하이퍼링크만 해제시킨다.

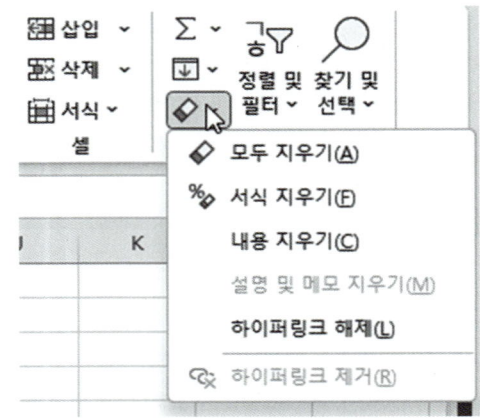

| 그림 3-11 | [홈] 탭-[편집] 그룹-[지우기] 아이콘

> **TIP**
> 일반적으로 Del 키를 사용하여 지우는 경우는 [내용]을 선택할 때와 같이 셀에 입력된 내용만 지우고 서식, 메모 등은 지워지지 않는다.

3 부분 셀 삽입 또는 삭제하기

시트에 부분 셀을 삽입 또는 삭제하려면 [홈] 탭-[셀] 그룹의 [삽입] 또는 [삭제] 명령을 이용하거나 해당 셀 또는 범위를 선택한 후 단축 메뉴에서 [삽입] 또는 [삭제] 메뉴를 사용한다.

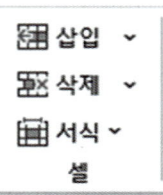

| 그림 3-12 | [홈] 탭-[셀] 그룹 [삽입]/[삭제] 아이콘

(1) 부분 셀 삽입하기

셀 포인터를 기준으로 지정한 범위만큼의 빈 셀을 삽입한다.

① 삽입할 개수만큼 셀 범위를 지정한 후 [홈] 탭-[셀] 그룹-[삽입]의 내림단추를 눌러 [셀 삽입]을 선택하거나 또는 단축메뉴에서 [삽입]을 선택한다.

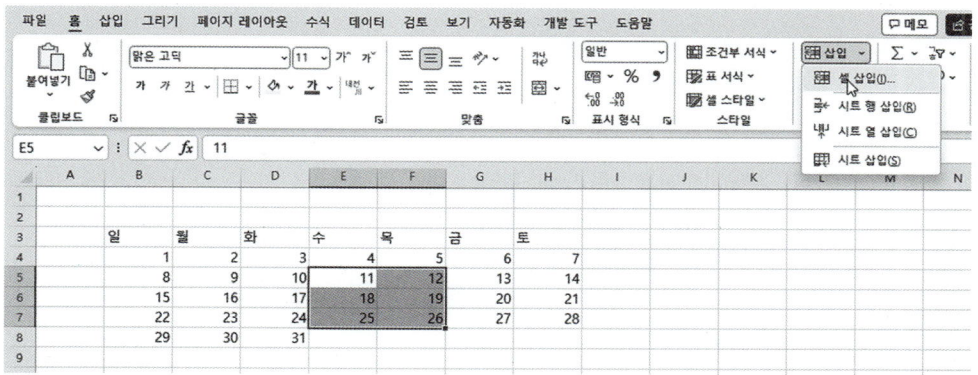

| 그림 3-13 | 삽입할 셀 범위 지정 및 셀 삽입 메뉴 선택

② [삽입] 대화 상자가 나오면 삽입 방법을 지정한다.

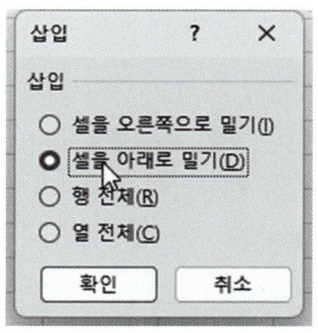

| 그림 3-14 | [삽입] 대화상자

- 셀을 오른쪽으로 밀기 : 원래 데이터를 오른쪽으로 이동한 후 삽입한다.
- 셀을 아래로 밀기 : 원래 데이터를 아래쪽으로 이동한 후 삽입한다.
- 행 전체 : 원래 데이터가 아래쪽으로 이동되고 지정한 범위만큼의 행이 삽입된다.

- 열 전체 : 원래 데이터가 오른쪽으로 이동되고 지정한 범위만큼의 열이 삽입된다.

③ "셀을 아래로 밀기"를 선택하고 [확인]을 누르면 빈 셀이 원하는 위치에 삽입된다.

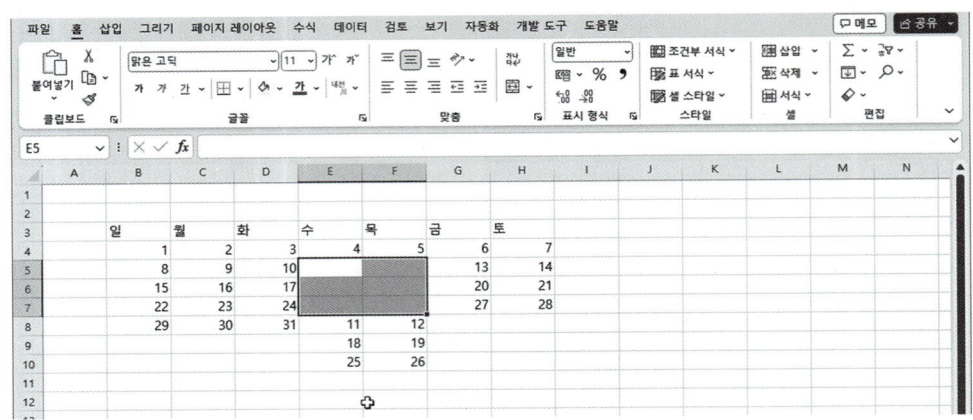

| 그림 3-15 | 부분 셀 삽입 결과

(2) 부분 셀 삭제하기

셀 포인터를 기준으로 지정한 범위만큼의 셀이 삭제된다.

① 삭제할 셀 범위를 지정한 후, [홈] 탭-[셀] 그룹-[삭제]의 내림단추를 눌러 [셀 삭제]를 선택하거나 또는 단축메뉴에서 [삭제]를 선택한다.
② [삭제] 대화상자에서 삭제 방법을 지정하면 셀 삽입과 마찬가지의 방법으로 지정된 셀을 삭제한다.

4 행/열 삽입 또는 삭제하기

행/열을 삽입하거나 삭제하려면 삽입할 행/열을 선택한 후, [홈] 탭-[셀] 그룹의 [삽입]/[삭제] 명령을 이용하거나 단축 메뉴에서 [삽입]/[삭제] 메뉴를 사용한다.

(1) 행/열 삽입하기

① 행(또는 열)을 삽입하려면 삽입할 행(또는 열)을 선택한다. 만약 여러 행

(또는 여러 열)을 삽입하려면 삽입할 수만큼의 행(또는 열)을 선택해야 한다.

② [홈] 탭-[셀] 그룹-[삽입]의 내림단추를 눌러 [시트 행 삽입](또는 [시트 열 삽입])을 선택하거나 또는 단축메뉴에서 [삽입]을 선택한다.

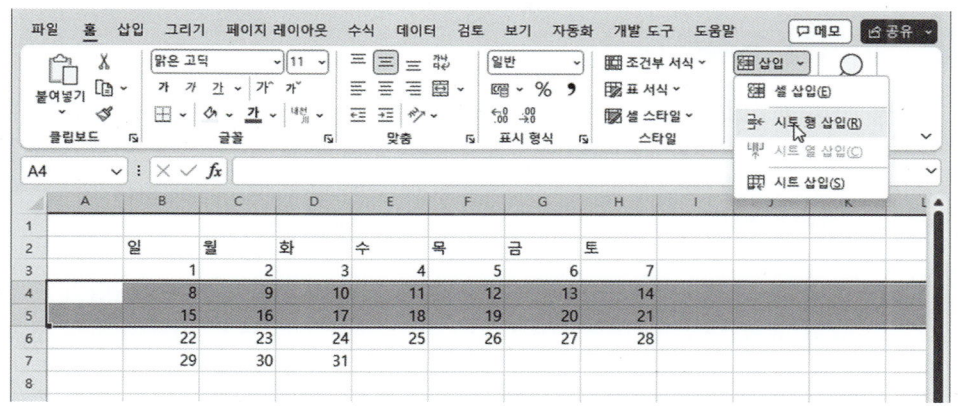

┃그림 3-16┃ 삽입할 행 선택 및 [시트 행 삽입] 메뉴

③ 해당 개수의 행(또는 열)이 삽입된다.

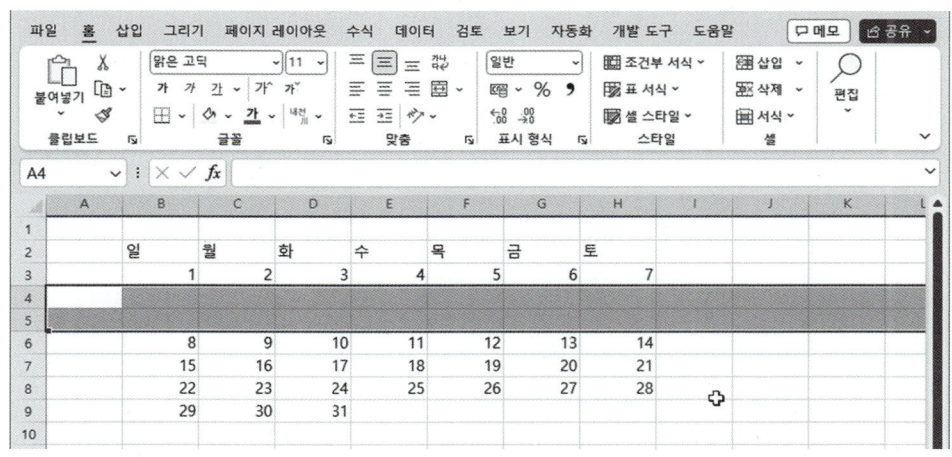

┃그림 3-17┃ 행 삽입 결과

(2) 행/열 삭제

① 행 또는 열을 삭제하려면 삭제할 행 또는 열을 선택한다. 만약 여러 행 또

는 여러 열을 삭제하려면 삭제할 수만큼의 행이나 열을 선택해야 한다.

② [홈] 탭-[셀] 그룹-[삭제]의 내림단추를 눌러 [시트 행 삭제](또는 [시트 열 삭제])를 선택하거나 또는 단축메뉴에서 [삭제]를 선택하면 지정한 행 또는 열이 삭제된다.

5 셀 크기 조절하기

열 너비나 행 높이의 조절은 [홈] 탭-[셀] 그룹-[서식]에서 [셀 크기] 메뉴를 이용하거나 열 또는 행 구분선에서 드래그하여 조정한다.

(1) 열 너비 조절하기

① 열 너비를 조절하려면 조정하려는 열의 열 머리글을 선택한다. 만약 여러 열의 폭을 동시에 조정하려면 연속적으로 열 머리글을 선택한다. 연속적이지 않은 열들의 폭을 동시에 조정하려면 Ctrl 키를 이용하여 원하는 열 머리글을 선택한다.

② 열 머리글 사이의 열 구분선에 마우스 포인터를 맞추고, ✛ 표시가 나타나면 원하는 크기만큼 좌우로 드래그 하여 열 너비를 조정한다. 또는 [홈] 탭-[셀] 그룹-[서식]에서 [열 너비]를 선택하여 값으로 열 너비를 지정하여 조정할 수도 있다.

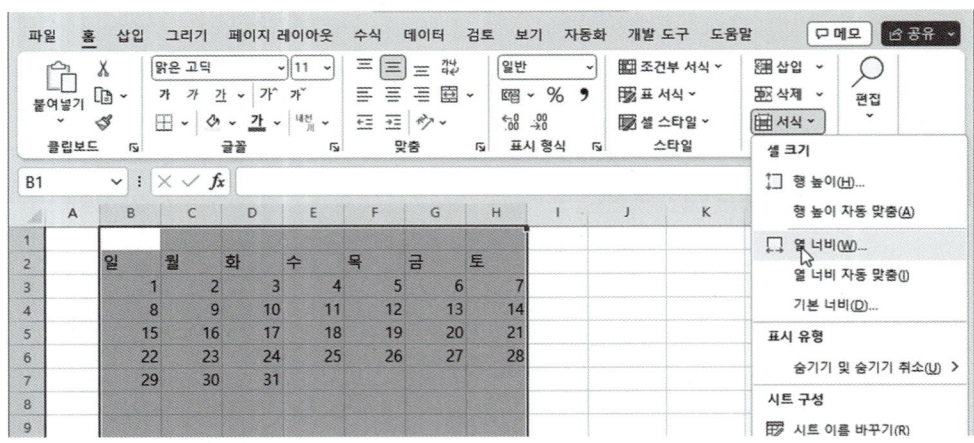

| 그림 3-18 | 열 선택 및 [열 너비] 메뉴

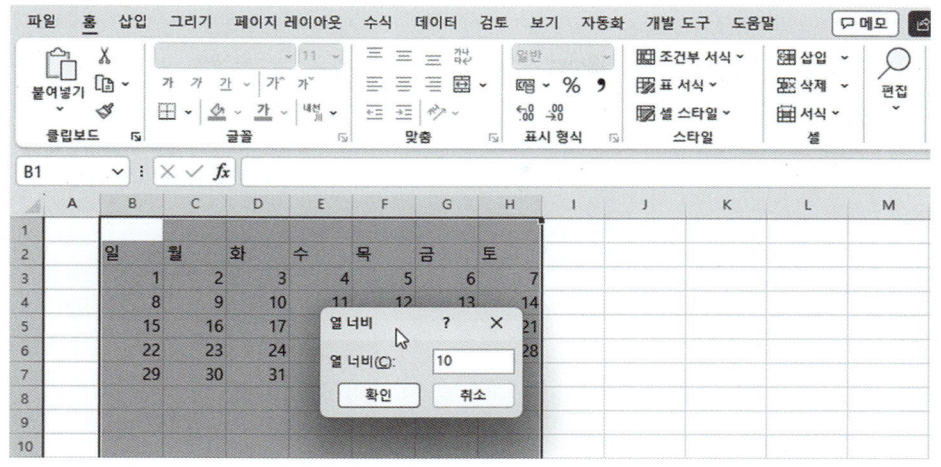

│그림 3-19│ [열 너비] 대화 상자에서 열 너비 값 입력

> **TIP**
> 해당 열에서 가장 긴 데이터의 길이에 맞춰 조절하려면 열머리글 경계선을 더블클릭한다.

(2) 행 높이 조절하기

① 행 높이를 조절하려면 조정하려는 행의 행 머리글을 선택한다. 만약 여러 행의 높이를 동시에 조정하려면 연속적으로 행 머리글을 선택한다. 연속적이지 않은 행들의 높이를 동시에 조정하려면 Ctrl 키를 이용하여 원하는 행 머리글을 선택한다.

② 행 머리글 사이의 열 구분선에 마우스 포인터를 맞추고, ╪ 표시가 나타나면 원하는 크기만큼 상하로 드래그하여 행 높이를 조정한다. 또는 [홈] 탭-[셀] 그룹-[서식]에서 [행 높이]를 선택하여 값으로 행 높이를 지정하여 조정할 수도 있다.

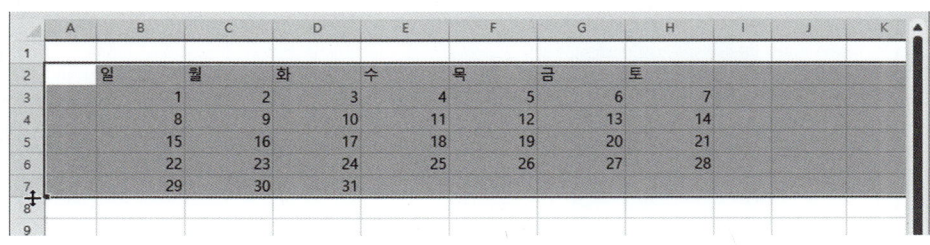

│그림 3-20│ 행 선택 및 ╪로 행 높이 조정

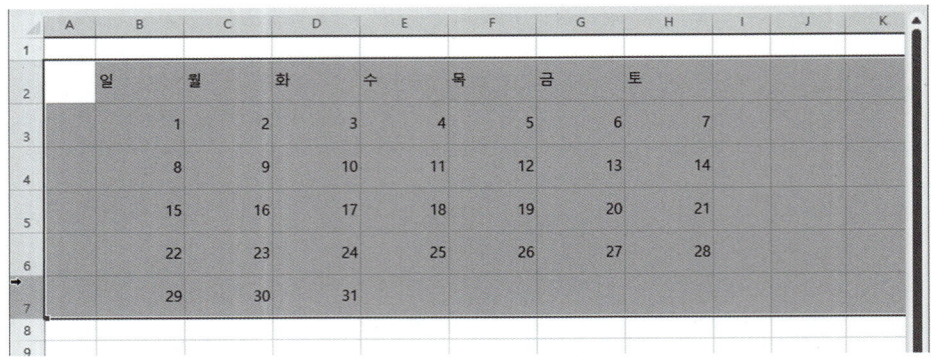

┃그림 3-21┃ 열 너비 및 행 높이 조정 결과

6 행/열 숨기기

화면에 표시하지 않고자 하는 행이나 열을 숨기고 숨겼던 행이나 열을 다시 화면에 표시할 수 있다.

(1) 행/열 숨기기

① 행/열을 숨기려면 해당 행/열을 선택한다.
② [홈] 탭-[셀] 그룹의 [서식] 메뉴에서 [숨기기 및 숨기기 취소]에서 해당 메뉴를 이용하거나 단축 메뉴의 [숨기기]를 선택한다.

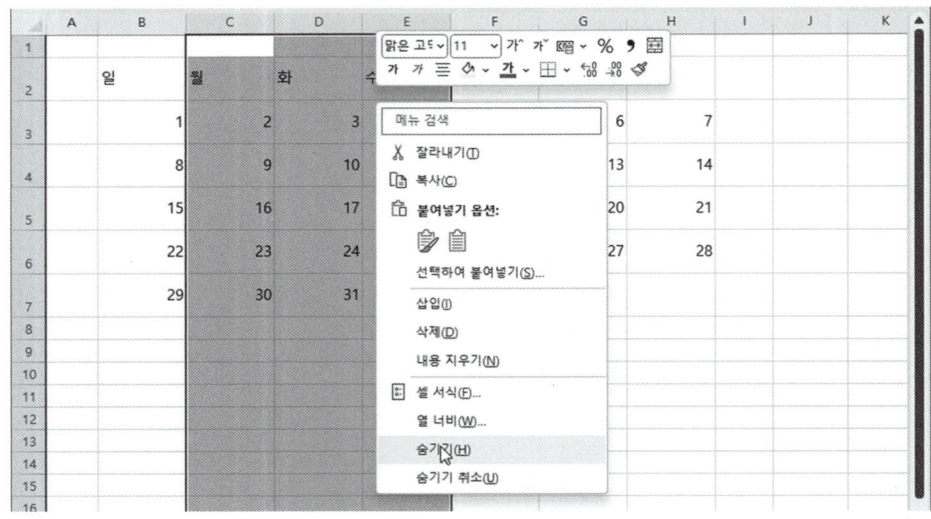

┃그림 3-22┃ 열 선택 및 [숨기기] 메뉴

(2) 행/열 숨기기 취소하기

① 숨겼던 행/열을 다시 화면에 표시하려면 숨겨진 행/열을 포함하도록 앞, 뒤 행/열 머리글을 선택한다.

② [홈] 탭-[셀] 그룹의 [서식] 메뉴에서 [숨기기 및 숨기기 취소]에서 해당 메뉴를 이용하거나 단축 메뉴의 [숨기기 취소]를 선택한다.

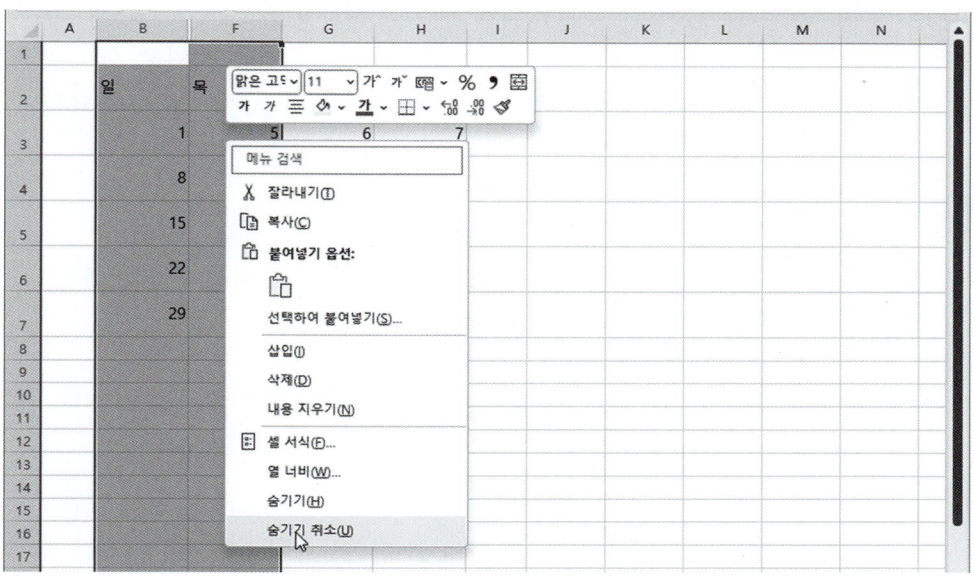

┃그림 3-23┃ 열 선택 및 [숨기기 취소] 메뉴

3.2 워크시트 편집하기

엑셀은 여러 개의 시트들이 묶여 하나의 통합 문서를 이루게 된다. 셀 편집과 마찬가지로 통합 문서를 구성하는 시트에 대한 복사, 이동, 삽입, 삭제, 이름변경 등을 통해 시트 자체를 관리할 수 있다. 시트 편집과 관련된 작업은 작업할 시트 탭을 선택한 후 단축 메뉴를 이용하거나 [홈] 탭-[셀] 그룹의 해당 명령을 사용한다.

1 시트 삽입/삭제하기

통합 문서는 일반적으로 한 개의 시트로 구성된다. 필요에 따라 시트를 더 삽입하거나 불필요한 시트를 삭제할 경우가 있다.

① 시트를 삽입하려면 [홈] 탭-[셀] 그룹-[삽입]의 내림단추를 눌러 [시트 삽입] 메뉴를 선택하거나 시트 탭 상의 단축 메뉴에서 [삽입]을 선택한다. 시트를 삭제하려면 [홈] 탭-[셀] 그룹-[삭제]의 내림단추를 눌러 [시트 삭제] 메뉴를 선택하거나 시트 탭 상의 단축 메뉴에서 [삭제]를 선택하여 해당 시트를 삭제한다.

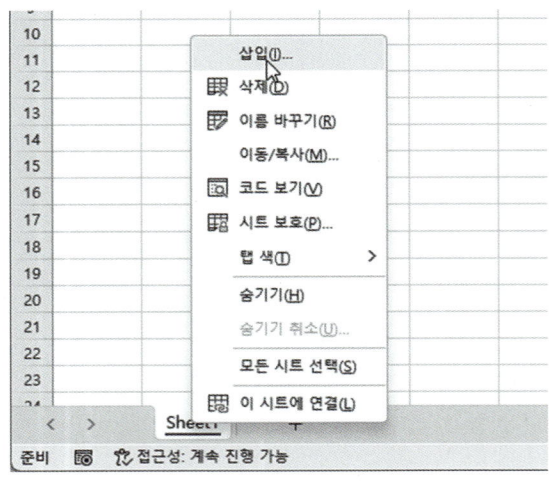

| 그림 3-24 | 단축 메뉴로 시트 삽입하기

② [삽입] 대화상자에서 삽입할 유형을 선택한다.

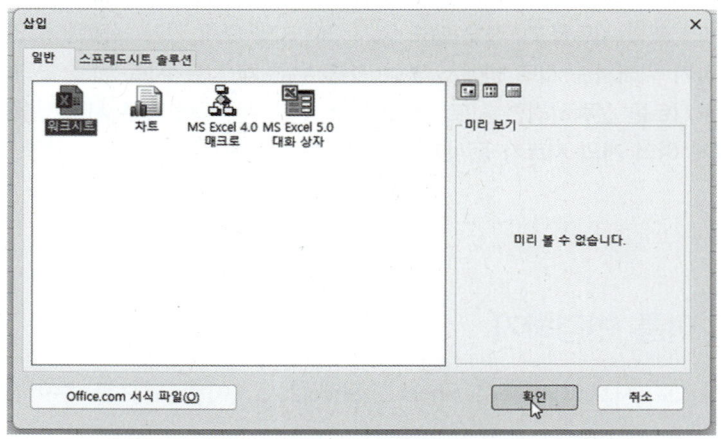

| 그림 3-25 | 대화상자에서 삽입할 유형 선택

③ 현재 시트의 왼쪽에 새로운 시트가 삽입되고 디폴트 시트이름(이 예에서는 Sheet2)이 지정된다.

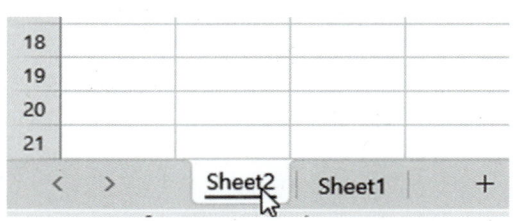

| 그림 3-26 | 시트 삽입 결과

④ 간단히 시트 삽입을 하기 위해서는 시트 탭의 오른쪽 끝에 있는 [새 시트] 단추를 누르면 마지막 위치에 새로운 시트가 만들어진다.

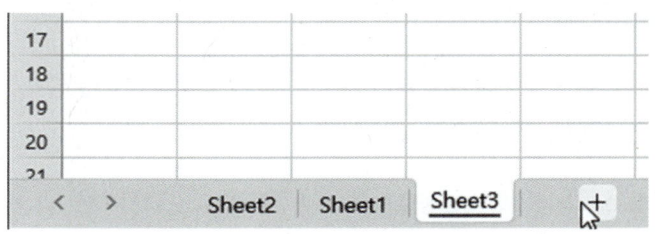

| 그림 3-27 | [새 시트] 단추를 이용해 시트 삽입하기

> **TIP** 여러 개 시트의 이동, 복사, 삽입, 삭제
>
> 동시에 여러 개 시트의 이동, 복사, 삽입, 삭제를 하려면 시트를 여러 개 선택한 후 작업하면 된다. 여러 개의 시트를 선택하는데도 역시 Ctrl 키와 Shift 키가 사용된다. 연속적인 시트를 선택하기 위해서는 시트 탭에서 Shift 키를 누른 채 다른 시트 탭을 클릭하면 되고, 비연속적인 시트를 선택하려면 시트 탭에서 Ctrl 키를 누른 채 다른 시트 탭을 클릭하면 된다. 이렇게 여러 개의 시트가 동시에 선택되어진 상황에서 이동, 복사, 삽입, 삭제가 가능하다.

2 시트 이름 변경하기

기본적으로 시트의 이름은 Sheet1, Sheet2, … 이런 식으로 주어진다. 시트의 의미를 좀 더 명확하게 하기 위해서 시트에 사용자가 이름을 지정할 수 있다.

① 시트의 이름을 변경하려면 해당 시트 탭을 선택한 후, 단축 메뉴에서 [이름 바꾸기]를 선택하거나 [홈] 탭-[셀] 그룹-[서식]에서 [시트이름 바꾸기] 메뉴를 선택한 후 이름을 지정하면 된다. 더 간단하게는 해당 시트 탭을 더블 클릭한다. 시트 명 부분에 범위가 지정되는데 여기에 이름을 입력하고 Enter 키를 누른다.

| 그림 3-28 | 시트 탭을 더블클릭하여 시트 명 바꾸기

3 시트 복사/이동하기

선택한 시트를 다른 위치로 복사하거나 이동함으로써 시트의 순서를 변경하거나 다른 통합문서에 포함시키는 것이 가능하다.

① 시트를 복사 또는 이동하려면 대상 시트를 선택한 후, 단축 메뉴에서 [이동/복사]를 선택하거나 [홈] 탭-[셀] 그룹-[서식]에서 [시트 이동/복사] 메

뉴를 선택하면 된다.

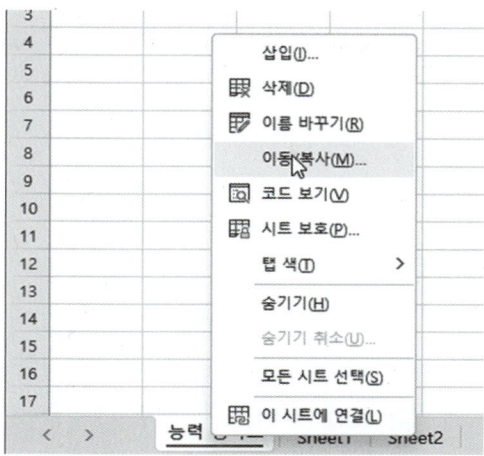

| 그림 3-29 | 단축메뉴로 시트 이동/복사하기

② [이동/복사] 대화 상자의 [다음 시트의 앞에] 항목에서 원하는 시트를 선택하면 선택된 시트 앞에 이동이 된다. 만약 복사를 원하는 경우에는 하단의 [복사] 항목을 선택하면 복사가 된다. 또한 [대상 통합 문서]를 선택하면 선택한 통합문서로의 시트 복사 및 이동이 가능하다.

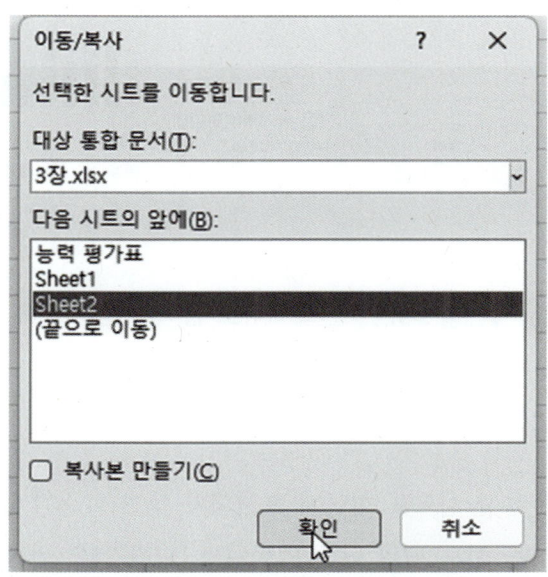

| 그림 3-30 | 시트 [이동/복사] 대화상자

> **TIP** 마우스를 이용하여 시트 이동 또는 복사하는 방법
>
> 이동 또는 복사할 시트 탭을 선택한 후 마우스로 원하는 위치로 드래그하면 작은 삼각형 표시가 함께 따라 움직이게 된다. 원하는 위치까지 드래그해서 놓으면 작은 삼각형이 놓여진 위치로 대상 시트가 이동된다. 복사의 경우는 이동과 동일하나 Ctrl 키를 누르면서 드래그한다.

4 탭 색 지정하기

시트 탭에 색을 지정하여 관련 시트를 구분되도록 할 수 있다. 탭 색을 바꿀 탭을 선택한 후 단축 메뉴에서 [탭 색]을 선택하여 원하는 색으로 지정해주면 된다. 또는 [홈] 탭-[셀] 그룹-[서식]에서 해당 메뉴를 이용해도 된다.

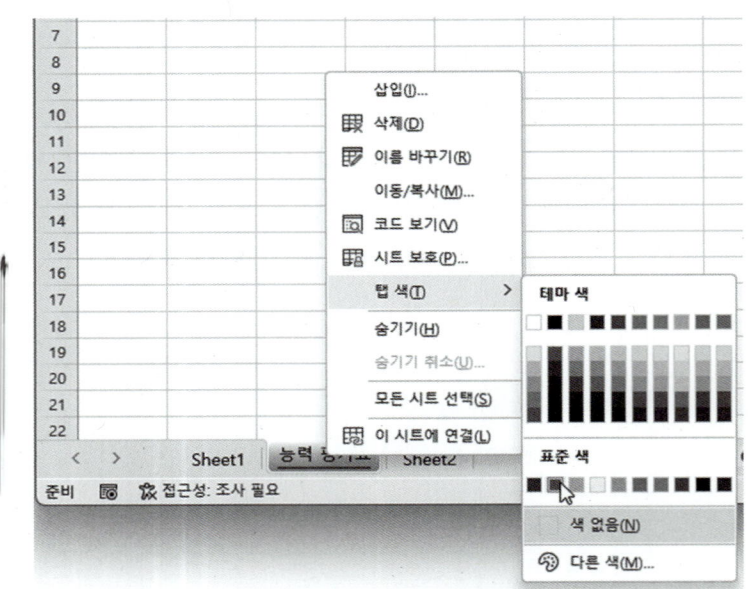

| 그림 3-31 | 단축 메뉴로 탭 색 지정하기

5 시트 숨기기

엑셀 작업 시 특정 시트를 화면에 표시되지 않도록 숨길 수 있다. 시트를 숨기려면 숨기려는 시트 탭의 단축 메뉴에서 [숨기기]를 선택하면 된다. 숨겨진 것을 다시 나타나게 하려면 단축 메뉴에서 [숨기기 취소]를 선택하여 취소한

다. 또는 [홈] 탭-[셀] 그룹-[서식]에서 해당 메뉴를 이용해도 된다.

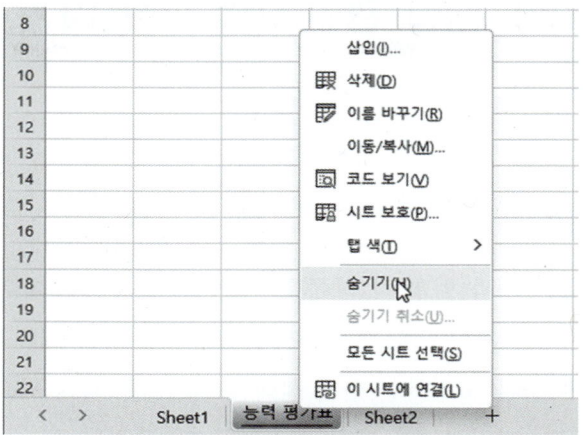

| 그림 3-32 | 단축 메뉴로 탭 숨기기

6 시트 수 조정하기

엑셀에서 기본적으로 표시되는 시트의 수는 1개이지만 [파일]탭-[옵션]을 선택한 후, [일반]-[새 통합 문서 만들기]에서 [포함할 시트 수]를 원하는 대로 지정하면 최대 255개의 시트를 사용할 수 있다.

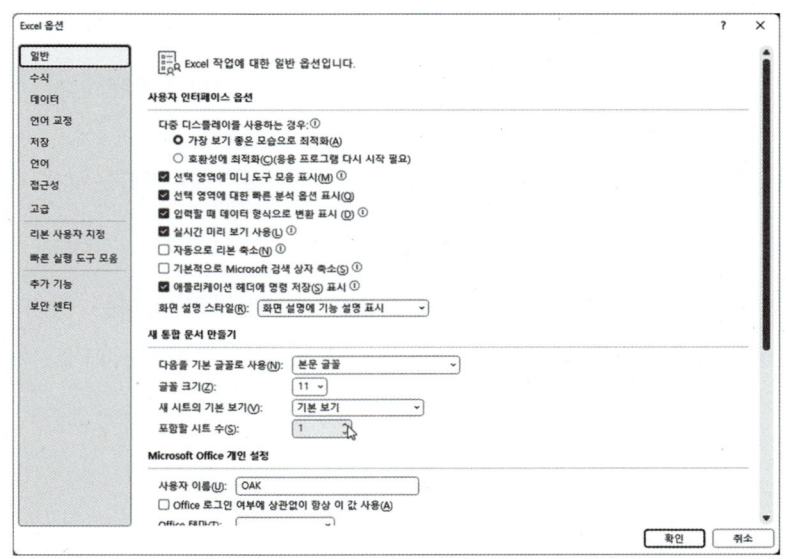

| 그림 3-33 | 통합 문서에 표시되는 시트의 수 조정하기

3.3 기타 편집 관련 기능 사용하기

1 틀 고정하기

틀 고정 기능은 행과 열의 각 타이틀은 없어지지 않고 그대로 있게 하는 것을 말한다. 데이터의 양이 많아 한 화면에 입력되지 않을 때에 스크롤링하며 참조한다. 이때, 틀을 고정하면 현재 선택한 셀의 위쪽과 왼쪽, 즉 행과 열을 고정시키게 된다. 따라서 시트에서 스크롤할 때 표시된 상태로 유지할 데이터를 선택할 수 있게 하여 스크롤하는 중에 행 레이블과 열 레이블은 그대로 표시될 수 있다. 틀 고정을 하기 위해서는 [보기] 탭- [창] 그룹의 [틀 고정] 명령을 이용한다.

| 그림 3-34 | [보기] 탭- [창] 그룹의 [틀 고정] 아이콘

2장 [활용하기]에서 작성한 [컴퓨터 활용 능력 평가표] 통합문서에 대해 타이틀 고정을 적용해보기로 하자.

① 틀을 고정하고자 하는 열의 우측, 틀을 고정하고자 하는 행의 아래(G4 셀)로 셀 포인터를 이동한 후, [보기] 탭-[창] 그룹-[틀 고정] 메뉴를 선택한다.

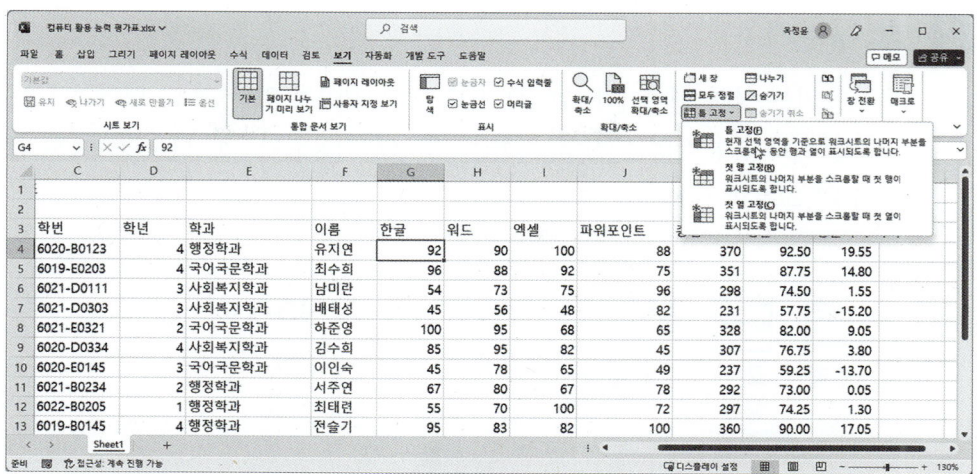

│ 그림 3-35 │ [컴퓨터 활용 능력 평가표] 틀 고정하기

② 아래 방향이나 오른쪽 방향으로 스크롤하더라도 행 레이블과 열 레이블은 그대로 표시됨을 알 수 있다.

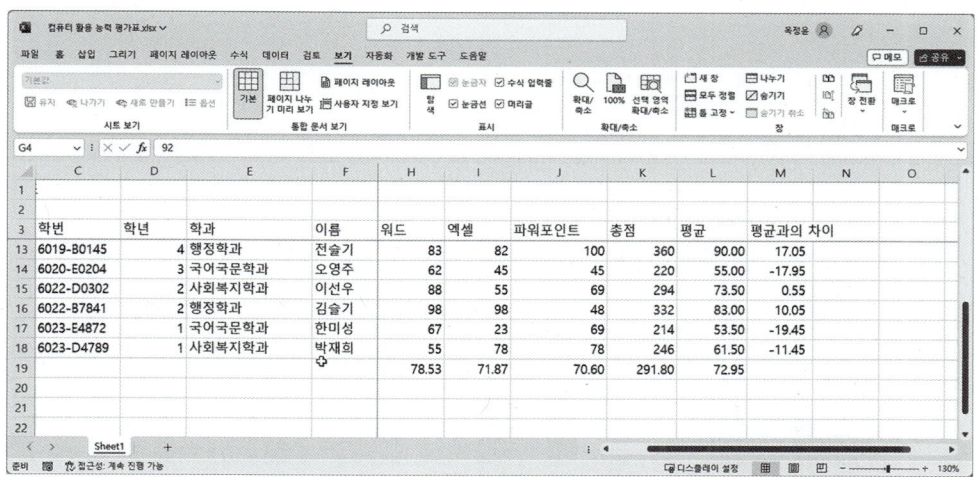

│ 그림 3-36 │ [컴퓨터 활용 능력 평가표]틀 고정하기 결과

③ 틀 고정 기능을 해제하려면 [보기] 탭-[창] 그룹-[틀 고정 취소] 메뉴를 선택한다.

3.3 기타 편집 관련 기능 사용하기

2 창 나누기

창 나누기는 창의 데이터가 많아서 서로 멀리 떨어져 있는 경우, 떨어져 있는 자료를 비교하여 작업을 하여야 하는 경우에 사용한다. 창 나누기는 [보기] 탭- [창] 그룹의 [나누기] 명령을 이용한다.

| 그림 3-37 | [보기] 탭- [창] 그룹의 [나누기] 아이콘

① 셀 포인터를 창을 나누고자 하는 위치로 이동한 후, [보기] 탭- [창] 그룹의 [나누기] 명령을 선택한다.

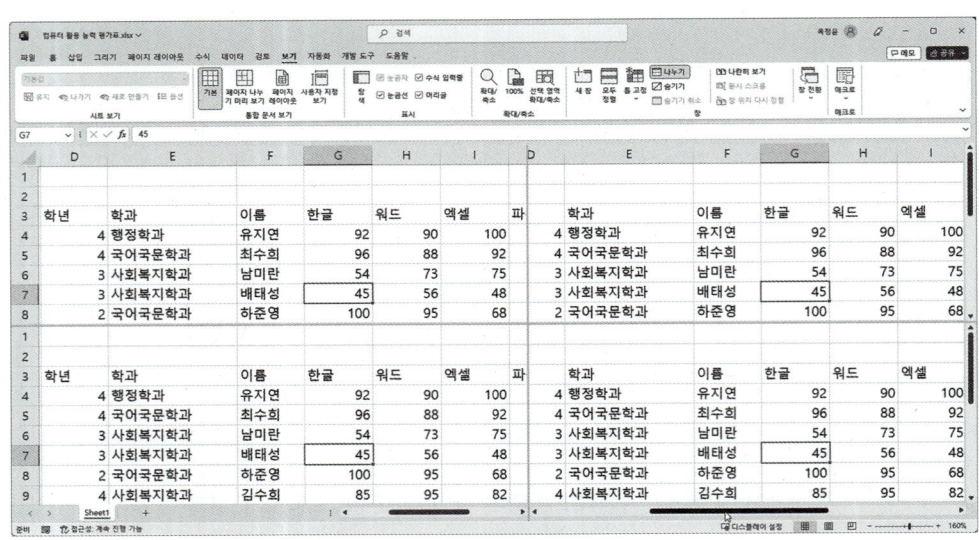

| 그림 3-38 | [컴퓨터 활용 능력 평가표] 창 나누기 결과

② 창 나누기 기능을 해제하려면 동일 메뉴를 다시 선택하면 창 나누기가 취소된다.

3 노트 사용하기

노트란 특정 셀에 대한 설명 또는 간단한 주석을 달아 필요한 경우 참조하거나 데이터 내용을 이해하는데 도움을 주고자 하는 경우에 사용된다. 노트 관련 작업은 해당 셀에서 단축 메뉴를 사용하면 된다.

(1) 노트 삽입하기

[컴퓨터 활용 능력 평가표] 통합문서를 열어 노트를 삽입해 보자.

① 노트를 삽입할 한글 100점인 G6셀을 선택한 후, 단축 메뉴에서 [새 노트]를 선택한다.

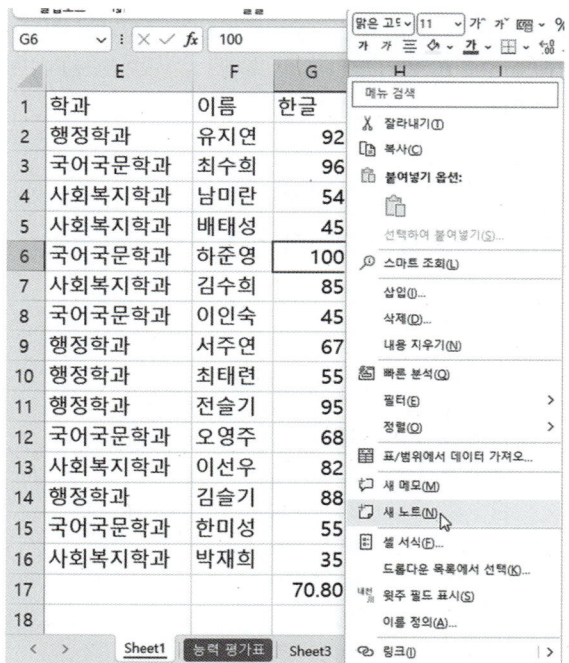

| 그림 3-39 | [컴퓨터 활용 능력 평가표] 단축 메뉴로 노트 삽입하기

② 노트 내용을 입력할 상자가 나타나면 셀에 관련된 설명을 입력한 후, 상자 바깥부분을 클릭하여 노트 입력을 종료한다. 노트가 삽입된 셀에 셀의 오른쪽 상단에 빨간색 점이 표시되고 이 셀에 마우스 포인터를 위치시키면 노트가 나타난다. 노트의 크기를 조절점으로 조정 할 수 있다.

| 그림 3-40 | [컴퓨터 활용 능력 평가표] [메모 표시/숨기기]로 노트 보이기

| 그림 3-41 | [컴퓨터 활용 능력 평가표] 조절점으로 노트 크기 조정하기

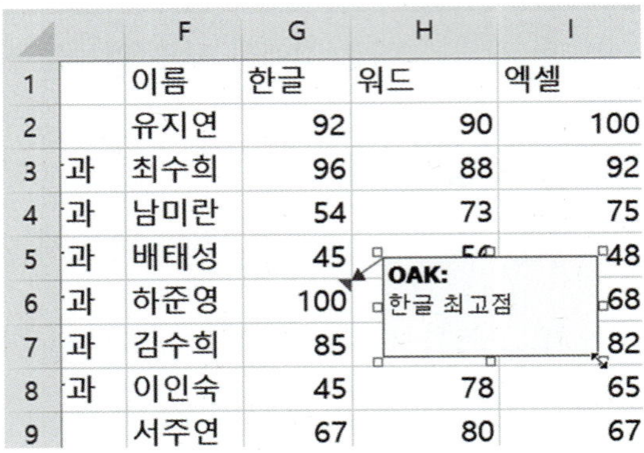

③ 노트가 항상 보이게 하려면 [메모 표시/숨기기]를 선택하면 항상 노트가 표시된다. 다시 메모를 숨기려면 단축 메뉴에서 [메모 표시/숨기기]를 클릭한다.

| 그림 3-42 | 단축메뉴 – [메모 표시/숨기기]

(2) 노트 편집 및 삭제하기

삽입된 노트는 수정하거나 삭제 가능해야 한다.

① 삽입된 노트를 수정하려면 우선 노트가 삽입된 셀을 선택한 다음, 단축메뉴에서 메모 편집을 선택한다.

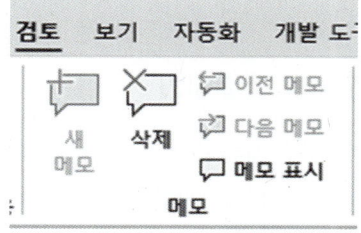

| 그림 3-43 | [컴퓨터 활용 능력 평가표] 단축 메뉴로 노트 편집하기

| 그림 3-44 | [검토] 탭- [메모] 그룹의 [삭제] 아이콘

② 노트 상자가 편집 상태로 바뀌므로 노트의 내용을 수정한다.
③ 삽입된 메모를 삭제하려면 단축 메뉴에서 [메모 삭제]를 선택하거나 [검토] 탭-[메모] 그룹에서 [삭제] 명령을 선택한다.

> **TIP**
>
> Microsoft 365는 메모 기능과 노트 기능을 제공하는데, 엑셀 2016버전의 메모 기능이 Microsoft 365에서는 노트 기능에 해당된다. Microsoft 365의 노트는 셀에 주석을 작성하는데 이용하고 메모는 협업 시 다른 사람과의 대화를 하는데 이용된다.

4 보호 기능 설정하기

엑셀은 사용자의 데이터나 정보의 보호를 위한 보호 기능을 제공하여 엑셀 데이터에 대한 사용자의 액세스 및 변경 권한을 제어할 수 있다. 보호하고자 하는 수준에 따라 [검토] 탭-[보호] 그룹의 [시트 보호], [통합 문서 보호], [범위 편집 허용] 등의 명령을 선택하여 사용하며, 이러한 기능을 통해 다른 사람이 실수나 고의로 중요한 데이터를 변경, 이동 또는 삭제하는 것을 방지함으로써 중요 정보를 보호할 수 있다.

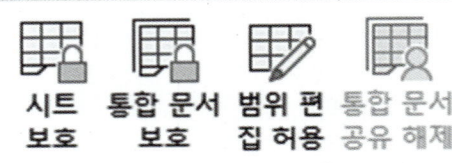

| 그림 3-45 | [검토] 탭-[보호] 그룹

(1) 시트 보호하기

보호 기능은 [셀 서식] 대화상자의 [보호] 탭의 설정과 밀접한 관계가 있다. [셀 서식] 대화상자의 [보호] 탭을 살펴보면 [잠금]과 [숨김] 항목이 있음을 알 수 있다.

각 항목이 가지는 의미는 다음과 같다.
- [잠금] : 선택한 셀을 변경하거나 옮기거나 크기를 조정하거나 삭제할 수 없게 한다.
- [숨김] : 숨김을 선택하면 셀을 선택할 때 수식 입력 줄에 수식이 나타나지 않게 한다.

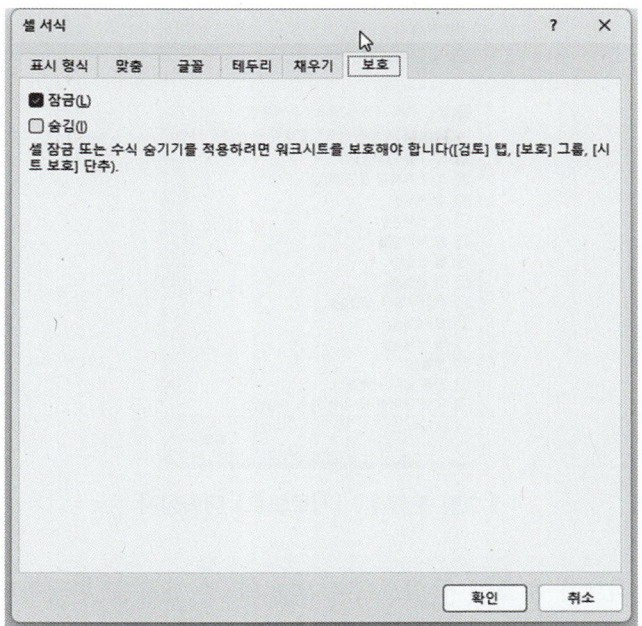

| 그림 3-46 | [셀 서식] 대화 상자의 [보호] 탭

디폴트로 [잠금]이 선택되어 있기 때문에 [검토] 탭-[변경 내용] 그룹의 [시트 보호] 명령을 수행하거나 해당 시트 탭에서 단축 메뉴의 [시트 보호]를 선택하면 잠금 기능이 활성화되어 시트 전체의 내용을 변경하는 것이 불가능해진다.

시트를 보호하는 과정은 다음과 같다.

① 보호할 시트 탭의 단축 메뉴에서 [시트 보호]를 선택하거나 [검토] 탭-[보호] 그룹의 [시트 보호] 명령을 선택한다.

② [시트 보호] 대화상자가 나타나면 보호할 대상을 선택한 후 [확인]을 클릭한다. 이 때 암호는 반드시 입력해야 되는 것은 아니며, 필요한 경우에 암호를 설정할 수 있다. 단, 암호를 설정해두면 암호를 알고 있는 경우에만 시트 보호를 취소할 수 있다.

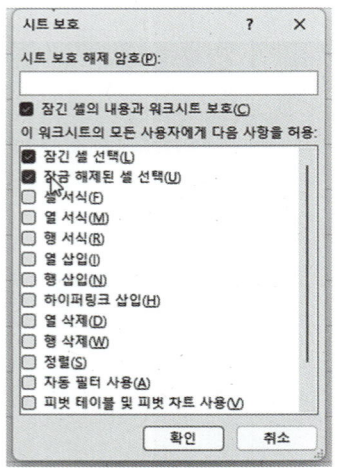

| 그림 3-47 | [시트보호] 대화상자

③ 전체 시트가 보호되어 있으므로 임의의 셀 내용을 변경하려고 하면 다음과 같은 경고 메시지가 나타나게 되며, 내용의 변경은 불가능하다.

| 그림 3-48 | 시트 보호를 위한 경고 메시지

④ 보호된 시트를 취소하려면 [검토] 탭-[보호] 그룹의 [시트 보호 해제] 명령을 선택하거나 해당 시트 탭의 단축메뉴에서 [시트 보호 해제]를 선택하면 된다. 시트 보호를 적용할 때 암호를 설정하였다면 취소하는 경우 암호를 물어본다.

(2) 일부 셀 보호하기

경우에 따라서 시트 전체가 아닌 일부의 셀만 보호를 할 필요가 있다. 이런 경우에는 보호하지 않을 부분을 선택한 후 [셀 서식] 대화상자의 [보호] 탭에서 [잠금] 항목을 해제한 다음 [시트 보호] 명령을 선택하면 된다. 그러면 선택된 셀 부분에 대해서는 잠금이 해제되고 나머지 셀 부분은 기본적으로 잠금이 된 채 시트보호가 적용되기 때문에 부분적으로 보호가 가능해지게 된다.

활용하기 [컴퓨터 활용 능력 평가표] 셀 및 워크시트 다루기

3장에서 배운 기능들을 사용하여 [컴퓨터 활용 능력 평가표] 통합문서의 워크시트를 편집해보자.

① Sheet1의 시트 이름을 "능력 평가표_1"이라고 변경한다.
② [능력 평가표_1] 시트를 복사한 후, 복사된 시트("능력 평가표_1(2)")명을 "능력 평가표_2"라고 변경한다.

	A	B	C	D	E	F	G	H	I
1	컴퓨터 활용 능력 평가표								
2									
3	순번	시험일자	학번	학년	학과	이름	한글	워드	엑셀
4	1	2022-05-05	6020-B0123	4	행정학과	유지연	92	90	
5	2	2021-03-06	6019-E0203	4	국어국문학과	최수희	96	88	
6	3	2022-12-07	6021-D0111	3	사회복지학과	남미란	54	73	
7	4	2022-04-05	6021-D0303	3	사회복지학과	배태성	45	56	
8	5	2023-05-09	6021-E0321	2	국어국문학과	하준영	100	95	
9	6	2022-05-10	6020-D0334	4	사회복지학과	김수희	85	95	
10	7	2023-10-16	6020-E0145	3	국어국문학과	이인숙	45	78	
11	8	2023-12-12	6021-B0234	2	행정학과	서주연	67	80	
12	9	2024-03-13	6022-B0205	1	행정학과	최태련	55	70	
13	10	2021-06-25	6019-B0145	4	행정학과	전슬기	95	83	
14	11	2023-09-15	6020-E0204	3	국어국문학과	오영주	68	62	
15	12	2023-05-16	6022-D0302	2	사회복지학과	이선우	82	88	

그림 3-49 시트 이름 변경 및 시트 복사하기

③ [능력 평가표_2] 시트에서 1, 2, 19행을 삭제하고 K-M열을 삭제한다.
④ [능력 평가표_2] 시트에서 A1-J16셀을 마우스 드래그를 이용하여 B3-K18 영역으로 이동한다.

| 그림 3-50 | 행/열 삭제 및 데이터 이동 결과

⑤ [능력 평가표_1] 시트의 4행부터 18행을 동일 높이로 변경하고, 열 너비도 보기 좋게 조정한다.

⑥ [새 시트] 단추를 눌러 시트를 삽입한 후 삽입된 시트 명을 "능력 평가표_3"으로 변경한다.

⑦ [능력 평가표_1] 시트의 A3-M18 셀 범위를 선택하여 복사한 후 [능력 평가표_3] 시트의 A1셀에 붙여 넣는다. 이 경우 원래 데이터의 열 너비가 무시된 채 붙여짐을 알 수 있다.

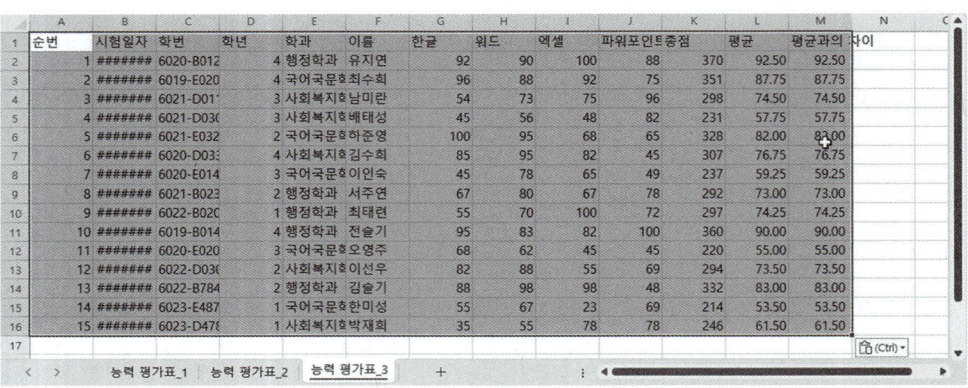

| 그림 3-51 | 데이터 복사하여 붙여넣기

⑧ [능력 평가표_3]의 1,2 행을 선택한 후 두 행을 삽입하고 A1셀에 "성적 차트"라고 제목을 단다.

⑨ [능력 평가표_3] 시트에서 A3-A18셀을 선택하고 셀을 오른쪽 밀기하면서 부분 셀 삽입을 한다. B3-M3셀을 선택하고 셀을 아래로 밀기하면서 부분 셀 삽입을 한다.

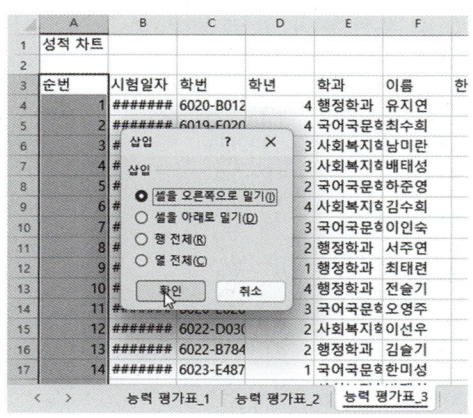

| 그림 3-52 | 부분 셀 삽입(셀을 오른쪽으로 밀기)

| 그림 3-53 | 부분 셀 삽입(셀을 아래로 밀기)

| 그림 3-54 | 부분 셀 삽입 결과

⑩ 새 시트를 삽입한 후 시트명을 "능력 평가표_4"로 한다. [능력 평가표_1] 시트의 A3-M18 셀 범위를 복사한 후 붙여넣기 옵션 단추를 클릭하고 '붙여넣기'의 [원본 열 너비 유지]를 클릭한다. 원본 데이터의 열 너비가 복사되어 붙여짐을 알 수 있다.

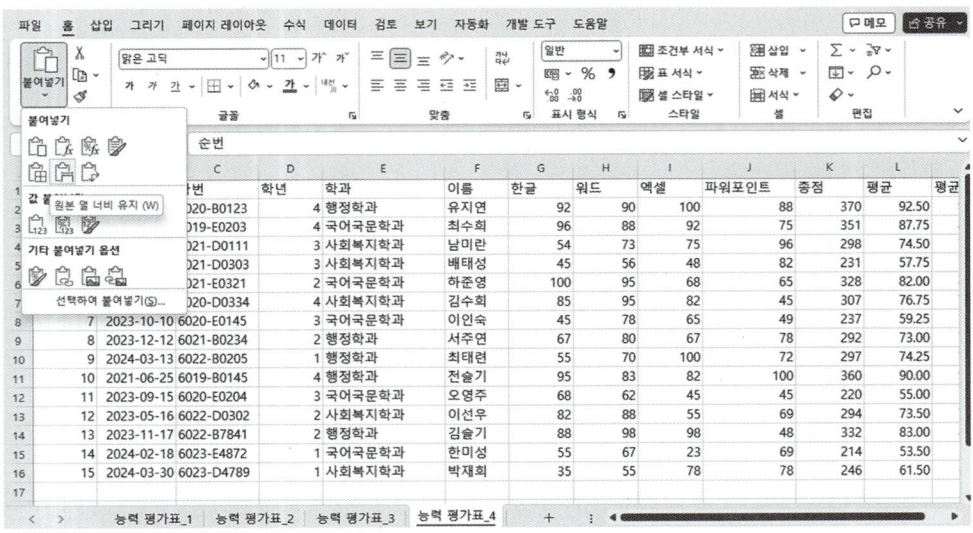

| 그림 3-55 | 열 너비 선택하여 붙여넣기

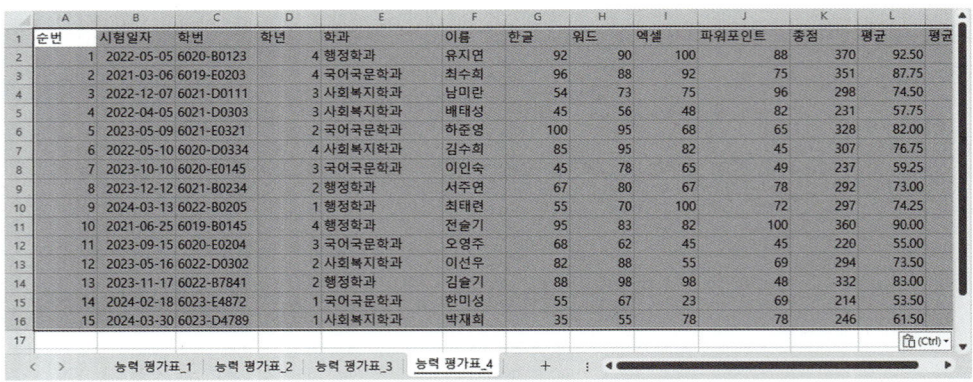

| 그림 3-56 | 열 너비 선택하여 붙여넣기 결과

⑪ 새 시트를 삽입한 후 시트명을 "능력 평가표_5"로 한다. [능력 평가표_1] 시트의 총점과 평균에 해당하는 K3-L18 선택하고 Ctrl+C 키를 누른다.

⑫ [능력 평가표_5] 시트의 A1 셀을 선택하고 Ctrl + V 키를 선택한다. 이때 수식에 사용된 데이터가 들어있는 셀 범위를 인식하지 못하기 때문에 오류가 발생한다. 오류 없이 값을 붙여넣기 위해 [붙여넣기] 옵션에서 [값]을 선택하거나 [선택하여 붙여넣기] 메뉴에서 [값]을 선택한다.

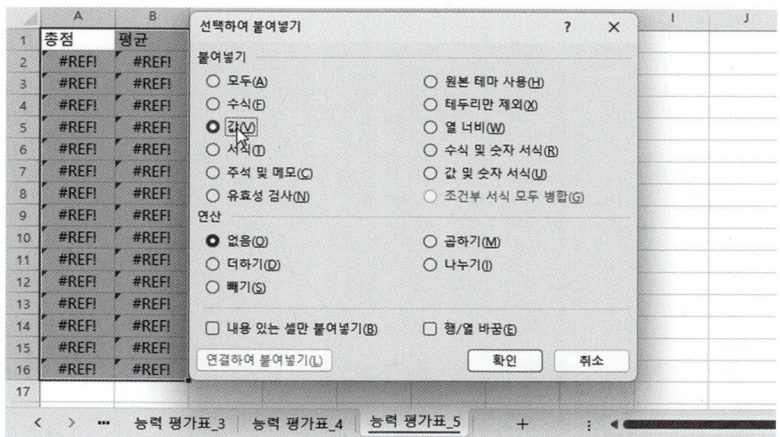

| 그림 3-57 | 수식 오류 복사

⑬ 마지막으로 [능력 평가표_1]시트의 이름을 [능력 평가표_5]시트의 A1셀에 [복사한 셀 삽입]을 한다.

| 그림 3-58 | [복사한 셀 삽입] 결과

확인하기 [주문현황] 편집하기

다음은 주문 현황을 작성한 것이다. 우선 [주문현황_원본] 워크시트에 데이터를 입력하여 완성한 후, 이를 새로운 시트인 [주문현황_수정]에 복사한 다음 간단히 편집해보자.

항목	품목	선풍기	디퓨저	모기장	방충망	커튼	리빙박스	압축팩	
						할인율:	10%	적립:	3%
	제조사	라헨느	씨마크	금동이	오리고	리앤름	밀렉스	모나코	
	상품코드	RHN	CMA	GDI	ORG	LAR	MLX	MNC	합계
	수량	56	32	62	30	75	29	38	
	정가	₩30,000	₩19,800	₩21,500	₩26,500	₩28,000	₩23,500	₩32,000	
	총 상품 금액								
	총 할인 금액								
	총 예상 적립								
	최종 결제 금액								

그림 3-59 [주문현황_원본] 입력

항목	품목	선풍기	디퓨저	모기장	방충망	커튼	리빙박스	압축팩	
						할인율:	10%	적립:	3%
	제조사	라헨느	씨마크	금동이	오리고	리앤름	밀렉스	모나코	
	상품코드	RHN	CMA	GDI	ORG	LAR	MLX	MNC	합계
	수량	56	32	62	30	75	29	38	322
	정가	₩30,000	₩19,800	₩21,500	₩26,500	₩28,000	₩23,500	₩32,000	₩181,300
	총 상품 금액	₩1,680,000	₩633,600	₩1,333,000	₩795,000	₩2,100,000	₩681,500	₩1,216,000	₩8,439,100
	총 할인 금액	168,000	63,360	133,300	79,500	210,000	68,150	121,600	843,910
	총 예상 적립	45,360	17,107	35,991	21,465	56,700	18,401	32,832	227,856
	최종 결제 금액	₩1,512,000	₩570,240	₩1,199,700	₩715,500	₩1,890,000	₩613,350	₩1,094,400	₩7,595,190

그림 3-60 [주문현황_원본] 결과

> **POINT**
>
> **[주문현황_원본] 워크시트**
>
> ① 시트명을 "주문현황_원본"으로 한다.
> ② A4셀 데이터는 줄 바꿈 기능을 사용하여 입력한다.
> ③ 총 상품 금액, 총 할인 금액, 총 예상 적립, 최종 결제 금액은 다음과 같이 계산한다.
>   − 총 상품 금액 = 수량 * 정가
>   − 총 할인 금액 = 총 상품 금액 * 할인율(10%)
>   − 최종 결제 금액 = 총 상품 금액 − 총 할인 금액
>   − 총 예상 적립 = 최종 결제 금액 * 적립(3%)
>   (단, 할인율 및 적립은 10%와 3%에 해당되는 셀번지를 사용할 것.)
>
> [TRY] 셀번지 대신 10%와 3%에 각각 "할인율", "적립"이라고 이름을 정의하여 문제를 해결해 보면서, 일반적인 셀번지를 이용하는 것과의 차이점은 무엇인지 알아보자.
>
> ④ 합계는 각 행에 해당하는 값들의 합을 구한다.
> ⑤ 가격에 해당되는 데이터는 천자리마다 콤마표시와 원화표시를 달고, 셀의 행 높이/열 너비를 보기 좋게 조정한다.

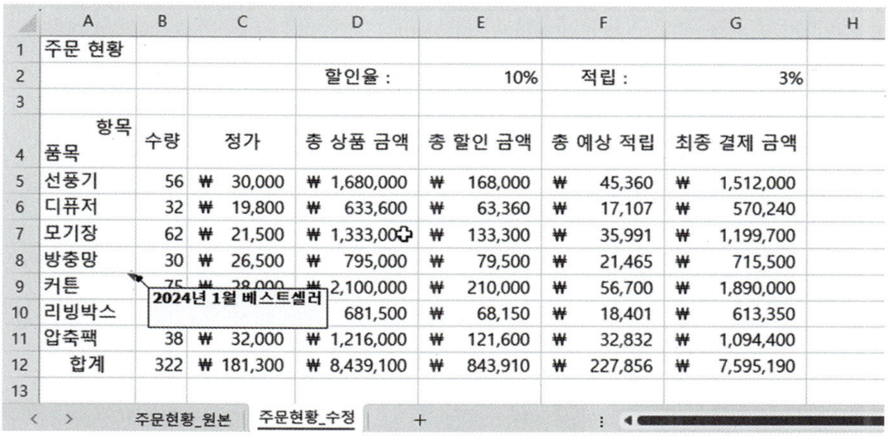

	A	B	C	D	E	F	G	H
1	주문 현황							
2				할인율 :	10%	적립 :	3%	
3								
4	항목 품목	수량	정가	총 상품 금액	총 할인 금액	총 예상 적립	최종 결제 금액	
5	선풍기	56	₩ 30,000	₩ 1,680,000	₩ 168,000	₩ 45,360	₩ 1,512,000	
6	디퓨저	32	₩ 19,800	₩ 633,600	₩ 63,360	₩ 17,107	₩ 570,240	
7	모기장	62	₩ 21,500	₩ 1,333,000	₩ 133,300	₩ 35,991	₩ 1,199,700	
8	방충망	30	₩ 26,500	₩ 795,000	₩ 79,500	₩ 21,465	₩ 715,500	
9	커튼	75	₩ 28,000	₩ 2,100,000	₩ 210,000	₩ 56,700	₩ 1,890,000	
10	리빙박스			₩ 681,500	₩ 68,150	₩ 18,401	₩ 613,350	
11	압축팩	38	₩ 32,000	₩ 1,216,000	₩ 121,600	₩ 32,832	₩ 1,094,400	
12	합계	322	₩ 181,300	₩ 8,439,100	₩ 843,910	₩ 227,856	₩ 7,595,190	
13								

(2024년 1월 베스트셀러)

│그림 3-61│ [주문현황_수정] 결과

> **POINT**
>
> **[주문현황_수정] 워크시트**
>
> ① 새 시트를 삽입하고 시트명을 "주문현황_수정"으로 변경한다.
> ② [주문현황_원본] 워크시트의 A1~I2 셀의 값을 [주문현황_수정] 워크시트의 A1셀에 복사한다.
> ③ [주문현황_원본] 워크시트의 A4~I12 셀의 데이터를 선택하여 붙여넣기의 행과 열을 바꾸어 [주문현황_수정] 워크시트의 A4에 붙여 넣는다. 셀의 열 너비를 보기 좋게 조정한다.
> ④ 제조사와 상품코드를 포함하는 셀의 범위(B2~C11, A12~B12)를 동시에 선택한 후, 셀을 왼쪽으로 밀면서 부분 셀 삭제를 한다.
> ⑤ 품목 "커튼"에 해당하는 셀(A9)에 "2024년 1월 베스트셀러"라고 노트를 삽입하고, 항상 표시되게 한다.
> ⑥ A4~D11셀 범위만 편집가능하고 총 할인 금액, 총 예상 적립, 최종 결제 금액에 해당하는 부분 데이터만을 보호하도록 시트보호를 설정한다.

CHAPTER 4

엑셀 문서 꾸미기

엑셀로 작성한 문서를 보기 좋게 꾸미기 위해서는 서식 기능을 사용해야 한다. 엑셀 서식은 글꼴, 맞춤, 채우기, 테두리 설정 기능과 엑셀만의 특이한 서식기능으로 표시 형식이 있다. 본 장에서는 이러한 엑셀의 기본 서식 기능과 서식과 관련된 기타 서식 기능인 셀스타일, 표서식 및 조건부 서식에 대해서 다룬다.

4.1 엑셀 기본 서식 이해하기

엑셀의 서식은 표시 형식, 맞춤, 글꼴, 테두리, 채우기 등을 지정할 수 있게 함으로써 입력된 데이터를 보기 좋게 꾸미는 기능이다. 엑셀 서식 설정의 기본 작업은 데이터를 입력한 후 데이터 값과 구분하여 이를 어떤 형태로 보여줄 것인지를 서식 관련 메뉴를 사용하여 설정하면 된다. [셀 서식] 대화상자 이외에 [미니 도구 모음]을 통해 간단히 서식을 지정할 수 있으며 [셀 스타일], [표 서식]과 같은 서식 관련 도구를 제공함으로써 통합문서를 쉽고 편리하게 꾸밀 수도 있다. 또한 엑셀은 데이터 자체와 서식을 구분하기 때문에 셀을 복사할 때 데이터만 복사하거나 데이터는 복사하지 않고 서식(글꼴, 채우기, 맞춤, 테두리, 표시 형식 등)만 복사하는 서식 복사 등도 가능하다.

1 엑셀 서식 지정하기

셀 또는 셀 범위에 특정 서식을 지정하려면 먼저 해당하는 셀이나 셀 범위를 선택한 후 다음과 같은 방법을 사용하면 된다. 여기서는 간단히 지정 방법만을 설명하고 각각의 자세한 내용은 다음 절에서 하기로 한다.

(1) [미니 도구 모음]을 이용하기

해당 셀 또는 셀 범위를 선택한 후 마우스 오른쪽 단추를 누르면 [미니 도구 모음]이 표시된다. 이를 이용하여 간단히 셀 서식을 지정할 수 있다.

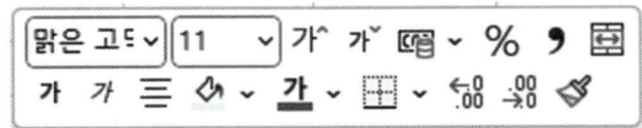

| 그림 4-1 | [미니 도구 모음]을 이용하여 서식 지정하기

[미니 도구 모음]에서 제공되는 아이콘을 이용하여 글꼴(글꼴 모양, 글꼴 크

기, 글꼴 색 등), 테두리, 채우기, 맞춤(가로 가운데 맞춤, 병합 후 가운데 맞춤), 간단한 표시 형식 그리고 서식 복사 등의 기능을 수행할 수 있다.

(2) [리본 메뉴]의 다양한 서식 관련 도구를 이용하기

[리본 메뉴]의 다양한 서식 관련 도구를 이용하여 셀 서식을 바로 지정할 수도 있다. [리본 메뉴]를 이용하여 다양한 서식을 지정하려면 [홈] 탭의 [글꼴], [맞춤], [표시 형식], [스타일] 등의 그룹에서 제공되는 도구를 사용하면 된다. 특히 [스타일] 그룹에서는 조건부 서식, 셀 스타일 및 표 서식 기능을 제공함으로써 엑셀 통합문서에 대한 서식 지정을 간편하게 할 수 있도록 한다.

| 그림 4-2 | [홈] 탭의 서식 관련 메뉴를 이용하여 서식 지정하기

(3) [셀 서식] 대화 상자 이용하기

[셀 서식] 대화상자에서 자세하게 지정할 수도 있다. [셀 서식] 대화 상자는 셀 또는 셀 범위를 선택 후, 단축 메뉴에서 [셀 서식] 명령을 선택하거나 [홈] 탭-[셀] 그룹-[서식] 메뉴에서 [셀 서식]을 수행하면 표시된다. [셀 서식] 대화 상자는 [표시 형식], [맞춤], [글꼴], [테두리], [채우기], [보호] 탭으로 구성되어 있으며 각각의 탭을 선택하여 각 서식을 사용자가 원하는 대로 상세하게 지정할 수 있다. 자세한 내용은 다음 절에서 살펴보기로 하자.

> **TIP**
> [셀 서식] 대화 상자를 여는 단축키는 CTRL+1이다.

2 엑셀 서식 종류별 살펴보기

[셀 서식] 대화상자에 나오는 각각의 서식을 종류별로 살펴보기로 하자.

(1) 글꼴

[셀 서식] 대화 상자의 [글꼴] 탭을 선택하면 데이터의 [글꼴], [글꼴 스타일], [크기], [밑줄], [색], [효과] 등을 지정하여 글꼴의 모양을 다양하게 바꿀 수 있다. 간단하게는 [미니 도구 모음]이나 [홈] 탭-[글꼴] 그룹의 도구를 이용하여 글꼴 서식을 지정할 수 있다.

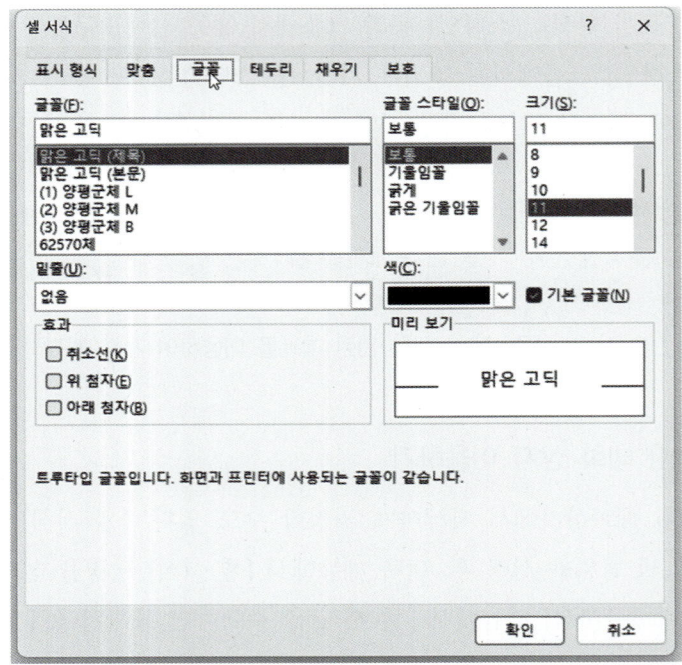

│그림 4-3│ [셀 서식] 대화상자의 [글꼴] 탭

(2) 맞춤

[셀 서식] 대화 상자의 [맞춤] 탭은 데이터의 위치를 셀 내에서 왼쪽, 가운데, 오른쪽 등으로 맞추고 문자의 각도를 조절하거나 범위로 지정한 셀을 병합하는 등의 기능을 제공한다. [맞춤] 탭은 [텍스트 맞춤], [텍스트 조정] 그리고 [텍스트 방향]의 세 항목으로 구성되어 있다. 맞춤의 지정도 간단한 경우에는 [미니 도구 모음]이나 [리본 메뉴]를 사용하면 편리하다.

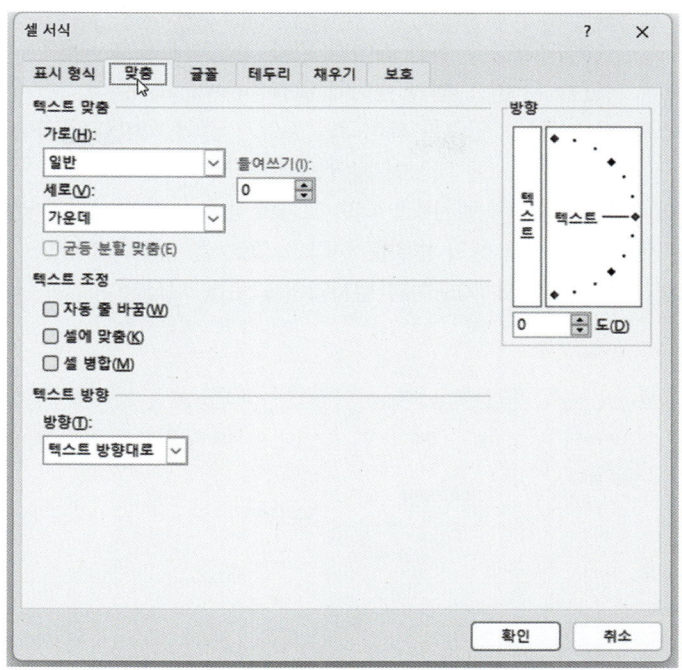

│그림 4-4│ [셀 서식] 대화상자의 [맞춤] 탭

[맞춤] 탭에서 제공하는 옵션들을 간단히 설명하면 다음과 같다.

- **[가로]** : 가로 방향으로 데이터가 배열되는 기준을 지정하는데 사용된다.
  [일반] : 디폴트로 설정되어 있는 것으로 문자는 왼쪽, 숫자는 오른쪽으로 정렬한다.
  [왼쪽], [가운데], [오른쪽] : 데이터를 왼쪽, 가운데, 오른쪽으로 정렬한다.
  [채우기] : 셀의 너비만큼 문자를 반복한다.
  [양쪽 맞춤] : 긴 문자열을 셀 너비에 맞춰 좌우로 정렬시킨다. 셀의 높이가 자동 조정되며 문장의 길이에 따라 한 셀에 여러 줄로 나뉘어 표시된다.
  [선택 영역의 가운데로] : 데이터를 지정한 여러 개의 열중에서 중앙에 위치하도록 배열한다.
  [균등 분할] : 데이터를 셀의 너비에 맞춰 나누어 표시한다.
- **[세로]** : 세로 방향으로 데이터가 배열되는 기준을 지정하는데 사용된다.
  [위쪽], [가운데], [아래쪽] : 데이터를 셀의 높이를 기준으로 위쪽, 가운데, 아래쪽에 위치시킨다.

> [양쪽 맞춤] : 셀의 높이의 위와 아래쪽에 맞춰 배열한다.
> [균등 분할] : 셀의 높이에 맞춰 나누어 표시한다.
> - **[텍스트 줄 바꿈]** : 입력한 데이터의 길이가 열의 너비를 초과하면 자동으로 줄 바꿈이 되어 여러 줄로 표시된다.
> - **[셀에 맞춤]** : 셀에 입력된 데이터의 크기를 셀의 높이와 너비에 맞춰 나타낸다.
> - **[셀 병합]** : 지정한 셀의 범위를 하나의 셀로 셀 합치기를 한다.
> - **[방향]** : −90도에서 90도까지 문자열의 각도를 지정한다.

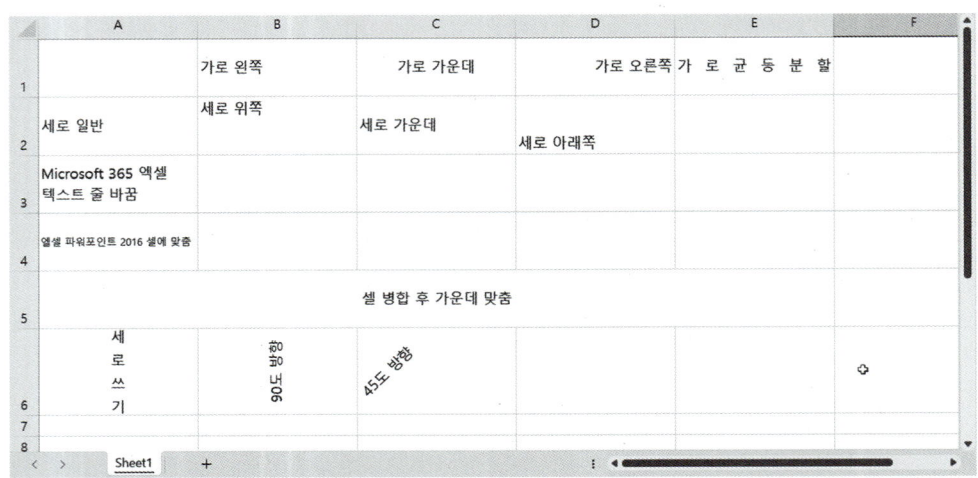

| 그림 4-5 | 맞춤 사용 예

MEMO

[셀 병합 후 가운데 맞춤(📇)] 아이콘

[셀 병합 후 가운데 맞춤(📇)] 아이콘은 여러 셀을 병합한 후 가로의 가운데 맞춤을 한 번에 할 수 있게 한다. 병합한 셀의 병합을 해제하려면 [병합 후 가운데 맞춤] 아이콘을 다시 선택하거나 [맞춤] 탭에서 [셀 병합] 선택을 해제한다.

---

(3) 테두리

화면에서 워크시트의 열과 행을 표시해주는 선을 눈금선이라고 하는데, 이 눈금선은 작업에 도움을 주는 선으로 실제로 표를 그려주는 테두리 선은 아니다. 그러므로 이 눈금선을 기준으로 표에 원하는 선을 그려줘야 표 형식이 완성된다.

　테두리는 셀 범위 단위로 [셀 서식] 대화 상자의 [테두리]를 사용하여 지정하거나 간단히 테두리 설정 아이콘(⊞ ˅)을 사용하여 할 수 있다.

　아이콘을 사용하는 경우에는 셀 범위를 지정한 후 테두리 설정 아이콘의 내림 단추를 눌러 제시되는 형태에서 원하는 모양을 선택하면 간단히 테두리를 설정할 수 있으며, 선 색 및 선 스타일을 미리 선택하면 원하는 색과 스타일의 테두리를 그릴 수 있다. 그러나 아이콘을 이용하는 경우에는 간단한 테두리 형태만 설정할 수 있다는 제한점이 있으므로 사용자가 원하는 대로 테두리 설정을 하려면 메뉴 방식을 사용하는 것이 바람직하다.

| 그림 4-6 |　테두리 설정 아이콘

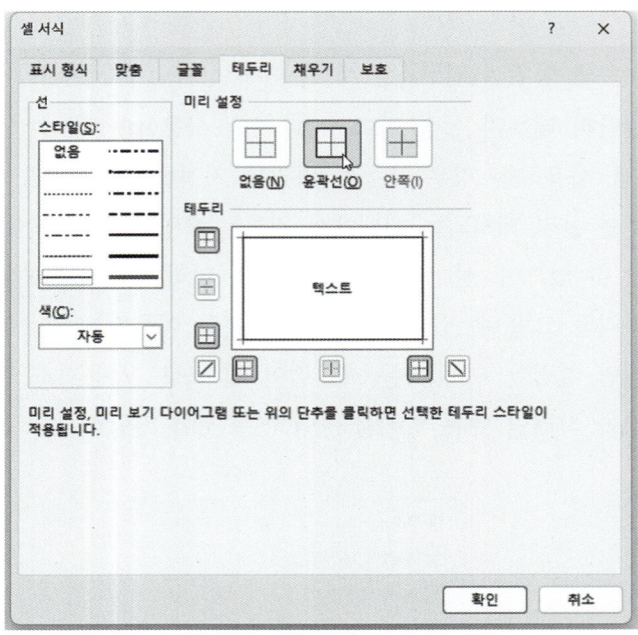

그림 4-7 [셀 서식] 대화상자의 [테두리] 탭

[셀 서식] 대화상자의 [테두리] 탭의 각 선택 옵션은 다음과 같다.

> - **[스타일], [색]** : 테두리의 선 스타일과 색상을 선택하는데 사용된다.
> - **[미리 설정]** : 표 전체에 일괄적으로 적용되는 테두리를 지정하는데 사용된다.
>   [없음] : 지정한 범위에 테두리를 취소한다.
>   [윤곽선] : 지정한 범위의 외곽에 테두리를 지정한다.
>   [안쪽] : 지정한 범위 내부에 존재하는 셀 구분선에 테두리를 지정한다.
> - **[테두리]** : 지정한 범위의 특정 부분에 테두리를 설정하는데 사용된다. 그려질 위치에 해당되는 단추를 선택하면 그려지고 다시 선택하면 취소된다.

테두리를 설정할 때는 해당하는 셀 범위를 설정한 후, 선의 스타일과 색을 먼저 지정하고 테두리에 대한 기본설정이나 세부설정을 해야 선의 스타일과 색이 지정된다. 지정순서가 바뀌면 스타일과 색이 지정되지 않으므로 다음과 같은 순서를 따르도록 한다.

① 먼저 선의 스타일과 색을 정한다.

② [미리 설정]을 통해 윤곽을 선택한다. 표 전체의 테두리 작성에 이용한다.
③ [테두리]에서 표의 세부적인 테두리를 정한다. 표의 일부를 수정하는 경우에 이용한다.

또한 지정된 테두리를 지우려면 해당하는 셀 범위를 지정한 후, 테두리 아이콘 중에서 [테두리 없음] 아이콘을 사용하거나 [테두리] 탭에서 지우기를 원하는 위치의 테두리를 클릭하면 테두리 표시가 없어지면서 지워진다.

> **TIP 연필모양으로 테두리 그리기**
>
> 테두리 설정 아이콘의 내림 단추를 눌러 원하는 선 색과 선 스타일을 지정한 후 테두리 그리기를 선택하면 간단하게 테두리를 그릴 수 있다.

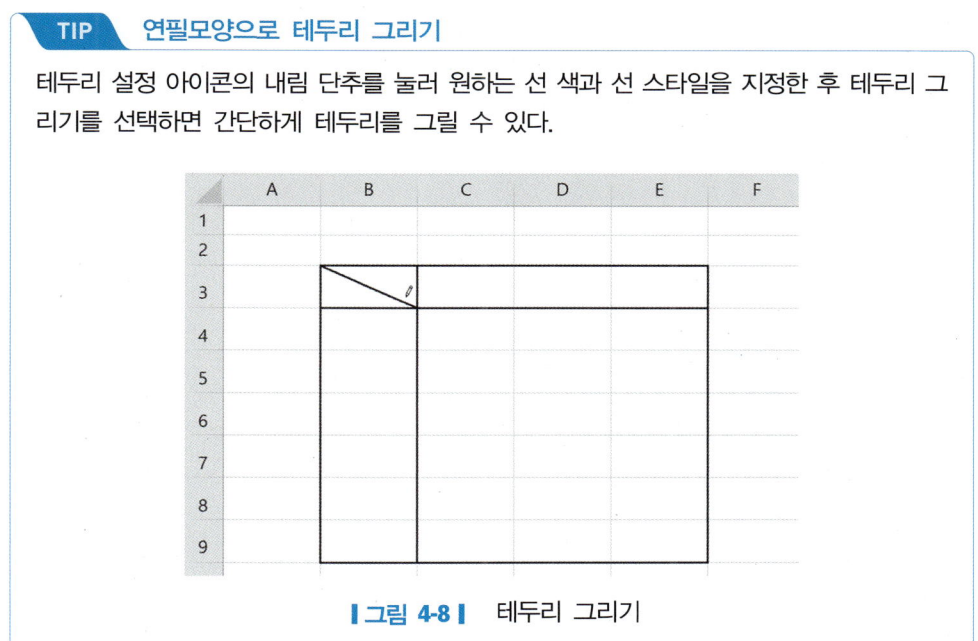

| 그림 4-8 | 테두리 그리기

> **TIP 셀 눈금선 숨기기**
>
> 기본적으로 엑셀을 사용할 때 시트의 각 셀을 구분하는 눈금선이 표시되도록 설정되어 있다. 그러나 이 셀의 눈금선 화면에 나타나지 않도록 할 수 있다. 셀 눈금선이 나타나지 않도록 하기 위해서는 [Excel 옵션] 메뉴를 선택한 후 [고급]에서 [눈금선 표시] 선택을 취소하면 된다. 간단히는 [보기] 탭에서 [표시] 명령을 클릭한 후, [눈금선]을 취소하면 된다.

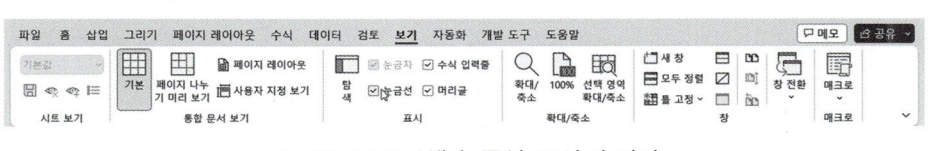

| 그림 4-9 | 셀 눈금선 표시 숨기기

(4) 채우기

선택한 셀 범위에 색이나 채우기를 채우는 기능이다. [셀 서식] 메뉴의 [채우기] 탭을 선택하거나 간단히 도구 모음의 채우기 아이콘( )을 사용하기도 한다.

   [채우기] 탭의 선택 항목에서 [배경색]을 선택하여 단순히 채우거나 [무늬색]과 [무늬 스타일]을 지정하여 채우는 것이 가능하며 또한 [채우기 효과] 기능을 이용하면 그라데이션 효과를 이용하여 채울 수 있다. 이미 셀에 지정된 색을 표시하지 않으려면 채우기 아이콘에서 [채우기 없음]을 선택하거나 [셀 서식] 대화 상자에서 [배경색]에 [색 없음]을 선택하면 된다.

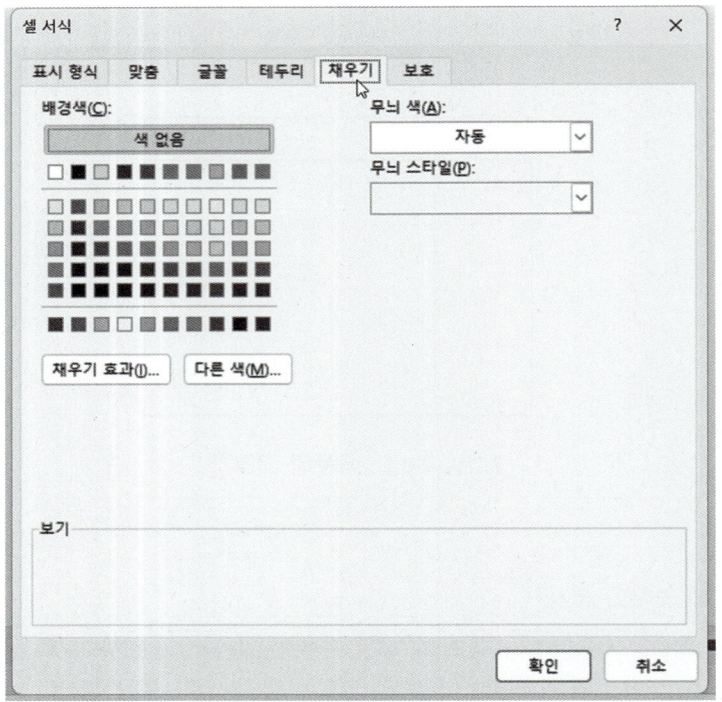

| 그림 4-10 | [셀 서식] 대화상자의 [채우기] 탭

(5) 표시 형식

표시 형식은 사용 용도에 따라 데이터를 원하는 형태로 바꾸어 표시하는데 사용된다. 간단한 경우에는 [미니 도구 모음]이나 [리본 메뉴]의 표시 형식 관련 아이콘들을 사용하여 지정할 수 있다. 좀 더 상세하게 지정하려면 [셀 서식] 메뉴의 [표시 형식] 탭을 이용하여 설정할 수 있다.

[표시 형식] 탭 상자의 왼쪽에 있는 [범주] 항목에서 데이터의 종류를 선택한 후, 각 범주에 속하는 형식에 대한 설정을 오른쪽에 나타나는 [형식 종류]에서 선택한다. 엑셀에서 정확하거나 특별한 데이터의 표시를 원하는 경우 [표시 형식] 탭을 이용하는 것이 바람직하다.

[표시 형식] 탭에 정의되어 있지 않는 형식을 사용할 경우에는 [표시 형식] 탭 상자의 [범주] 항목의 마지막에 있는 [사용자 지정]을 사용한다. 사용자 지정을 사용할 때는 약속되어져 있는 서식 코드를 이용하여 표시 형식을 정의해야 한다.

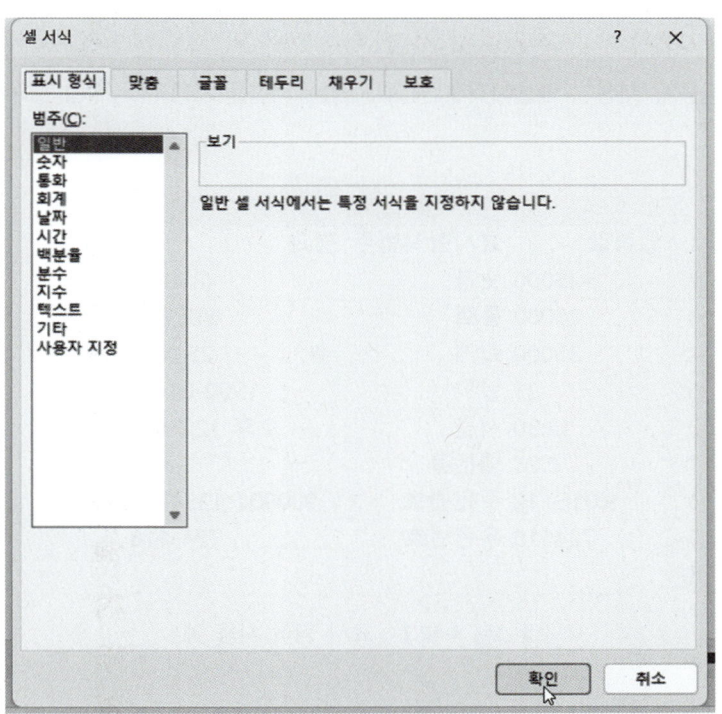

| 그림 4-11 |　[셀 서식] 대화상자의 [표시 형식] 탭

표시 형식의 종류는 다음과 같다.

- **일반**   특정 서식을 적용하지 않고 입력된 형식 그대로 표시
- **숫자**   일반적인 숫자의 형식을 지정
- **통화**   숫자 앞에 지정된 통화 기호를 표시
- **회계**   숫자 앞에 지정된 통화 기호를 표시하며, 통화 기호와 소수점에 맞추어 열이 정렬
- **날짜**   지정된 날짜 형식으로 표시
- **시간**   지정된 시간 형식으로 표시
- **백분율**   셀 값에 100을 곱한 값 뒤에 백분율 기호(%)를 붙여 표시
- **분수**   셀 값을 분수 형식으로 변환하여 표시
- **지수**   셀 값을 지수 형식으로 변환하여 표시
- **텍스트**   셀 값을 문자열로 변환
- **기타**   셀 값을 우편번호, 전화번호, 주민등록번호 등의 특별한 형식으로 변환하여 표시
- **사용자 지정**   엑셀에서 제공되지 않는 서식을 사용자가 직접 정의하여 사용

	A	B	C	D
1	입력값	표시형식범주	결과	
2	-25000	숫자	(25000)	
3	25000	통화	₩25,000	
4	25000	회계	₩ 25,000	
5	31	날짜	1900-01-31	
6	12:30	시간	오후 12:30:00	
7	0.25	백분율	25%	
8	9.01E+12	주민번호	900901-1234784	
9	724118	우편번호	724-118	
10				

│그림 4-12│ 표시 형식 사용 예

3 서식 복사하기 및 서식 지우기

(1) 서식 복사하기

서식 복사는 서식과 관련한 유용한 기능이다. 특정 셀이나 범위의 서식만을 다른 곳으로 복사하는 기능이다. 간단히 서식만 복사하려면 서식 복사 아이

콘(🖌)을 이용한다.

① 서식을 복사할 셀을 선택한 후 서식 복사 아이콘을 클릭한다.

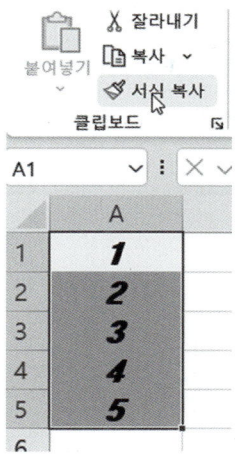

| 그림 4-13 | 서식 복사 대상 셀 선택 및 서식 복사 아이콘 선택

② 서식이 복사된 셀이 점선으로 둘러싸여 복사된 상태임을 나타내고 마우스 포인터 모양이 서식 복사를 나타내는 표시(➕🖌)로 바뀐다. 서식을 복사할 셀을 클릭하거나 셀 범위를 드래그하면 복사된 서식이 적용된다. 붙여 넣은 셀의 내용은 그대로이며, 서식만 복사되어 적용된다.

| 그림 4-14 | 드래그하여 서식 복사하기

| 그림 4-15 | 서식 복사 결과

> **TIP** 서식 복사 더블클릭
>
> 서식 복사 아이콘을 더블클릭하면 여러 셀 범위에 서식 복사를 연속적으로 적용할 수 있다. 이 때, 서식 복사를 끝내려면 Esc 키를 누른다.

(2) 서식 지우기

데이터 내용은 그대로 두고 서식만 지우려면 셀 범위를 선택한 후 [홈] 탭-[편집] 그룹-[지우기] 명령에서 [서식 지우기]를 선택하면 된다.

그림 4-16 서식 지우기

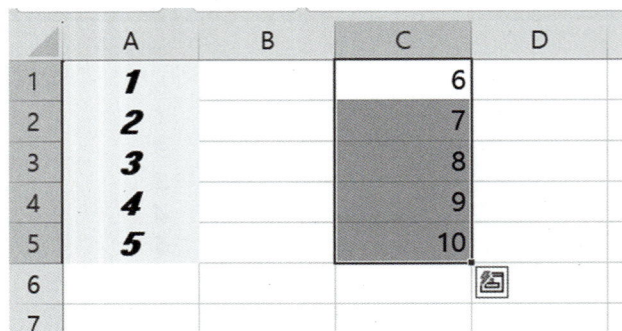

그림 4-17 서식 지우기 결과

4.2 표시 형식 살펴보기

1 일반 표시 형식

표시 형식 중 일반은 특정 서식을 적용하지 않고 입력된 형식 그대로 표시하는 것을 의미한다.

다음과 같은 예가 있다고 하자. 원래 값인 0.25가 표시 형식 지정이 잘못되면 제대로 값이 표시되지 않게 된다. 이런 경우에 해당 셀을 선택 후 셀 서식의 [표시 형식] 중 [일반]을 선택하면 원래 데이터 형식으로 그대로 표시되게 된다.

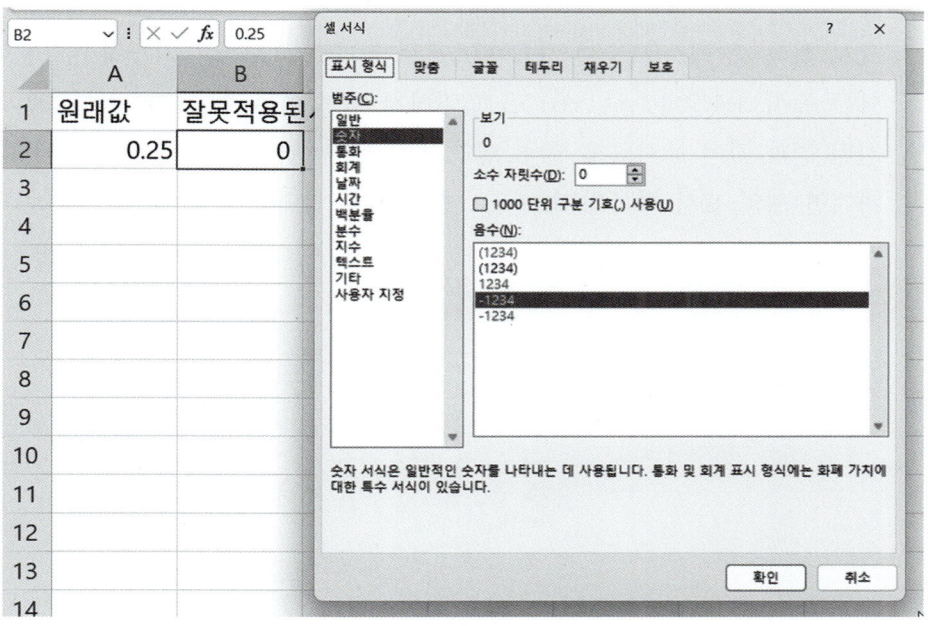

| 그림 4-18 | 표시 형식이 잘못 지정된 경우

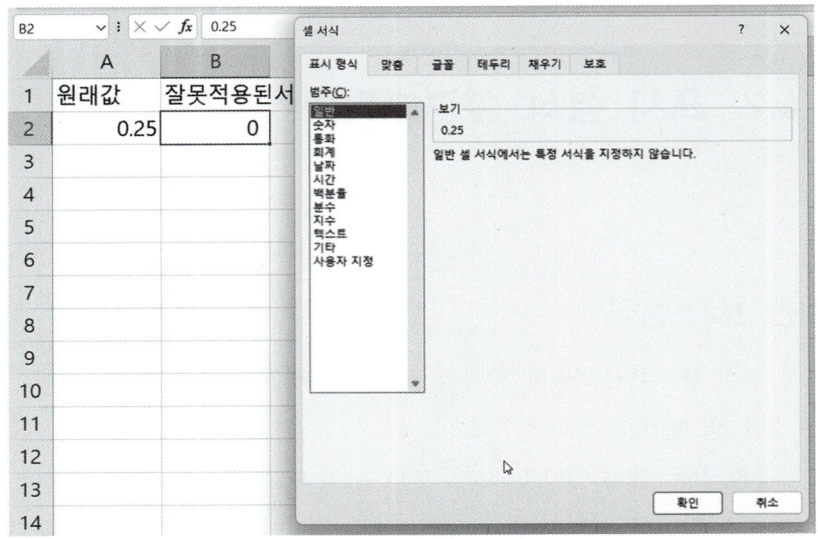

┃그림 4-19┃ 표시 형식으로 입력된 형식 그대로 표시

2 텍스트 표시 형식

표시 형식 중 텍스트는 셀 값을 텍스트로 그대로 표시하는 기능에 사용된다. 예를 들어, B4셀에 "=A1+B1"을 입력하게 되면 이는 수식 데이터이므로 계산된 결과 값이 표시되게 된다. 만약 A4셀에 "=A1+B1"을 직접 표시되도록 하려면 셀의 표시 형식을 텍스트로 변환한 후 입력하면 텍스트로 그대로 표시하게 된다. 또는 입력 시 '를 붙여 입력하면 텍스트로 그대로 표시된다.

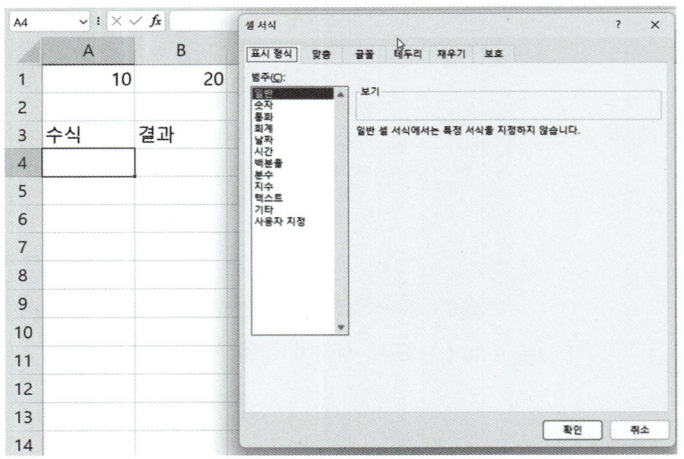

┃그림 4-20┃ 텍스트 표시 형식 지정하기

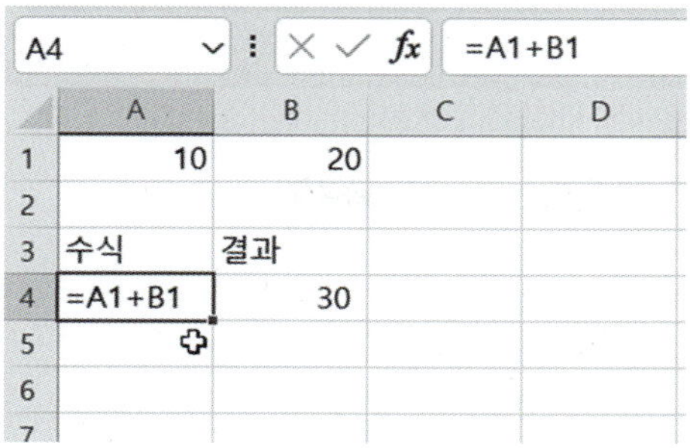

| 그림 4-21 | 텍스트로 표시된 결과

| 그림 4-22 | '를 이용하여 텍스트 표시 형식으로 바로 입력하기

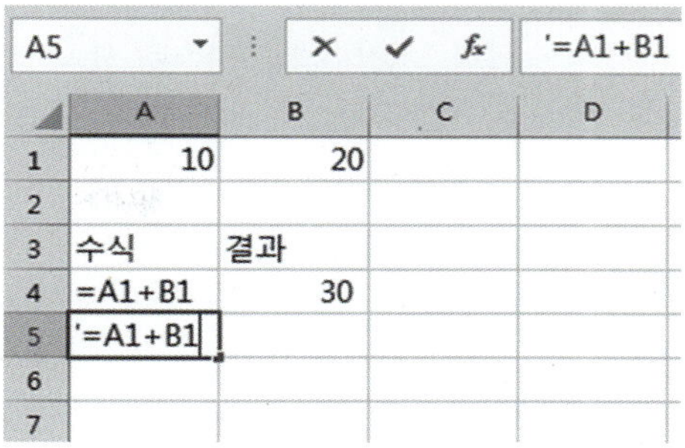

3 사용자 지정 표시 형식

엑셀 표시 형식에 정의되어 있지 않는 형식을 사용하는 경우에 사용자 지정 표시 형식에서 사용하는 서식 코드를 이용하여 새로운 표시 형식을 정의해야 한다.

사용자 지정 표시 형식에 사용되는 서식코드는 다음과 같다.

- 숫자 문자에 관련된 표시 형식
  G 또는 표준 : 표준 서식으로 표시
  \# : 자릿수 표시(유효하지 않은 0의 경우는 표시하지 않음)
  0 : 자릿수 표시(반올림 적용, 유효하지 않은 0을 표시)
  ? : 자릿수 표시(소수점 맞춤, 유효하지 않은 0은 공백으로 표시)
  . : 소수점 표시
  % : 백분율 표시
  / : 분수 표시
  , : 천 단위 구분 표시
  E - E + e - e + : 지수 서식으로 표시
  $ - + / ( )공백 : 문자 자체로 표시
  * : 다음에 입력한 문자를 반복해서 셀에 채움
  @ : 문자가 들어갈 자리 표시
  _ : 다음에 오는 문자의 너비만큼 공간을 둠
  "문자열" : ""안의 문자를 그대로 표시

- 날짜, 시간, 색에 관련된 표시 형식
  yy 또는 yyyy : 연도를 두 자리 또는 네 자리로 표시
  m 또는 mm : 월 앞에 0을 생략하거나 앞에 0을 붙여서 표시
  mmm : 월을 영문 3자리로 표시
  mmmm : 월을 영문 단어로 표시
  d 또는 dd : 일 앞에 0을 생략하거나 앞에 0을 붙여서 표시
  ddd : 요일을 영문 3자리로 표시
  dddd : 요일을 영문 단어로 표시
  h 또는 hh : 시간 앞에 0을 생략하거나 앞에 0을 붙여 표시
  s 또는 ss : 초 앞에 0을 생략하거나 앞에 0을 붙여 표시
  [ ] : 24시간 보다 큰 시간이나 60보다 큰 분 또는 초를 그대로 표시
  AM/am/A/a 또는 PM/pm/P/p : 12시간 단위로 시간을 표시
  [색] : 셀의 내용을 지정된 색으로 표시
  [색n] : 색상표에 있는 0부터 56까지의 색으로 표시
  [조건값] : 조건으로 [,],=[,]=,[]을 사용할 수 있으며 지정한 조건에 따라 표시

다음과 같은 예에서 셀에 표시하려는 표시 형식을 정의하기 위해서 사용자 정의 표시 형식의 기호를 이용하여 정의해보기로 하자.

① 각 셀의 데이터를 수치데이터로 유지하면서 값의 단위를 표시하여 셀 데이터에 대한 이해를 높이기위해서는 단위가 표시되도록 표시 형식을 정의해서 사용해야만 한다. 우선 다음과 같이 데이터를 입력한 후, 중량에 해당하는 값에 단위인 g이 붙고 파랑색으로 표시되도록 하고자 한다.
② 해당 셀을 지정한 후, [셀 서식] 대화 상자의 [표시 형식] 탭에서 범주를 [사용자 지정]을 선택한다.
③ [형식]의 입력란에 표시하고자 하는 형식을 직접 입력한다. 셀에 있는 데이터를 받는 자리가 필요하고 데이터 뒤에 g이 직접 표시되게 하려면 #"g"라고 정의해야한다. 만약 데이터값을 파랑색으로 나타나게 하기 위해서는 #"g"[파랑]이라고 색을 정의하는 기호를 덧붙여 정의해야 한다.

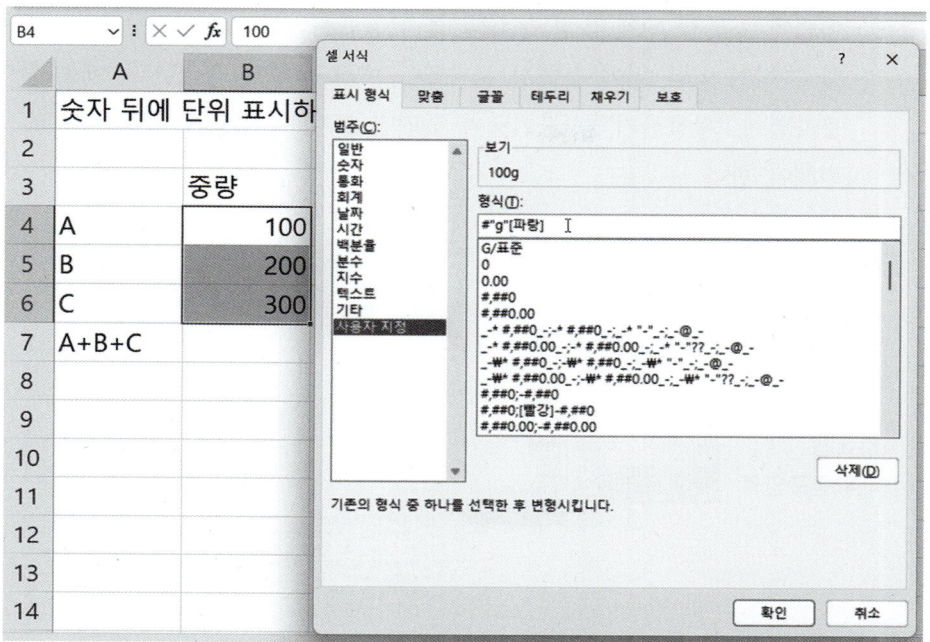

| 그림 4-23 | 숫자에 단위 표시하기

④ 사용자 정의 표시 형식을 지정한 결과 원하는 대로 값이 표시됨을 확인할 수 있다. 이 경우 서식만 바뀐 것일 뿐 데이터 자체는 수치데이터 값을 그대로 유지한다. 따라서 합계와 같은 계산에 이용될 수 있다.

| 그림 4-24 | 숫자에 단위 표시하기 결과

⑤ 이번에는 문자 뒤에 특정 문자를 붙여서 표시하고자 한다. 문자열을 표시할 자리인 @와 뒤에 붙여질 문자열을 ""로 묶어서 정의한다. 예를 들어, 문자열에 "활용하기"를 붙이도록 하려면 표시 형식을 @"활용하기"로 정의해야 한다.

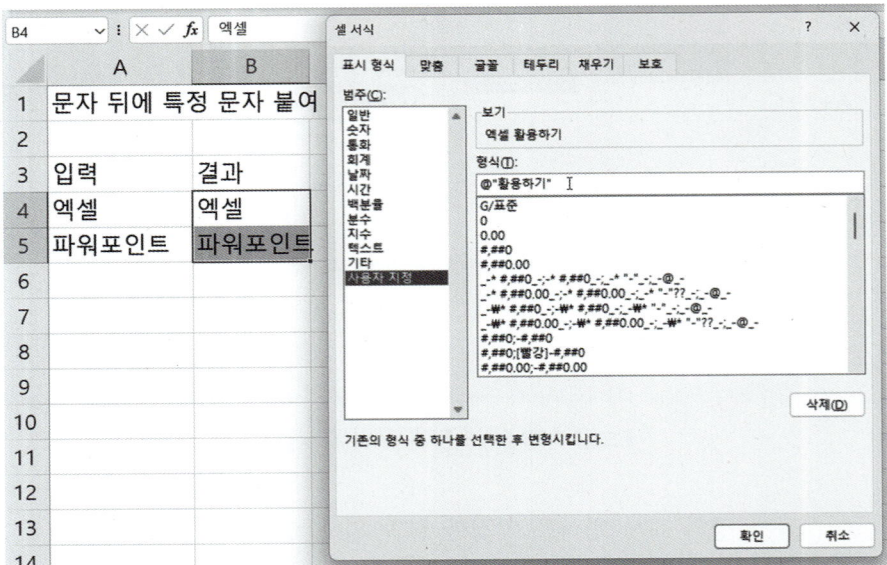

│그림 4-25│ 문자 뒤에 특정 문자 붙여 표시하기

⑥ 이 경우도 원래 문자 데이터는 그대로 유지하면서 표시 형식만 변경되어 문자 뒤에 특정 문자인 "활용하기"가 붙어서 표시됨을 알 수 있다.

│그림 4-26│ 문자 뒤에 특정 문자 붙여 표시하기 결과

4.3 다양한 서식 기능 사용하기

셀 스타일 및 표 서식 기능을 제공하여 셀이나 표에 대한 서식을 쉽게 지정할 수 있다. 또한 조건에 따라 서식의 형태를 달리할 수 있는 조건부 서식 기능도 제공하고 있다. 본 절에서는 [홈] 탭-[스타일] 그룹의 [셀 스타일], [표 서식] 그리고 [조건부 서식] 기능을 살펴보기로 하자.

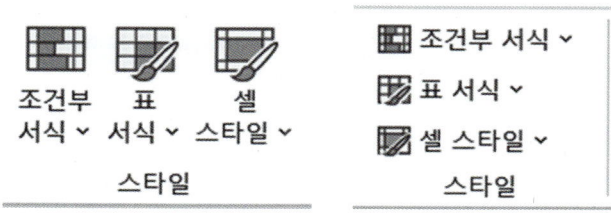

| 그림 4-27 | [홈] 탭-[스타일] 그룹

1 셀 스타일 사용하기

셀 스타일은 글꼴, 표시 형식, 테두리, 채우기 등 서식의 특성을 미리 정의해 놓은 집합으로 셀에 서식을 간편하고 빠르게 지정할 수 있다.

  셀 스타일을 적용하려면 지정할 셀이나 셀 범위를 선택한 후 [홈] 탭-[스타일] 그룹의 [셀 스타일]을 선택하여 기본적으로 제공되는 셀 스타일 중에서 적당한 스타일을 선택하면 손쉽게 셀 서식을 지정할 수 있다. 또한 지정된 스타일을 수정하거나 사용자가 직접 스타일을 정의해서 사용할 수도 있다.

(1) 기본 셀 스타일 적용하기

3장에서 작성한 [컴퓨터 활용 능력 평가표] 통합문서의 [능력 평가표_1] 시트에 셀 스타일을 적용해보자.

① A1-M1셀과 A19-F19셀을 선택한 후, [셀 병합 후 가운데 맞춤]을 지정한다.

② 셀 스타일을 적용할 A1셀을 선택한 후, [홈] 탭-[스타일] 그룹-[셀 스타일]을 클릭한 다음 [제목 및 머리글] 범주에서 [제목1] 스타일을 선택하면 바로 그 스타일대로 적용됨을 알 수 있다.

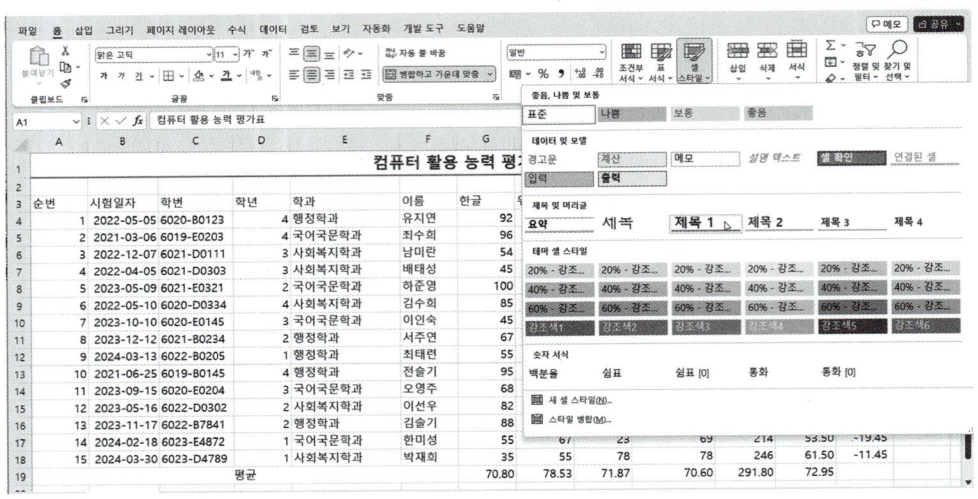

| 그림 4-28 | 제목 셀 스타일 지정하기

③ A3-M3셀과 A19-M19셀을 동시에 선택한 후, [테마 셀 스타일] 범주에서 [강조색1]을 적용한다.

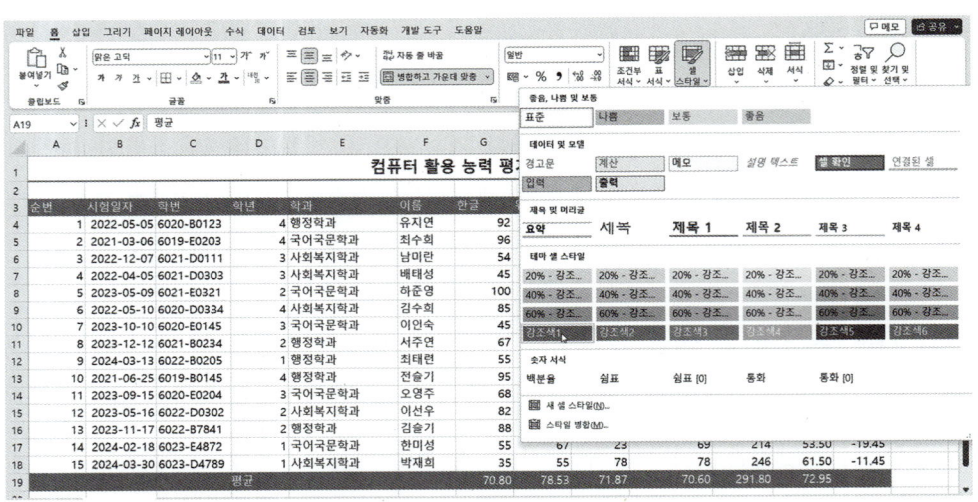

| 그림 4-29 | 테마 셀 스타일 지정하기

(2) 셀 스타일 수정하기

기본적으로 제공되는 셀 스타일을 수정하여 사용할 수 있다.

① A3-M3셀과 A19-M19셀에 적용한 [테마 셀 스타일]의 [강조색1]을 수정하려면 [강조색1] 의 바로 가기 메뉴에서 [수정]을 선택한다.

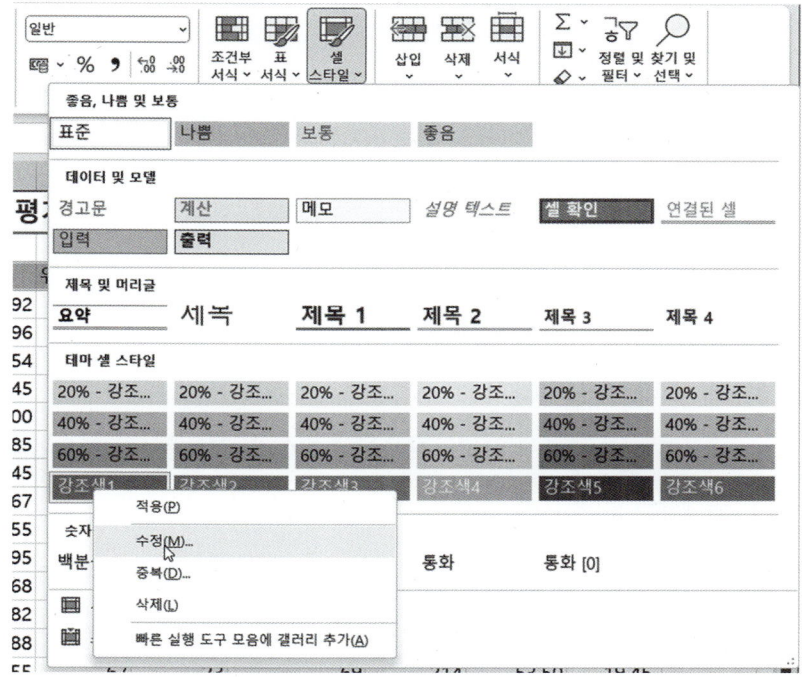

│그림 4-30│ 수정할 셀 스타일에서 [수정] 메뉴 선택하기

② [스타일] 대화 상자에서 [서식]을 누르면 [셀 서식] 대화 상자가 나온다. 여기서 원하는대로 서식을 수정하면 된다. [맞춤] 탭을 눌러 [가로]의 [가운데] 맞춤을 하고 [글꼴] 탭을 선택하여 [굵게]로 지정한다.

③ [스타일] 대화 상자에 변경된 내용이 표시되며 [확인]을 클릭하면 적용되었던 셀 스타일의 서식이 자동 업데이트됨을 확인할 수 있다.

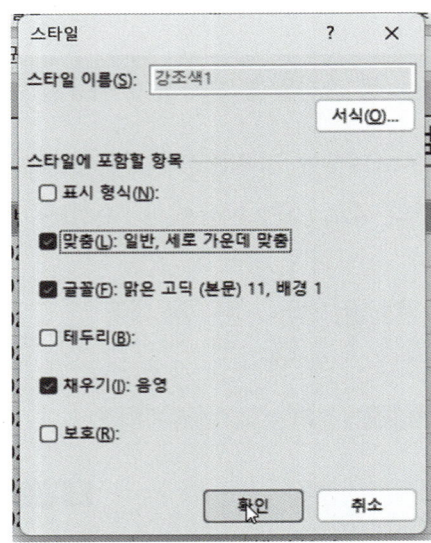

| 그림 4-31 | [스타일] 대화 상자에서 [서식] 선택하기

(3) 새로운 셀 스타일 정의하기

기본적으로 제공되는 셀 스타일 이외에 사용자가 자주 쓰는 셀 서식을 셀 스타일로 추가하여 사용할 수 있다.

① 새로운 셀 스타일을 정의하려면 [홈] 탭-[스타일] 그룹-[셀 스타일]을 클릭한 후, [새 셀 스타일]을 선택한다.

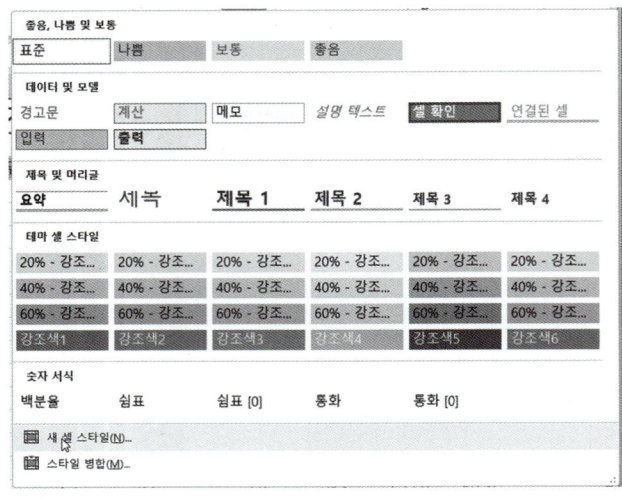

| 그림 4-32 | [새 셀 스타일] 메뉴 선택하기

② [스타일] 대화 상자가 나오면 [스타일 이름]을 지정하고 [스타일에 포함할 항목]에서 나타낼 서식 유형만 남겨놓고 모두 체크표시를 해제한다. [스타일 이름]을 "음수표시"라 입력하고 [스타일에 포함할 항목]은 [표시 형식]만 포함되도록 지정한 후, [서식] 버튼을 선택한다.

③ [셀 서식] 대화 상자가 나오면 [표시 형식] 탭에서 [숫자] 범주를 선택한 후 [소수 자릿수]를 2로, [음수]를 -기호가 있는 빨간색으로 표시되도록 지정한다.

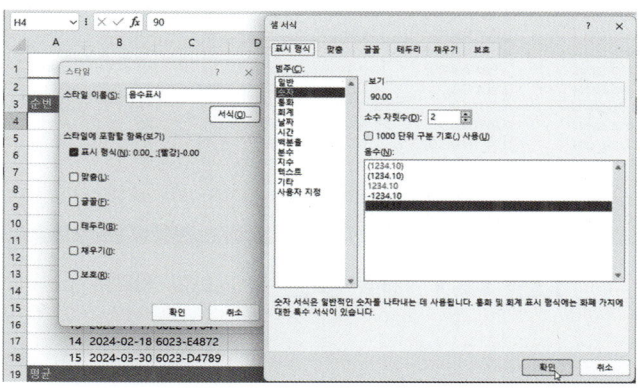

| 그림 4-33 | 새 스타일의 셀 서식 지정하기

④ [셀 스타일]에 [사용자 지정] 범주에 새롭게 [음수표시]가 추가됨을 확인할 수 있다.

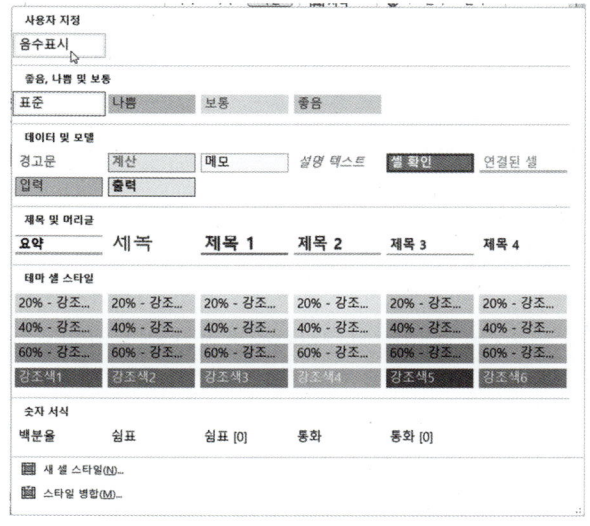

| 그림 4-34 | 사용자 지정의 새로운 스타일 추가 결과

⑤ 평균과의 차이에 해당하는 셀인 M4-M18를 선택한 후 새로 추가된 [음수 표시] 셀 스타일을 적용하면 숫자 표시가 지정된 대로 표시됨을 알 수 있다.

	A	B	C	D	E	F	G	H	I	J	K	L	M
1						컴퓨터 활용 능력 평가표							
2													
3	순번	시험일자	학번	학년	학과	이름	한글	워드	엑셀	파워포인트	총점	평균	평균과의 차
4	1	2022-05-05	6020-B0123	4	행정학과	유지연	92	90	100	88	370	92.50	19.55
5	2	2021-03-06	6019-E0203	4	국어국문학과	최수희	96	88	92	75	351	87.75	14.80
6	3	2022-12-07	6021-D0111	3	사회복지학과	남미란	54	73	75	96	298	74.50	1.55
7	4	2022-04-05	6021-D0303	3	사회복지학과	배태성	45	56	48	82	231	57.75	-15.20
8	5	2023-05-09	6021-E0321	2	국어국문학과	하준영	100	95	68	65	328	82.00	9.05
9	6	2022-05-10	6020-D0334	4	사회복지학과	김수희	85	95	82	45	307	76.75	3.80
10	7	2023-10-10	6020-E0145	3	국어국문학과	이인숙	45	78	65	49	237	59.25	-13.70
11	8	2023-12-12	6021-B0234	2	행정학과	서주연	67	80	67	78	292	73.00	0.05
12	9	2024-03-13	6022-B0205	1	행정학과	최태련	55	70	100	72	297	74.25	1.30
13	10	2021-06-25	6019-B0145	4	행정학과	전슬기	95	83	82	100	360	90.00	17.05
14	11	2023-09-15	6020-E0204	3	국어국문학과	오영주	68	62	45	45	220	55.00	-17.95
15	12	2023-05-16	6022-D0302	2	사회복지학과	이선우	82	88	55	69	294	73.50	0.55
16	13	2023-11-17	6022-B7841	2	행정학과	김슬기	88	98	98	48	332	83.00	10.05
17	14	2024-02-18	6023-E4872	1	국어국문학과	한미성	55	67	23	69	214	53.50	-19.45
18	15	2024-03-30	6023-D4789	1	사회복지학과	박재희	35	55	78	78	246	61.50	-11.45
19	평균						70.80	78.53	71.87	70.60	291.80	72.95	

| 그림 4-35 | 새로 정의한 셀 스타일 적용하기

2 표 서식 사용하기

표 서식 기능은 기본적으로 제공되는 표 스타일을 선택하여 셀 범위에 쉽고 빠르게 서식을 지정할 수 있도록 한다. 또한 표 서식을 적용하면 일반 셀 범위가 표 기능의 표로 변환된다. 일반 셀 범위를 표 기능의 표로 변환하면 대량의 데이터 관리를 좀 더 효율적으로 할 수 있게 하는 장점이 있다. 단순히 표에 서식만 지정하고 표 기능을 사용하지 않을 경우에는 표를 원래 상태인 일반 셀 범위로 되돌리면 된다. 표 기능에 대한 자세한 내용은 8장에서 다루므로 여기서는 표에 서식 지정하는 것에 중점을 두기로 한다.

표 서식을 적용하려면 셀 범위를 선택한 후 [홈] 탭-[스타일] 그룹의 [표 서식]을 선택하여 기본적으로 제공되는 표 스타일 중에서 적당한 스타일을 선택하면 된다. 기존 표 스타일의 서식을 조정하거나 새로운 표 스타일을 만들어 사용할 수도 있다.

3장에서 작성한 [컴퓨터 활용 능력 평가표] 통합문서의 [능력 평가표_2] 시트에 표 서식을 적용해보자.

① 표 서식을 적용할 셀 범위인 B3-K18를 선택한 후, [홈] 탭-[스타일] 그룹-[표 서식]에서 제공되는 표 스타일 중 원하는 스타일을 선택한다.

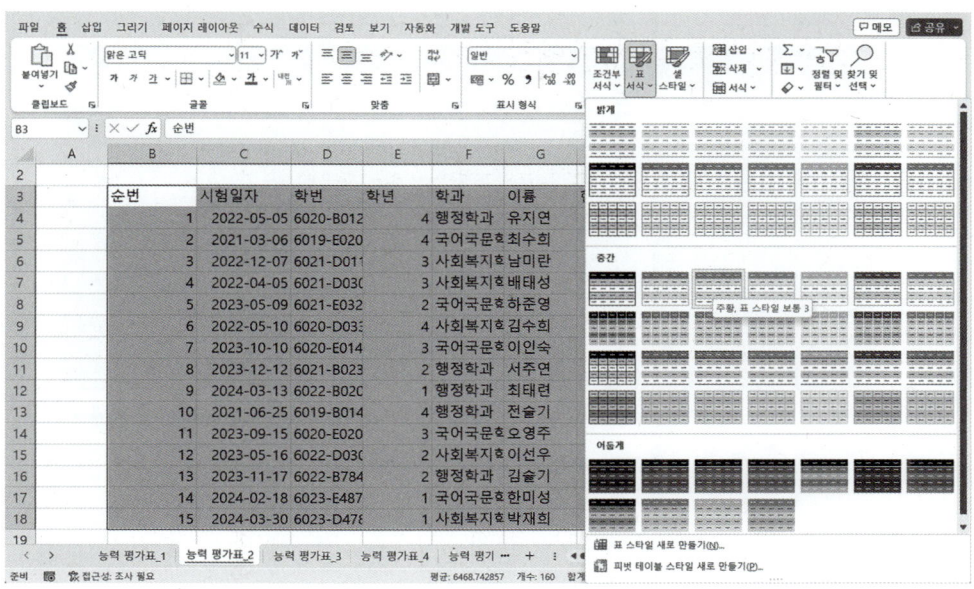

| 그림 4-36 | 셀 범위 선택 및 [표 서식] 메뉴 선택하기

② [표 서식] 대화상자에 표 스타일이 적용될 셀 범위가 표시되고 [머리글 포함] 옵션이 선택되었는지 확인한다. [머리글 포함] 옵션을 선택하면 표의 첫 행을 머리글 행으로 지정하여 서식을 적용하게 된다.

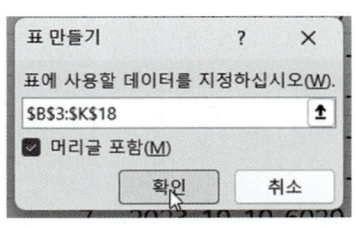

| 그림 4-37 | [표 서식] 대화상자

③ 표에 선택한 스타일이 적용되고, 화면에 [테이블 디자인]이 표시된다. [테이블 디자인] 탭-[표 스타일]을 선택하여 다른 스타일로 바꿀 수 있으며 [표 스타일 옵션]을 이용하여 손쉽게 표의 서식을 수정할 수 있다.

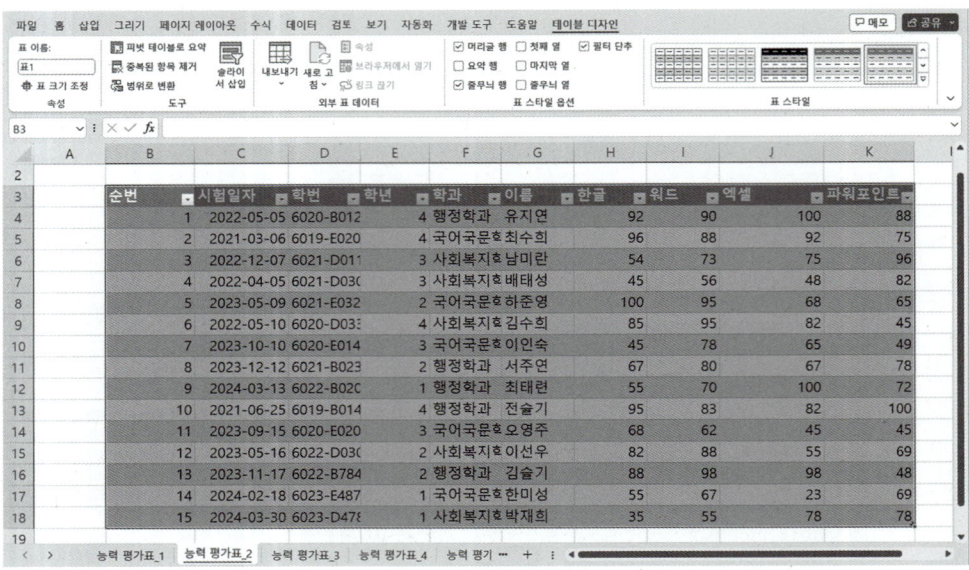

|그림 4-38| 표 서식 적용 결과

④ 표 서식을 적용하면 일반 셀 범위가 특별한 기능을 갖는 표 기능의 표로 변환되어, 머리글 행에 필터 단추(▼)가 표시되고 상황도구인 [테이블 디자인]이 나타난다. 이 부분에 대한 설명은 8장에서 다루기로 하자. 표 기능은 사용하지 않고 표 서식만 적용하려면 표를 일반 셀 범위로 되돌리면 된다. 표의 임의의 셀을 선택한 후, [테이블 디자인] 탭-[도구] 그룹-[범위로 변환]을 선택한다.

⑤ "표를 정상 범위로 변화하시겠습니까?"라고 묻는 메시지 창이 나타나면 [예]를 선택한다.

⑥ 표가 아닌 일반 셀 범위로 변환되어 필터 단추가 사라지고 [테이블 디자인] 메뉴도 사라짐을 확인할 수 있다. 그러나 표에 적용된 서식은 그대로 유지된다.

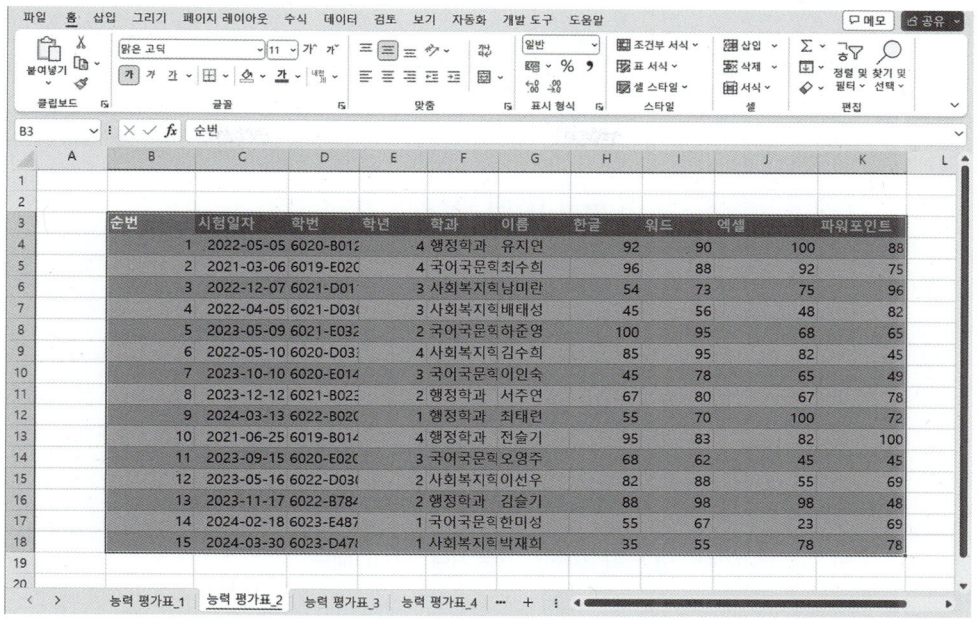

│그림 4-39│ 일반 셀 범위로 변환된 결과

3 조건부 서식 사용하기

조건부 서식이란 입력된 데이터 중 특정 조건을 만족하는 셀의 서식만을 변경하여 표시할 수 있는 기능으로 주요 셀이나 예외적인 값을 강조하여 표시할 수 있다. 특히 데이터 막대, 색조, 아이콘 집합을 사용하여 데이터를 시각적으로 표시함으로써 효과적인 데이터 추세 분석도 가능하다.

조건부 서식을 사용하여 강조할 조건과 서식을 지정하기만 하면 해당 데이터가 자동으로 이 조건에 맞게 표시된다. 즉, 조건을 만족하는 경우에 설정한 셀 서식이 적용되고 후에 값이 변경되어 만족되지 않으면 셀 서식이 표시되지 않는다. 그러나 이 경우 조건이 만족되지 않아서 지정한 셀 서식이 나타나지 않을 뿐이며 조건부 서식을 삭제할 때까지 셀에 적용되어 있는 상태이므로, 조건이 만족되면 다시 서식이 적용되게 된다.

조건부 서식을 적용하려면 [홈] 탭-[스타일] 그룹-[조건부 서식] 메뉴를 사용한다.

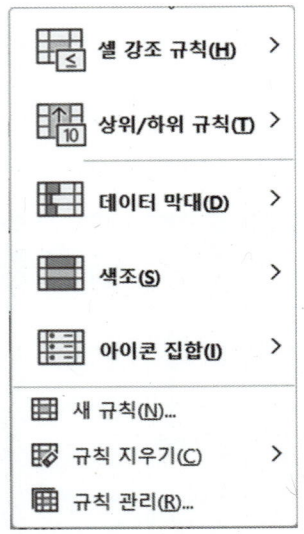

│그림 4-40│ [조건부 서식] 메뉴

(1) 셀 강조 규칙 적용하기

비교 연산을 통해 조건을 작성하여 셀 범위에서 조건에 만족하는 셀에 서식을 지정하여 해당 셀을 쉽게 찾을 수 있게 한다. [컴퓨터 활용 능력 평가표] 통합문서의 [능력 평가표_3] 시트에 대해서 평균이 80점보다 큰 데이터를 강조하기 위해 조건부 서식을 지정해보도록 하자.

① 조건부 서식이 적용될 M6-M20 셀 범위를 지정하고 [홈] 탭-[스타일] 그룹-[조건부 서식] 을 클릭하고 [셀 강조 규칙]의 [보다 큼]을 선택한다. 여기에 나타나지 않는 규칙의 경우는 [기타 규칙]을 선택하여 지정하거나 [새 규칙]을 작성해야 한다. 이는 다음에 살펴보기로 하자.

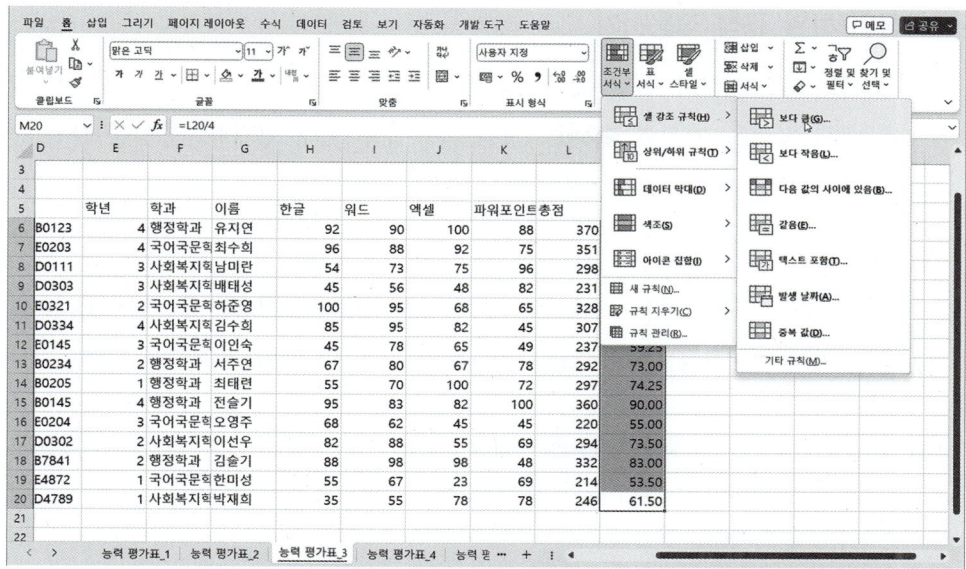

| 그림 4-41 | 셀 범위 선택 및 [셀 강조 규칙] 메뉴 선택하기

② [보다 큼] 대화상자가 나타나면 조건 입력란에 80을 입력하고 [적용할 서식]의 목록단추를 눌러서 해당 서식을 골라서 지정하거나 다른 서식을 적용하려면 [사용자 지정 서식]을 선택하여 적용 서식을 정의해야 한다.

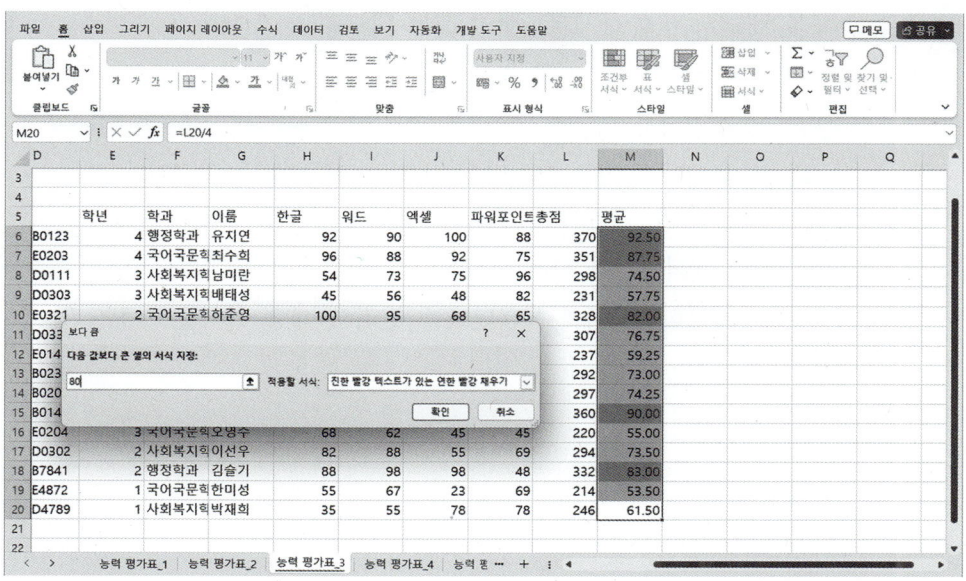

| 그림 4-42 | [보다 큼] 대화 상자에 조건 및 서식 지정하기

4.3 다양한 서식 기능 사용하기

(2) 상위/하위 규칙 적용하기

지정한 기준에 따라 셀 범위에서 상위/하위값, 평균 초과, 평균 미만 데이터에 대해 서식을 지정할 수 있다. [컴퓨터 활용 능력 평가표] 통합문서의 [능력 평가표_3] 시트의 엑셀 점수에 대해 상위 25%에 해당하는 데이터에 대해 서식을 지정해보자.

① 조건부 서식이 적용될 J6-J20 셀 범위를 지정하고 [홈] 탭-[스타일] 그룹-[조건부 서식]을 클릭하고 [상위/하위 규칙]의 [상위 10%]를 선택한다.

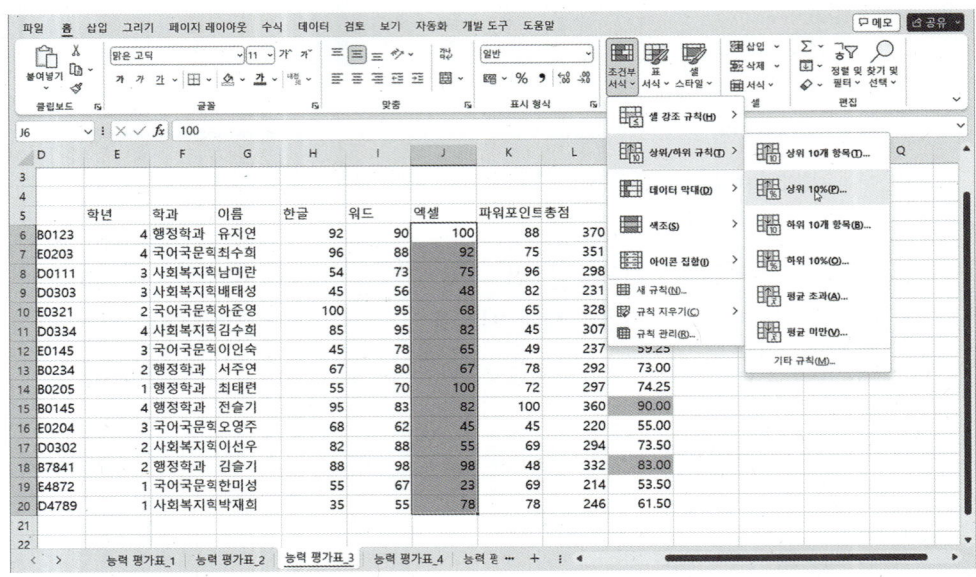

|그림 4-43| 셀 범위 선택 및 [상하/하위 규칙] 메뉴 선택하기

② [상위 10%] 대화상자가 나타나면 조건 입력란에 25를 입력하여 기준값을 지정하고 [적용할 서식]의 목록단추를 눌러서 해당 서식을 지정한다.

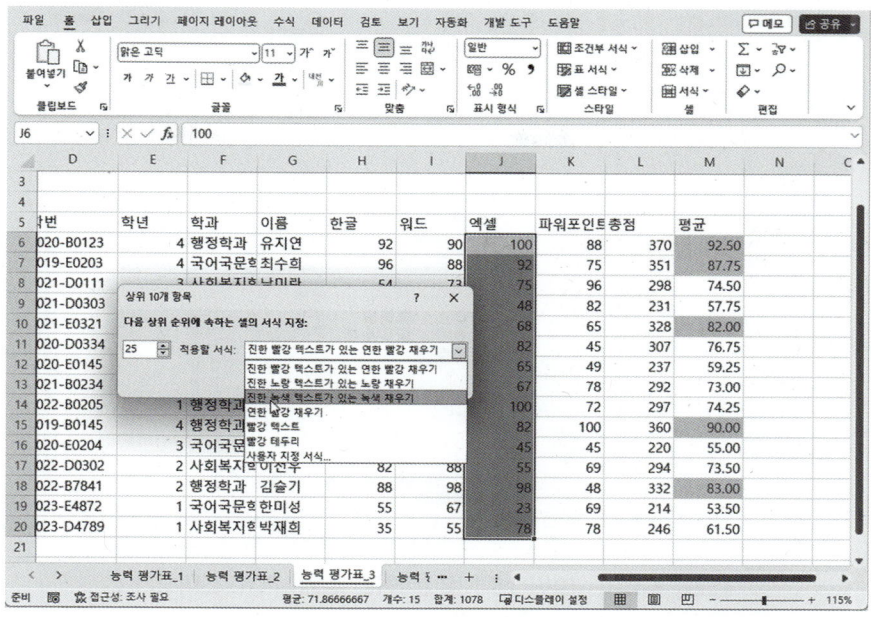

| 그림 4-44 | [상위 10%] 대화 상자에 조건 및 서식 지정하기

(3) 데이터 막대/색조/아이콘 집합의 시각화 도구 사용하기

데이터 막대, 색조, 아이콘 집합을 사용하여 데이터를 시각적으로 표시하여 데이터를 비교 분석하기 쉽도록 한다.

■ 데이터 막대

셀에 색이 지정된 데이터 막대를 표시한다. 데이터 막대 길이는 셀값을 나타내며 막대가 길수록 높은 값을 나타낸다.

■ 색조

셀 범위에 2색 또는 3색 그라데이션을 표시한다. 셀 음영은 셀 값을 나타낸다.

■ 아이콘 집합

각 셀에 지정된 아이콘 집합의 아이콘을 표시하며 아이콘은 셀 값을 나타낸다.

① 조건부 서식이 적용될 L6-L20 셀 범위를 지정하고 [홈] 탭-[스타일] 그룹- [조건부 서식] 을 클릭하고 [아이콘 집합]에서 [3방향 화살표]를 선택한다.

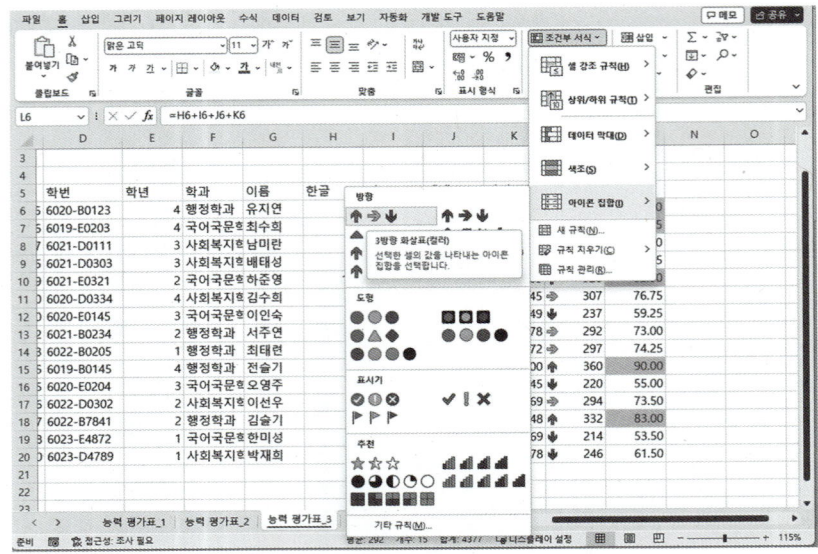

| 그림 4-45 | 범위 선택 및 [아이콘 집합] 메뉴 선택하기

② 각 셀의 값에 따라 화살표 아이콘이 표시된다. [3방향 화살표]의 경우, 초록색 위쪽 화살표는 상위 1/3값을, 노랑색 오른쪽 화살표는 중위 1/3값을, 빨강 아래쪽 화살표는 하위 1/3값을 나타낸다.

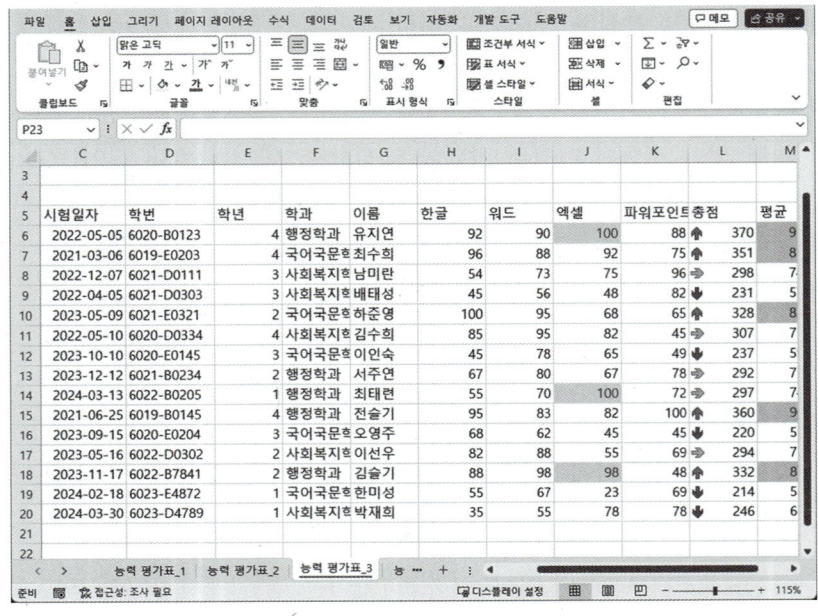

| 그림 4-46 | 조건부 서식 결과

(4) 새 규칙 만들기

조건부 서식에서 기본적으로 제공하는 규칙 이외에 사용자가 원하는 규칙을 만들 수 있다.

■ 총점이 350 이상인 데이터에 대해 조건부 서식을 지정하기

① 조건부 서식이 적용될 L6-L20 셀 범위를 지정하고 [홈] 탭-[스타일] 그룹-[조건부 서식]을 클릭하고 [새 규칙]을 선택한다.

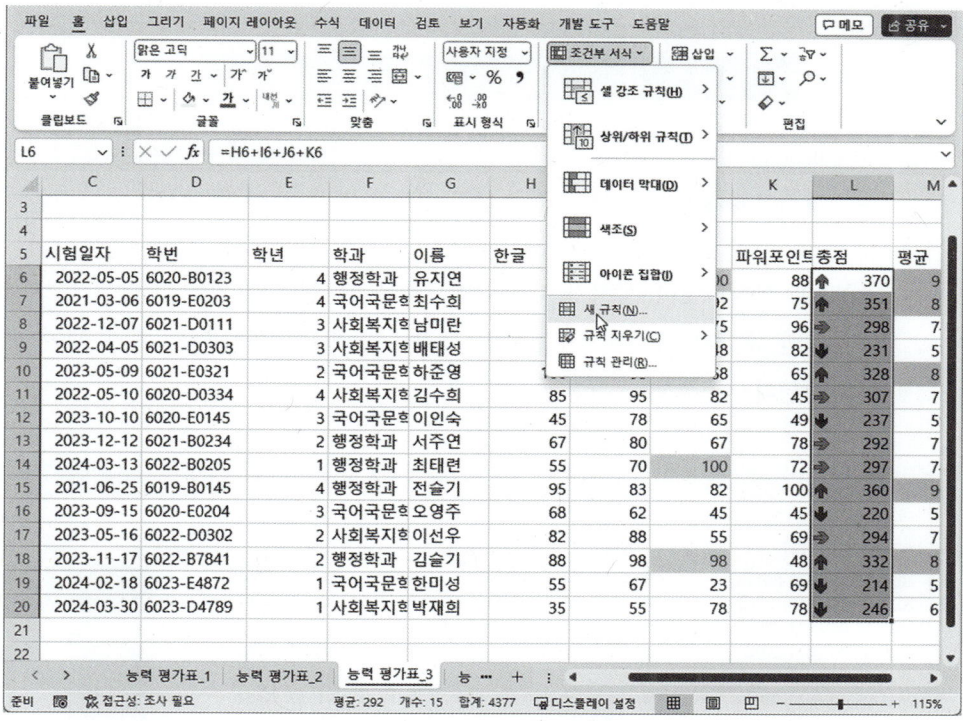

|그림 4-47| 셀 범위 선택 및 [새 규칙] 메뉴 선택하기

② [새 서식 규칙] 대화상자에서 [규칙 유형 선택]을 [다음을 포함하는 셀만 서식 지정]으로 한다. [규칙 설명 편집]에서 비교 연산자를 선택하는 목록 단추를 클릭하여 해당 연산자를 선택하고 오른쪽 입력란에 비교 값인 350을 입력한다. 서식을 설정하기 위해 [서식] 단추를 선택한다.

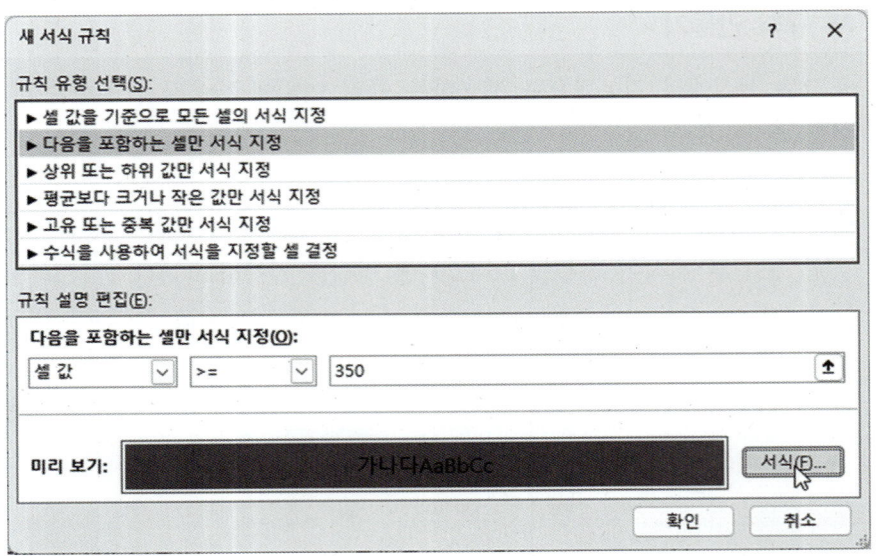

┃그림 4-48┃ [새 서식 규칙] 대화 상자에 셀 값 조건 지정하기

③ [셀 서식] 대화 상자가 나타나면 [채우기] 탭에서 색을 파랑색으로 지정한 후 [확인] 단추를 누르면 조건의 만족 여부에 따라 셀의 색이 변경된다.

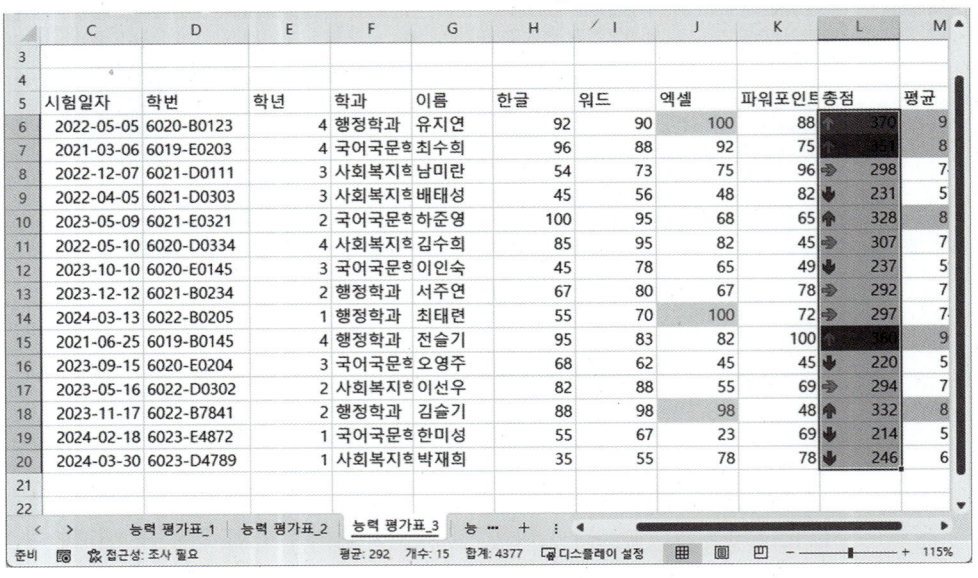

┃그림 4-49┃ 새 규칙 적용 결과

■ 학과가 행정학과인 데이터 행 전체에 조건부 서식 지정하기

① 행 전체에 서식이 적용되도록 하기 위해서는 서식을 지정할 데이터 전체 범위(B6-M20)를 선택한 후 [새 규칙]을 선택한다.

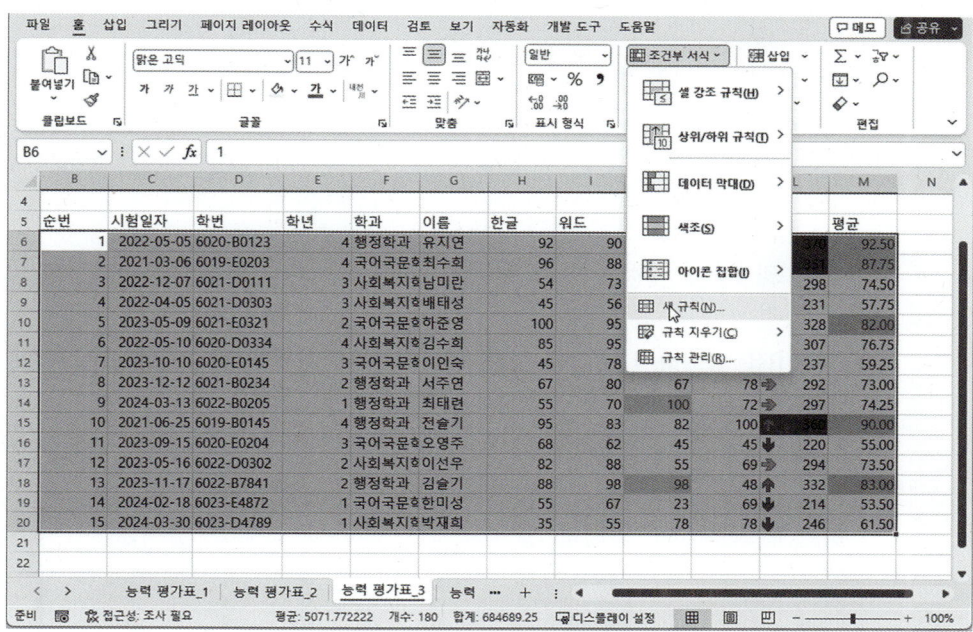

| 그림 4-50 | 셀 범위 선택 및 [새 규칙] 메뉴 선택하기

② 학과가 "행정학과"라는 조건은 단순한 조건 연산자에 의해 작성될 수 없으며 수식을 사용하여 조건을 명시해야 한다. [규칙 유형 선택]에서 [수식을 사용하여 서식을 지정할 셀 결정]을 선택하고 [규칙 설명 편집]에 해당 규칙(=$F6="행정학과")을 입력한다. 규칙 입력란을 클릭한 후, F6셀을 선택하고 주소 참조 방식을 혼합 주소로 변경한 다음 나머지 조건식을 완성하면 된다.

③ [서식]을 클릭하여 해당 조건이 만족되는 경우 서식을 지정한다. [채우기]에서 노란색으로 채우도록 설정한다.

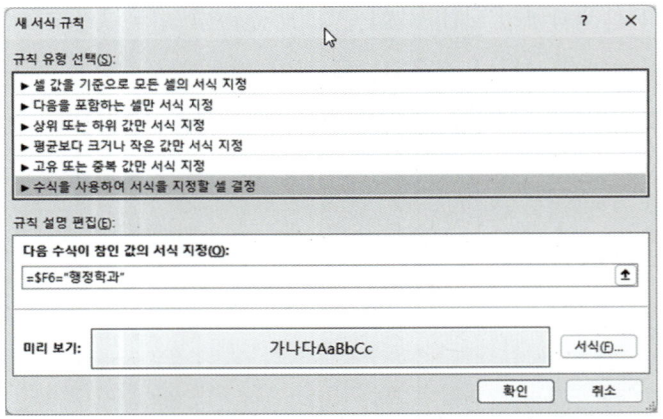

| 그림 4-51 | [새 서식 규칙] 대화 상자에 수식 조건 지정하기

④ [확인]을 클릭하면 조건에 맞는 데이터 행의 서식이 변경되어 표시된다.

| 그림 4-52 | 새 규칙 적용 결과

(5) 규칙 지우기

지정한 조건부 서식은 [조건부 서식]의 [규칙 지우기]를 이용하여 지울 수 있다. 이 경우 선택한 셀 또는 전체 시트에 대한 규칙을 지울 수 있다.

① 엑셀과 평균 열에 대한 지정된 조건부 서식을 삭제해보자. 우선 삭제하려는 조건부 서식이 지정된 셀 범위(J6-J20, M6-M20)를 선택한 후, [규칙 지우기]의 하위 메뉴 중 [선택한 셀의 규칙 지우기]를 선택한다.

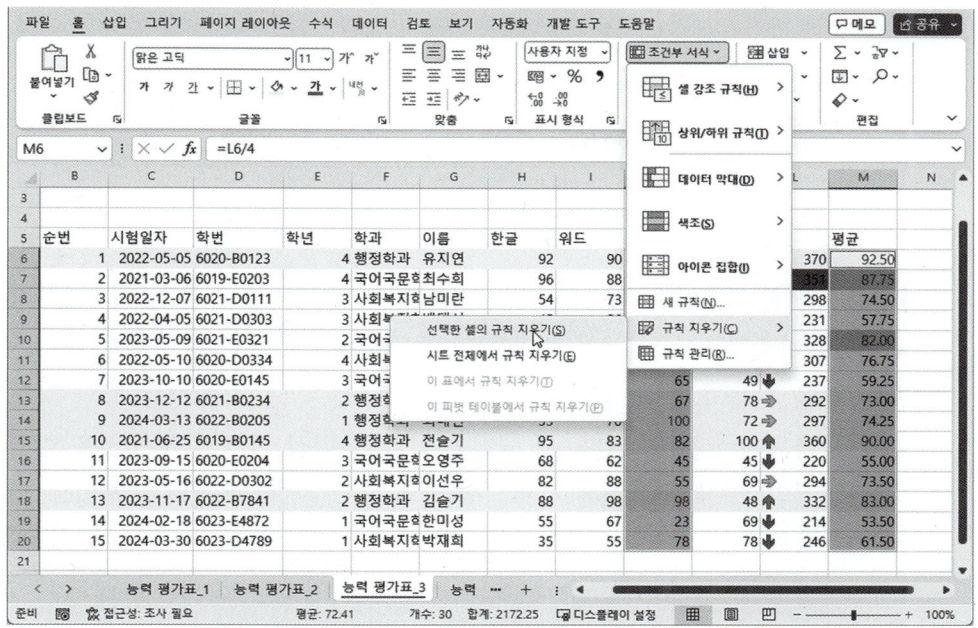

│ 그림 4-53 │ 셀 범위 선택 및 [규칙 지우기] 메뉴 선택하기

② 엑셀과 평균 열에 표시되었던 조건부 서식이 삭제된다.

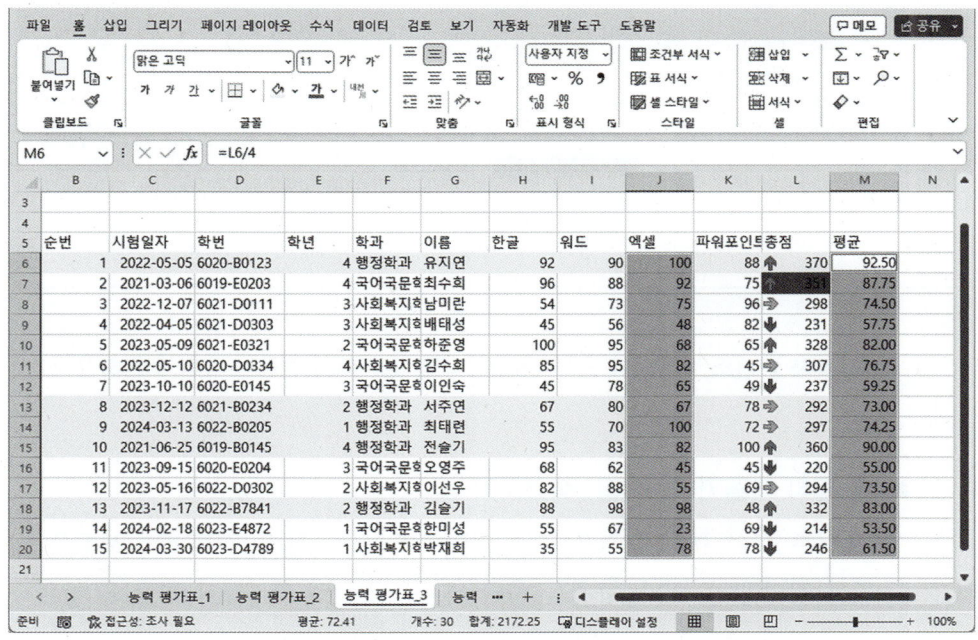

│ 그림 4-54 │ 규칙 지우기 결과

> **TIP**
> 시트 전체에의 모든 조건부 서식을 삭제하려면 [규칙지우기]에서 [시트 전체 규칙 지우기]를 선택하면 된다.

(6) 규칙 관리하기

[조건부 서식]-[규칙 관리]를 선택하면 [조건부 서식 규칙 관리자] 대화상자가 표시된다. [조건부 서식 규칙 관리자]를 통해 통합문서의 모든 규칙을 보거나 새 규칙을 만들고 편집, 삭제하며 규칙간의 우선순위를 조정하는 등의 규칙 관리 작업을 수행할 수 있다. 새 규칙을 만들고, 편집 및 삭제하는 것은 앞의 내용과 동일하므로 여기서는 주로 규칙간의 우선순위를 조정하는 작업을 해보기로 한다.

■ 규칙 보기

[조건부 서식 규칙 관리자] 대화상자에서 [서식 규칙 표시]를 현재 워크시트로 하면 현재 워크시트에 적용된 규칙들을 모두 보여준다.

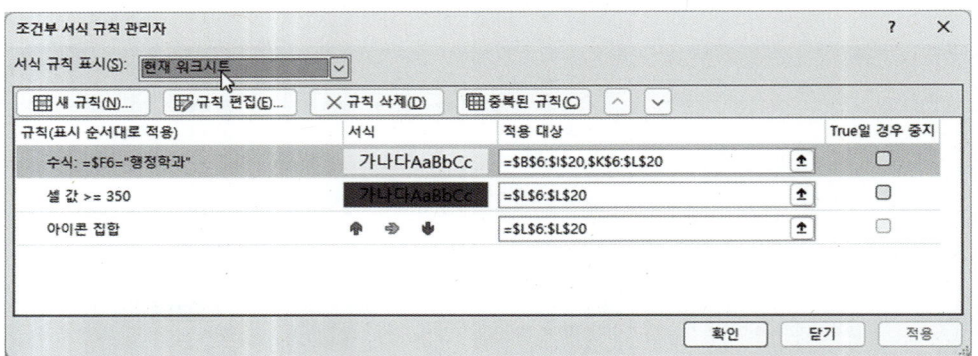

| 그림 4-55 | [조건부 서식 규칙 관리자] 대화 상자에서 적용된 규칙 확인하기

■ 새 규칙 만들기 및 편집, 삭제하기

[조건부 서식 규칙 관리자] 대화상자에서 [새 규칙]을 선택하면 새로운 규칙을 정의할 수 있다. 규칙들 중의 하나를 선택한 후 [규칙 편집]을 클릭하면 수정이 가능하고, [규칙 삭제]를 클릭하면 지울 수 있다.

■ 규칙간의 우선순위 조정하기

동일 셀 범위에 여러 서식이 지정된 경우 어떤 서식이 적용되어야할지는 규칙의 우선순위에 의해 결정된다. 규칙의 우선순위는 나중에 지정된 규칙이 우선순위가 높다. 새 규칙이 만들어지면 [조건부 서식 규칙 관리자] 대화상자의 기존 규칙위에 추가되고 따라서 나열되는 순서대로 우선순위가 부여된다. 이 예의 경우, 규칙 [셀값 >= 350]이 규칙 [수식:=$F6="행정학과"]보다 우선순위가 낮으므로 두 조건이 모두 만족되는 경우 낮은 우선순위를 갖는 규칙이 적용된 셀 서식은 무시되게 된다. 규칙의 우선순위의 변경은 해당 규칙을 선택한 후 [위로 이동] 또는 [아래로 이동](˄ ˅)을 이용해서 조정할 수 있다.

① 규칙 [셀값 >= 350]이 규칙 [수식:=$F6="행정학과"]보다 우선순위가 낮은 경우 결과를 보면 L6셀의 경우 셀값이 350이상이나 우선순위가 낮아 지정되었던 서식이 사라진 것을 알 수 있다.

	B	C	D	E	F	G	H	I	J	K	L	M	N
4													
5	순번	시험일자	학번	학년	학과	이름	한글	워드	엑셀	파워포인트	총점	평균	
6	1	2022-05-05	6020-B0123	4	행정학과	유지연	92	90	100	88	370	92.50	
7	2	2021-03-06	6019-E0203	4	국어국문학	최수희	96	88	92	75	351	87.75	
8	3	2022-12-07	6021-D0111	3	사회복지학	남미란	54	73	75	96	298	74.50	
9	4	2022-04-05	6021-D0303	3	사회복지학	배태성	45	56	48	82	231	57.75	
10	5	2023-05-09	6021-E0321	2	국어국문학	하준영	100	95	68	65	328	82.00	
11	6	2022-05-10	6020-D0334	4	사회복지학	김수희	85	95	82	45	307	76.75	
12	7	2023-10-10	6020-E0145	3	국어국문학	이인숙	45	78	65	49	237	59.25	
13	8	2023-12-12	6021-B0234	2	행정학과	서주연	67	80	67	78	292	73.00	
14	9	2024-03-13	6022-B0205	1	행정학과	최태련	55	70	100	72	297	74.25	
15	10	2021-06-25	6019-B0145	4	행정학과	전슬기	95	83	82	100	360	90.00	
16	11	2023-09-15	6020-E0204	3	국어국문학	오영주	68	62	45	45	220	55.00	
17	12	2023-05-16	6022-D0302	2	사회복지학	이선우	82	88	55	69	294	73.50	
18	13	2023-11-17	6022-B7841	2	행정학과	김슬기	88	98	98	48	332	83.00	
19	14	2024-02-18	6023-E4872	1	국어국문학	한미성	55	67	23	69	214	53.50	
20	15	2024-03-30	6023-D4789	1	사회복지학	박재희	35	55	78	78	246	61.50	
21													
22													

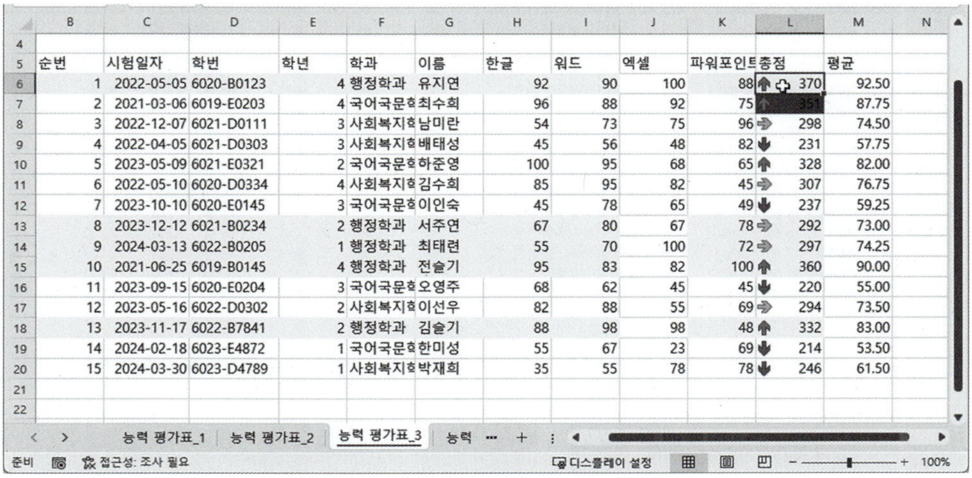

| 그림 4-56 | 낮은 순위의 규칙이 무시된 결과

② 규칙 [셀값 >= 350]이 규칙 [수식:=$F6="행정학과"]보다 우선 순위를 높게 변경해보자. 규칙 [셀값 >= 350]을 선택한 후, [위로 이동]을 클릭하거나 규칙 [수식:=$F6="행정학과"]을 선택한 후, [아래로 이동]을 클릭하여 순서를 조정하면 된다.

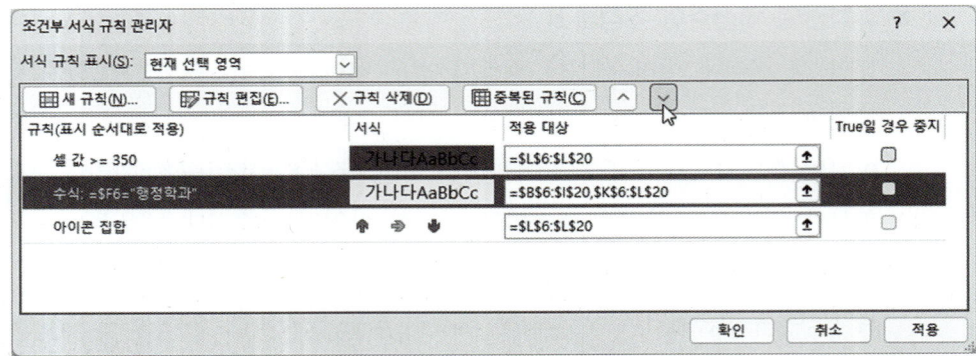

|그림 4-57| [조건부 서식 규칙 관리자] 대화 상자에서 규칙의 우선순위 변경

③ 두 규칙의 우선 순위가 바뀐 결과 화면을 보면 셀값이 350 이상이 우선순위가 높아 L6셀이 해당 규칙에 대한 서식이 적용되어짐을 알 수 있다.

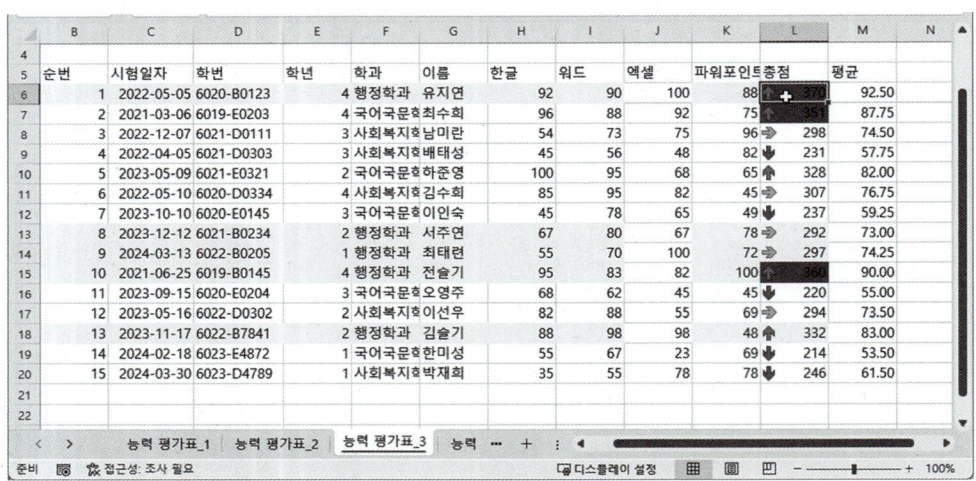

|그림 4-58| 규칙 우선 순위 변경 결과

확인하기 [주문현황] 표 꾸미기/[품의서] 및 [거래명세표] 작성하기

■ **[주문현황] 표 꾸미기**

3장의 [확인하기]에서 작성한 [주문현황] 통합문서의 데이터를 서식 기능을 사용하여 꾸며보자.

	A	B	C	D	E	F	G
1				주문 현황			
2				할인율 :	10%	적립 :	3%
3							(단위 : 천원)
4	품목\항목	수량	정가	총 상품 금액	총 할인 금액	총 예상 적립	최종 결제 금액
5	선풍기	56 개	30	1,680	168	45 ✓	1,512
6	디퓨저	32 개	20	634	63	17 ✗	570
7	모기장	62 개	22	1,333	133	36	1,200
8	방충망	30 개	27	795	80	21 ✗	716
9	커튼	75 개	28	2,100	210	57 ✓	1,890
10	리빙박스	29 개	24	682	68	18 ✗	613
11	압축팩	38 개	32	1,216	122	33	1,094
12	합계	322 개	181	8,439	844	228	7,595

| 그림 4-59 | [주문현황] 표 꾸미기 결과

> **POINT**
> ① [주문현황] 통합문서의 [주문현황_수정] 시트의 내용(A1~G12)을 복사하여 새 통합문서의 Sheet1(A1셀)에 붙여 넣거나 시트 자체를 복사해도 된다. 메모는 숨기기로 바꾸고, 필요 시 보호된 시트를 해제한다. 표의 열 너비 등은 보기 좋게 조정한다.
> ② A4~G12 셀 범위를 선택한 후 표 서식 기능을 이용하여 임의의 표 서식을 적용한 후, 일반 셀 범위로 변환한다.
> ③ 제목에 해당하는 A1~G1셀을 선택한 다음 셀 병합 후 가운데 맞춤을 지정하고 셀 스타일을 이용하여 보기 좋게 변경한다.
> ④ A4셀에는 역 대각선 모양의 테두리를 그려주고, B4~G4셀과 A5~A12셀은 가운데 맞춤으로 정렬시킨다.
> ⑤ 수량에 해당하는 값(B5~B12)에는 "*개"가 빨강색으로 표시되도록 사용자 지정 표시 형식을 적용한다.

⑥ 모든 금액에 해당되는 값(C5–G12)은 단위가 천원 단위가 되도록 사용자 지정 표시 형식을 이용하여 천 단위를 생략한 숫자만 표시되도록 한다. G3에 (단위 : 천원)을 입력한다.

[HINT] 해당 셀을 선택한 후 사용자 지정 표시 형식에서 '#,##0,'로 지정한다.

⑦ 최종 결제 금액에 해당되는 셀 범위(G5–G11)에 조건부 서식의 아이콘 집합(3가지 기호(원없음))을 지정한다.
⑧ 총 상품 금액에 해당되는 셀 범위(D5–D11)에 조건부 서식 주황데이터막대(그라데이션으로 채우기)를 지정한다.
⑨ 조건부 서식에서 새 규칙을 만들어 수량이 50개 이상인 데이터 전체(합계는 제외)에 글꼴(굵게)과 무늬 색상(빨강–가는 실선 대각선 줄)을 지정한다.

■ [품의서] 작성하기

데이터를 입력하고 수식을 작성한 후 다양한 서식 기능을 적용하여 품의서를 완성해보자.

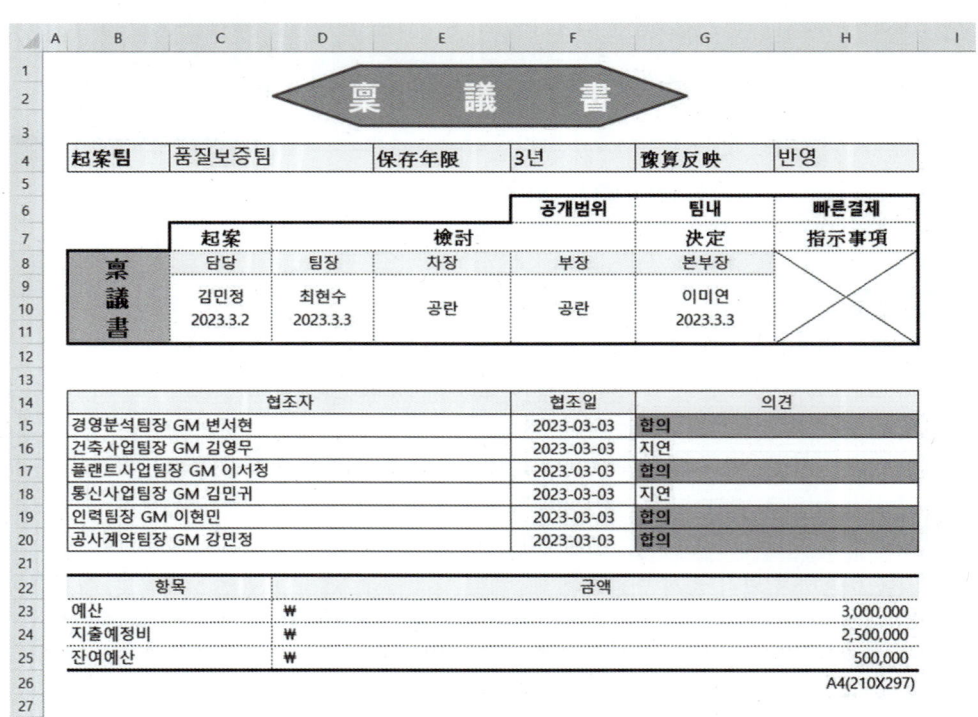

| 그림 4-60 | [품의서] 결과

POINT

① 제목은 도형을 이용하여 작성하고 도형 안에 텍스트를 입력한 후, 가로/세로의 가운데 맞춤, 가로 방향의 균등 분할로 맞춘다. 글꼴은 보기 좋게 바꾼다.

[HINT] 가로 방향의 균등 분할은 입력한 텍스트를 선택한 다음 바로가기 메뉴의 단락 메뉴를 이용한다.

② A열의 너비를 수치를 입력하여 조절한다.
③ 셀에 해당 텍스트를 입력하고 글꼴, 채우기, 테두리, 맞춤 등의 서식을 적절히 지정하여 보이는 대로 작성한다.
④ 조건부 서식을 사용하여 의견 중 "합의"된 의견에 대해서는 채우기의 색상을 "황갈색"으로, 글꼴 스타일을 "굵게", 글꼴의 색상을 "진한 파랑"으로 지정한다.
⑤ 잔여예산 금액은 예산-지출예정비의 수식을 작성하여 산출한다.
⑥ 통화 데이터의 데이터 형식에 대해 표시 형식을 지정한다.
⑦ 눈금선을 보이지 않게 지정한다.

■ [거래명세표] 작성하기

데이터를 입력하고 수식을 작성한 후 다양한 서식 기능을 적용하여 거래명세표를 완성해보자.

거래일자	거래명세표			
2023.3.15				

공급자				공급받는자			
등록번호	123-45-67890			등록번호	515-05-45623		
상 호 (법인명)	우리사업장	성명	김우리	상 호 (법인명)	㈜한국	성명	송나라
사업장 주소	서울시 서초구 방배동 000-0			사업장 주소	인천시 계양구 작전동 000-0		
업 태	서비스	종목	쇼핑몰	전 화	032-123-4567	비고	

월	일	품 목 / 규 격	수량	단 가	공 급 가 액	세 액	비고
3	15	디지털캠코더	9	698,000	6,282,000	628,200	
3	15	공기청정기	15	740,000	11,100,000	1,110,000	
3	15	전기면도기	11	87,000	957,000	95,700	
3	15	유무선전화기	17	169,000	2,873,000	287,300	
3	15	드릴세트	25	109,000	2,725,000	272,500	
		=이하여백=					

총공급가액	₩23,937,000	총세액	₩2,393,700	합계금액	₩26,330,700	미수금		인수자	박명철

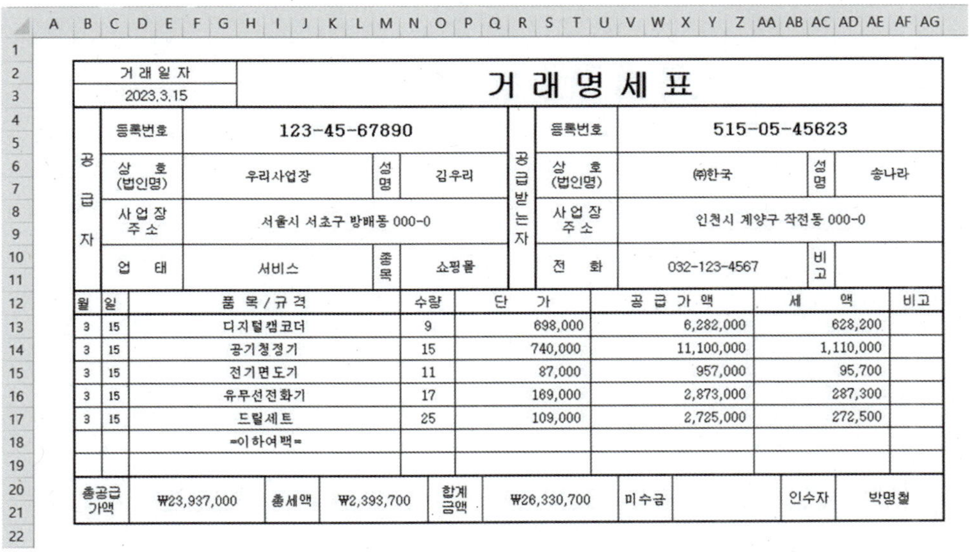

| 그림 4-61 | [거래명세표] 결과

> **POINT**
> ① 글꼴, 채우기, 테두리, 맞춤 등의 서식을 적절히 지정하여 작성한다.
> ② 수식을 이용하여 다음과 같이 계산한다.
>   - 공급가액 = 수량 * 단가
>   - 세액 = 공급가액 * 0.1
>   - 총 공급가액과 총 세액은 공급가액의 총합, 세액의 총합으로 자동합계 도구를 이용하여 계산할 것.
>   - 합계금액 = 총 공급가액 + 총 세액
> ③ 수치 데이터는 천 단위마다 콤마를 표시하고, 총 공급가액과 총 세액, 합계금액에 대해 통화 데이터 형식의 표시 형식을 지정한다.
> ④ 눈금선을 보이지 않게 지정한다.

CHAPTER
5

통합 문서 인쇄하기

엑셀 인쇄 기능은 인쇄 자체를 위한 기본적인 기능 이외에도 머리글/바닥글을 설정하거나 원하는 특정 범위만 인쇄하는 기능 및 인쇄 제목 설정하기 등 알아두면 유용한 다양한 기능들이 포함되어 있다.

5.1 인쇄하기

화면에 작성된 워크시트의 표를 프린터를 이용해 인쇄할 경우, 원하는 형태의 인쇄물을 손쉽게 얻으려면 인쇄 전에 엑셀의 미리 보기 기능을 이용하여 원하는 인쇄 양식으로 설정해야 한다.

통합문서를 인쇄하려면 [파일]-[인쇄] 메뉴를 선택하면 된다. 인쇄 전에 인쇄 형태의 페이지를 미리 보여주어 인쇄 설정 상태를 확인하고 필요시 프린터, 인쇄 매수 및 기타 인쇄 옵션을 설정하여 후 원하는 대로 인쇄할 수 있다.

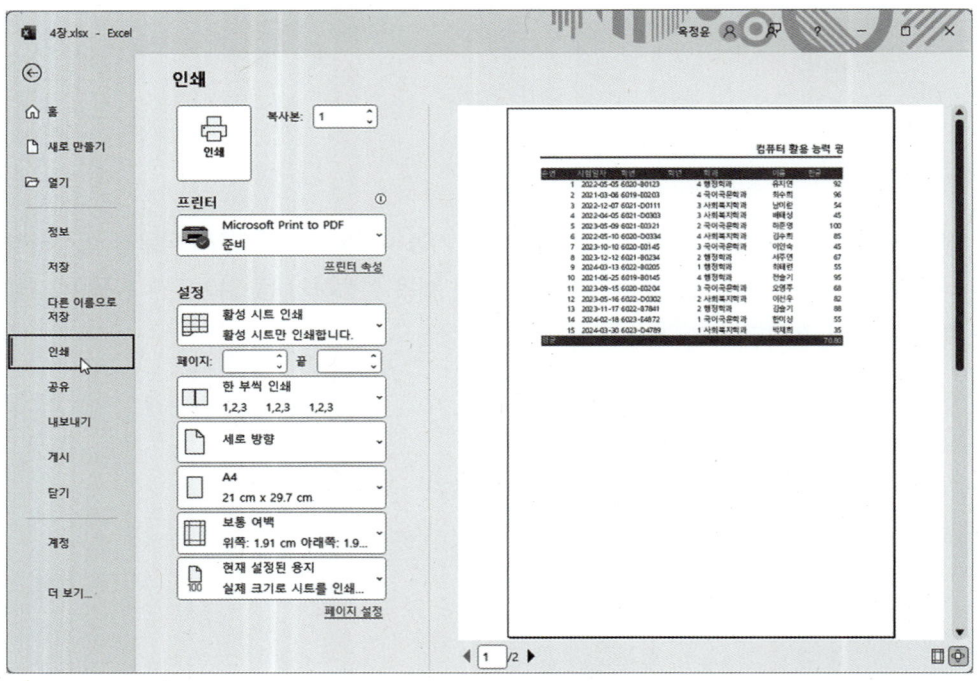

| 그림 5-1 | 인쇄하기 메뉴

5.2 인쇄 형식 설정하기

[인쇄] 버튼을 사용하면 기본적으로 설정되어 있는 형식에 따라 인쇄를 하게 된다. 그러나 좀 더 보기 좋은 결과물을 얻기 위해서 인쇄 형식을 변경하여 인쇄할 필요가 있다. 인쇄 형식을 설정하려면 [페이지 설정] 메뉴를 이용하여 해당 항목에 관한 설정을 변경할 수 있다. 이러한 인쇄 형식 설정을 보다 편리하게 할 수 있도록 기본 보기 상태에서 [페이지 레이아웃] 탭의 관련 메뉴를 사용하여 인쇄 설정을 변경할 수도 있다.

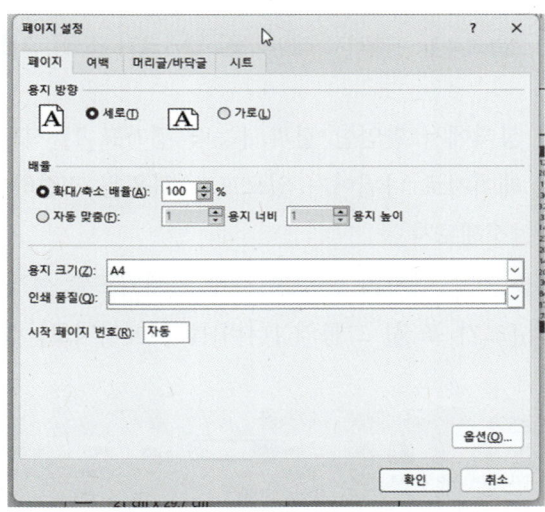

┃그림 5-2┃ [페이지 설정] 대화 상자

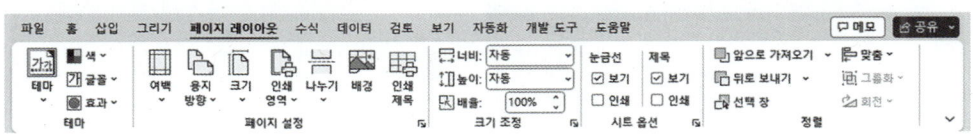

┃그림 5-3┃ [페이지 레이아웃] 탭

1 인쇄 배율 조정하기

작성 문서가 한 페이지에 인쇄가 안 되거나 하나의 표가 여러 장으로 나뉘어 인쇄되는 경우에 인쇄 배율을 조정하여 시트를 축소 또는 확대하여 인쇄하거나 지정한 페이지 수에 맞게 자동으로 배율을 맞추어 인쇄할 수 있다.

[페이지 설정] 대화상자의 [페이지]탭의 [배율]을 조정하거나 [페이지 레이아웃] 탭의 [크기 조정] 그룹의 메뉴를 이용한다. 자동 맞춤 기능을 사용하려면 [너비], [높이] 메뉴를 이용하면 편리하다.

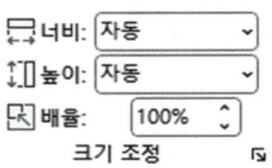

┃그림 5-4┃ [페이지 레이아웃] 탭-[크기 조정] 그룹

① 미리 보기 상태에서 확인한 결과, [능력 평가표_1] 시트의 데이터가 가로 너비가 두 페이지로 나뉘어져 있으므로 배율을 조정하여 한 페이지에 인쇄되도록 설정해보자.
② 현재 문서를 가로 너비의 한 페이지에 인쇄되도록 설정하려면 [페이지 레이아웃] 탭-[크기 조정] 그룹의 [너비]를 [1페이지로] 설정한다.

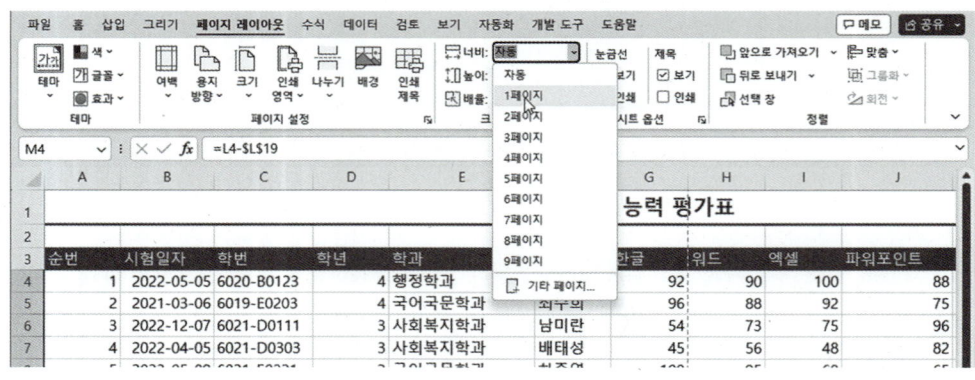

┃그림 5-5┃ 인쇄 배율 조정하기

> **MEMO**
>
> **용지 방향 및 용지 크기 설정하기**
>
> [용지 방향]은 가로 또는 세로로 인쇄할 것인지를 설정하는데 사용되고, [크기]는 인쇄 용지의 크기를 설정하는데 사용된다.
>
>
>
> **│그림 5-6│** 용지 방향 및 크기 설정 아이콘

2 여백 지정하기

설정된 용지의 크기에 따라 시트의 위, 아래, 머리글, 바닥글, 왼쪽, 오른쪽 여백을 설정한다.

여백을 지정하는 방법은 다음 방법을 이용한다.

- [인쇄 미리 보기] 상태에서 표시되는 여백 눈금선을 드래그하여 여백을 조절할 수 있다.

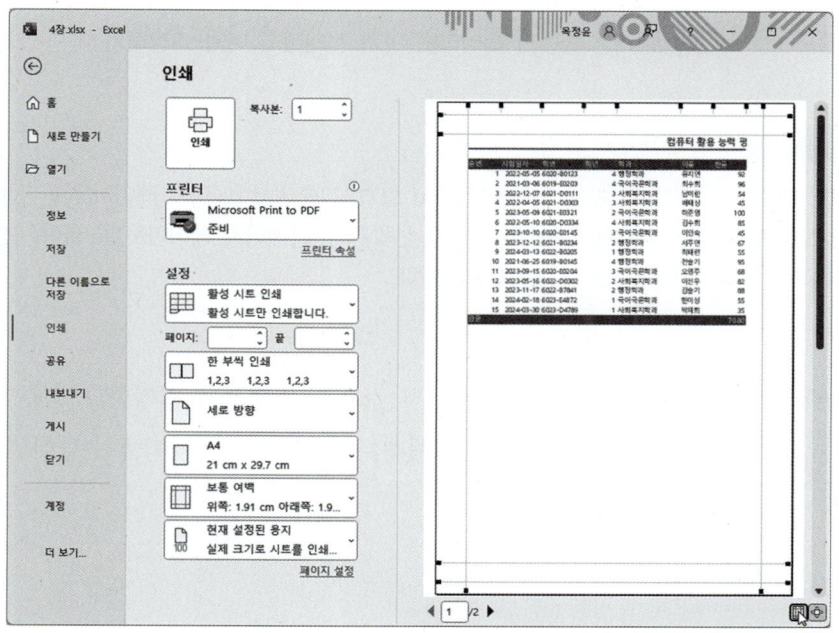

│그림 5-7│ 미리보기 화면에서 여백 조정하기

> **TIP**
> 여백에서 조정된 셀의 너비는 실제 워크시트에도 그대로 반영되므로 주의가 요구된다.

- [페이지 레이아웃 보기] 상태에서 표시되는 눈금자의 여백 경계선을 드래그 한다.

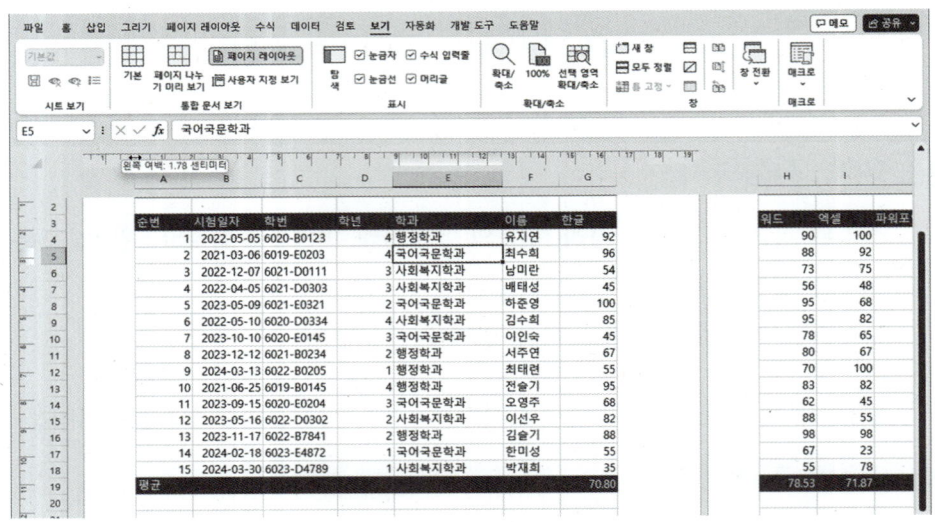

| 그림 5-8 | 페이지 레이아웃 보기 상태에서 여백 조정하기

> **TIP** 페이지 레이아웃 보기
>
> 페이지 레이아웃 보기는 [보기] 탭-[통합 문서 보기] 그룹에서 [페이지 레이아웃]을 선택하거나 또는 화면 하단 우측에 있는 화면 보기 선택기에서 [페이지 레이아웃]을 클릭하면 된다. 원래 시트로 돌아오려면 [기본]을 클릭한다.

- [페이지 설정] 대화 상자에서 수치 값으로 지정하여 설정한다. [페이지 레이아웃] 탭-[페이지 설정] 그룹-[여백]-[사용자 지정 여백]을 선택하면 된다.

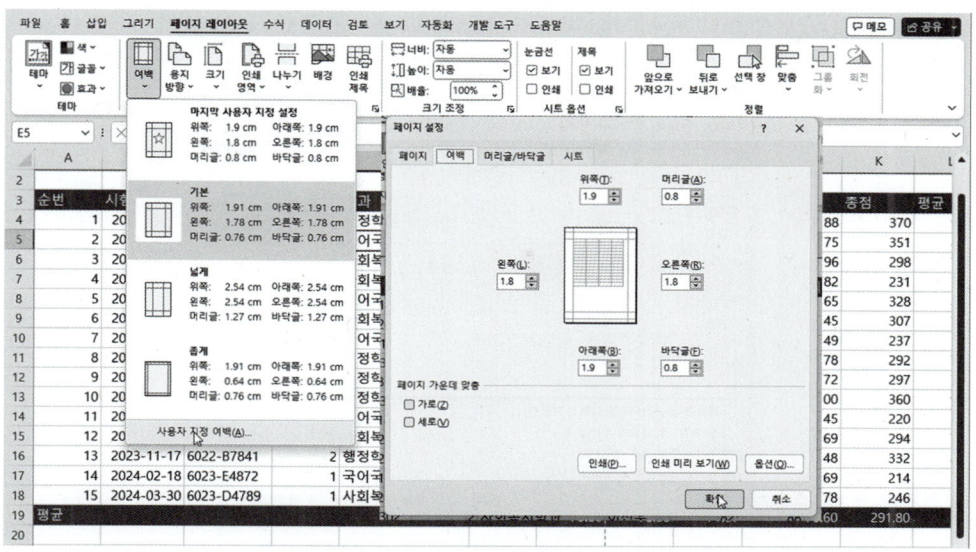

│그림 5-9│ [페이지 설정] 대화상자의 [여백] 탭

> **MEMO**
> [페이지 가운데 맞춤]을 이용하면 데이터를 여백 안에서 수평 또는 수직 방향의 가운데에 배치하여 인쇄할 수 있다.

3 머리글/바닥글 지정하기

워크시트에서 작업한 내용 외의 특정한 내용을 인쇄하려면 인쇄 위치에 따라 머리글과 바닥글을 지정할 수 있다. 즉, 문서의 매 페이지마다 인쇄될 특정 문자열이나 날짜, 시간, 페이지 번호 등을 지정하는데 사용된다. 머리글과 바닥글은 인쇄 시에만 적용되는 기능이다.

머리글/바닥글의 지정은 [페이지 설정] 대화상자의 [머리글/바닥글] 탭에서 지정할 수 있다. [보기] 탭-[통합 문서 보기] 그룹에서 [페이지 레이아웃] 보기 상태에서 [머리글/바닥글 도구]를 이용하면 손쉽게 머리글 및 바닥글을 작성할 수 있다.

■ [페이지 설정] 대화 상자의 [머리글/바닥글] 탭에서 지정하기

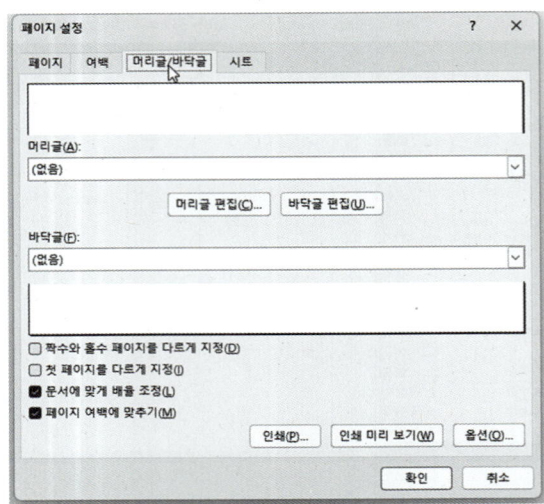

| 그림 5-10 | [페이지 설정] 대화 상자의 [머리글/바닥글] 탭

① [머리글/바닥글] 탭을 선택한다. 기본적으로 머리글과 바닥글이 설정되지 않은 상태이다. 머리글을 지정하기 위해 현재 [(없음)]으로 초기화된 머리글 버튼을 클릭한다.
② 펼쳐지는 내용 중에서 "능력 평가표_1"이라는 항목을 선택하면 머리글에 그 내용이 표시된다.

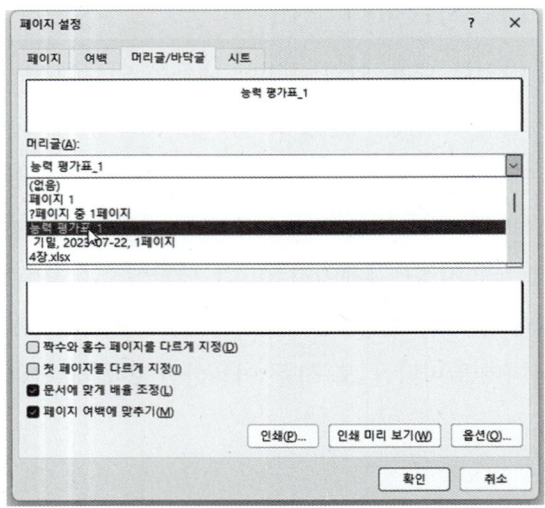

| 그림 5-11 | 항목 중에서 머리글 선택

③ 바닥글을 구체적으로 편집하기 위해서 [바닥글 편집]을 클릭한다. 세 부분으로 나눈 각 구역에 아이콘을 클릭해서 내용을 표시할 수 있다. 왼쪽에는 날짜를, 오른쪽에는 전체 페이지 수에 대한 현재 페이지 번호를 표시한다. 해당 위치에 커서를 위치하고 해당 항목 아이콘들을 클릭하면 자동으로 선택 입력되며 바닥글로 표시될 글자를 입력란에 직접 입력해도 된다.

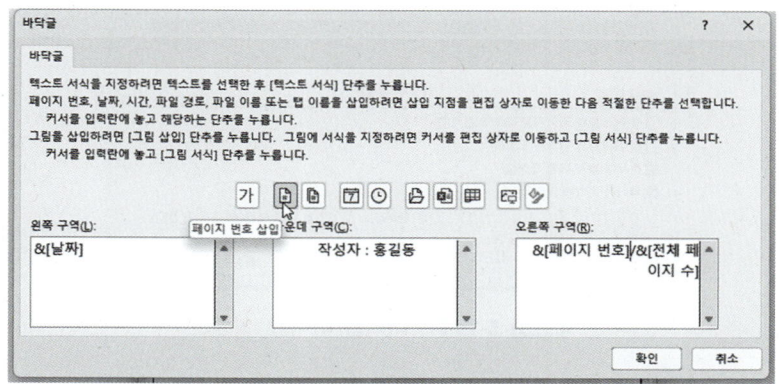

| 그림 5-12 | 바닥글 편집하기

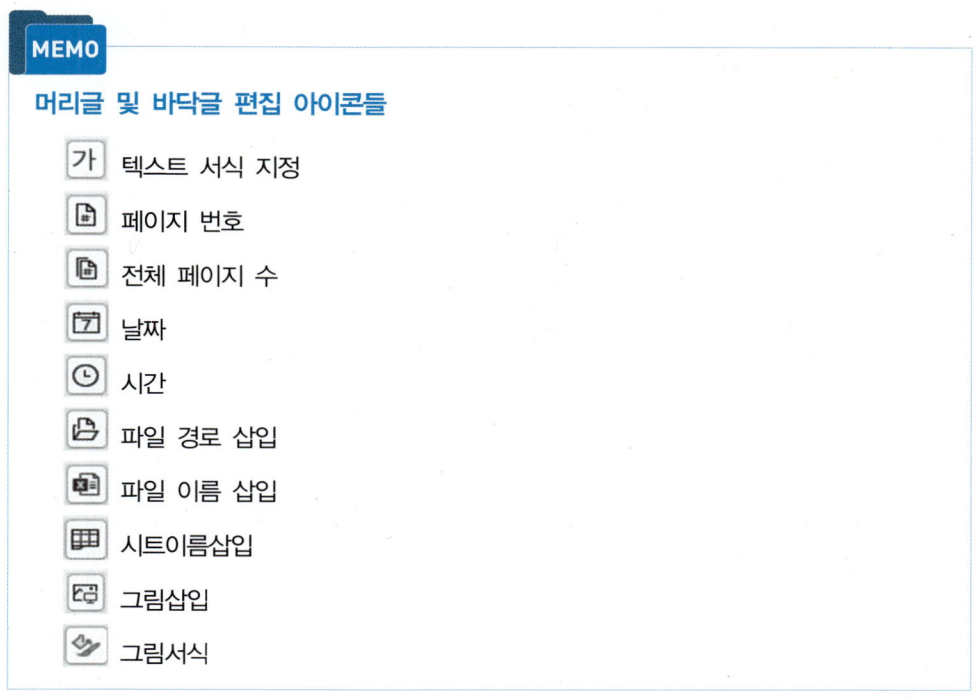

④ 머리글과 바닥글이 설정된 상태를 보여준다.

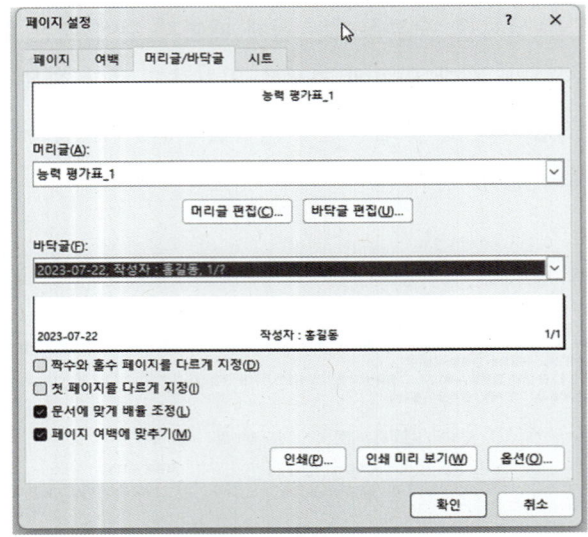

| 그림 5-13 | 머리글/바닥글 설정

⑤ 미리보기 상태에서 확인해보자.

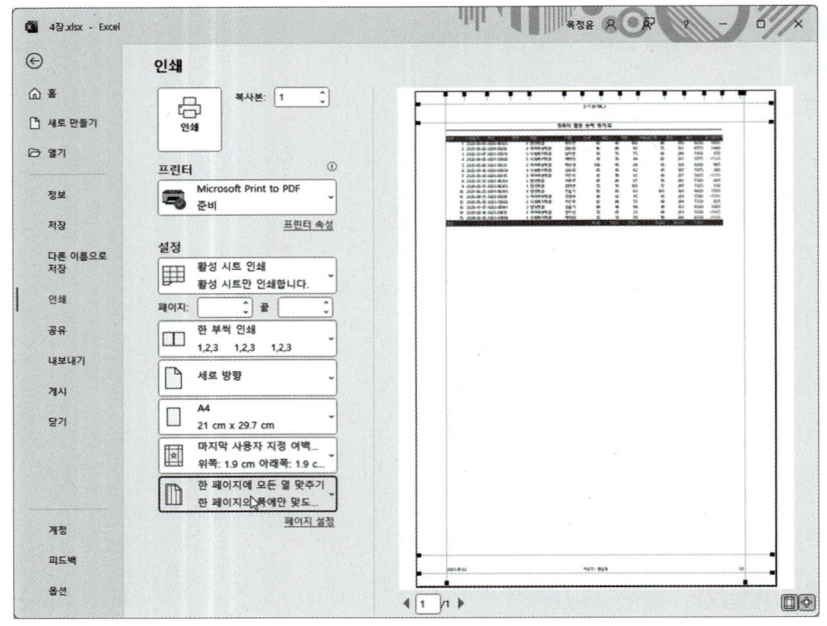

| 그림 5-14 | 머리글/바닥글 미리보기

■ [보기] 탭-[통합 문서 보기] 그룹에서 [페이지 레이아웃] 보기 상태에서 [머리글/바닥글 도구]를 이용하여 작성하기

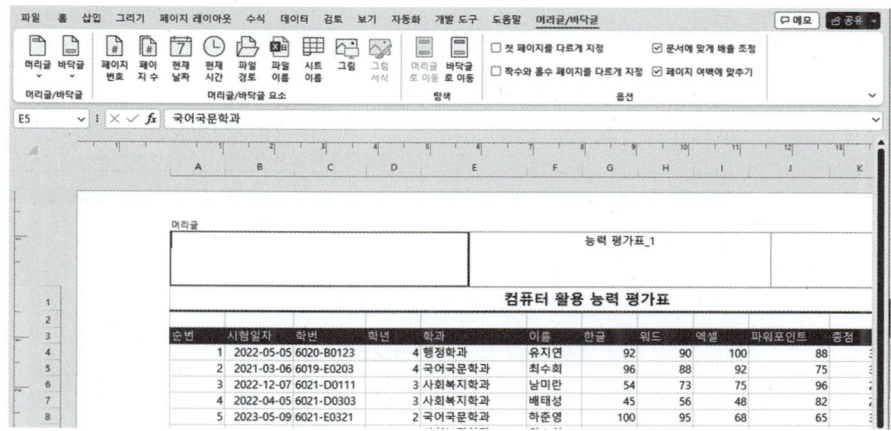

| 그림 5-15 | [머리글/바닥글 도구]

① [보기] 탭-[통합 문서 보기] 그룹에서 [페이지 레이아웃] 보기를 선택하여 페이지 레이아웃 보기로 이동한다.
② 페이지 레이아웃 보기 상태에서 페이지 상단 가운데의 [머리글 추가]를 클릭한다. [머리글/바닥글] 메뉴의 [머리글/바닥글 요소] 그룹에서 [시트 이름]을 선택한다. 머리글의 가운데 영역에 시트명이 지정된다.

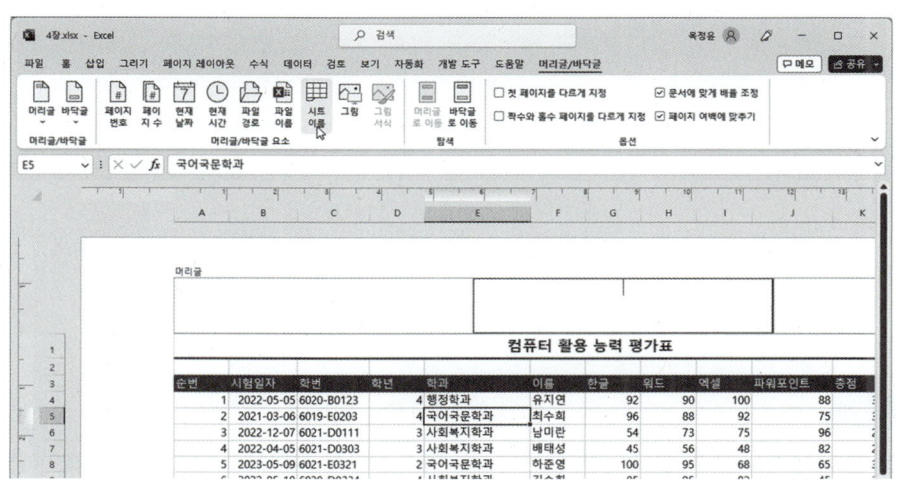

| 그림 5-16 | 머리글에 [시트 이름] 삽입하기

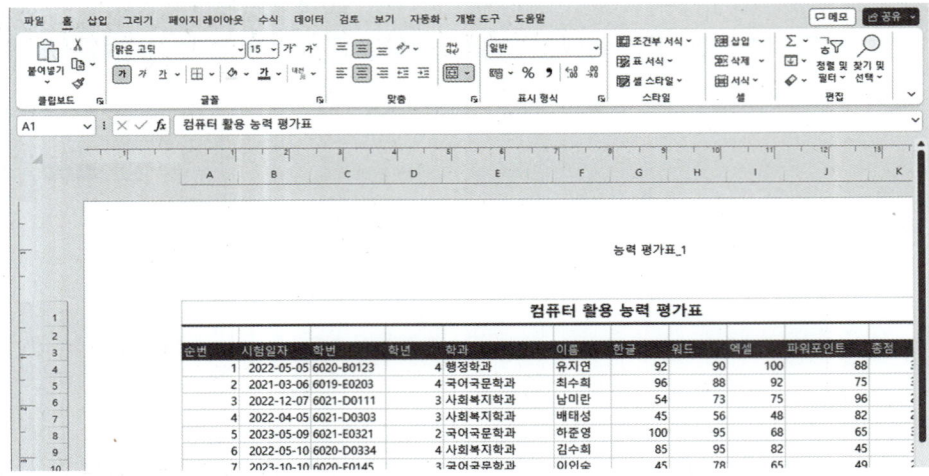

| 그림 5-17 | 머리글 삽입 결과

③ 바닥글의 왼쪽 영역을 선택한 다음 [머리글/바닥글 요소] 그룹에서 [날짜]를 선택하고, 가운데 영역을 선택한 다음 "작성자 : 홍길동"이라고 직접 입력하여 바닥글을 작성한다. 오른쪽 구역에는 [현재 페이지 번호]와 [전체 페이지 수]를 선택하여 추가하고 사이를 구분하기 위한 "/"는 직접 입력한다. 결과 바닥글이 지정됨을 확인할 수 있다.

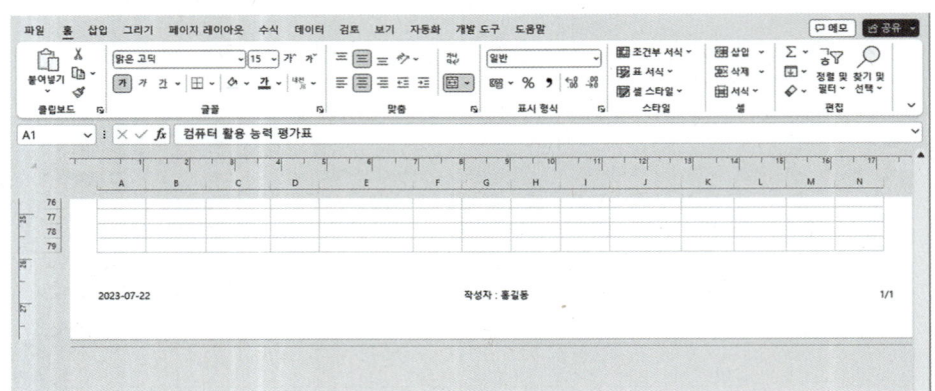

| 그림 5-18 | 바닥글 삽입 결과

> **TIP**
> [삽입] 탭–[텍스트] 그룹에서 [머리글/바닥글] 명령 단추를 클릭하면 바로 페이지 레이아웃 보기의 머리글/바닥글을 작성할 수 있는 상태로 이동한다.

4 특정 범위만 인쇄하기

워크시트에서 특정 범위만 인쇄를 하도록 인쇄 영역을 설정하여 인쇄할 수 있다. 워크시트의 특정 부분만 인쇄하려면 인쇄 영역을 설정하여 인쇄하거나 페이지 나누기 미리보기를 사용하여 인쇄 영역을 조정하여 인쇄하는 방법을 사용한다.

■ 인쇄 영역 설정 및 해제하기

[페이지 레이아웃] 탭-[페이지 설정] 그룹에서 [인쇄 영역] 명령의 [인쇄 영역 설정]과 [인쇄 영역 해제]를 사용하여 손쉽게 인쇄 영역을 설정하고 취소할 수 있다.

① 우선 인쇄할 범위를 드래그하여 지정한다.
② [페이지 레이아웃] 탭-[페이지 설정] 그룹에서 [인쇄 영역] 명령의 [인쇄 영역 설정] 메뉴를 선택하면 지정한 범위가 인쇄 영역으로 설정된다.

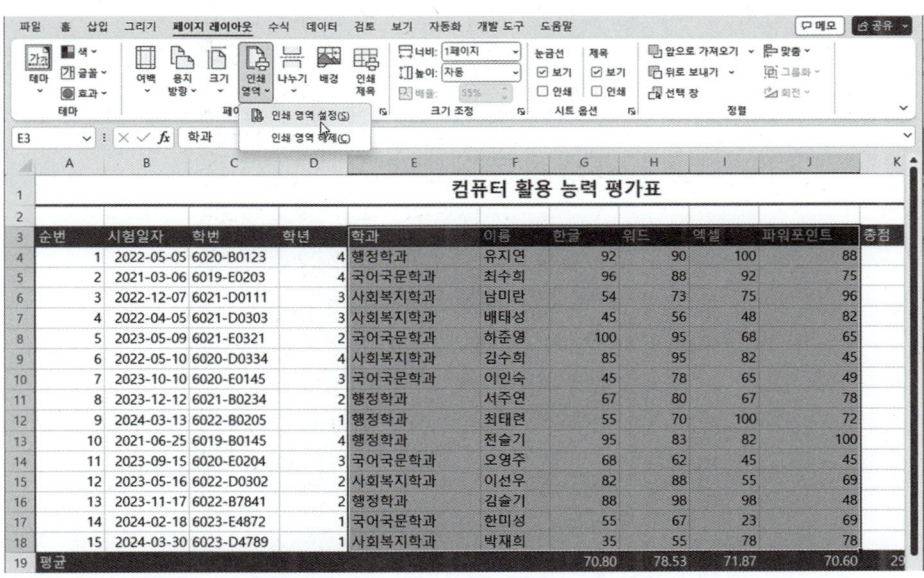

| 그림 5-19 | 인쇄 영역 설정하기

③ [인쇄 미리 보기]에서 해당 영역만 인쇄되는 것을 미리 볼 수 있다.

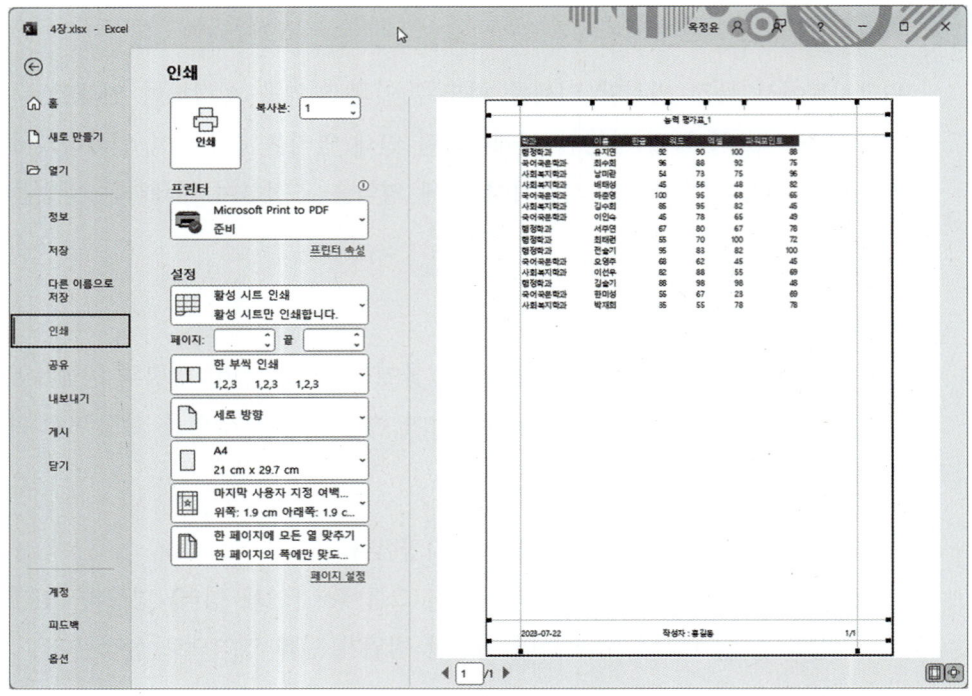

| 그림 5-20 | 인쇄 영역 설정 미리보기

④ 설정된 인쇄 영역을 취소하려면 [페이지 레이아웃] 탭-[페이지 설정] 그룹에서 [인쇄 영역] 명령의 [인쇄 영역 해제]를 선택한다.

■ 페이지 나누기 미리보기를 사용하여 인쇄 영역 조정하기

[인쇄 영역] 메뉴를 사용하는 방법 이외에 페이지 나누기 미리보기 상태에서 인쇄 영역을 조정할 수 있다.

① [보기] 탭-[통합 문서 보기] 그룹에서 [페이지 나누기 미리보기]를 선택하거나 화면 하단 우측에 있는 화면 보기 선택기에서 [페이지 나누기 미리보기]를 클릭해도 된다.

② 파란색 테두리선에 마우스 포인터를 위치시키고 드래그로 인쇄 영역을 조정할 수 있다.

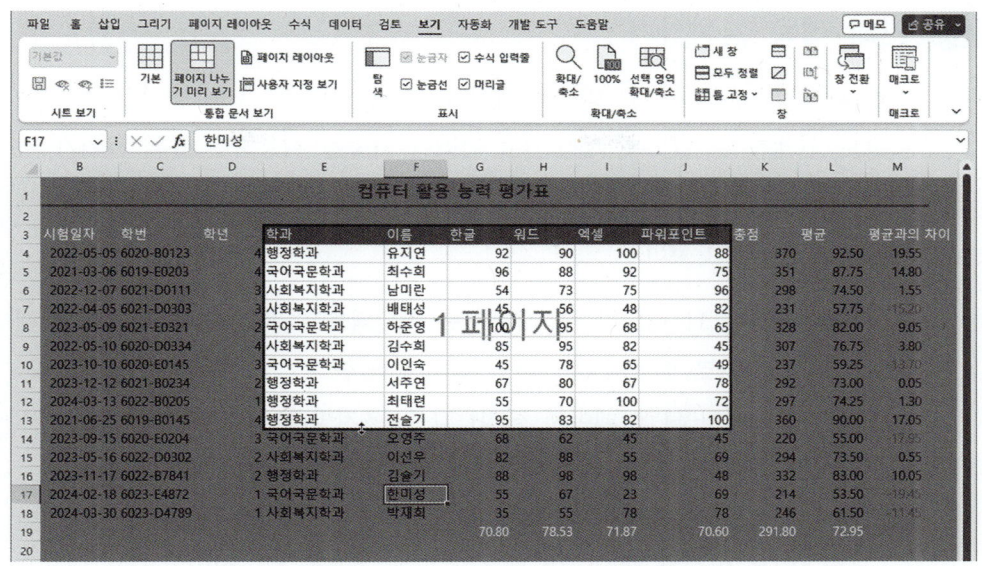

| 그림 5-21 | 페이지 나누기 미리보기

TIP 화면 보기 선택기

화면의 우측 하단에 있는 화면 보기 선택기( )는 [기본], [페이지 레이아웃], [페이지 나누기 미리보기] 등의 화면 보기 모드를 선택할 수 있도록 화면 보기 선택기를 제공한다.

- [기본] : 현재 시트를 기본 보기로 나타낸다.
- [페이지 레이아웃] : 인쇄된 페이지에 나타나는 대로 문서를 표시한다. 페이지의 시작, 끝위치를 확인하거나 머리글/바닥글을 볼 수 있다.
- [페이지 나누기 미리 보기] : 페이지를 나누는 위치를 조정한다. 페이지 나누기 미리 보기로 전환하여 현재 워크시트의 페이지 나누기를 조정하고, 인쇄 영역 크기를 변경하고, 워크시트를 편집할 수 있다. 페이지 나누기 미리 보기에서 인쇄 미리 보기를 누르면 단추 이름이 페이지 나누기 미리 보기에서 기본 보기로 바뀐다.

③ 설정된 인쇄 영역을 취소하려면 [페이지 레이아웃] 탭-[페이지 설정] 그룹에서 [인쇄 영역] 명령의 [인쇄 영역 해제]를 선택한다.

5 인쇄 제목 설정하기

여러 페이지로 구성된 문서의 매 페이지마다 동일한 행 또는 동일한 열이 제목으로 인쇄될 수 있도록 지정한다. 이러한 기능을 이용하면 표의 크기가 커서 한 장으로 인쇄하기 어려운 경우, 행 머리글 등을 반복해서 모든 페이지에 인쇄되도록 할 수 있다.

① [능력 평가표_1] 시트가 한 페이지로 인쇄되므로 제목 설정 확인을 위해서 두 페이지로 인쇄되도록 행의 높이를 넓힌다.
② [페이지 레이아웃]탭-[페이지 설정] 그룹-[용지방향]을 '가로'로 한다.
③ [페이지 레이아웃] 탭-[페이지 설정] 그룹-[인쇄 제목]을 클릭한다.
④ [페이지 설정] 대화상자의 [시트] 탭에서 [인쇄 제목]의 [반복할 행]과 [반복할 열]은 인쇄할 데이터의 내용이 많은 경우에 매 쪽마다 같은 내용을 인쇄할 항목이 있을 때 사용한다. 주로 행 제목이나 열 제목이 해당된다. 반복할 행을 입력하는 상자 우측에 있는 대화상자 축소 버튼을 누르고 워크시트에서 반복시킬 행을 클릭하면 자동으로 지정되어 매 쪽마다 제목이 반복 표시된다.

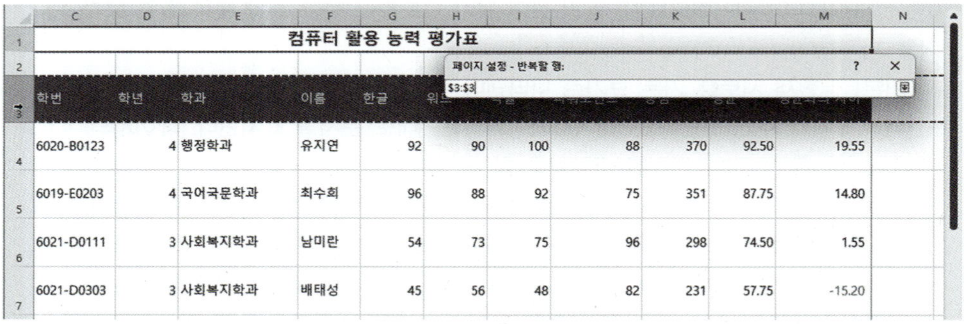

| 그림 5-22 | 인쇄 제목으로 반복할 행 지정하기

⑤ 설정 상태에서의 미리보기이다. 2 페이지의 첫 행에 지정한 행이 반복됨을 알 수 있다.

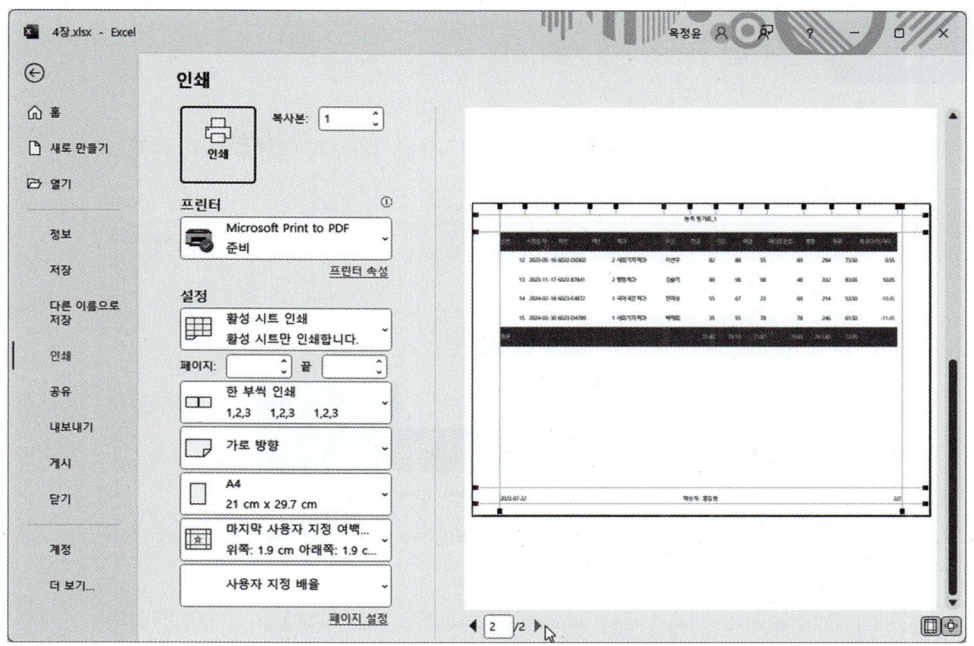

| 그림 5-23 | 인쇄 제목 설정 결과 미리보기

> **TIP 기타 시트 옵션 지정하기**
>
> [페이지 레이아웃] 탭-[시트 옵션] 그룹의 [눈금선]에서 [인쇄]를 선택하면 눈금선이 인쇄되고, [제목]에서 [인쇄]를 선택하면 행/열 머리글을 인쇄할 수 있다. [페이지 설정] 대화상자의 [시트] 탭을 이용하면 이러한 인쇄 옵션을 설정할 수 있으며 페이지의 인쇄 순서 등도 설정할 수 있다.

확인하기   [매출 현황표] 인쇄하기

2장 [확인하기]에서 작성한 [매출 현황표] 문서를 다음과 같이 출력해보자.

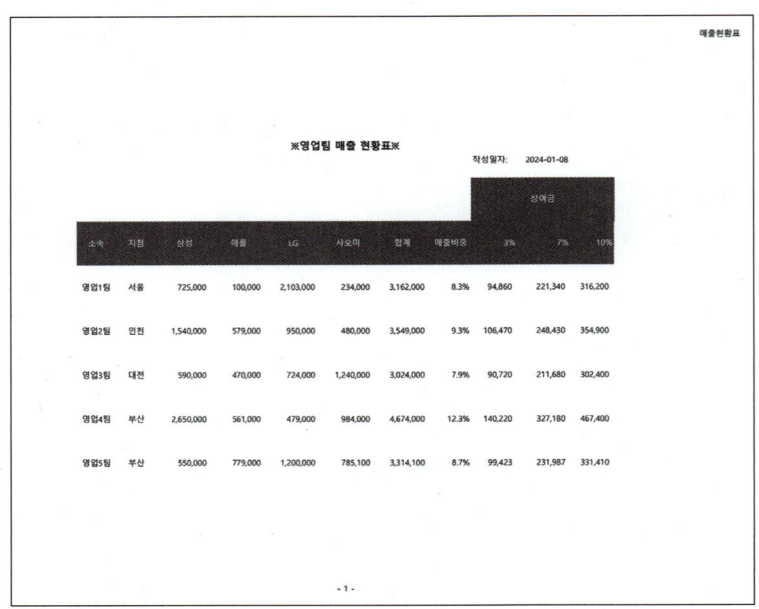

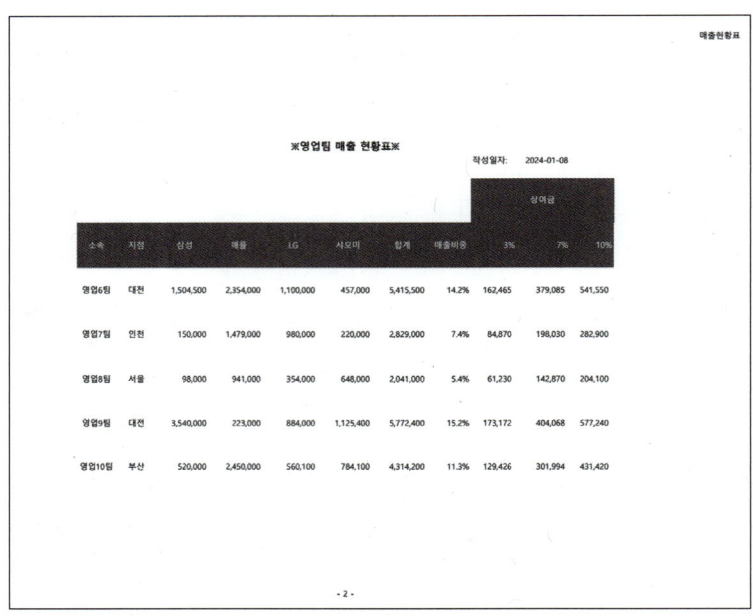

| 그림 5-24 | [매출 현황표] 인쇄 결과

> **POINT**
> ① 제목은 A1–K1을 셀 병합 후 가운데 맞춤으로 지정하고 글꼴을 보기 좋게 바꾼다.
> ② I4–K4, A5–K5, A16–K16 셀을 선택하고 적당한 셀 스타일을 적용한다.
> ③ 표의 데이터 영역(A6–K15)의 경우 모든 테두리가 점선 스타일로 표시되도록 한다.
> ④ 4행부터 16행의 높이를 60으로 변경한다.
> ⑤ [페이지 설정]에서 확대/축소 배율은 70%로 조절하고, 용지방향은 가로, 페이지의 가로/세로 가운데에 출력되도록 설정한다.
> ⑥ 머리글/바닥글 기능을 이용하여 머리글의 오른쪽 구역에 파일명을 지정하고, 바닥글 가운데 구역에는 페이지 번호를 보이는 대로 작성한다.
> ⑦ 1행부터 5행까지 인쇄제목으로 지정하여 각각의 페이지에 해당 부분이 출력되도록 한다.
> ⑧ 페이지나누기 미리보기를 이용하여 첫 번째 페이지에는 영업5팀까지, 두 번째 페이지에는 영업10팀까지 출력되게 설정한다.

CHAPTER
6

엑셀 함수 사용하기

엑셀의 수식 데이터는 크게 연산자를 이용한 일반 계산식과 함수식으로 나누어 볼 수 있다. 엑셀은 다양한 범주의 많은 함수를 통해 강력한 문제 해결 능력을 제공한다. 함수를 잘 사용하는 것이야말로 엑셀을 가장 파워풀하게 쓸 수 있는 중요한 능력이라 볼 수 있다. 본 장에서는 엑셀을 사용할 때 반드시 알아 두어야 할 함수를 범주별로 살펴보고, 함수를 중첩하여 문제를 효율적으로 해결하는 방법을 익혀 엑셀에서의 함수 활용 능력을 향상시킨다.

6.1 엑셀 함수 이해하기

엑셀의 가장 기본적인 기능은 수치나 문자 데이터 등 다양한 형태의 데이터를 계산하여 처리하는 것이다. 엑셀은 수식을 이용한 계산 작업을 보다 쉽게 할 수 있도록 다양한 범주로 구분되는 400여개의 함수를 제공하고 있다. 계산 목적에 적합한 함수를 이용하여 업무에서 필요한 복잡한 계산을 간단히 해결할 수 있다.

1 엑셀 함수의 정의

함수란 주어진 기능을 수행하기 위해서 지정된 순서에 따라 특정 값을 사용하여 계산하는 미리 정의된 수식이다.

일반적으로 함수는 다음과 같이 정의될 수 있다.

$$y = f(x1, x2, ..., xn)$$

여기서 x1, x2, ..., xn은 입력 값에 해당하며 이들 입력 값들에 대해 함수 f에 의해 처리된 결과 값이 y가 된다.

엑셀에서도 일반적인 함수 정의와 같은 방법으로 함수를 정의한다. 또한, 엑셀의 함수도 수식에 포함되므로 일반 계산식과 마찬가지로 =로 시작하며 함수이름, 괄호, 인수 등으로 구성된다. 여기서 인수는 함수에 대한 입력 값에 해당되며 이들 인수는 괄호로 묶이며 인수의 구분은 ,를 사용하고 연속적 셀이 인수가 되는 경우는 :연산자를 이용할 수도 있다.

```
엑셀 함수의 기본 형식
= 함수명(인수1, 인수2, ..., 인수n)
예) = SUM(A1,B1:B3,100)
```

하나의 셀에 위의 형식대로 함수를 사용하면 주어진 인수 값을 가지고 해당 함수를 수행한 결과 값이 셀에 나타나게 된다. 엑셀에서 함수를 사용할 때는 사용 목적에 맞는 함수를 선택해야 하고 해당 함수가 요구하는 형식과 필요한 인수를 정확히 입력해야 올바른 결과가 출력될 수 있다. 입력 형식이 잘못되었거나 입력되는 인수의 형태가 잘못된 경우에는 오류 메시지(오류 값)가 나타나므로 각 함수에서 요구하는 형태에 맞는 인수를 지정해 주어야 한다.

> **MEMO**
>
> **엑셀에서의 오류 값**
>
> 엑셀에서 오류 값은 입력한 수식으로 답을 계산할 수 없는 상황에서 표시된다. 수식의 오류는 수식자체를 잘못 썼거나 함수의 인수로 적당하지 않은 값을 사용한 경우에 발생한다. 오류는 #기호로 시작되며 오류의 종류는 다음과 같다.
>
> | 종류 | 의미 |
> | --- | --- |
> | #NULL! | 공통부분이 없음 |
> | #DIV/0! | 0으로 나누기하고 있음 |
> | #VALUE! | 인수나 연산자의 데이터 종류가 잘못됨 |
> | #REF! | 무효한 셀을 참조함 |
> | #NAME? | 함수 등의 이름을 판단할 수 없음 |
> | #NUM! | 수식중의 수치가 옳지 않음 |
> | #N/A | 사용할 수 없는 값이 존재함 |

2 엑셀 함수 작성 형식

엑셀에서 함수를 작성할 때 사용되는 인수의 데이터 유형은 숫자, 텍스트, TRUE나 FALSE와 같은 논리값, 배열, #N/A와 같은 오류 등이 될 수 있다. 이러한 인수는 상수, 셀 참조, 이름, 수식 또는 다른 함수의 형태로 사용된다. 함수 작성 시 사용되는 인수의 형태에 따라 다음과 같은 형식을 가질 수 있다.

> - 상수값을 직접 인수로 사용할 수 있다. 그러나, 엑셀에서는 필요할 때에만 상수값을 사용한다.
>   = SUM(3,5,7)

- 일반적인 형태로 해당 값을 가지는 셀 번지 또는 셀 참조 연산자를 사용하여 지정된 셀 범위를 인수로서 사용할 수 있다.
  = SUM(A1, A2)
  = SUM(A1:A10)

- 정의된 셀 범위명(이름)을 인수로 사용할 수 있다.
  A2:A5 셀의 이름을 "점수데이터"라고 정의하였다면 정의된 이름을 인수로서 사용 가능하다.
  = AVERAGE(점수데이터)

- 다른 식의 계산 결과를 인수로 사용할 수 있다. 즉, 인수로서 다른 계산식을 사용할 수 있다.
  = SUM(2*3, A1, 5)

- 인수로서 함수식을 사용할 수 있다. 즉, 함수에서 동일 함수 또는 다른 함수를 호출할 수 있다. 이렇게 여러 함수를 중첩해서 씀으로써 더욱 복잡한 문제를 해결할 수 있게 된다.
  = SUM(AVERAGE(A1, A2), A3, 5)
  = IF(AVERAGE(F2:F5)>50, SUM(G2:G5), 0)

3 엑셀 함수 사용 방법

엑셀에서 함수를 사용하는 방법은 처음 사용하는 경우 함수 마법사를 이용하거나 도구모음의 자동합계 아이콘 등을 사용하면 함수를 직접 입력하지 않고 편리하게 사용할 수 있다. 그러나 함수의 개념과 작성법 등을 숙지한다면 직접 입력하여 사용하는 것이 빠르고 수월할 수 있으므로 자주 쓰는 함수에 대해서는 직접 입력하여 사용하는 방법을 익혀두는 것이 좋다.

(1) 자동 합계(∑) 아이콘 사용하기

■ 합계 구하기

합계를 구하기 위한 SUM 함수는 자주 사용되기 때문에 기본적으로 도구모음에 등록되어 있다. 따라서 자동 합계 아이콘을 이용해서 아주 손쉽게 합계를 구할 수 있다.

MEMO

SUM 함수 이외에도 자주 사용되는 함수인 Average(평균), Count(개수), Max(최대), Min (최소) 함수도 도구모음을 이용해서 직접 사용할 수 있다.

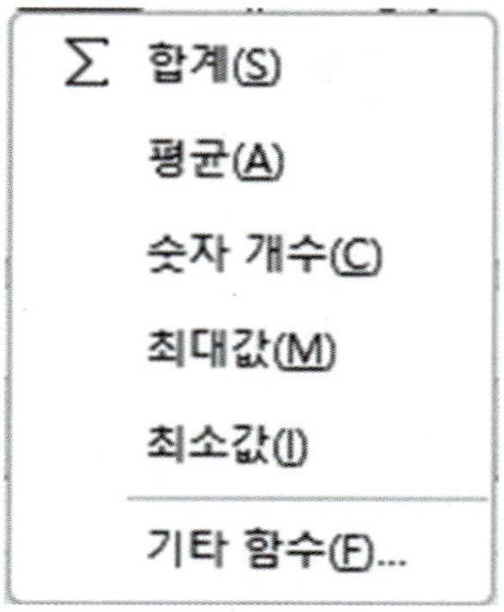

| 그림 6-1 | 자동 합계 아이콘

① [컴퓨터 활용 능력 평가표] 문서를 열고 [능력 평가표_2] 시트에 대해 자동 합계 아이콘을 이용하여 총점과 평균을 계산해보자. L4 셀을 선택한 후, 자동 합계 아이콘을 선택한다. 인수의 범위가 올바로 선택되었으면 Enter 키를 친다.

	C	D	E	F	G	H	I	J	K	L	M
1											
2											
3	자	학번	학년	학과	이름	한글	워드	엑셀	파워포인트		
4	-05-05	6020-B012	4	행정학과	유지연	92	90	100	88	=SUM(H4:K4)	
5	-03-06	6019-E020	4	국어국문흐	최수희	96	88	92	75		
6	-12-07	6021-D011	3	사회복지흐	남미란	54	73	75	96	SUM(number1, [number2], ...)	
7	-04-05	6021-D03(	3	사회복지흐	배태성	45	56	48	82		
8	-05-09	6021-E032	2	국어국문흐	하준영	100	95	68	65		
9	-05-10	6020-D03:	4	사회복지흐	김수희	85	95	82	45		
10	-10-10	6020-E014	3	국어국문흐	이인숙	45	78	65	49		
11	-12-12	6021-B023	2	행정학과	서주연	67	80	67	78		
12	-03-13	6022-B020	1	행정학과	최태련	55	70	100	72		
13	-06-25	6019-B014	4	행정학과	전슬기	95	83	82	100		

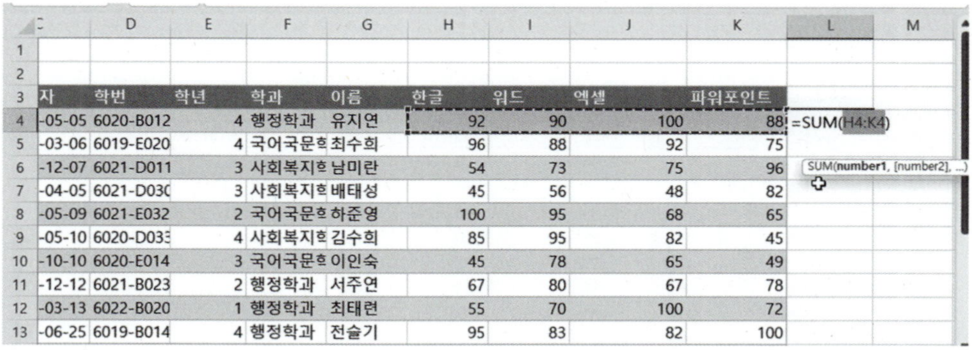

| 그림 6-2 | 자동 합계 아이콘으로 총점 구하기

② 나머지 셀의 총점을 구하기 위해서 L4 셀에서 채우기 핸들을 이용하여 열 방향의 나머지 셀 범위(L5:L18)까지 자동 채우기 한다. 상대참조로 수식이 복사되어 모든 총점을 쉽게 구할 수 있다.

| 그림 6-3 | 총점 자동 채우기

■ 평균 구하기

① M4-M18 셀의 평균도 자동 합계 아이콘을 사용하여 구할 수 있다. 먼저 M4 셀을 선택한 후 자동 합계 아이콘에서 [평균]을 선택한다.
② 인수로 인식된 셀의 범위가 잘못 지정되었다면 정확한 범위(H4-K4)를 드래그하여 다시 지정한다.

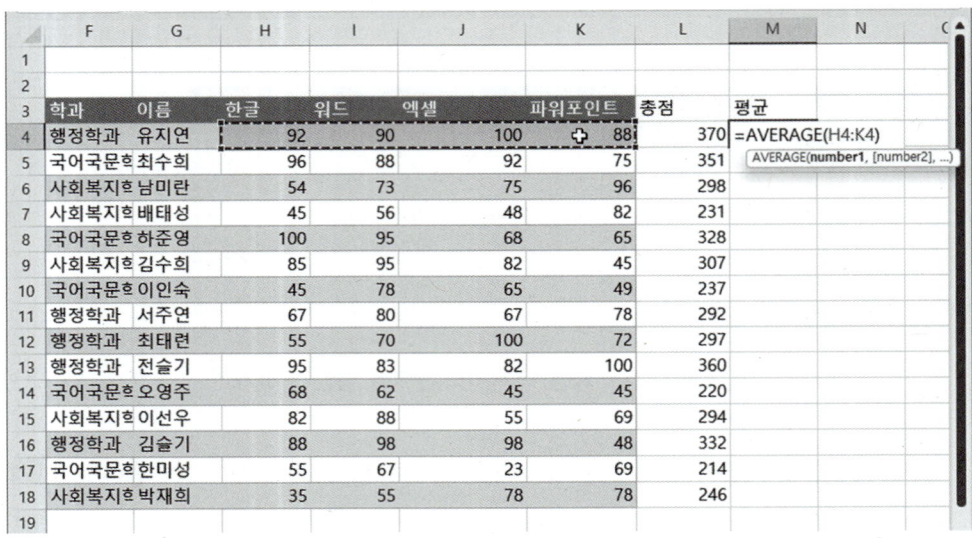

| 그림 6-4 | 인수 셀 범위 재지정하기

③ 나머지 항목들에 대한 평균을 구하기 위해 M4 셀에서 채우기 핸들을 이용하여 열 방향으로 나머지 셀 범위까지 드래그하여 자동 채우기한다. 상대참조로 수식이 복사되어 모든 항목에 대한 평균을 쉽게 구할 수 있다.

> **TIP** Ctrl 키를 이용하여 한 번에 모든 합계 계산하기
>
> 합계를 구하고자 하는 셀이 분산되어 있는 경우 Ctrl 키를 이용해 셀을 모두 선택한 다음, 자동 합계 기능을 사용하면 지정된 모든 셀의 합계를 동시에 구할 수 있다.
>
> ① 합계가 입력될 셀의 범위를 Ctrl키를 이용하여 지정한다. 이 때 계산이 되는 순서대로 셀 범위가 겹쳐서 지정되지 않도록 주의한다.
> ② 자동합계 아이콘을 누르면 지정된 범위에 정확하게 합계가 계산되어 입력되는 것을 알 수 있다.
>
> | | A | B | C | D | E |
> |---|---|---|---|---|---|
> | 1 | | | 월별판매량 | | |
> | 2 | | | | | |
> | 3 | | | TV | 냉장고 | 합계 |
> | 4 | | 1월 | 5 | 4 | 9 |
> | 5 | | 2월 | 7 | 5 | 12 |
> | 6 | | 3월 | 10 | 5 | 15 |
> | 7 | | 2사분기 합계 | 22 | 14 | 36 |
> | 8 | | 4월 | 11 | 6 | 17 |
> | 9 | | 5월 | 4 | 6 | 10 |
> | 10 | | 6월 | 6 | 8 | 14 |
> | 11 | | 2사분기 합계 | 21 | 20 | 41 |
> | 12 | | 1-2사분기 총합계 | 43 | 34 | 77 |
> | 13 | | | | | |
>
> | 그림 6-5 | Ctrl 키를 이용하여 한 번에 모든 합계 계산하기

(2) 함수 마법사 이용하기

함수 마법사란 함수에 대한 정확한 사용법에 익숙하지 않은 경우에 사용하면 용이하다. 처음 사용하는 함수나 함수에 대한 인수 입력 방법이 확실하지 않은 경우 마법사의 도움을 받아 쉽게 함수를 작성할 수 있다. 함수 마법사의 구성은 크게 함수를 선택하는 단계와 선택한 함수에 적당한 인수를 입력하는

두 가지 단계로 구분된다.

① [컴퓨터 활용 능력 평가] 통합문서를 이용하여 함수 마법사의 사용법을 알아보자.
② 각 과목별 평균을 계산하기 위해서 H19셀을 선택한 후, 수식 입력 줄에서 함수 마법사 아이콘(fx)을 클릭하거나 [수식] 탭-[함수 라이브러리] 그룹에서 [함수 삽입]을 선택한다. 또는 해당 셀을 클릭하고 Shift+F3을 누르면 함수 마법사가 바로 호출된다.

순번	시험일자	학번	학년	학과	이름	한글	워드	엑셀	파워포인트	총점	평균
1	2022-05-05	6020-B0123	4	행정학과	유지연	92	90	100	88	370	92.50
2	2021-03-06	6019-E0203	4	국어국문학과	최수희	96	88	92	75	351	87.75
3	2022-12-07	6021-D0111	3	사회복지학과	남미란	54	73	75	96	298	74.50
4	2022-04-05	6021-D0303	3	사회지학과	배태성	45	56	48	82	231	57.75
5	2023-05-09	6021-E0321	2	국어국문학과	하준영	100	95	68	65	328	82.00
6	2022-05-10	6020-D0334	4	사회복지학과	김수희	85	95	82	45	307	76.75
7	2023-10-10	6020-E0145	3	국어국문학과	이인숙	45	78	65	49	237	59.25
8	2023-12-12	6021-B0234	2	행정학과	서주연	67	80	67	78	292	73.00
9	2024-03-13	6022-B0205	1	행정학과	최태련	55	70	100	72	297	74.25
10	2021-06-25	6019-B0145	4	행정학과	전슬기	95	83	82	100	360	90.00
11	2023-09-15	6020-E0204	3	국어국문학과	오영주	68	62	45	45	220	55.00
12	2023-05-16	6022-D0302	2	사회복지학과	이선우	82	88	55	69	294	73.50
13	2023-11-17	6022-B7841	2	행정학과	김슬기	88	98	98	48	332	83.00
14	2024-02-18	6023-E4872	1	국어국문학과	한미성	55	67	23	69	214	53.50
15	2024-03-30	6023-D4789	1	사회복지학과	박재희	35	55	78	78	246	61.50
				평균							

| 그림 6-6 | 셀 선택 후 함수 마법사 호출하기

③ 함수 마법사의 첫 단계는 사용할 함수를 선택하는 단계이다. 함수의 범주를 선택하면 해당 범주에 속하는 함수 이름들의 리스트가 아래쪽 창에 나타나므로 원하는 함수를 선택할 수 있다. [범주 선택]에서 [모두]를 선택하면 엑셀 함수가 알파벳순으로 모두 제시된다. 이 중에서 평균을 계산하기 위한 함수인 AVERAGE를 선택한다.

| 그림 6-7 | [함수 마법사] 대화상자에서 사용할 함수 선택

> **TIP**
>
> [함수 마법사] 대화상자에서 함수를 쉽게 찾는 방법이 있다. [함수 선택] 창에서 첫 번째 함수를 선택한 후 키보드에서 해당 함수의 첫 문자를 클릭하면 해당 문자로 시작하는 함수이름으로 건너뛴다.

> **MEMO**
>
> ### [수식] 탭-[함수라이브러리] 그룹 이용하기
>
> 사용할 함수의 범주를 정확히 아는 경우, [함수 마법사] 대화상자에서 [범주 선택]을 해당 범주로 선택하면 [함수 선택]에 그 범주의 함수들이 리스팅된다. 여기서 사용 함수를 선택하면 된다. 특히 [수식] 탭의 [함수 라이브러리]에서 원하는 함수에 해당하는 명령을 클릭한 후, 리스트되는 함수 중 사용하고자 하는 함수를 선택하면 바로 함수를 작성할 수 있다.

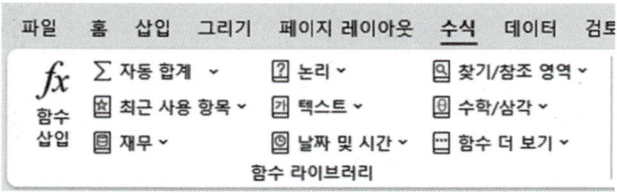

| 그림 6-8 | [수식] 탭-[함수라이브러리] 그룹

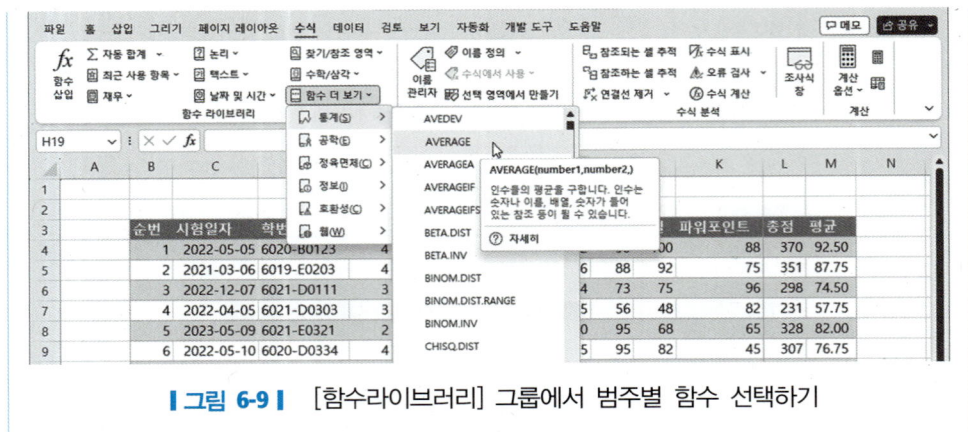

| 그림 6-9 | [함수라이브러리] 그룹에서 범주별 함수 선택하기

④ 원하는 함수를 선택하면 해당 함수의 인수를 입력하기 위한 대화 상자가 나타나는데 여기서 각 인수에 적당한 값을 입력한다. 자동으로 입력된 셀 범위가 정확한 경우에는 그대로 사용해도 된다. 함수에 필요한 모든 인수 값을 지정한 후 [확인] 단추를 누른다.

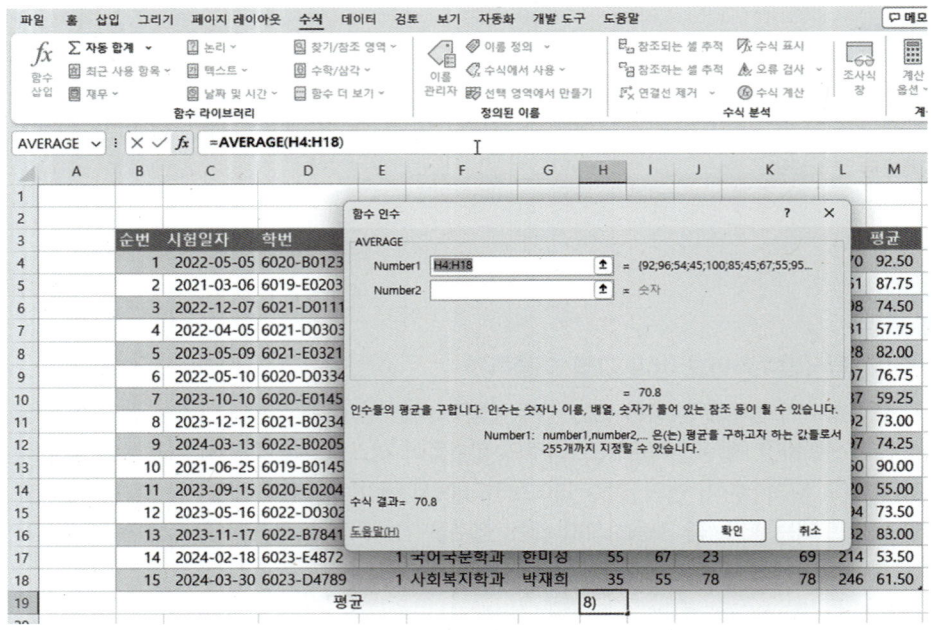

| 그림 6-10 | [함수 인수] 대화상자에서 인수 입력하기

⑤ 나머지 셀(I19-M19)의 평균을 구하기 위해 H19 셀에서 채우기 핸들을 이용하여 행 방향으로 나머지 셀 범위까지 드래그하여 자동 채우기 한다.

상대참조로 수식이 복사되어 모든 항목에 대한 평균을 쉽게 구할 수 있다.

순번	시험일자	학번	학년	학과	이름	한글	워드	엑셀	파워포인트	총점	평균
1	2022-05-05	6020-B0123	4	행정학과	유지연	92	90	100	88	370	92.50
2	2021-03-06	6019-E0203	4	국어국문학과	최수희	96	88	92	75	351	87.75
3	2022-12-07	6021-D0111	3	사회복지학과	남미란	54	73	75	96	298	74.50
4	2022-04-05	6021-D0303	3	사회복지학과	배태성	45	56	48	82	231	57.75
5	2023-05-09	6021-E0321	2	국어국문학과	하준영	100	95	68	65	328	82.00
6	2022-05-10	6020-D0334	4	사회복지학과	김수희	85	95	82	45	307	76.75
7	2023-10-10	6020-E0145	3	국어국문학과	이인숙	45	78	65	49	237	59.25
8	2023-12-12	6021-B0234	2	행정학과	서주연	67	80	67	78	292	73.00
9	2024-03-13	6022-B0205	1	행정학과	최태련	55	70	100	72	297	74.25
10	2021-06-25	6019-B0145	4	행정학과	전술기	95	83	82	100	360	90.00
11	2023-09-15	6020-E0204	3	국어국문학과	오영주	68	62	45	45	220	55.00
12	2023-05-16	6022-D0302	2	사회복지학과	이선우	82	88	55	69	294	73.50
13	2023-11-17	6022-B7841	2	행정학과	김슬기	88	98	98	48	332	83.00
14	2024-02-18	6023-E4872	1	국어국문학과	한미성	55	67	23	69	214	53.50
15	2024-03-30	6023-D4789	1	사회복지학과	박재희	35	55	78	78	246	61.50
			평균			71	79	72	71	292	73

그림 6-11 평균 자동 채우기

> **MEMO**
>
> 인수 값을 입력할 때 해당란에 직접 입력하거나 또는 입력란 오른쪽에 있는 [대화 상자 축소] 버튼(⬆)을 누르고 워크시트의 인수에 해당하는 부분을 드래그해도 된다. [대화 상자 축소] 버튼을 클릭하면 범위를 선택할 수 있는 창만 남고 모두 사라지게 되는데 여기에서 원본 데이터의 범위를 마우스로 선택한다. 다시 [대화 상자 확장] 버튼(⬇)을 클릭하면 함수 편집 대화 상자로 돌아온다.

그림 6-12 대화상자 축소 버튼을 이용한 인수 지정

6.1 엑셀 함수 이해하기

(3) 키보드로 직접 입력하기

함수 사용에 익숙해지면 함수 마법사를 사용하지 않고 요구하는 함수식의 형태에 맞도록 셀에 직접 함수식을 입력할 수 있다.

① 평균을 구할 셀(H19)을 선택한 다음 "=AVERAGE("를 입력한다. 필요한 인수를 직접 입력하거나 마우스로 인수의 범위를 워크시트에서 직접 드래그하면 자동으로 지정된다.
② 인수 지정이 완료되면 ")"를 입력하여 수식을 완성하고 Enter를 누른다.

6.2 기본 함수 사용하기

엑셀에는 13개의 범주로 분류되는 420여 개의 다양한 함수를 제공하고 있다. 이 중 공학이나 큐브의 전문가용 함수를 제외하고 일반적으로 사용되는 함수를 중심으로 살펴보기로 하자.

엑셀에서 일반적으로 사용되는 함수의 분류는 다음과 같다.

- 통계함수 : 데이터의 분석, 통계 분석 등 일반적으로 가장 많이 사용되는 함수(AVERAGE(), RANK(), COUNT() 등)
- 수학/삼각 함수 : 수학에서 사용하는 함수나 삼각 함수와 관련된 계산에 주로 사용하는 함수(ABS(), SUM(), PRODUCT(), ROUND(), ROUNDDOWN(), ROUNDUP() 등)
- 날짜/시간 함수 : 날짜, 연도, 월, 요일, 시간에 대한 정보를 숫자나 문자 등으로 표시하여 계산에 이용할 때 사용하는 함수(TODAY(), DATE(), WEEKDAY() 등)
- 텍스트 함수 : 문자 데이터로 이루어진 문자열을 조작하는 함수(LEFT(), MID(), RIGHT() 등)
- 논리 함수 : 논리 계산에 사용되는 함수(AND(), OR(), IF() 등)

- **찾기/참조 함수** : 범위 안의 값을 검색하거나 특정 범위에 있는 데이터를 추출하는 등의 기능을 하는 함수(CHOOSE(), INDEX(), HLOOKUP(), VLOOKUP(), LOOKUP() 등)
- **재무 함수** : 대출금 계산 등 회계와 관련된 계산을 할 때 이용하는 함수 (PMT(), RATE() 등)
- **데이터베이스 함수** : 지정한 조건에 의해 데이터베이스 내에서 데이터를 분석할 수 있는 함수(DSUM(), DAVERAGE() 등)
- **정보 함수** : 셀의 행과 열에 대한 정보나 셀의 내용에 대한 정보를 제공하는 함수(ISERROR(), ISTEXT() 등)

지금부터 새로운 통합문서를 작성하여 각 범주에 속하는 기본적이고 필수적인 함수들에 대해 살펴보기로 하자.

1 텍스트 함수

엑셀 함수는 수치 데이터에 대한 계산 처리를 기본으로 하지만 텍스트 데이터에 대한 처리를 하는 함수도 제공하고 있다.

(1) LEFT

지정한 문자 수에 따라 문자열의 첫 문자부터 원하는 수만큼의 문자를 표시하는 함수이다.

> = LEFT(Text, Num_chars)
> Text : 추출할 문자가 들어있는 문자열
> Num_chars : 추출할 문자 수

(2) MID

문자열의 지정한 위치로부터 지정한 개수의 문자를 표시해 주는 함수이다.

> = MID(Text, Start_num, Num_chars)
> Text : 추출할 문자가 들어 있는 문자열
> Start_num : 추출할 첫 문자의 위치(단, Text에서 첫 문자의 위치는 1)
> Num_chars : MID가 문자열에서 표시할 문자 개수

(3) RIGHT

문자열의 오른쪽에서 지정한 개수만큼의 문자를 표시해주는 함수이다.

> = RIGHT(Text, Num_chars)
>
> Text : 추출할 문자가 들어있는 문자열
>
> Num_chars : 추출할 문자 수

(4) CONCATENATE

여러 텍스트를 한 텍스트로 조인한다.

> = CONCATENATE(Text1, Text2, ...)
>
> Text1, Text2, ... : 하나로 조인할 텍스트들(255개까지 지정)

> **MEMO**
>
> **CONCATENATE 함수와 & 연산자**
>
> CONCATENATE 함수 대신 간단히 "&" 연산자를 이용할 수도 있다. CONCATENATE 함수와 "&"연산자는 동일한 역할을 수행하지만 사용하는 형식에 차이가 있다. CONCATENATE는 함수이기 때문에 괄호 안에 연결할 문자열을 ,로 분리하여 나열하고 &는 이항 연산자처럼 연결할 문자열 사이에 들어가게 된다.

(5) FIND

지정한 텍스트를 문자열에서 찾아 해당 문자의 시작위치를 표시해주는 함수이다.

> = FIND(Find_text, Within_text, Start_num)
>
> Find_text : 추출하려는 문자
>
> Within_text : 추출하려는 문자가 포함된 문자열
>
> Start_num : 추출하려는 문자의 위치

(6) LOWER

문자열의 모든 문자를 소문자로 변환하는 함수이다.

> = LOWER(Text)
>
> Text : 소문자로 바꾸려는 텍스트

(7) UPPER

문자열의 모든 문자를 대문자로 변환하는 함수이다.

> = UPPER(Text)
>
> Text : 대문자로 바꾸려는 텍스트

(8) PROPER

문자열의 첫 문자만 대문자로 변환하고 나머지는 소문자로 변환하는 함수이다.

> = PROPER(Text)
>
> Text : 변환하려는 텍스트

(9) REPLACE

문자열의 일부를 다른 문자열로 변환하는 함수이다.

> = REPLACE(Old_text, Start_num, Num_chars, New_text)
>
> Old_text : 일부분을 바꾸려는 텍스트
> Start_num : Old_text에서 바꾸기를 시작할 위치
> Num_chars : 바꾸려는 문자의 개수
> New_text : 대체할 텍스트

이 외에 많이 사용되는 텍스트 함수로는 문자열에서 단어 사이의 한 칸의 공백을 제외하고 텍스트의 공백을 모두 삭제해 주는 TRIM 함수, 문자열을 지

정한 횟수만큼 반복해서 표시하는 REPT 함수, 문자열의 길이를 구해주는 LEN 함수 등이 있다.

	A	B	C	D	E
1		문자데이터		함수사용	결과
2	컴퓨터그래픽스	인공지능시스템엔지니어		=LEFT(A2, 3)	컴퓨터
3				=MID(B2, 5, 3)	시스템
4				=RIGHT(B2, 4)	엔지니어
5					
6				함수사용	
7				=CONCATENATE(E2," ",E3)	컴퓨터 시스템
8				=E2&" "&E3	컴퓨터 시스템
9				=FIND(E4,B2)	8
10					

| 그림 6-13 | 텍스트 함수 사용 예(1)

	A	B	C	D
1	문자 데이터		함수사용	결과
2	MICROSOFT 365		=LOWER(A2)	microsoft 365
3	powerpoint		=UPPER(A3)	POWERPOINT
4	MICROSOFT 365		=PROPER(A4)	Microsoft 365
5			=REPLACE(A2,11,3,2024)	MICROSOFT 2024
6				

| 그림 6-14 | 텍스트 함수 사용 예(2)

LEFT, MID, RIGHT, 함수를 사용하여 다음 표를 완성해보자.

① 이름에서 성을 추출하기 위해서 함수 마법사에서 LEFT 함수를 호출한다. 또는 [수식] 탭-[함수라이브러리] 그룹에서 [텍스트]를 클릭한 후, LEFT 함수를 선택해도 된다.

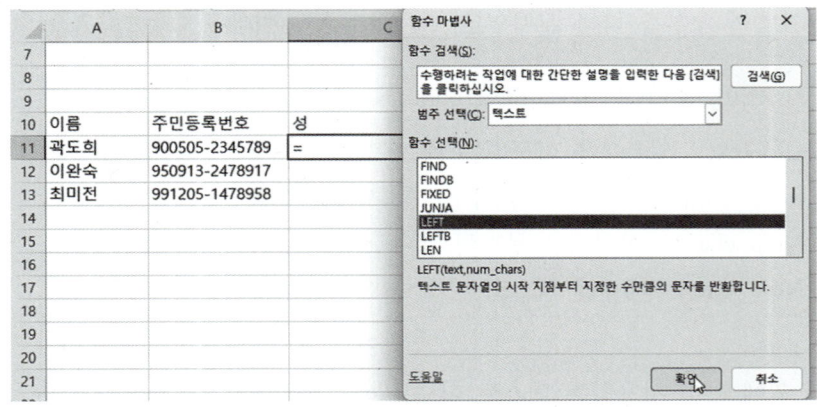

| 그림 6-15 | 함수 마법사에서 LEFT 함수 호출하기

② LEFT 함수의 인수를 정확히 입력한다.

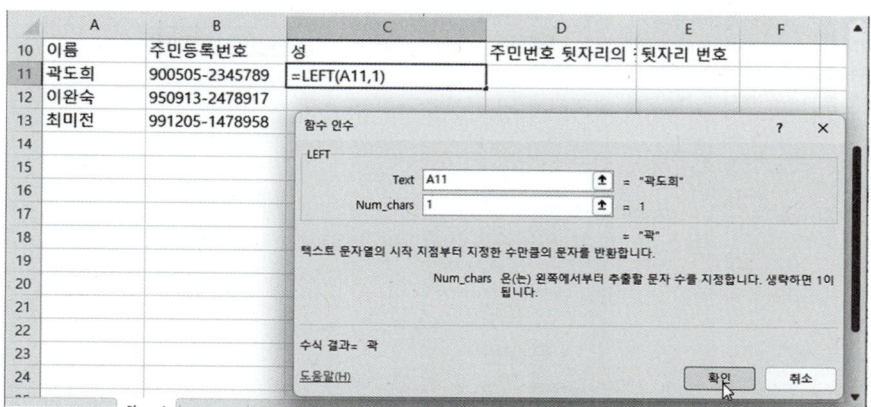

| 그림 6-16 | LEFT 함수의 인수 입력

③ 주민번호에서 주민번호 뒷자리의 첫 글자를 추출하기 위해서 MID함수를 호출한 후, 인수를 입력한다.

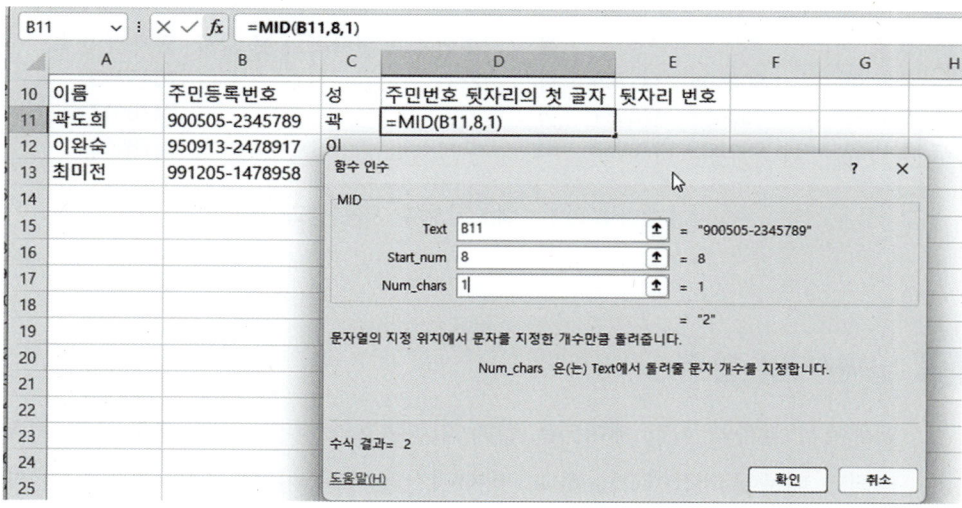

| 그림 6-17 | MID 함수 사용하기

④ 주민번호에서 뒷자리번호를 추출하기위해서 RIGHT함수를 호출하고 인수를 입력한다.

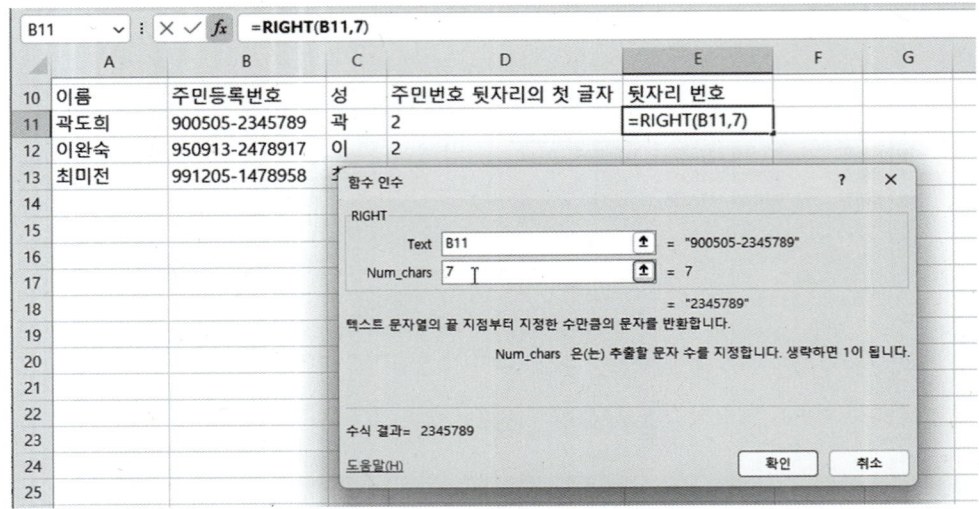

| 그림 6-18 | RIGHT 함수 사용하기

⑤ 결과화면은 다음과 같다.

| 그림 6-19 | 텍스트 함수 사용 결과

2 날짜/시간 함수

엑셀에서 날짜와 시간 데이터는 날짜 일련번호와 시간 일련번호인 숫자로 처리되기 때문에 계산이 가능하다. 날짜/시간 함수는 이러한 날짜 또는 시간 데이터를 다루는 함수이다.

(1) TODAY

현재 날짜를 알려주는 함수이다. 현재 날짜를 날짜 일련번호로 나타내지만 셀에 입력되면 표시 형식이 숫자에서 날짜로 바뀌어서 표시된다. 이 함수는 인수가 없다.

```
= TODAY( )
```

(2) NOW

현재 날짜와 시간을 구해주는 함수이다.

```
= NOW( )
```

(3) YEAR

날짜에 해당하는 연도를 표시하는 함수이다.

```
= YEAR(Serial_number)
Serial_number : 해당 연도를 구하려는 날짜
```

(4) MONTH

날짜에 해당하는 월을 표시하는 함수이다.

```
= MONTH(Serial_number)
Serial_number : 해당 월을 구하려는 날짜
```

(5) DAY

날짜에 해당하는 일을 표시하는 함수이다.

```
= DAY(Serial_number)
Serial_number : 해당 일을 구하려는 날짜
```

(6) DATE

년, 월, 일을 입력받아 날짜를 표시한다.

```
= DATE(Year, Month, Day)
Year : 표시하려는 날짜의 연도
Month : 표시하려는 날짜의 월
Day : 표시하려는 날짜의 일
```

이 외에 많이 사용되는 날짜/시간 함수로는 날짜에 해당하는 요일을 구해주는 WEEKDAY 함수, 시작 날짜와 종료 날짜 사이의 기간을 구해주는 DATEIF 함수, 시작 날짜와 종료 날짜 사이의 작업 일수를 구하는 NETWORKDAYS 함수, 입력한 시각에서 시간을 구해주는 HOUR 함수, 입력한 시각에서 분을 구해주는 MINUTE 함수 등이 있다.

	A	B	C
1	함수의미	함수사용	결과
2	오늘날짜	=TODAY()	2023-07-23
3	현재시간/날짜	=NOW()	2023-07-23 16:52
4	해당 년도	=YEAR(B2)	2023
5	해당 월	=MONTH(B2)	7
6	해당 일	=DAY(B2)	23
7	날짜 표시	=DATE(B4,B5,B6)	2023-07-23
8			

│그림 6-20│ 날짜/시간 함수 사용 예

3 수학/삼각 함수

수학/삼각 함수는 더하기, 빼기, 올림, 반올림, 내림, 사인값 등 수학적 계산에 사용되는 함수이다.

(1) ABS

부호가 없는 숫자 즉, 절대 값을 구해주는 함수이다.

```
= ABS(Number)
Number : 절대값을 구하려는 숫자
```

(2) SQRT

양의 제곱근을 구하는 함수이다.

> = SQRT(Number)
>
> Number : 제곱근을 구하려는 숫자

(3) ROUND

숫자를 지정한 자릿수로 반올림 해주는 함수이다.

> = ROUND(Number, Num_digits)
>
> Number : 반올림할 수
>
> Num_digits : 반올림할 number의 자릿수
>
>   Num_digits가 0보다 크면 숫자는 지정한 소수 자릿수로 반올림
>
>   Num_digits가 0이면 가장 가까운 정수로 반올림
>
>   Num_digits가 0보다 작으면 소수점 왼쪽(정수부분)에서 반올림

(4) ROUNDUP

숫자를 지정한 자릿수로 올림하는 함수이다. ROUNDUP은 항상 숫자를 올림 하는 것을 제외하고는 ROUND와 동일하게 사용된다.

> = ROUNDUP(Number, Num_digits)
>
> Number : 올림 할 실수
>
> Num_Digits : 올림 할 자릿수

(5) ROUNDDOWN

숫자를 지정한 자릿수로 내림하는 함수이다.

> = ROUNDDOWN(Number, Num_digits)
>
> Number : 내림을 할 실수
>
> Num_digits : 내림을 할 자릿수

① ABS, SQRT는 각각 절대값과 양의 제곱근 값을 구한다.

	A	B	C	D
1	수치데이터		함수사용	결과
2	-250		=ABS(A2)	250
3	8		=SQRT(A3)	2.828427
4				

| 그림 6-21 | ABS, SQRT 함수 사용 결과

② ROUND, ROUNDUP, ROUNDDOWN 함수를 적용하여 보자. D6-F6 셀에 함수 마법사를 이용해서 각 함수를 다음과 같이 작성한다. $A$6을 절대주소화한 것은 자동 채우기 기능을 사용하여 수식을 복사할 때, 수치데이터 값(12345.567)을 고정해야 하기 때문이다.

	A	B	C	D	E	F
4						
5	수치데이터	적용자릿수	자릿수적용	ROUND(반올림)	ROUNDUP(올림)	ROUNDDOWN(내림)
6	1234.567	2	소수둘째	=ROUND($A$6, B6)	=ROUNDUP($A$6, B6)	=ROUNDDOWN($A$6, B6)
7		1	소수첫째			
8		0	0			
9		-1	일의자리			
10		-2	십의자리			
11		-3	백의자리			
12						

| 그림 6-22 | ROUND, ROUNDUP, ROUNDDOWN 함수 사용

③ D6-F6 셀 범위를 선택한 후 선택된 영역에 대해 채우기 핸들로 나머지 셀들을 자동 채우기 한다.

	A	B	C	D	E	F
4						
5	수치데이터	적용자릿수	자릿수적용	ROUND(반올림)	ROUNDUP(올림)	ROUNDDOWN(내림)
6	1234.567	2	소수둘째	=ROUND($A$6, B6)	=ROUNDUP($A$6, B6)	=ROUNDDOWN($A$6, B6)
7		1	소수첫째	=ROUND($A$6, B7)	=ROUNDUP($A$6, B7)	=ROUNDDOWN($A$6, B7)
8		0	0	=ROUND($A$6, B8)	=ROUNDUP($A$6, B8)	=ROUNDDOWN($A$6, B8)
9		-1	일의자리	=ROUND($A$6, B9)	=ROUNDUP($A$6, B9)	=ROUNDDOWN($A$6, B9)
10		-2	십의자리	=ROUND($A$6, B10)	=ROUNDUP($A$6, B10)	=ROUNDDOWN($A$6, B10)
11		-3	백의자리	=ROUND($A$6, B11)	=ROUNDUP($A$6, B11)	=ROUNDDOWN($A$6, B11)
12						
13						

| 그림 6-23 | 자동 채우기로 수식 복사

④ ROUND, ROUNDUP, ROUNDDOWN 함수를 사용하여 지정한 자릿수로 올림, 반올림, 내림한 결과는 다음과 같다.

	A	B	C	D	E	F
4						
5	수치데이터	적용자릿수	자릿수적용	ROUND(반올림)	ROUNDUP(올림)	ROUNDDOWN(내림)
6	1234.567	2	소수둘째	1234.57	1234.57	1234.56
7		1	소수첫째	1234.6	1234.6	1234.5
8		0	0	1235	1235	1234
9		-1	일의자리	1230	1240	1230
10		-2	십의자리	1200	1300	1200
11		-3	백의자리	1000	2000	1000
12						

▌그림 6-24 ▌ ROUND, ROUNDUP, ROUNDDOWN 함수 사용 결과

(6) SUMPRODUCT

인수를 모두 곱한 후 그 합계를 산출하는 함수로서, 곱을 구하는 함수인 PRODUCT 함수와 SUM 함수를 합친 것이다.

> = SUMPRODUCT(Array1, Array2, ...)
>
> Array1, Array2, ... : 계산할 요소를 가진 배열(2개에서 30개까지 사용가능하며 배열의 인수는 같은 차수이어야 한다.)
> array1 = {a1, a2, a3, ..., an}
> array2 = {b1, b2, b3, ..., bn}이라면
> SUMPRODUCT(array1, array2) = a1*b1+a2*b2+ ...+an*bn이 된다.

① 부품별 판매액은 PRODUCT함수를 사용하여 단가와 판매수를 곱하여 구한다. 합계는 자동합계 아이콘을 이용하여 부품별 판매액의 합을 구한다.

	A	B	C	D	E	F	G
1		부품별 판매 금액 산정표					
2							
3	부품명	원가	판매량	단위	판매 금액		
4	메인보드	225000	12	8	=PRODUCT(B4:D4)		
5	SSD	389000	7	10	PRODUCT(number1, [number2], ...)		
6	CPU	450000	5	5			
7	마우스	15000	18	4			
8		합계					
9							

▌그림 6-25 ▌ PRODUCT 함수 사용

| 그림 6-26 | SUM 함수 사용

② 이번에는 SUMPRODUCT 함수를 이용하여 총 판매 금액을 구해보자. 위의 방법처럼 부품별 판매액의 합계를 모두 합하여 총 판매 금액을 구할 수도 있으나, SUMPRODUCT 함수를 사용하면 바로 총 판매 금액을 구할 수 있다. 총 판매 금액을 구하기 위해서 E10 셀을 선택하고 함수 마법사를 실행하여 SUMPRODUCT 함수를 선택한다.

③ SUMPRODUCT 함수의 인수를 다음과 같이 작성한다. [Array1] 인수는 곱에 사용하려는 첫 번째 배열 인수로 원가의 B4-B7 셀 범위를 지정한다. [Array2] 인수는 곱에 사용하려는 두 번째 배열 인수로 판매량의 C4-C7 셀 범위를 지정한다. [Array3] 인수는 곱에 사용하려는 세 번째 배열 인수로 단위의 D4-D7 셀 범위를 지정한다.

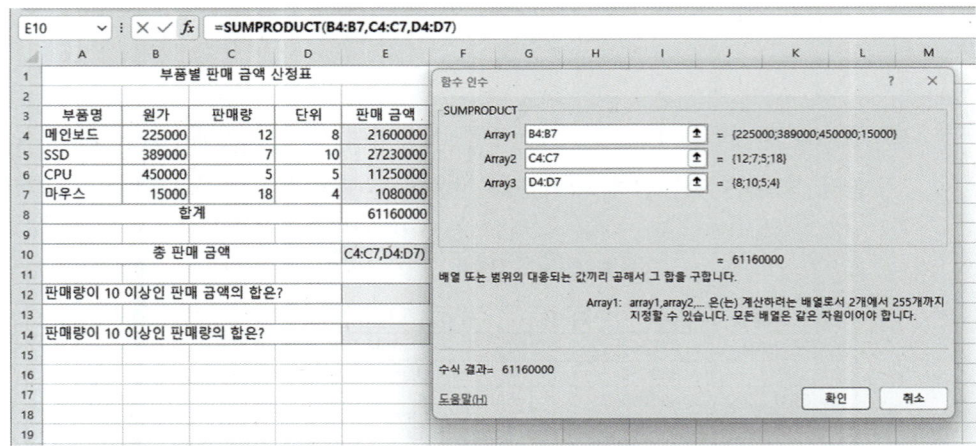

| 그림 6-27 | SUMPRODUCT 함수 사용

④ SUMPRODUCT 함수를 이용하여 총 판매액을 구한 결과는 다음과 같다.

	A	B	C	D	E
1	부품별 판매 금액 산정표				
2					
3	부품명	원가	판매량	단위	판매 금액
4	메인보드	225000	12	8	21600000
5	SSD	389000	7	10	27230000
6	CPU	450000	5	5	11250000
7	마우스	15000	18	4	1080000
8	합계				61160000
9					
10	총 판매 금액				61160000

| 그림 6-28 |　SUMPRODUCT 함수 사용 결과

(7) SUMIF

SUM과 IF 함수가 결합된 함수로 조건을 만족시키는 값들의 합계를 구하는 조건부 합계 함수이다.

> = SUMIF(Range, Criteria, Sum_range)
>
> Range : 조건을 적용시킬 셀 범위(조건의 범위)
>
> Criteria : 숫자, 수식 또는 텍스트 형태의 찾을 조건
> (32, "32", ">32", "사과" 등으로 표시할 수 있다.)
>
> Sum_range : 합을 구하려는 셀
> sum_range의 셀에 대응하는 range의 셀이 찾을 조건과 일치할 때만 더할 수 있으며 sum_range를 생략하는 경우에는 range에 있는 셀들의 값을 더한다.

TIP

통계함수 그룹의 AVERAGEIF 함수는 조건을 만족시키는 값들에 대한 평균을 구하는 함수로 조건부 평균 함수이다. 필요로 하는 인수 및 사용방법은 SUMIF와 동일하되 합이 아닌 평균을 구한다.

① 판매량이 10 이상인 판매 금액의 합계를 구해보자. 이 경우, 조건 범위는 판매량(C4:C7)이 되고 기준은 ">=10"이며 합계를 구하려는 범위는 판매 금액(E4:E7)이 된다.

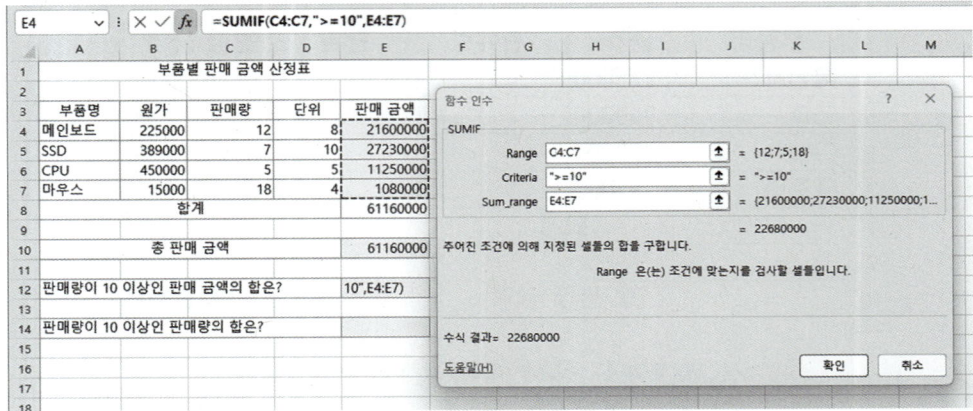

| 그림 6-29 | 더할 범위를 지정한 SUMIF 함수 사용

② 이번에는 판매량이 10 이상인 판매량의 합계를 구해보자. 이 경우, 조건 범위는 예상 판매량(C4:C7)이 되고 기준은 ">=10"이며 합계를 구하려는 범위는 판매량과 동일한 범위에 해당되므로 생략할 수 있다.

| 그림 6-30 | 더할 범위를 생략한 SUMIF 함수 사용

	A	B	C	D	E
1		부품별 판매 금액 산정표			
2					
3	부품명	원가	판매량	단위	판매 금액
4	메인보드	225000	12	8	21600000
5	SSD	389000	7	10	27230000
6	CPU	450000	5	5	11250000
7	마우스	15000	18	4	1080000
8	합계				61160000
9					
10	총 판매 금액				61160000
11					
12	판매량이 10 이상인 판매 금액의 합은?				22680000
13					
14	판매량이 10 이상인 판매량의 합은?				30
15					

| 그림 6-31 | SUMIF 함수 사용 결과

(8) SUMIFS 함수

SUMIF 함수는 두 개 이상의 조건을 만족하는 합계를 구할 수 없는 한계가 있다. 반면 SUMIFS를 사용하면 여러 조건을 충족하는 합계를 구할 수 있다. SUMIFS는 여러 조건을 충족하는 다양한 범위에서 해당 조건을 여러 개 찾아 합계를 구할 범위 중 같은 행에 있는 값들의 합계를 구한다.

> SUMIFS(Sum_range, Criteria_range1, Criteria1, [Criteria_range2, Criteria2], ...)
>
> Sum_range : 합계를 구할 셀 범위
>
> Criteria_range1 : Criteria1을 사용하여 평가하는 범위
>
> Criteria1 : Criteria_range1에서 어떤 셀을 더할지 지정하는 조건
> (32, ">32", B4, "양파" 또는 "32" 등으로 입력)
>
> Criteria_range2, Criteria2, : 추가로 조건을 체크할 범위와 관련 조건으로 최대 127개의 Range/Criteria 쌍을 입력 가능

① 다음 상품 판매량 표에서 "바나나"를 제외한 판매 상품 중, "나상현"에 의해 판매된 상품의 판매량 합계를 SUMIFS를 이용하여 구해보자.

SUMIF 함수를 부르고 함수 대화상자에서 첫 번째 인수인 Sum_Range에 더할 범위에 해당하는 판매량(A2:A9)를 지정한다. 첫 번째 조건을 체크할 범위(Criteria_range1)에 상품 리스트(B2:B9)를 지정하고 해당 조건

(Criteria1)인 "바나나"가 아닌 상품에 해당하는 조건인 "<>바나나"을 지정한다. 두 번째 조건을 체크할 범위인 판매원 리스트(C2:C9)와 해당 조건인 "=나상현" 또는 "나상현"을 입력한 후 [확인]을 선택한다.

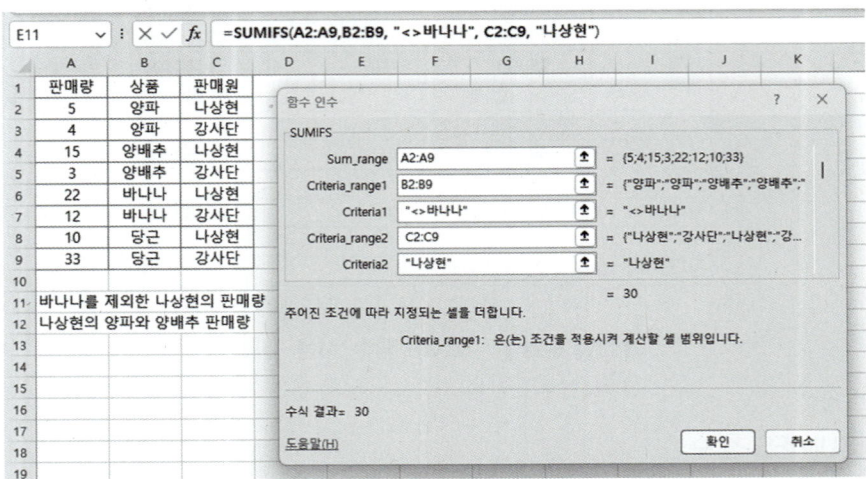

| 그림 6-32 | 같지 않은 조건의 SUMIFS 함수 사용

② 이번에는 "나상현"에 의해 판매되는 상품 중 "양파"와 "양배추"의 총 판매량을 구해보자. 이 경우 첫 번째 조건에 "양"으로 시작하는 모든 것을 찾을 수 있도록 와일드카드를 이용하여 조건을 명시("=양*")하면 효율적으로 문제를 풀 수 있다. 나머지 인수는 좀 전 예시와 동일하게 작성하면 된다.

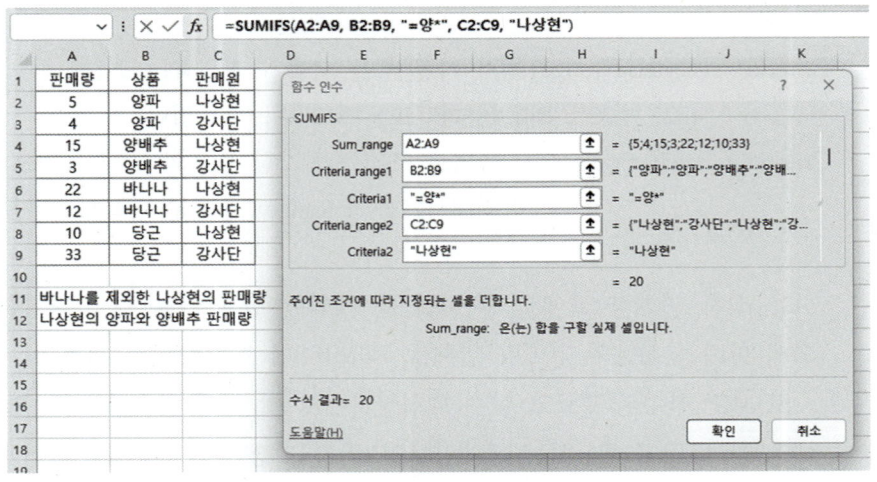

| 그림 6-33 | 와일드카드를 이용한 SUMIFS 함수 사용

③ SUMIFS 함수 사용 결과는 다음과 같다.

	A	B	C	D	E
1	판매량	상품	판매원		
2	5	양파	나상현		
3	4	양파	강사단		
4	15	양배추	나상현		
5	3	양배추	강사단		
6	22	바나나	나상현		
7	12	바나나	강사단		
8	10	당근	나상현		
9	33	당근	강사단		
10					
11	바나나를 제외한 나상현의 판매량				30
12	나상현의 양파와 양배추 판매량				20

| 그림 6-34 | SUMIFS 함수 사용 결과

> **TIP**
>
> - [Criteria] 인수를 작성할 때에는 비교 연산자들을 사용하여 조건을 작성하는데 이 때 "같다"에 해당되는 "=" 연산자는 생략할 수 있다.
>   (예) "=나상현" 또는 "나상현"
> - 와일드 카드 문자 : * 와 ?
>   엑셀에서 조건식을 만들 때 문자열을 나타내는 기호로 *와 ?를 자주 사용한다. *는 모든 문자열을 대신하는 것이고, ?는 한 글자만 대신할 때 사용한다. 위의 조건에서 "양*"의 의미는 "양"으로 시작하는 모든 문자열을 의미한다.

이 외에 많이 사용되는 수학/삼각 함수로는 가장 가까운 정수로 내림을 하는 INT 함수, 소수점 이하를 버리고 정수로 변환해주는 TRUNC 함수, 특정수를 나눈 나머지를 구하는 MOD 함수, 함수의 번호에 따라 해당 함수를 적용하여 부분 집계를 구해주는 SUBTOTAL 함수 등이 있다.

4 통계 함수

통계 함수는 엑셀 함수에서 가장 일반적으로 많이 사용되는 함수 부류로 이를 이용하여 복잡한 통계처리도 가능하다.

(1) COUNT

인수 목록 중에서 수치 데이터가 들어있는 셀의 개수를 구해준다.

> = COUNT(Value1, Value2, ...)
>
> Value1, Value2, ... : 데이터를 포함하는 인수

(2) COUNTA

인수 목록 중에서 공백이 아닌 셀의 개수를 구해주는 함수이다. COUNTA를 사용하면 범위나 배열에서 데이터를 가진 셀의 개수를 계산할 수 있으며 이때 공백을 제외한 오류 값을 포함한 모든 셀을 센다.

> = COUNTA(Value1, Value2, ...)
>
> Value1, Value2, ... : 데이터를 포함하는 인수

(3) COUNTBLANK

인수 목록 중에서 공백인 셀의 개수를 구해주는 함수이다.

> = COUNTBLANK(Value1, Value2, ...)
>
> Value1, Value2, ... : 데이터를 포함하는 인수

(4) COUNTIF

특정 조건을 만족하는 셀의 개수를 셀 때 사용한다. 즉, IF와 COUNT함수가 결합한 것이라고 이해하면 된다.

> = COUNTIF(Range, Criteria)
>
> Range : 셀 범위
>
> Criteria : 찾을 조건

다음 데이터를 입력하고 COUNT, COUNTA, COUNTIF 함수를 사용하여 각 인원수를 산출해보자.

	A	B	C	D	E	F
1	자격 합격 현황					
2						
3	이름	점수		항목	사용 함수	결과
4	배태성	불참		합격 인원	=COUNT(B4:B13)	5
5	하준영	95		전체 인원	=COUNTA(B4:B13)	8
6	김수희	78		빈 셀	=COUNTBLANK(B4:B13)	2
7	이인숙	불합격		불참 인원	=COUNTIF(B4:B13,"불참")	1
8	서주연	81		불참&불합격 인원	=COUNTIF(B4:B13,"불*")	3
9	최태련	52		70점 이상 인원	=COUNTIF(B4:B13,">=70")	4
10	전슬기					
11	오영주	100				
12	이선우					
13	한미성	불합격				

| 그림 6-35 | COUNT, COUNTA, COUNTBLANK, COUNTIF 함수 사용

TIP COUNTIFS 함수

COUNTIF 함수는 하나의 범위와 조건만을 사용할 수 있는데, COUNTIFS 함수는 2개 이상의 범위와 조건을 입력하여 조건에 맞는 셀의 개수를 카운트할 수 있다.

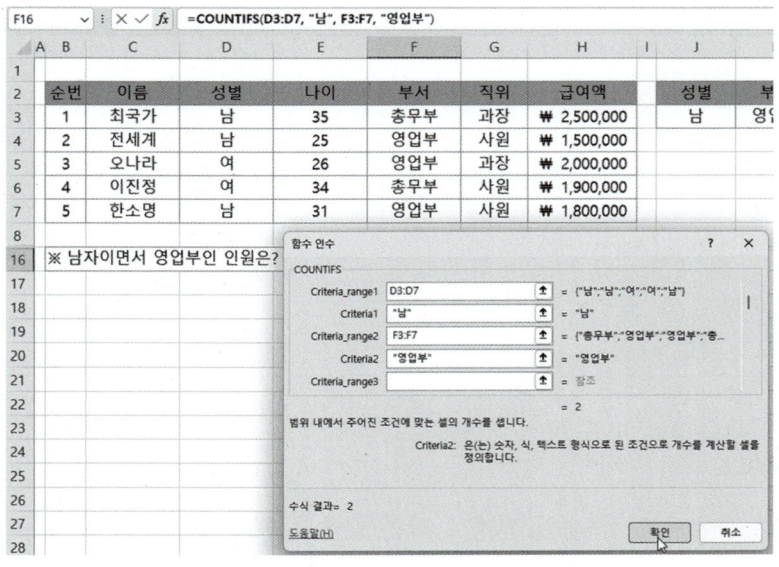

| 그림 6-36 | COUNTIFS 함수 사용 예

(5) MAX

인수 중에서 가장 큰 값을 구해주는 함수이다.

= MAX(Number1, Number2, ...)

Number1, Number2, ... : 최대값을 구할 인수(255개까지 사용 가능)

(6) MIN

인수 중에서 가장 작은 값을 구해주는 함수이다.

= MIN(Number1, Number2, ...)

Number1, Number2, ... : 최소값을 구할 인수(255개까지 사용 가능)

(7) MEDIAN

인수 중에서 중간값을 구해주는 함수이다.

= MEDIAN(Number1, Number2, ...)

Number1, Number2, ... : 중간 값을 구할 인수(255개까지 사용 가능)

(8) LARGE

인수 중에서 지정 순위 번째로 큰 값을 구해주는 함수이다.

= LARGE(Array, K)

Array : 셀 범위나 데이터 배열
K : 지정 순위

(9) SMALL

인수 중에서 지정 순위 번째로 작은 값을 구해주는 함수이다.

= SMALL(Array, K)

Array : 셀 범위나 데이터 배열
K : 지정 순위

	A	B	C	D	E	F
1	포인트 적립 내역					
2						
3	이름	포인트 점수		항목	사용함수	결과
4	배태성	62		최대 포인트	=MAX(B4:B13)	92
5	하준영	29		최소 포인트	=MIN(B4:B13)	14
6	김수희	38		중간 포인트	=MEDIAN(B4:B13)	58.5
7	이인숙	14		세번째로 큰 포인트	=LARGE(B4:B13,3)	88
8	서주연	88		세번째로 작은 포인트	=SMALL(B4:B13,3)	38
9	최태련	49				
10	전술기	78				
11	오영주	55				
12	이선우	92				
13	하미설	88				

그림 6-37 MAX, MIN, MEDIAN, LARGE, SMALL 함수 사용

(10) RANK

주어진 인수 범위 내에서 순위를 구하는 함수이다.

> = RANK(Number, Ref, Order)
>
> Number : 순위를 구하려는 수
>
> Ref : 순위를 구하려는 수를 포함한 수 목록의 배열이나 참조 영역(ref에서 숫자가 아닌 값은 무시)
>
> Order : 순위 결정 방법을 정의하는 수
>   order가 0이거나 생략되면 ref가 내림차순으로 정렬
>   order가 0이 아니면 ref가 오름차순으로 정렬된 목록처럼 number의 순위를 부여

① C4 셀을 선택한 후 순위를 구하기 위한 함수인 RANK를 선택한다.
② RANK 함수를 다음과 같이 작성한다.
  - [Number] 인수는 함수식을 입력하는 셀에서 순위를 구하려는 수치가 입력된 셀 주소로 여기서는 B4 셀이다.
  - [Ref] 인수는 순위를 구하려는 셀들의 집합 범위로 여기서는 B4-B13 셀 범위이다. [Ref] 인수의 셀 범위는 항상 동일하므로 복사될 때 [Ref]의 범위는 변하지 않아야 하므로 절대주소를 사용해야 한다.
  - [Order] 인수는 순위의 오름차순과 내림차순을 지정하는 수치를 입력하

는 란으로 0(내림차순)과 0이 아닌 수(오름차순)를 입력한다.

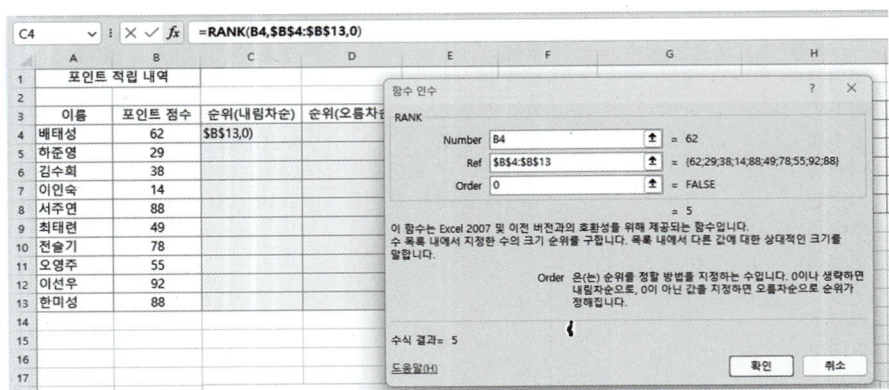

| 그림 6-38 | RANK 함수 인수 입력

③ [확인] 버튼을 클릭하고 채우기 핸들로 나머지 셀에 수식을 복사한다. 정상적으로 순위가 구해졌음을 알 수 있다.

	A	B	C	D
1	포인트 적립 내역			
2				
3	이름	포인트 점수	순위(내림차순)	순위(오름차순)
4	배태성	62	5	6
5	하준영	29	9	2
6	김수희	38	8	3
7	이인숙	14	10	1
8	서주연	88	2	8
9	최태련	49	7	4
10	전술기	78	4	7
11	오영주	55	6	5
12	이선우	92	1	10
13	한미성	88	2	8
14				

| 그림 6-39 | RANK 함수 사용 결과

TIP RANK.EQ 함수와 RANK.AVG 함수

RANK 함수는 엑셀 2007 및 이전 버전과의 호환성을 위해 제공되며, 2010버전부터는 RANK.EQ 함수와 RANK.AVG 함수로 세분된다. 이 두 함수에서 필요한 인수는 RANK 함수와 동일하며 등수를 매길 점수가 동일한 경우 순위를 매기는 방법에만 차이가 있다.

RANK.EQ 함수는 주어진 인수 범위 내에서 순위를 구하는 함수로 RANK와 같은 기능을 한다. 둘 이상의 값이 순위가 같으면 가장 높은 순위의 값을 표시한다.

RANK.AVG 함수는 주어진 인수 범위 내에서 순위를 구하는 함수로 둘 이상의 값이 순위가 같으면 평균 순위의 값을 표시한다.

RANK.AVG의 결과가 아래와 다를 경우 F4~F13의 영역을 선택하고 오른쪽 마우스(단축 메뉴)를 클릭하여 나오는 [셀서식] 메뉴에서 [표시 형식]의 범주를 일반으로 하면 아래와 같은 평균값이 보이게 된다.

	A	B	C	D	E	F
1	포인트 적립 내역					
2						
3	이름	포인트 점수	순위(내림차순)	순위(오름차순)	RANK.EQ	RANK.AVG
4	배태성	62	5	6	5	5
5	하준영	29	9	2	9	9
6	김수희	38	8	3	8	8
7	이인숙	14	10	1	10	10
8	서주연	88	2	8	2	2.5
9	최태련	49	7	4	7	7
10	전술기	78	4	7	4	4
11	오영주	55	6	5	6	6
12	이선우	92	1	10	1	1
13	한미성	88	2	8	2	2.5

| 그림 6-40 | RANK.EQ, RANK.AVG 함수 사용 결과

이 외에 많이 사용되는 통계 함수로는 여러 값들 중에서 최빈값을 구해주는 MODE 함수, 범위 내에서 해당되는 값의 빈도를 계산하여 수직 배열로 나타내는 FREQUENCY 함수 등이 있다.

5 논리 함수

논리 함수는 논리값인 TRUE, FALSE를 이용하여 논리 계산을 하는 함수이다.

(1) IF

대표적인 조건 함수로서 조건식을 판단하여 참이나 거짓에 따라 다른 값을 결정해야 하는 경우에 사용되는 함수이다. 즉 어떤 조건에 따라 분기가 발생하는 경우에 사용된다.

　　IF문 하나를 사용하면 조건문에 따라 두 가지 중의 하나로 값이 결정된다. 여러 개 중에서 하나의 값으로 결정해야 하는 경우에는 여러 개의 IF 함수를 중첩해서 사용하면 된다. IF 함수는 64개까지 중첩이 가능하다. 중첩된 IF 함수의 사용은 다음에 자세히 살펴보기로 하자.

= IF(Logical_test, Value_if_true, Value_if_false)

Logical_test　　: TRUE나 FALSE로 평가할 수 있는 값이나 수식으로 실제 조건이 들어가는 부분

Value_if_true　　: logical_test가 TRUE일 경우 구할 값으로 조건이 참일 경우에 셀에 반환되는 값

Value_if_false　: logical_test가 FALSE일 경우 구할 값으로 조건이 거짓일 때 반환하는 값

---

① IF 함수를 사용하여 "비고"란에 포인트 점수가 60이상이면 "우수고객", 60 미만이면 "일반고객"이라고 출력할 것이다.

　　이러한 논리를 IF 구문의 형태로 표현하면 다음과 같다.

---

if (포인트점수 >= 60) then 우수고객　-----(1)
　　　　　　　　　　　else 일반고객　-----(2)

여기서 (포인트점수 >= 60)가 조건이 되고, then 이하가 이 조건이 만족될 때의 값이고, else 이하가 조건이 만족되지 않을 경우의 값이 된다.

② 위의 문법대로 IF 함수를 사용해보자. 값을 계산하기 위해서 해당 셀(C4)을 선택한 후, IF 함수를 선택한다.

③ IF 구문에 맞춰 IF 함수를 다음과 같이 작성한다.

　　[Logical_test] 인수는 조건문으로 "포인트점수>=60"를 입력한다.

　　[Value_if_true] 인수는 위의 조건이 만족될 때의 값으로 "우수고객"을 입력한다.

　　[Value_if_false] 인수는 위의 조건이 만족되지 않을 때의 값으로 "일반고객"을 입력한다.

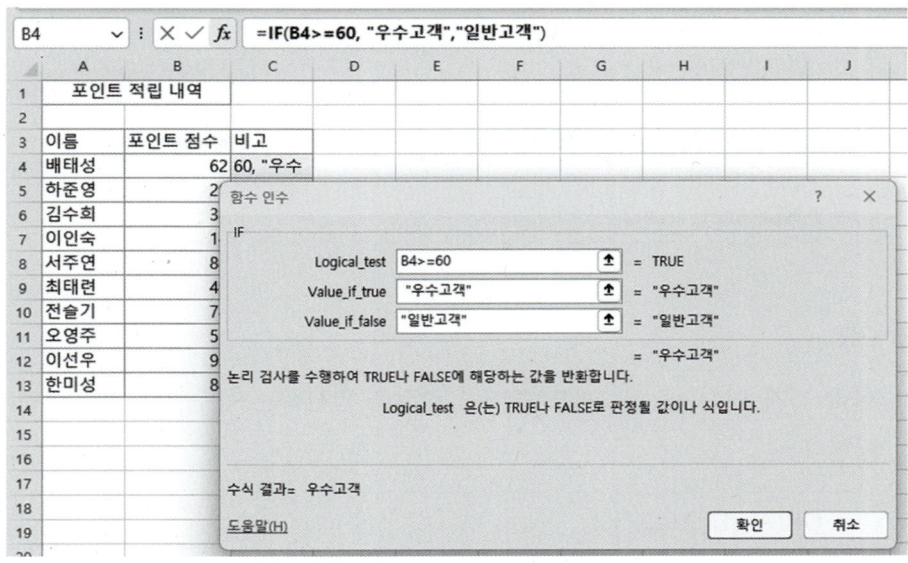

| 그림 6-41 | IF 함수 사용

> **MEMO**
>
> 함수 마법사를 사용하지 않고 직접 셀에 함수식을 입력하는 경우, 수식 내에 문자가 포함될 때는 반드시 " "로 둘러싸야 한다.

④ 인수 입력이 끝났으면 [확인]을 클릭한다. 나머지 비고란을 채우기 위해서 C4 셀의 채우기 핸들에서 C13 셀까지 채우기한다.

	A	B	C
1	포인트 적립 내역		
2			
3	이름	포인트 점수	비고
4	배태성	62	우수고객
5	하준영	29	일반고객
6	김수희	38	일반고객
7	이인숙	14	일반고객
8	서주연	88	우수고객
9	최태련	49	일반고객
10	전슬기	78	우수고객
11	오영주	55	일반고객
12	이선우	92	우수고객
13	한미성	88	우수고객
14			

| 그림 6-42 | IF 함수 사용 결과

(2) AND

인수가 모두 TRUE이면 TRUE를 표시하고, 하나 또는 그 이상의 인수가 FALSE 이면 FALSE를 나타내는 기능을 한다. 논리곱에 해당한다.

```
= AND(Arg1, Arg2, ...)
```

(3) OR

여러 가지 인수 중 하나라도 참이면 참값을 반환하는 함수이다. 논리합에 해당한다.

```
= OR(Arg1, Arg2, ...)
```

(4) NOT

참과 거짓을 바꿔서 출력하는 함수이다. 부정에 해당한다.

```
= NOT(Arg)
```

	A	B
1	함수사용	결과
2	=AND(TRUE,TRUE,TRUE)	TRUE
3	=AND(TRUE,FALSE)	FALSE
4	=AND(2<=3,2<>3)	TRUE
5	=OR(TRUE,FALSE)	TRUE
6	=OR(FALSE,FALSE)	FALSE
7	=OR(1+1=3,2+2=5)	FALSE
8	=NOT(FALSE)	TRUE
9	=NOT(2<3)	FALSE
10		

│그림 6-43│ AND, OR, NOT 함수 사용 예

> **TIP** AND, OR, NOT의 진리표

값		and	or
거짓	거짓	거짓	거짓
거짓	참	거짓	참
참	거짓	거짓	참
참	참	참	참

값	not
거짓	참
참	거짓

(5) IFERROR 함수

값 또는 수식이 오류(Error)인지를 판단하여 오류가 아니면 결과를 그대로 출력하고 오류가 발생하면 에러 표시를 감추고 사용자가 작성한 Value_if_error 값을 출력한다.

```
= IFERROR(Value, Value_if_error)

Value : 오류를 검사할 값이나 수식

Value_if_error : 수식이 오류로 평가되는 때 반환되는 값이나 식
                (오류의 유형은 #N/A, #VALUE!, #REF!, #DIV/0!,
                #NUM!, #NAME?, #NULL! 등)
```

① 단가(=매출액/판매개수)를 계산하는데, 매출액이나 판매개수에 이상이 있어 단가가 계산되지 않는 오류가 발생하는 경우 "수식 오류"라고 출력해 보자.

　　IFERROR 함수를 호출한 다음, [Value]에 단가를 구하는 식인 매출액/판매개수(A2/B2)를 입력한다. 만약 이 식에 오류가 발생하면 "수식 오류"가 출력되도록 [Vlaue_if_errror]에 "수식 오류"라고 입력한 다음 [확인]을 선택한다. 나머지 셀(C3, C4)은 동일 계산 반복으로 채우기 핸들로 채운다.

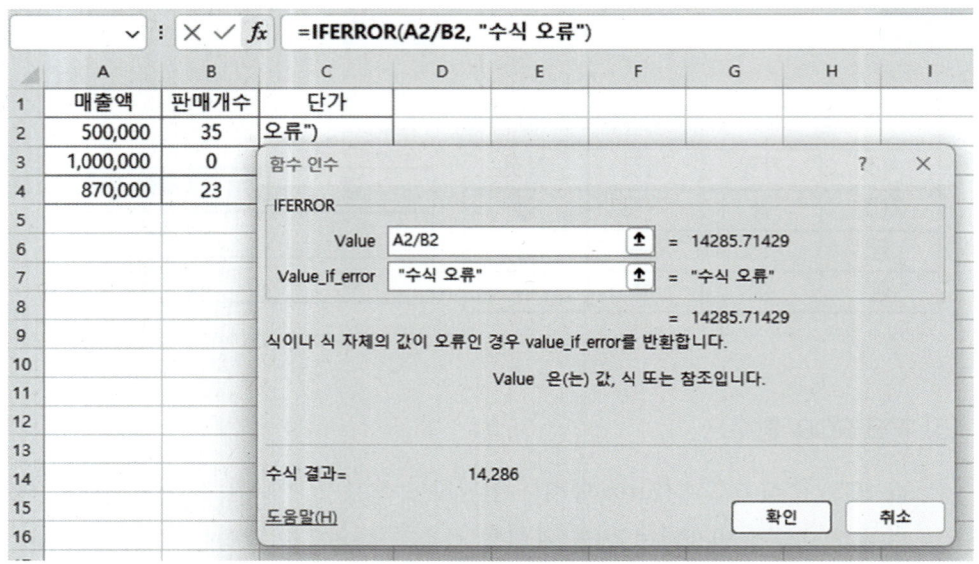

| 그림 6-44 | IFERROR 함수 사용

② C2와 C4는 단가가 계산된 결과가 출력되고, C3의 경우는 판매개수가 0으로 수식 결과, #DIV/0!라는 오류가 발생하여 [Value_if_error]에 지정한 값인 "수식 오류"가 출력된다.

	A	B	C
1	매출액	판매개수	단가
2	500,000	35	14,286
3	1,000,000	0	수식 오류
4	870,000	23	37,826

| 그림 6-45 | IFERROR 함수 사용 결과

6 찾기/참조 함수

찾기/참조 함수란 기준표를 참조하여 기준 값과 연관되는 값을 구하는 함수들을 말한다.

(1) VLOOKUP/HLOOKUP

VLOOKUP은 기준표의 왼쪽 열에서 값을 찾아 같은 행에 지정한 열의 값을 구하는 함수이고 HLOOKUP은 기준표의 첫 행에서 값을 찾아 같은 열의 지정한 행의 값을 구하는 함수이다.

비교의 기준이 되는 값이 기준표에 왼쪽 열에 있으면 VLOOKUP을 사용하고 첫 행에 있으면 HLOOKUP을 사용한다는 점 이외에 VLOOKUP과 HLOOKUP의 사용방법은 동일하다.

VLOOKUP

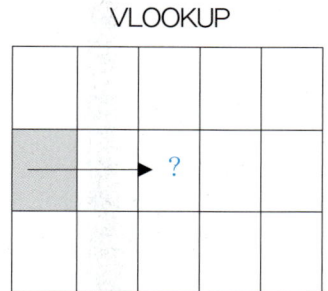

HLOOKUP

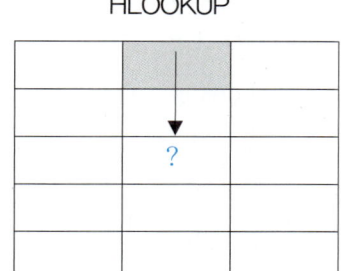

> = VLOOKUP(Lookup_value, Table_array, Col_index_num, Range_lookup)
> Lookup_value : 기준표 배열의 첫째 열에서 찾을 값
> Table_array : 데이터를 찾을 정보 기준표로 셀 범위 또는 범위명 사용
> Col_index_num : 기준 값과 같은 행에 있는 값을 표시할 table_array의 열 번호
> Range_lookup : VLOOKUP이 정확하게 일치하는 값을 찾을 것인지, 근사 값을 찾을 것인지를 결정하는 논리값
> TRUE이거나 생략되면 정확한 값이 없는 경우 근사 값 즉 lookup_value보다 작은 값 중에서 최대값을 찾고, FALSE이면 정확하게 일치하는 값을 찾으며 만일 일치하는 값이 없으면 #N/A 오류 값을 표시한다.

① A2-E9 셀에 제품별 날짜별 주문서를 입력하고 G2-J7 셀에 제품 코드별 기준표를 작성한다. VLOOKUP 함수를 이용하여 날짜별 주문서에 필요한 내용을 기준표에서 찾아 출력해보자.

| 그림 6-46 | VLOOKUP 함수 사용을 위한 데이터 입력

② 제품명을 구하려는 C3 셀을 선택한 후 VLOOKUP 함수를 수행한다.
③ VLOOKUP 함수를 다음과 같이 작성한다.
- [Lookup_value] 인수는 기준표에서 찾으려는 값으로 "A1113" 코드가 입력된 B3 셀이다.
- [Table_array] 인수는 코드에 따른 관련 정보가 입력되어 있는 기준표인 G2-J7 셀 범위를 지정한다. 기준표의 위치는 복사되어도 셀 범위가 변화해서는 안 된다. 따라서 기준표에 대한 참조를 절대주소로 변경해야 한다.
- [Col_index_num] 인수는 결과로서 표시할 값에 대한 기준표에서의 열 번호로 이 경우에는 제품명이 기준표의 두 번째 열이므로 2를 지정한다.

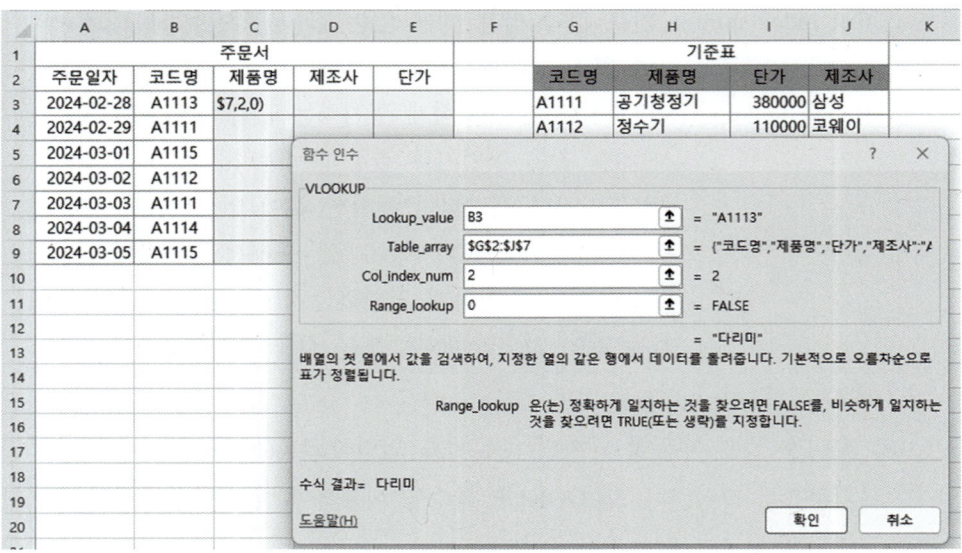

| 그림 6-47 | VLOOKUP 함수 사용하여 제품명 구하기

④ 인수 지정이 제대로 되었으면 [확인] 버튼을 누른 후, 자동 채우기로 나머지 셀을 채운다.

⑤ 제조사와 단가를 찾는 것도 동일한 방법으로 수행하되 함수의 인수 중 [Col_index_num]의 값을 각각 기준표에서의 해당 열 번호인 4와 3으로 지정해야 한다.

| 그림 6-48 | VLOOKUP 함수 사용하여 제조사 구하기

| 그림 6-49 | VLOOKUP 함수 사용하여 단가 구하기

⑥ 최종결과는 다음과 같다.

| 그림 6-50 | VLOOKUP 함수 사용 결과

(2) MATCH

지정한 방법으로 지정한 값과 일치하는 배열 요소의 상대적 위치를 표시해 준다.

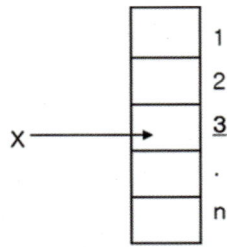

| 그림 6-51 |　MATCH 함수에서 배열 요소의 상대적 위치

= MATCH(Lookup_value, Lookup_array, Match_type)

Lookup_value : 배열에서 찾으려는 값

Lookup_array : 찾을 값이 포함된 연속된 셀 범위

Match_type : 찾는 방법을 지정하는 숫자로 1이나 생략하면 lookup_value 보다 작은 값 중에서 최대값을 찾고(lookup_array는 오름차순 정렬), 0이면 lookup_value와 같은 첫째 값을 찾으며 (lookkup_array는 임의 순서 가능), -1이면 lookup_value보다 큰 값 중에서 최소값을 찾는다.(lookkup_array는 내림차순 정렬)

(3) INDEX

지정한 셀 범위에서 행과 열의 교차값을 구한다.

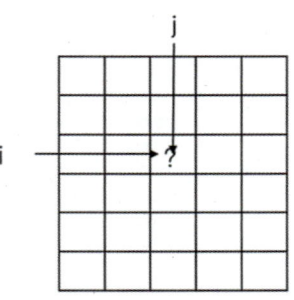

| 그림 6-52 |　INDEX 함수에서 행과 열의 교차값

```
= INDEX(Array, Row_num, Col_num)
Array : 셀 범위
Row_num : 행 번호
Col_num : 열 번호
```

① 다음과 같이 데이터를 입력한다. 위에 작성한 기준표를 이용하여 코드명에 따른 기준표 상의 행 번호를 찾고(MATCH 함수 이용), 코드명의 행 번호를 사용하여 기준표에서 해당 코드명에 대한 제품명을 찾아보기로 하자(INDEX 함수 이용).

코드명	제품명	단가	제조사
		기준표	
A1111	공기청정기	380000	삼성
A1112	정수기	110000	코웨이
A1113	다리미	60000	필립스
A1114	청소기	450000	LG
A1115	필터	9000	삼성

코드명	행번호(MATCH)	제품명(INDEX)
A1113		
A1111		
A1115		
A1112		
A1111		
A1114		
A1115		

| 그림 6-53 | MATCH, INDEX 함수 사용을 위한 데이터 입력

② 코드명의 기준표에서의 행 번호를 구하기 위해 H10 셀을 선택한 후 MATCH 함수를 수행한다.

③ MATCH 함수의 인수를 작성한다. lookup_value은 해당 코드명이고, lookup_array는 기준표에서 코드명의 연속적인 셀 범위로 절대 참조가 되어야 한다.

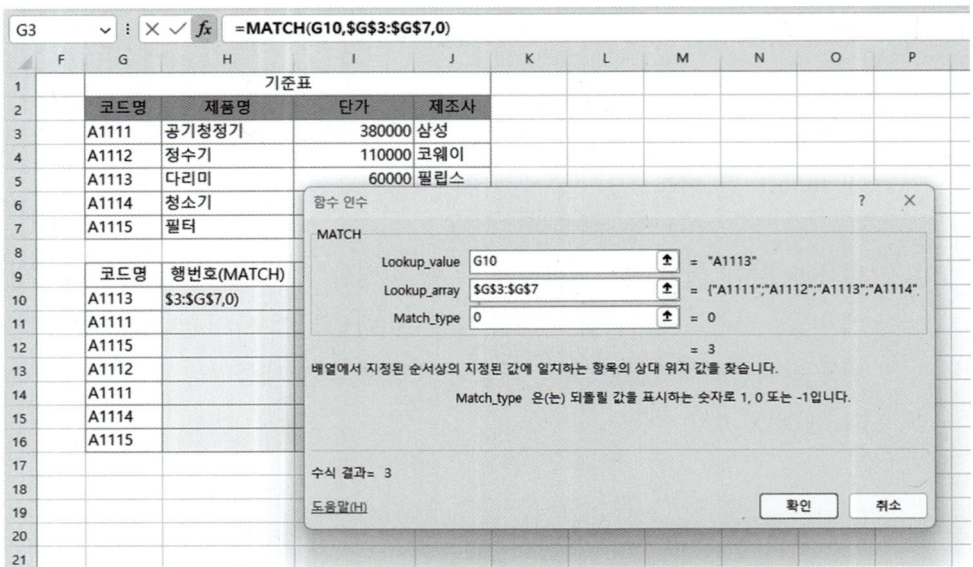

| 그림 6-54 | MATCH 함수 사용

④ 결과 각 코드에 대한 기준표에서의 행 번호가 출력된다.
⑤ 다음은 INDEX 함수를 이용하여 각 코드명에 대한 제품명을 기준표에서 찾도록 하자. INDEX 함수를 수행하면, 인수의 형태를 선택하는 대화상자가 나타난다. "Array, Row_num, Column_num"을 선택한다.
⑥ INDEX 함수의 인수를 다음과 같이 설정한다.
  - [Array] 인수는 코드명과 제품명 등이 입력되어 있는 기준표인 G3-J7의 셀 범위로 절대참조로 변경한다.
  - [Row_num] 인수는 결과로서 표시할 값에 대한 기준표에서의 행 번호로써, 이 경우에는 MATCH 함수를 이용하여 코드명에 해당하는 행번호를 구한 H10셀을 지정하면 된다.
  - [Col_index_num] 인수는 결과로서 표시할 값에 대한 기준표에서의 열 번호로 이 경우에는 제품명이 입력되어 있는 기준표의 두 번째 열이므로 2를 지정한다.

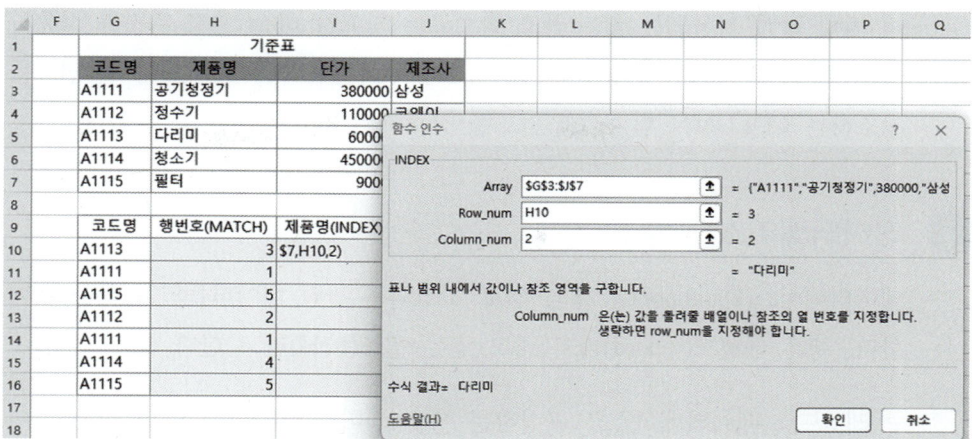

| 그림 6-55 | INDEX 함수 사용

⑦ 인수 지정이 제대로 되었으면 [확인] 버튼을 누르고 나머지 코드에 대한 제품명을 구하기 위해서 채우기 핸들을 이용하여 자동 채우기 한다.

| 그림 6-56 | MATCH, INDEX 함수 사용 결과

이 외에 많이 사용되는 찾기/참조 함수로는 찾고자 하는 지정 위치를 사용하여 찾고자 하는 위치에 놓여진 인수 값을 구하는 CHOOSE 함수, 열 번호를 참조하는 COLUMN 함수, 행 번호를 참조하는 ROW 함수 등이 있다.

7 데이터베이스 함수

데이터베이스(Database)는 행과 열로 구성되는 관련 데이터들의 목록을 의미한다. 행은 레코드(record)라고 하고 열은 필드(field)라고 한다.

- 레코드 : 데이터베이스를 구성하는 행을 의미하는데 예를 들면 학생 데이터베이스에서 한 행은 각 개별 학생에 대한 데이터 레코드이다. 따라서 데이터베이스는 이러한 레코드들의 모임이라고 할 수 있다.
- 필드 : 데이터베이스를 구성하는 열을 의미하며 레코드를 구성하는 각각의 항목을 말한다. 예를 들면 학생 데이터를 표현하기 위해서는 학생 번호, 학생 이름, 학과 등과 같은 항목들이 필요한데 이를 학생 데이터를 표현하기 위한 필드라고 한다. 일반적으로 데이터베이스의 첫 행에 필드 레이블이 정의되어 있다.

엑셀로 작성한 목록은 데이터베이스의 역할을 수행할 수 있는데 목록의 열은 데이터베이스의 필드와 같고 목록의 각 행은 데이터베이스의 레코드와 같으며 목록의 열 이름표는 데이터베이스의 필드 이름에 대응된다고 할 수 있다.

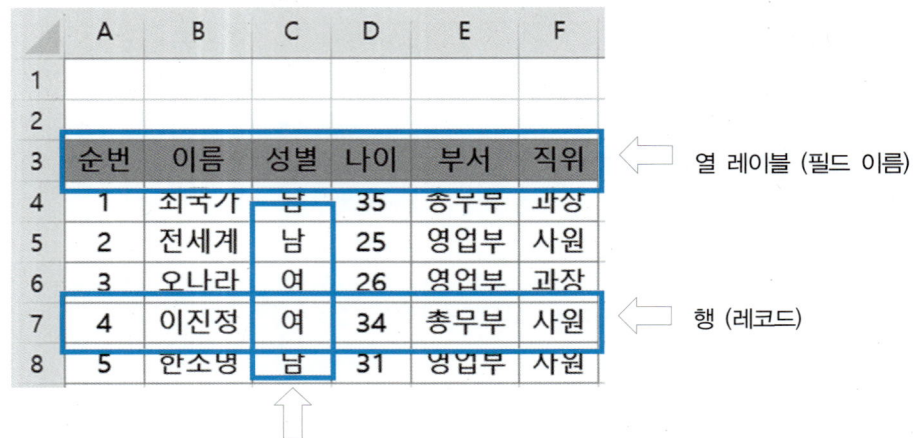

| 그림 6-57 | 데이터베이스의 구조

따라서 엑셀은 이러한 구조를 갖는 데이터 목록을 가지고 지정한 조건에 따라 데이터를 분석할 수 있는 함수들을 제공하는데 이를 데이터베이스 함수라고 한다. 데이터베이스 함수 이름은 모두 D로 시작하므로 D함수라고도 한다. 12개의 데이터베이스 함수들은 database, field, criteria의 세 인수를 공통적으로 사용하며 각각의 의미는 다르지만 사용 방법은 동일하다.

> Dfunction(Database, Field, Criteria)
>
> Database : 데이터베이스를 구성하는 셀 범위 또는 범위명
> Field : 함수에서 검색에 사용될 필드의 필드명 또는 항목 번호, 셀주소
> Criteria : 찾을 조건이 입력된 셀 범위 또는 범위

많이 사용되는 데이터베이스 함수로는 데이터베이스에서 찾을 조건과 일치하는 열 값들의 합을 구하는 DSUM 함수, 데이터베이스에서 찾을 조건과 일치하는 열 값의 평균을 구하는 DAVERAGE 함수, 데이터베이스에서 찾을 조건과 일치하는 숫자가 들어 있는 열 값의 개수를 구하는 DCOUNT 함수, 데이터베이스에서 찾을 조건과 일치하는 열 값의 최대값을 구하는 DMAX 함수, 데이터베이스에서 찾을 조건과 일치하는 열 값의 최소값을 구하는 DMIN 함수 등이 있다.

① 데이터베이스 함수 사용에 필요한 데이터를 입력하고 물음에 대한 답을 구하기 위해서 데이터베이스 함수를 사용해보자. 우선 남자 직원들의 평균 나이를 구할 셀을 선택하고 함수 마법사에서 데이터베이스 함수 중 평균에 해당하는 DAVERAGE 함수를 수행한다.
② DAVERAGE함수의 인수를 지정한다. [Database]는 필드명을 포함한 데이터베이스 전체이고, [Field]은 성별이 "남자"인 조건에 해당하는 나이를 계산하는 것이므로 나이에 해당하는 필드명이 된다. [Criteria]는 해당 조건인 "성별이 남"인 것을 의미하는 조건 범위(J2:J3)를 지정한다.

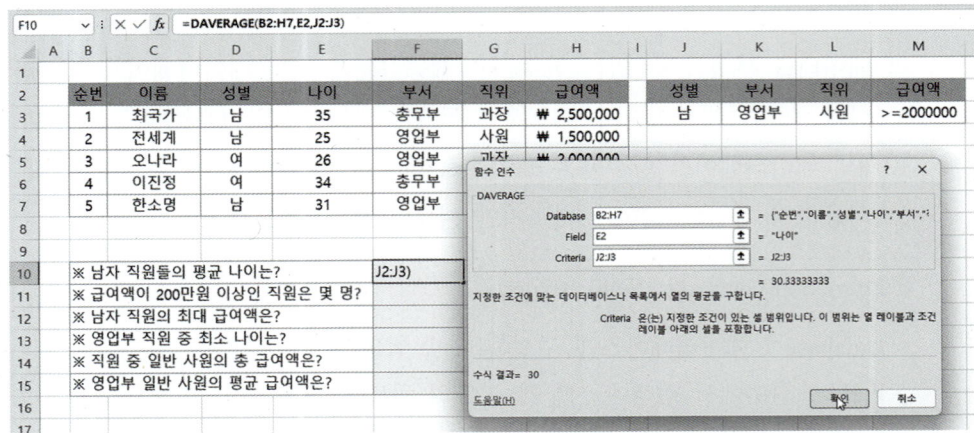

| 그림 6-58 | DAVERAGE 함수 사용

③ 계산 결과 "성별이 남"에 해당하는 직원 나이의 평균이 계산되어 표시된다. 다른 질문에 대한 것도 동일한 방법으로 적용하되 문제에 따라 필요 함수와 검색 필드, 검색 조건에 해당하는 인수를 적당히 사용하면 된다. 특히 마지막 질문의 경우 조건이 "부서가 영업부이고 직위는 일반사원"이어야 하므로 이 조건의 범위에 해당하는 전체 셀(K2:L3)을 조건의 범위로 지정해주어야 한다.

10	※ 남자 직원들의 평균 나이는?	=DAVERAGE(B2:H7,E2,J2:J3)
11	※ 급여액이 200만원 이상인 직원은 몇 명?	=DCOUNT(B2:H7,H2,M2:M3)
12	※ 남자 직원의 최대 급여액은?	=DMAX(B2:H7,H2,J2:J3)
13	※ 영업부 직원 중 최소 나이는?	=DMIN(B2:H7,E2,K2:K3)
14	※ 직원 중 일반 사원의 총 급여액은?	=DSUM(B2:H7,H2,L2:L3)
15	※ 영업부 일반 사원의 평균 급여액은?	=DAVERAGE(B2:H7,H2,K2:L3)

| 그림 6-59 | 기타 데이터베이스 함수 사용

④ 전체 계산 결과는 다음과 같다.

	A	B	C	D	E	F	G	H	I	J	K	L	M
1													
2		순번	이름	성별	나이	부서	직위	급여액		성별	부서	직위	급여액
3		1	최국가	남	35	총무부	과장	₩ 2,500,000		남	영업부	사원	>=2000000
4		2	전세계	남	25	영업부	사원	₩ 1,500,000					
5		3	오나라	여	26	영업부	과장	₩ 2,000,000					
6		4	이진정	여	34	총무부	사원	₩ 1,900,000					
7		5	한소명	남	31	영업부	사원	₩ 1,800,000					
8													
9													
10		※ 남자 직원들의 평균 나이는?				30							
11		※ 급여액이 200만원 이상인 직원은 몇 명?				2							
12		※ 남자 직원의 최대 급여액은?				2500000							
13		※ 영업부 직원 중 최소 나이는?				25							
14		※ 직원 중 일반 사원의 총 급여액은?				5200000							
15		※ 영업부 일반 사원의 평균 급여액은?				1650000							
16													

| 그림 6-60 | 데이터베이스 함수 사용 결과

8 재무 함수

재무 함수는 재무 관련 계산에 사용되는 함수를 말한다. 대출금에 대한 불입액을 계산하는 PMT 함수를 비롯하여 이자 지급기간별 이율을 계산하는데 사용되는 RATE 함수, 주기적이고 고정적인 지급액과 고정적인 이율에 의거한 투자의 기간을 구하는 데 사용되는 NPER 함수 등이 있다. 여기서는 PMT 함수만 간단히 소개하기로 한다.

(1) PMT 함수

정기적으로 불입하고 일정한 이율이 적용되는 대출에 대해 매회 불입액을 계산할 때 사용한다.

> = PMT(Rate, Nper Pv, Fv, Type)
>
> Rate : 기간 당 이율
>
> Nper : 납입 횟수
>
> Pv : 현재 가치 또는 앞으로 지불할 일련의 납입금의 현재 가치를 나타내는 총액, 대출금이면 그 금액이 된다.
>
> Fv : 미래 가치는 최종 불입 후의 현금 잔고, 대출금의 미래가치는 0이 된다.
>
> Type : 0(기말) 또는 1(기초)로 납입 시점을 의미하며 Type을 생략하면 0으로 간주한다.

이 함수를 사용할 때 주의할 점은 다음과 같다.

- 이율과 납입회수를 지정할 때는 같은 단위를 사용한다. 예를 들어 12% 연이율의 4년 만기 대출금에 대한 월 상환액을 계산하려면 rate로 12%/12, nper로 4*12를 사용해야 하고 같은 대출금을 매년 상환한다면 rate로 12%, nper로 4를 사용해야 한다.
- 모든 인수에 대해 저축금과 같이 지불하는 금액은 음수로 표시하며 배당금과 같이 받을 금액은 양수로 표시한다.

① [재무함수] 시트에 다음과 같은 데이터를 작성한 후, E2 셀을 선택한 후 함수 마법사에서 PMT 함수를 다음과 같이 작성한다.
  - [Rate] 인수는 이율로써 매월 상환액을 계산하려면 월이율이 필요하기 때문에 연간 이율 4%가 들어있는 C2 셀을 12로 나눈 수식을 입력한다.
  - [Nper] 인수의 상환 횟수는 10개월이 입력된 D2 셀을 지정한다.
  - [Pv] 인수는 현재 가치로써 이자율이 적용되기 전 처음 대출 금액이 입력된 B2 셀을 지정한다.

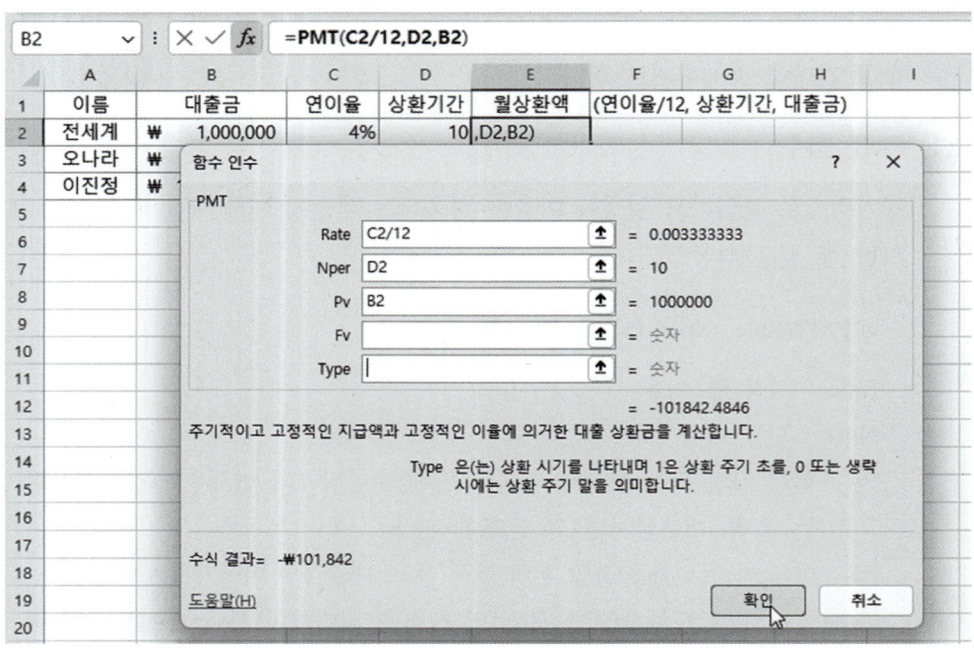

| 그림 6-61 | PMT 함수 사용

② [확인] 버튼을 누르면 결과값이 표시된다. 결과 값이 상환액이므로 음수로 표시된다.
③ 나머지 셀 계산은 채우기핸들로 자동채우기 한다.

	A	B	C	D	E	F	G	H
1	이름	대출금	연이율	상환기간	월상환액	(연이율/12, 상환기간, 대출금)		
2	전세계	₩ 1,000,000	4%	10	-₩101,842			
3	오나라	₩ 10,000,000	7%	10	-₩1,032,363			
4	이진정	₩ 100,000,000	5%	12	-₩8,560,748			

│그림 6-62│ PMT 함수 사용 결과

9 정보 함수

셀에 저장된 데이터의 종류를 결정하여 조건이 맞으면 TRUE를 조건이 맞지 않으면 FALSE를 표시해주는 함수의 그룹으로 IS로 시작되는 함수들이다.

```
ISBLANK() : 값이 빈 셀이면 TRUE
ISERR() : 값이 #N/A를 제외한 오류값이면 TRUE
ISERROR() : 값이 오류값이면 TRUE
ISLOGICAL() : 값이 논리값이면 TRUE
ISNA() : 값이 #N/A 오류값이면 TRUE
ISNONTEXT() : 값이 문자열이 아니면 TRUE
ISNUMBER() : 값이 숫자면 TRUE
ISREF() : 값이 참조 영역이면 TRUE
ISTEXT() : 값이 문자열이면 TRUE
```

	A	B	C	D
1			함수 사용	결과
2	데이터		=ISBLANK(A2)	FALSE
3	#REF!		=ISERROR(A3)	TRUE
4	지역		=ISNONTEXT(A4)	FALSE
5	3.14		=ISNUMBER(A5)	TRUE
6	#N/A		=ISTEXT(A6)	FALSE
7				

│그림 6-63│ 정보 함수 사용 예

6.3 중첩 함수 사용하기

함수의 인수로서 함수를 사용할 수 있다. 그러므로 필요에 따라 여러 함수를 중첩해서 사용할 수 있다. 이렇게 2개 이상의 함수를 중복해서 쓰는 경우를 중첩 함수(nested function)라고 한다. 문제 상황에 맞춰 동일한 함수를 중첩하거나 다른 함수를 중첩해서 사용할 수 있으며, 한 수식에서 64개 수준까지 중첩할 수 있다.

1 중첩 IF 문 사용하기

일반적으로 IF 함수는 조건문의 진위에 따라서 두 개의 값으로 분기한다. 경우에 따라 두 가지 이상의 값으로 나누어 분기해야 할 필요성이 있을 때는 하나의 IF 문으로는 해결이 되질 않는다. 이때에는 IF 함수를 또 다른 IF 함수의 인수로 사용하여 해결한다. n개 중의 하나를 선택하는 문제의 경우, n-1개의 IF문을 중첩하면 해결된다.

> **MEMO**
>
> **중첩 IF**
> - 두 개중 하나를 선택할 때는 조건 1개로 해결
> - 세 개 중 하나를 선택할 때는 조건 2개로 해결
> - n 개 중 하나를 선택할 때는 조건 n-1 개로 해결

[논리함수] 시트에서 작성한 고객별 포인트 점수 데이터를 이용하여 고객등급을 A, B, C 3개로 분류하는데 중첩 IF문을 사용해 보자.

고객의 포인트 점수가 70이상이면 "A", 70미만 40이상이면 "B", 40미만이면 "C"라고 등급을 부여하려고 할 때 이 경우 분기가 3개이므로 2개의 IF 함수를 중첩해서 사용해야 한다. 즉, n개 중에 하나를 선택하는 경우에 n-1개의 IF 함수를 중첩해서 사용하면 된다.

이러한 논리를 IF문을 사용하여 써 보면 다음과 같다.

```
if (포인트점수 >= 70 ) then "A"              -----(1)
else if (포인트 점수 >=40 ) then "B"          -----(2)
       else "C"                              -----(3)
```

위처럼 중첩 IF 문을 사용하여 포인트 점수에 따라서 등급이 세 개 중의 하나로 결정되어질 수 있다. 이제 이를 엑셀에서 구현해보도록 하자.

① 고객등급을 구하기 위해 C4 셀을 선택한 후, 함수 마법사에서 IF 함수를 다음과 같이 작성한다.

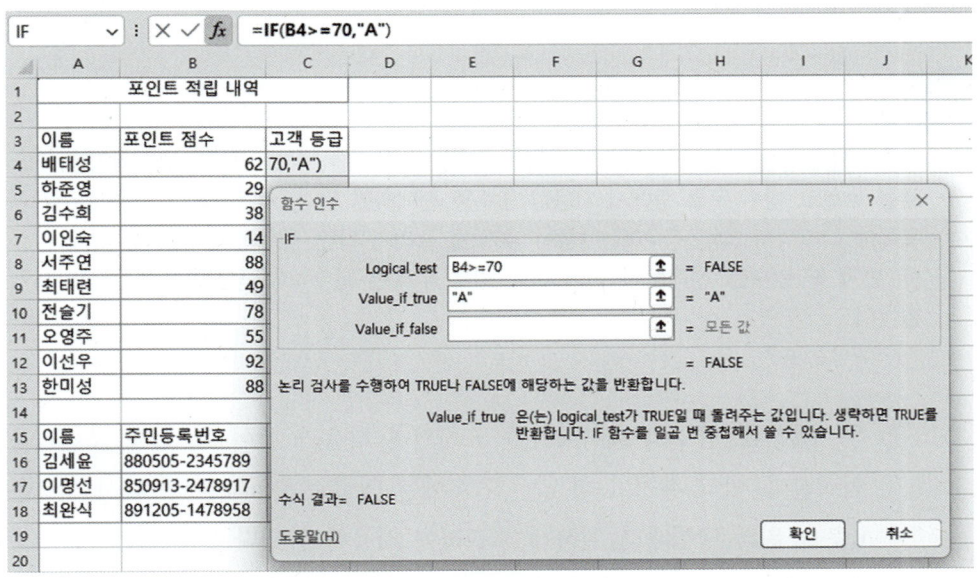

| 그림 6-64 | 첫 번째 IF 함수 사용

② 세 번째 인수로는 다음 조건이 와야 하므로 IF 함수를 호출하여야 한다. 인수로서 IF 함수를 호출하기 위해서는 인수 입력란에 커서를 두고 수식 입력줄의 이름 상자 위치에서 IF 함수 버튼(IF ▼)을 선택한다.

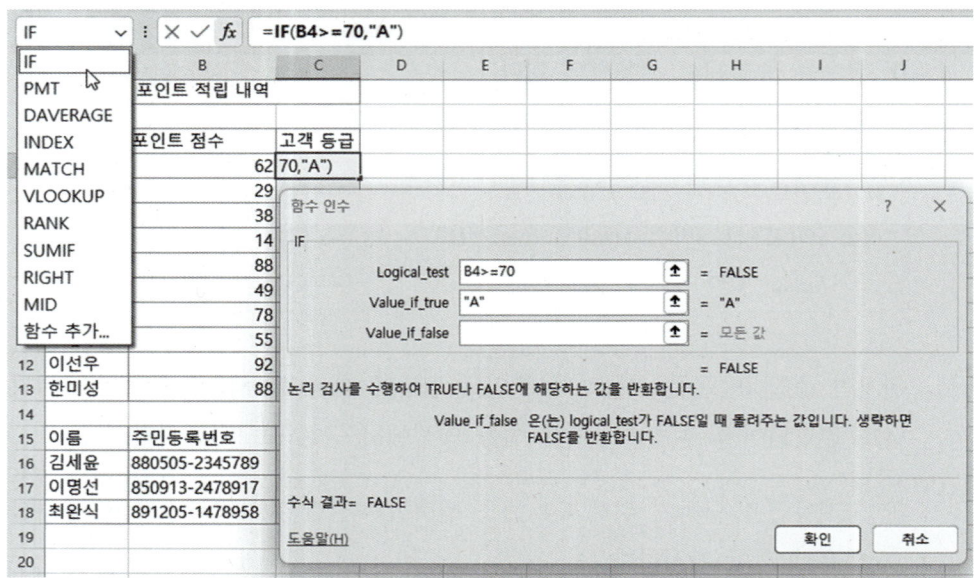

| 그림 6-65 | 두 번째 IF 함수 호출

> **MEMO**
>
> − 인수로서 함수를 사용하기 위해서는 인수 입력란에 커서를 두고 이름 상자의 삼각형 버튼을 누르고 함수 목록 중에서 사용할 함수를 선택하면 된다. 사용하고자 하는 함수가 목록에 나타나지 않는 경우에는 [함수 추가]를 눌러서 다른 함수를 선택할 수 있다.
> − 두 번째 IF 함수를 선택하기 전에 Enter키를 누르면 함수식이 정상적으로 완성되지 않는다.

③ 두 번째 IF 함수의 대화상자가 표시되면 다음과 같이 두 번째 조건식을 입력한다. 만약 분기가 더 많은 경우에는 [Value-if-false]에서 다시 새로운 if문을 위의 방법과 동일하게 호출하여 사용하면 된다. 여기서는 더 이상의 분기가 없으므로 해당 값을 입력하고 [확인] 버튼을 클릭한다.

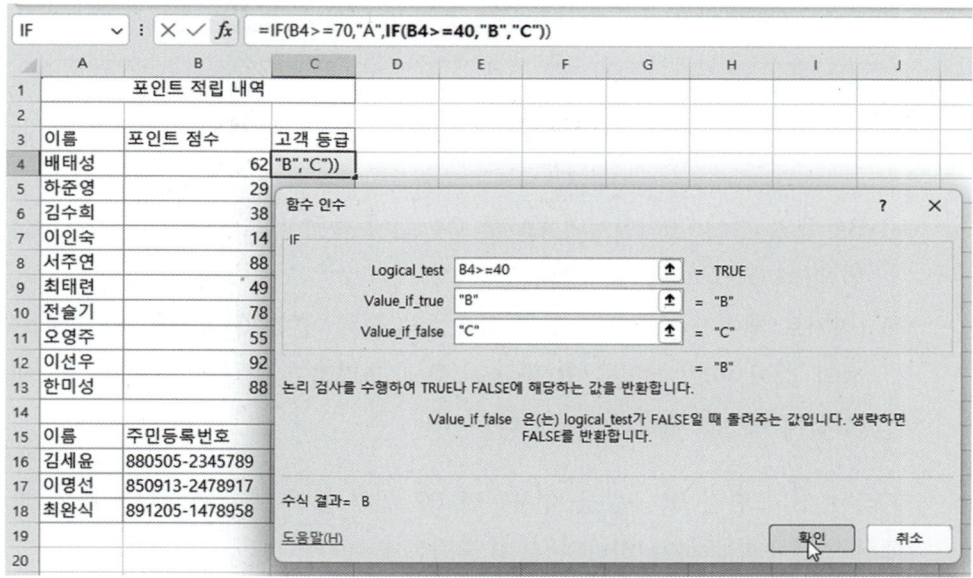

│그림 6-66│ 두 번째 IF 함수 사용

④ 나머지 셀에 자동 채우기를 이용하여 함수식을 복사하면 등급이 부여된다. 자동 채우기를 이용하여 수식을 복사하여 완성한다.

│그림 6-67│ 중첩 IF 사용한 고객 등급 결정 결과

이 예에서 C4 셀에 입력된 수식을 통해 중첩 IF 구문을 조금 더 살펴보기로 하자.

```
= IF(B4>=70, "A",
        IF(B4>=40, "B", "C"))
```

① B4 셀의 값이 70이상이면 "A"를 C4 셀에 출력하고 끝나고 그렇지 않으면 다음 조건 ②로 넘어간다.
② (여기로 제어가 넘어오는 경우, B4 셀의 값은 이미 70 미만에 해당함) B4 셀의 값이 40이상이면 "B"를 C4 셀에 출력하고 끝나고 그렇지 않으면 C4셀에 "C"를 출력하고 끝난다.

따라서 위의 중첩 IF 구문을 이용하면 B2 셀의 값에 따라 A, B, 또는 C 중에서 조건을 만족하는 하나의 값을 출력하게 된다.
 함수에 익숙해지면 함수 마법사를 사용하지 않고 함수 형식에 맞추어 중첩된 IF 함수를 직접 작성하면 편리하다.

2 주민번호로부터 성별 구하기

함수를 중첩하는 경우 위의 예의 중첩 IF와 같이 동일 함수를 중첩하는 경우도 있으나 일반적으로 다른 함수를 중첩해서 문제를 해결하는 경우가 더 많다. 이번에는 다른 함수를 중첩하는 경우로 주민등록번호를 이용하여 성별을 표시해보기로 하자.

■ Simple Version

주민등록번호로부터 성별을 구별하는 방법은 논리적으로 다음과 같이 결정된다.

```
if (주민등록번호 뒷자리의 첫째 자리의 값이 1 과 같다) then (성별은 남자)
                                        else (성별은 여자)
```

주민등록 번호 뒷자리의 첫째 자리 값에 따라 성별을 구별하기 위해서는 IF문을 사용해야 하고 주민등록번호의 뒷자리의 첫째 자리 값 즉, 성별을 구별하는 값(1 또는 2)을 추출해내기 위해서는 문자열 함수인 MID를 사용해야 한다.

① 성별을 표시할 C16셀을 선택하고 함수 마법사에서 IF 함수를 수행한다.
② IF의 조건문에서 MID 함수를 호출하여야 하므로 [IF] 대화상자의 첫 인수의 입력란에 커서를 두고 이름 상자의 내림 단추를 클릭하여 MID 함수를 선택한다. MID 함수가 리스트에 없으면 [함수 추가...]를 눌러 MID 함수를 선택한다.

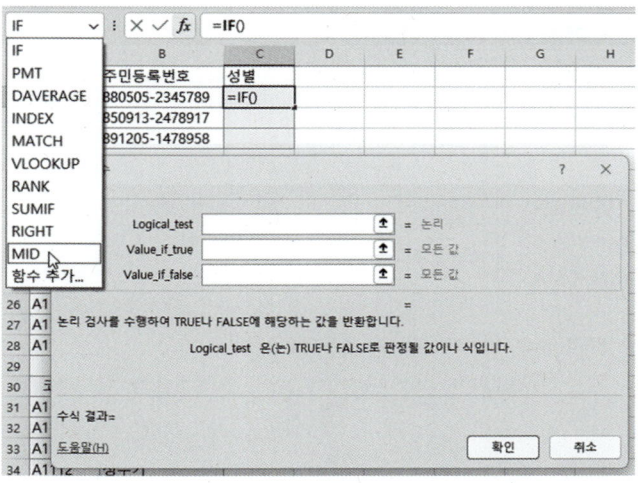

| 그림 6-68 | IF 함수의 조건문에서 MID 함수 호출

③ MID 함수의 대화 상자가 나타나면 다음과 같이 MID 함수를 작성한다.

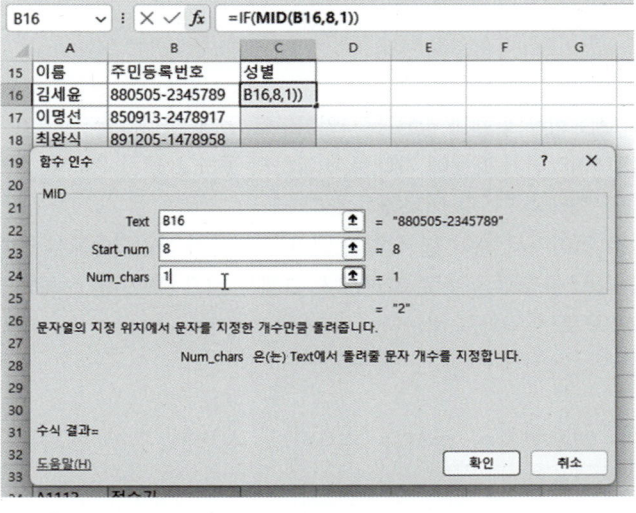

| 그림 6-69 | 성별 구별 문자 추출을 위한 MID 함수 입력

④ MID 함수의 입력이 끝나면 다시 원래 호출했던 IF 함수로 돌아가기 위해서는 수식 입력줄의 IF 글자를 클릭하면 된다. IF 함수로 돌아가서 나머지 인수를 입력하여 식을 완성한다.

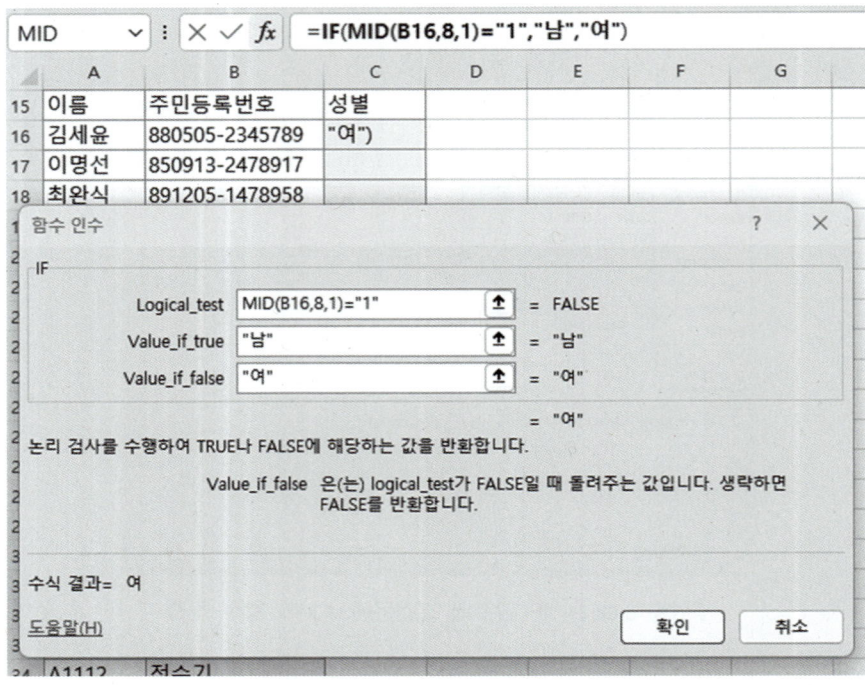

| 그림 6-70 | 성별 구별을 위한 IF 함수 완성

> **MEMO**
> – 주의할 점은 MID 함수의 결과 값은 문자열이므로 MID(B16,8,1)=1이라고 수식을 입력하면 1은 수치 데이터이기 때문에 제대로 비교하지 못하고 틀린 결과를 가져온다. 따라서 반드시 문자열 형태의 "1"과 비교해야 한다.
> – 호출한 함수로 돌아가서 해야 할 작업이 남아 있으면 수식입력줄에서 돌아갈 함수 이름을 클릭하면 다시 호출한 함수로 복원된다. 그렇지 않고 [확인]을 누르면 함수가 제대로 완성되지 않으므로 주의하길 바란다.

⑤ 자동 채우기하여 수식을 복사한다. 성별을 구한 결과는 다음과 같다.

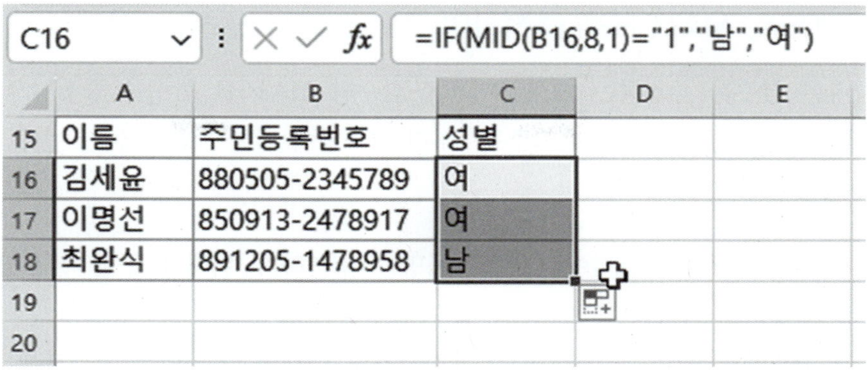

| 그림 6-71 | 중첩 함수 이용하여 주민등록번호로 성별 결정 결과

■ Full Version

주민등록번호로부터 성별을 완벽하게 구별(외국인 제외)하도록 엑셀 함수를 중첩하여 사용해보자. 좀 더 엑셀 코드에 가깝게 단계별로 의사코드(pseudo code)로 작성해 보면 다음과 같다.

```
단계1)  if (주민등록번호 뒷자리의 첫째 자리의 값이 1 또는 3과 같다)
        then (성별은 남자)
        else (성별은 여자)

단계2)  if (주민번호 뒷자리의 첫째 자리= "1") 또는 (주민번호 뒷자리의 첫째
           자리= "3")
        then "남자"
        else "여자"

단계3)  if or(mid(주민번호, 8, 1)= "1", mid(주민번호, 8, 1) = "3")
        then "남자"
        else "여자"
```

단계3의 코드를 엑셀로 변경하면 주민등록번호로부터 성별을 구별할 수 있는 완벽한 버전이 완성된다. 이 문제는 확인하기에서 직접 해결해보기로 한다.

3 INDEX, MATCH를 중첩하여 기준표에서 원하는 값 찾기

다른 함수를 중첩하는 예로 INDEX 함수와 MATCH 함수를 중첩함으로써 [찾기 참조 함수] 시트의 기준표로부터 코드명에 대한 제품명을 한 번에 계산해보자.

① 기준표에서 코드명에 대한 제품명을 추출하기 위해서 구할 제품명 셀(B29)을 선택한 후 INDEX 함수를 수행한다.

② INDEX 함수의 [함수 인수] 대화상자가 나오면 [Array]는 기준표에 해당하는 셀 범위를 지정하고 셀 참조 위치를 고정하기 위해 절대참조로 변경한다.

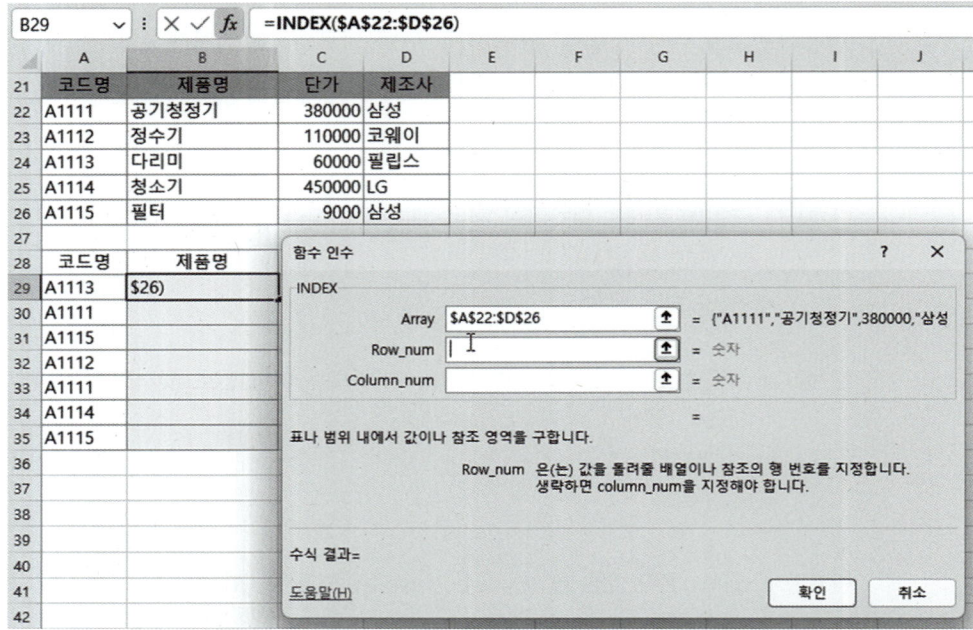

| 그림 6-72 | INDEX 함수 인수 입력

③ [Row-num]은 해당 코드명인 "A1113"이 몇 번째 행인지를 계산하여 행 번호로 지정해야 하므로 여기서 행 번호를 계산해주는 MATCH 함수를 호출해야 한다.

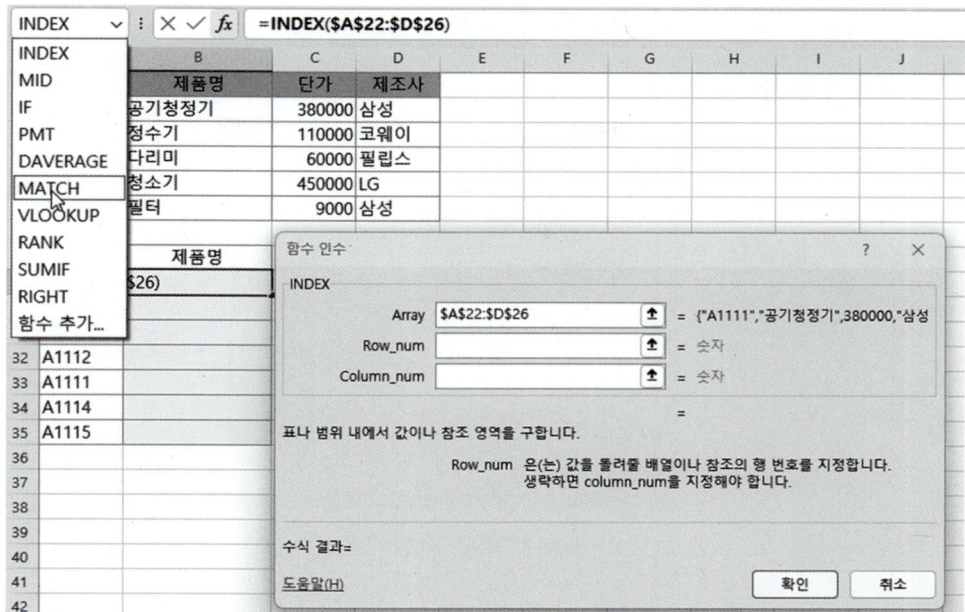

| 그림 6-73 | INDEX 함수에서 MATCH 함수 호출

④ MATCH 함수의 [함수 인수] 대화상자가 나오면 해당 인수를 입력한다.

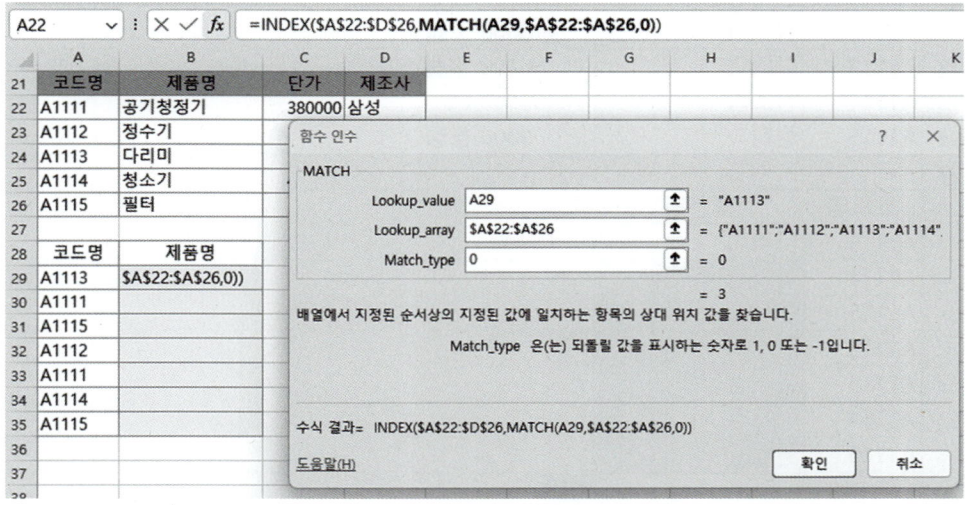

| 그림 6-74 | MATCH 함수 인수 입력

⑤ MATCH 함수를 호출한 INDEX로 돌아가서 INDEX 함수의 나머지 인수를 지정한다.

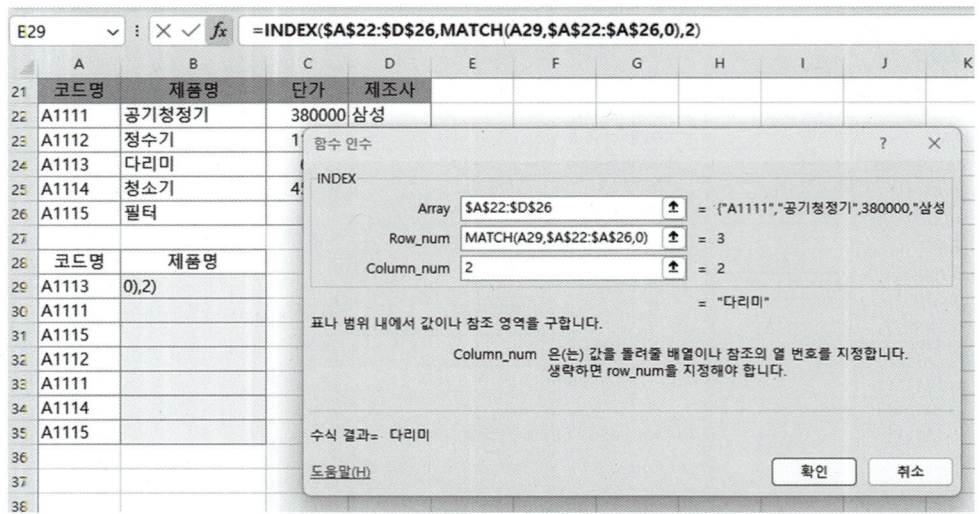

그림 6-75 INDEX 함수 완성

⑥ 나머지 셀은 자동 채우기로 채운다.

	A	B	C	D
21	코드명	제품명	단가	제조사
22	A1111	공기청정기	380000	삼성
23	A1112	정수기	110000	코웨이
24	A1113	다리미	60000	필립스
25	A1114	청소기	450000	LG
26	A1115	필터	9000	삼성
27				
28	코드명	제품명		
29	A1113	다리미		
30	A1111	공기청정기		
31	A1115	필터		
32	A1112	정수기		
33	A1111	공기청정기		
34	A1114	청소기		
35	A1115	필터		

그림 6-76 함수 중첩으로 기준표에서 원하는 값 찾기

활용하기 — [컴퓨터 활용 능력 평가표] 함수 사용하기

[컴퓨터 활용 능력 평가표]에 함수 사용에 필요한 데이터를 입력하고 6장에서 배운 다양한 함수를 이용하여 계산을 완성해보자.

1 데이터 작성하기

① [능력 평가표_2] 시트에 다음과 같이 데이터를 입력한다.
② 서식은 보이는 대로 보기 좋게 작성한다.

순번	시험일자	학번	학년	학과	이름	한글	워드	엑셀	파워포인트	총점	평균
1	2022-05-05	6020-B0123	4	행정학과	유지연	92	90	100	88		
2	2021-03-06	6019-E0203	4	국어국문학과	최수희	96	88	92	75		
3	2022-12-07	6021-D0111	3	사회복지학과	남미란	54	73	75	96		
4	2022-04-05	6021-D0303	3	사회복지학과	배태성	45	56	48	82		
5	2023-05-09	6021-E0321	2	국어국문학과	하준영	100	95	68	65		
6	2022-05-10	6020-D0334	4	사회복지학과	김수희	85	95	82	45		
7	2023-10-10	6020-E0145	3	국어국문학과	이인숙	45	78	65	49		
8	2023-12-12	6021-B0234	2	행정학과	서주연	67	80	67	78		
9	2024-04-13	6022-B0205	1	행정학과	최태련	55	70	100	72		
10	2021-06-25	6019-B0145	4	행정학과	전슬기	95	83	82	100		
11	2023-09-15	6020-E0204	3	국어국문학과	오영주	68	62	45	45		
12	2023-05-16	6022-D0302	2	사회복지학과	이선우	82	88	55	69		
13	2023-11-17	6022-B7841	2	행정학과	김슬기	88	98	98	48		
14	2024-02-18	6023-E4872	1	국어국문학과	한미성	55	67	23	69		
15	2024-03-30	6023-D4789	1	사회복지학과	박재희	35	55	78	78		
				평균							
				적용 비율		15%	15%	40%	30%		

| **그림 6-77** | 데이터 작성하기

2 기본 함수 사용하기

입력 상태에서 학생별 총점, 평균 그리고 과목별 평균을 구한다.

(1) SUMPRODUCT를 이용한 비율 적용 점수 계산하기

N열의 비율적용 점수는 과목별 적용비율(H20-K20)을 적용하여 구한다. SUMPRODUCT 함수를 이용하여 계산한다.

- [Array1] 인수는 학생의 각 항목의 점수인 H4:K4 셀 범위를 지정한다.
- [Array2] 인수는 각 항목의 적용비율(H20-K20)을 지정하며, 변하지 않는 범위이므로 절대주소로 작성해야 한다.

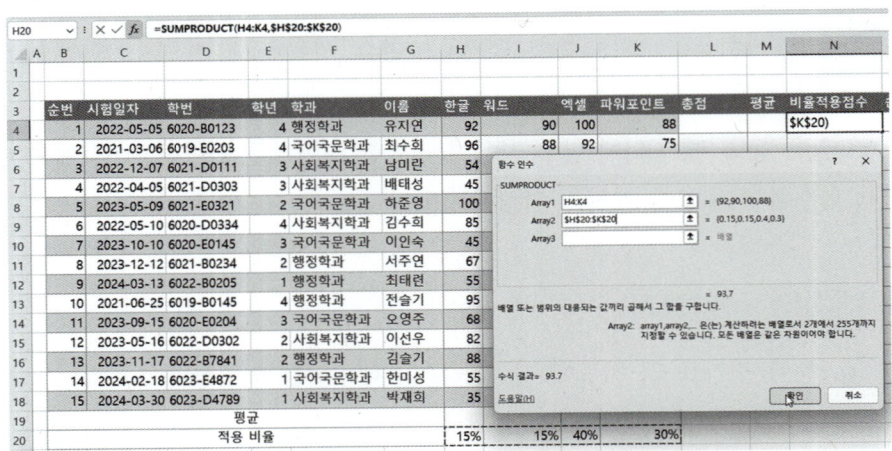

│그림 6-78│ 비율을 적용해 비율적용점수를 구하는 SUMPRODUCT 함수 작성

(2) RANK 함수를 이용하여 총점으로 석차 계산하기

O열 순위는 총점을 기준으로 점수가 높은 순으로 RANK함수를 이용하여 순위를 구한다.

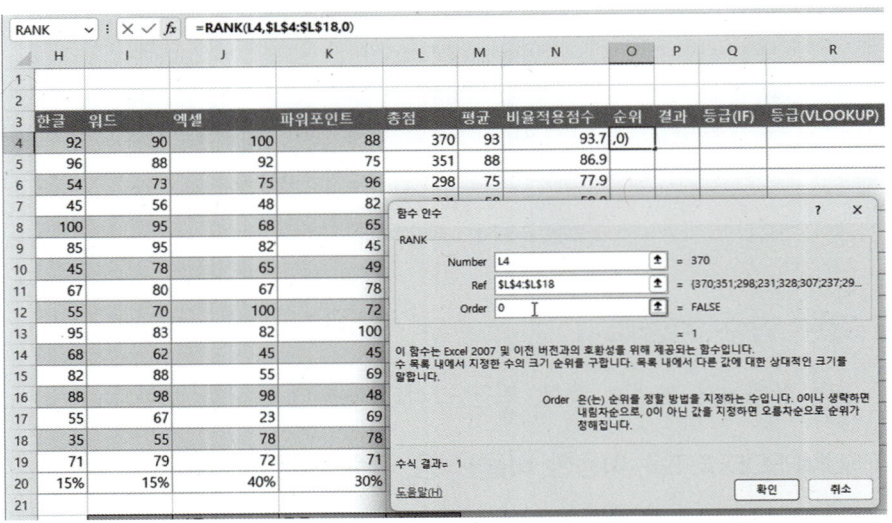

│그림 6-79│ 순위 산출을 위한 RANK 함수 작성

(3) IF 함수를 이용하여 양호/불량 판정하기

P열의 결과는 평균(M열) 점수의 값이 70이상이면 "양호" 아니면 "불량"으로

계산하여 표시하며 IF문을 사용한다.

(4) VLOOKUP을 이용하여 등급 및 평가 구하기

① R열의 등급은 M열의 평균 점수를 J23-L27셀의 기준표에서 찾아 해당 항목인 등급의 관련 정보를 추출하여 표시한다.

② VLOOKUP 함수의 인수 입력 시 기준표에 해당하는 [Table_array]는 절대참조로 하고 [Col_index_num] 값은 기준표에서 등급이 2번째 열에 해당하므로 2로 지정한다. 그리고 마지막 인수인 [Range_lookup]은 반드시 true나 아니면 생략해야만 정확하게 일치하는 값이 없는 경우 제대로 된 결과를 얻을 수 있다.

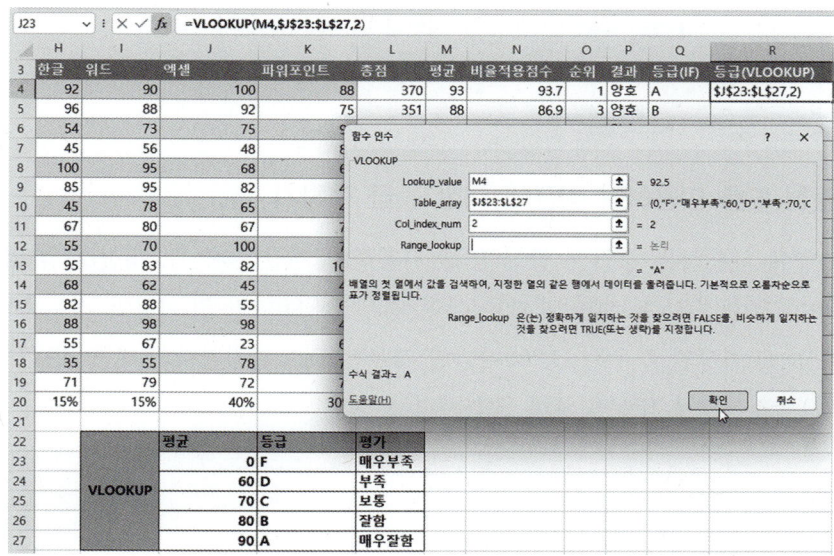

| 그림 6-80 | 등급을 계산할 VLOOKUP 함수 작성

③ S열의 평가는 R열의 등급을 하단의 기준표에서 찾아 해당되는 평가의 정보를 추출하여 표시한다. 이때 기준표는 찾을 값인 등급이 첫 열이 되도록 K23-L27로 설정해야 하고, [Col_index_num] 값은 설정 기준표의 두 번째 열에 해당하는 값이 표시되어야 하므로 2여야 한다. 그리고 이 경우는 근사값을 찾는 것이 아니라 정확히 일치하는 값을 기준표의 첫 열에서 찾아야 하기 때문에 반드시 마지막 인수인 [Range_lookup]은 False로 지정해야 정확한 결과를 얻을 수 있다.

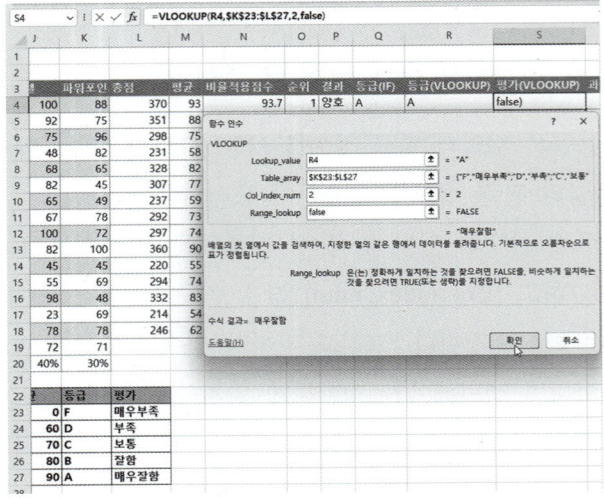

| 그림 6-81 | 평가를 계산할 VLOOKUP 함수 작성

3 중첩 함수 사용하기

(1) 중첩 IF를 이용하여 평균에 대한 등급 구하기

Q열에 해당하는 등급은 중첩 IF를 사용하여 계산한다. 즉, 평균(M열)의 값이 90이상인 경우 A, 90미만 80이상인 경우 B, 80미만 70이상인 경우는 C, 70미만 60이상인 경우는 D, 60미만인 경우는 F로 결정한다. 5개중 하나를 선택하는 것이므로 IF문을 4개 중첩하면 된다.

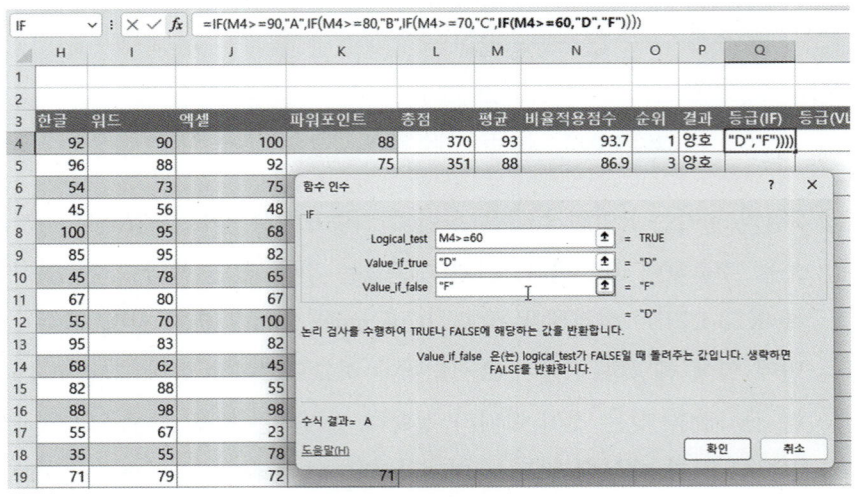

| 그림 6-82 | 등급 계산을 IF 함수 사용

(2) IF와 COUNTIF 함수를 이용하여 과락여부 결정하기

① 4과목 중 어느 한 과목이라도 50점 이하인 경우 "과락"이라고 표시하고 나머지 셀은 공백으로 표시한다. 50점 이하인 과목수를 구하기 위해 IF의 조건에서 COUNTIF 함수를 사용하여 50점 이하인 과목수를 구해야 한다.
② 과락여부를 결정할 셀(T4)를 선택한 후 IF 함수를 수행한다. IF의 조건문에서 50점 이하인 과목수를 구하기 위해 COUNTIF 함수를 호출한다.
③ COUNTIF 함수에 인수를 입력한 후 자신을 호출한 IF문으로 돌아가 나머지 인수를 입력한다.

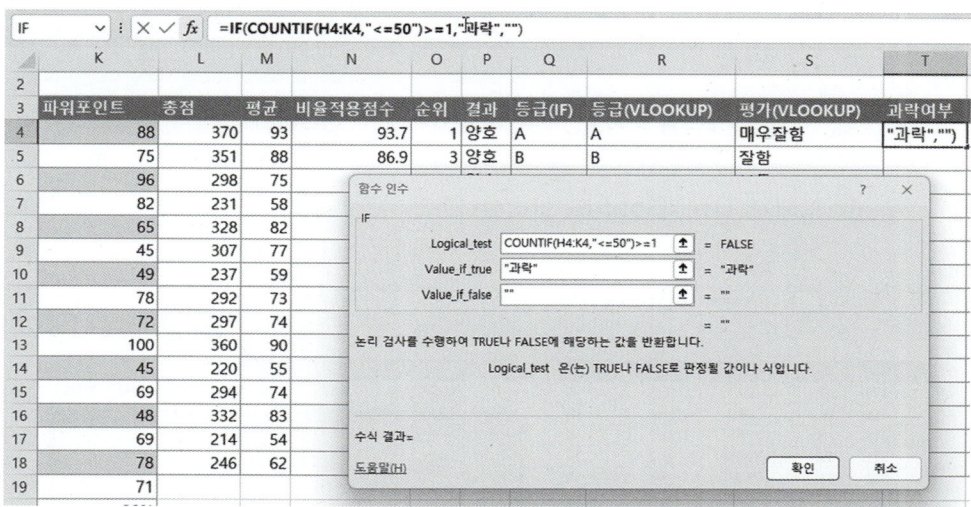

그림 6-83 IF와 COUNTIF 함수 사용하기

(3) IF와 AND 함수를 이용하여 P/N 여부 결정하기

① 비율적용점수가 70점 이상이면서 과락여부가 과락이 아닌 경우 "PASS", 아니면 공백으로 표시한다. 2개의 조건을 만족해야 하므로 IF의 조건에서 AND 함수를 사용해야 한다.
② P/N 여부를 결정할 셀(U4)셀을 선택한 후 IF 함수를 수행한다. IF의 조건문에서 AND 함수를 호출한다.
③ AND 함수에 인수(비율적용점수>=70, 과락여부<>"과락")를 입력한 후, 자신을 호출한 IF 문으로 돌아간다.

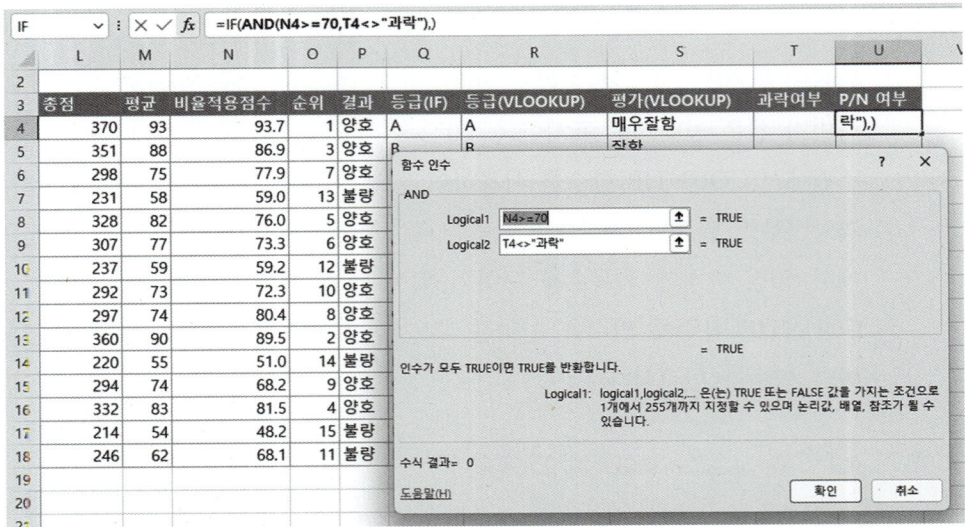

| 그림 6-84 | IF와 COUNTIF 함수 사용하기

④ IF 문에서 나머지 인수를 입력한다.

| 그림 6-85 | IF와 COUNTIF 함수 사용하기

4 기타 함수 직접 입력하여 사용하기

다음은 함수 마법사를 사용하지 않고 직접 입력하여 작성하여 보자.

① COUNT 함수를 이용하여 총 응시인원 구하기

응시인원을 구할 셀(G22)을 선택한 후, =COUNT(B4:B18)를 입력한다. COUNT함수를 사용하기 때문에 수치데이터에 해당하는 범위를 인수로 지정해야 한다.

② MAX 함수를 이용하여 최고 총점 구하기

최대 값을 구할 셀(G23)를 선택한 후, =MAX(L4:L18)를 입력한다.

③ LARGE함수를 이용하여 2등한 학생의 평균 구하기

2등한 학생의 평균을 구할 셀(G24)를 선택한 후, =LARGE(M4:M18, 2)를 입력한다.

④ COUNTIF 함수를 이용하여 엑셀 점수가 80점 이상인 학생 수 구하기

엑셀 점수가 80점 이상인 학생 수를 구할 셀(G25)를 선택한 후, =COUNTIF(J4:J18, ">=80")을 입력한다.

⑤ DAVERAGE 함수를 이용하여 행정학과의 평균 비율적용점수 구하기

행정학과의 평균 비율적용점수를 구할 셀(G26)을 선택한 후, =DAVERAGE(B3:U18,N3,F3:F4)를 입력한다.

⑥ DMIN함수를 이용하여 PASS한 학생의 최저 평균 구하기

PASS한 학생 중 최저 평균을 구할 셀(G27)을 선택한 후, =DMIN(B3:U18, M3, U3:U4)를 입력한다.

21		
22	응시 인원	=COUNT(B4:B18)
23	최고 총점	=MAX(L4:L18)
24	2등한 학생의 평균	=LARGE(M4:M18,2)
25	엑셀 점수가 80점 이상인 학생수	=COUNTIF(J4:J18,">=80")
26	행정학과의 평균 비율적용점수	=DAVERAGE(B3:U18,N3,F3:F4)
27	PASS한 학생의 최저 평균	=DMIN(B3:U18,M3,U3:U4)

| 그림 6-86 | 기타 함수 사용하기

5 최종 결과 확인하기

	D	E	F	G	H	I	J	K	L	M	N	O	P	Q	R	S	T	U
3	학번	학년	학과	이름	한글	워드	엑셀	파워포인트	총점	평균	비율적용점수	순위	결과	등급(IF)	등급(VLOOKUP)	평가(VLOOKUP)	과락여부	P/N 여부
4	6020-B0123	4	행정학과	유지연	92	90	100	88	370	93	93.7	1	양호	A	A	매우잘함		PASS
5	6019-E0203	4	국어국문학과	최수희	96	88	92	75	351	88	86.9	3	양호	B	B	잘함		PASS
6	6021-D0111	3	사회복지학과	남미란	54	73	75	96	298	75	77.9	7	양호	C	C	보통		PASS
7	6021-D0303	3	사회복지학과	배태성	45	56	48	82	231	58	59.0	13	불량	F	F	매우부족	과락	
8	6021-E0321	2	국어국문학과	하준영	100	95	68	65	328	82	76.0	5	양호	B	B	잘함		PASS
9	6020-D0334	1	사회복지학과	김수희	85	95	82	45	307	77	73.3	6	양호	C	C	보통	과락	
10	6020-E0145	3	국어국문학과	이인숙	45	78	65	49	237	59	59.2	12	불량	F	F	매우부족	과락	
11	6021-B0234	2	행정학과	서주연	67	80	67	78	292	73	72.3	10	양호	C	C	보통		
12	6022-B0205	1	행정학과	최태련	55	70	100	72	297	74	80.4	8	양호	C	C	보통		PASS
13	6019-B0145	4	행정학과	전슬기	95	83	82	100	360	90	89.5	2	양호	A	A	매우잘함		PASS
14	6020-E0204	3	국어국문학과	오영주	68	62	45	45	220	55	51.0	14	불량	F	F	매우부족	과락	
15	6022-D0302	2	사회복지학과	이선우	82	88	55	69	294	74	68.2	9	양호	C	C	보통		
16	6022-B7817	2	행정학과	김슬기	88	98	98	48	332	83	81.5	4	양호	B	B	잘함	과락	
17	6023-E4872	1	국어국문학과	한미성	55	67	23	69	214	54	48.2	15	불량	F	F	매우부족	과락	
18	6023-D4789	1	사회복지학과	박재희	35	55	78	78	246	62	68.1	11	불량	D	D	부족	과락	
19	평균				71	79	72	71										
20	적용 비율				15%	15%	40%	30%										
22	응시 인원			15			평균	등급	평가									
23	최고 총점			370			0	F	매우부족									
24	2등한 학생의 평균			90			60	D	부족									
25	엑셀 점수가 80점 이상인 학생수			6	VLOOKUP		70	C	보통									
26	행정학과의 평균 비율적용점수			83.46			80	B	잘함									
27	PASS한 학생의 최저 평균			73			90	A	매우잘함									

그림 6-87 최종 결과

확인하기 [급여관리표] 작성하기/ [PC 매출 현황] 작성하기

필요한 데이터를 입력한 후, 함수를 사용하여 원하는 결과를 산출하고 서식기능을 활용하여 표를 완성해보자.

■ [급여관리표] 작성하기

	B	C	D	E	F	G	H	I	J	K	L
1				급여관리표							
3	성명	주민번호	사원번호	성별	근무기간	직위	기본급	보너스	공제액	실수령액	순위
4	김영민	770328-1275711	2005A12				₩ 3,185,000				
5	황인창	010215-3323451	2023C11				₩ 1,920,000				
6	김소혜	821010-2323222	2013B06				₩ 2,425,000				
7	이민정	000123-4257615	2022C01				₩ 1,020,000				
8	박창민	750523-1715284	2007A08				₩ 3,350,000				
9	배미혜	830712-2343234	2014B04				₩ 2,680,000				
10	최충현	790101-1122333	2009A10				₩ 3,210,000				
12		기본급이 150만원이상인 인원수									
13		사원들의기본급의 합계						개인별 실수령액조회		성명	실수령액
14		부장인 직원들의실수령액 평균								이민정	

그림 6-88 [급여관리표] 입력

급여관리표

성명	주민번호	사원번호	성별	근무기간	직위	기본급	보너스	공제액	실수령액	순위
김영민	770328-1275711	2005A12	남	18	부장	₩ 3,185,000	₩ 1,000,000	₩ 209,250	₩ 3,975,750	3
황인창	010215-3323451	2023C11	남	0	사원	₩ 1,920,000	₩ 300,000	₩ 111,000	₩ 2,109,000	6
김소혜	821010-2323222	2013B06	여	10	과장	₩ 2,425,000	₩ 1,000,000	₩ 171,250	₩ 3,253,750	4
이민정	000123-4257615	2022C01	여	1	사원	₩ 1,020,000	₩ 300,000	₩ 66,000	₩ 1,254,000	7
박창იl	750523-1715284	2007A08	남	16	부장	₩ 3,350,000	₩ 1,000,000	₩ 217,500	₩ 4,132,500	1
배미혜	830712-2343234	2014B04	여	9	과장	₩ 2,680,000	₩ 500,000	₩ 159,000	₩ 3,021,000	5
최충현	790101-1122333	2009A10	남	14	부장	₩ 3,210,000	₩ 1,000,000	₩ 210,500	₩ 3,999,500	2

기본급이 250만원 이상인 인원수	4
사원들의 기본급의 합계	₩ 2,940,000
부장인 직원들의 실수령액 평균	₩ 4,035,917

개인별 실수령액조회	성명	실수령액
	이민정	₩ 1,254,000

│ 그림 6-89 │ [급여관리표] 결과

POINT

① 데이터를 입력하고 보이는 대로 서식(원화표시, 테두리, 채우기 등)을 지정한다.
② 성별은 주민번호의 뒷자리의 첫째 자리가 1 또는 3이면 "남", 2 또는 4면 "여"로 결정한다. 중첩 함수를 사용할 것.
  - 사용함수: IF, OR, MID 이용
③ 사원번호를 이용하여 근무기간을 결정한다. 근무기간은 현재 날짜의 연도 – 사원코드의 연도로 계산하고, 사원코드의 연도는 사원번호의 왼쪽 네 자리를 이용한다. (결과에 나온 결과는 현재 연도가 2023년으로 계산된 것임)
  - 사용함수: YEAR, TODAY, LEFT 이용
④ 사원번호를 이용하여 직위를 결정한다. 사원번호의 중간 알파벳이 "A"면 "부장", "B"면 "과장", 아니면("C"이면) "사원"으로 한다.
  - 사용함수: IF, MID 이용
⑤ 보너스는 근무기간에 따라 근무기간이 10년 이상이면 100만원, 근무기간이 5년 이상이면 50만원 아니면 30만원을 지급하는 것으로 한다. HLOOKUP을 사용하고 기준표는 직접 작성한다.
⑥ 공제액 및 실수령액은 다음과 같이 계산한다.
  - 공제액 = (기본급+보너스) * 5%
  - 실 수령액 = 기본급+보너스-공제액
⑦ 실수령액을 기준으로 순위를 결정한다. 실수령액이 높은 사람을 1등으로 매긴다.
⑧ 적당한 통계함수를 이용하여 기본급이 250만원 이상인 인원수, 직위가 사원인 직원들의 기본급의 합계, 부장인 직원들의 실수령액 평균을 계산한다.
  - 사용함수: COUNTIF, SUMIF, DAVERAGE 이용
⑨ 개인별 사원의 실수령액 조회는 성명에 사원 이름을 입력하면 해당 사원의 실수령액이 표시되게 한다.
  - 사용함수 : VLOOKUP

■ [PC 매출 현황] 작성하기

PC 매출 현황

일자	모델명	제조사	분류	수량	매출액	이익금	비고
2021-06-05	TM-K27C3	LENOVO		7			
2022-12-02	DBGU8-71	LG전자		14			
2023-10-05	NHKQ-182	한성컴퓨터		22			
2022-02-01	NKG-01M2	애플		9			
2024-04-02	TLQ-H27C3	HP		4			
2023-05-07	TM-K27C3	LENOVO		18			
2022-06-05	DBGU8-71	LG전자		15			
2021-10-05	DSFX-031	삼성전자		9			
2024-01-09	TLQ-H27C3	HP		26			
2021-05-19	NHKQ-182	한성컴퓨터		30			
2024-02-05	NKG-01M2	애플		9			
2021-01-09	TLQ-H27C3	HP		3			
2023-11-08	DSFX-031	삼성전자		13			
2022-07-09	TM-K27C3	LENOVO		32			
2022-04-11	NKG-01M2	애플		23			
2021-03-24	DSFX-031	삼성전자		7			

제조사	LENOVO	한성컴퓨터	삼성전자	LG전자	HP	애플
가격	890,000	987,000	1,240,000	1,350,000	1,554,000	1,860,000

| 그림 6-90 | [PC 매출 현황] 입력

PC 매출 현황

일자	모델명	제조사	분류	수량	매출액	이익금	비고
2021-06-05	TM-K27C3	LENOVO	태블릿PC	7	₩ 6,230,000	₩ 1,059,100	
2022-12-02	DBGU8-71	LG전자	데스크탑	14	₩ 18,900,000	₩ 3,213,000	
2023-10-05	NHKQ-182	한성컴퓨터	노트북	22	₩ 21,714,000	₩ 3,691,380	대량구매
2022-02-01	NKG-01M2	애플	노트북	9	₩ 16,740,000	₩ 2,176,200	
2024-04-02	TLQ-H27C3	HP	태블릿PC	4	₩ 6,216,000	₩ 808,080	소량구매
2023-05-07	TM-K27C3	LENOVO	태블릿PC	18	₩ 16,020,000	₩ 2,082,600	
2022-06-05	DBGU8-71	LG전자	데스크탑	15	₩ 20,250,000	₩ 3,442,500	
2021-10-05	DSFX-031	삼성전자	데스크탑	9	₩ 11,160,000	₩ 1,897,200	
2024-01-09	TLQ-H27C3	HP	태블릿PC	26	₩ 40,404,000	₩ 5,252,520	대량구매
2021-05-19	NHKQ-182	한성컴퓨터	노트북	30	₩ 29,610,000	₩ 3,849,300	대량구매
2024-02-05	NKG-01M2	애플	노트북	9	₩ 16,740,000	₩ 2,176,200	
2021-01-09	TLQ-H27C3	HP	태블릿PC	3	₩ 4,662,000	₩ 606,060	소량구매
2023-11-08	DSFX-031	삼성전자	데스크탑	13	₩ 16,120,000	₩ 2,740,400	
2022-07-09	TM-K27C3	LENOVO	태블릿PC	32	₩ 28,480,000	₩ 4,841,600	대량구매
2022-04-11	NKG-01M2	애플	노트북	23	₩ 42,780,000	₩ 5,561,400	대량구매
2021-03-24	DSFX-031	삼성전자	데스크탑	7	₩ 8,680,000	₩ 1,128,400	

제조사	LENOVO	한성컴퓨터	삼성전자	LG전자	HP	애플
가격	890,000	987,000	1,240,000	1,350,000	1,554,000	1,860,000

| 그림 6-91 | [PC 매출 현황] 결과

> **POINT**
> ① 데이터를 입력하고 보이는 대로 서식(원화표시, 테두리, 채우기 등)을 지정한다.
> ② 모델명 이용하여 분류를 결정한다. 모델명의 첫 번째 값이 "D"이면서 마지막 값이 "1"이면 "데스크탑", 첫 번째 값이 "N"이면서 마지막 값이 "2"이면 "노트북" 아니면 "태블릿PC"로 한다.
>   - 사용함수 : IF, AND, LEFT, RIGHT
> ③ 매출액은 가격* 수량으로 계산한다.
>   - 사용함수 : HLOOKUP
> ④ 이익금은 판매일자가 5월(포함) 이전은 매출액*13%, 그 외는 매출액*17%로 계산한다.
>   - 사용함수 : IF, MONTH
> ⑤ 비고는 수량이 20 이상이면 "대량구매", 5 이하이면 "소량구매", 그 외에는 공백으로 표시한다.
>   - 사용함수 : IF

CHAPTER
7

차트 작성하기

엑셀을 이용하면 우리가 주변에서 흔히 볼 수 있는 막대형, 원형, 꺾은선형, 분산형 등의 다양한 차트를 아주 손쉽게 작성할 수 있다. 본 장에서는 가장 기본이 되는 막대형 차트를 그려보면서 엑셀 차트 작성의 기본기를 익히고, 두 종류의 차트가 섞여서 만들어지는 혼합차트와 셀안에 그리는 미니차트인 스파크라인 등에 대해서도 살펴보기로 한다.

7.1 엑셀 차트 이해하기

차트란 막대나 선, 영역 등을 이용하여 데이터에 대한 그래프를 작성해 주는 기능을 말한다. 차트를 사용하면 작성한 데이터를 시각적으로 표현함으로써 데이터 분석 및 이해를 용이하게 할 수 있다. 엑셀에서는 세로막대형, 가로막대형, 꺾은선형, 원형, 분산형, 영역형, 방사형, 표면형 및 히스토그램 등의 다양한 종류의 차트를 제공하며 각 차트마다 특성이 다르므로 목적에 맞는 차트를 선택하여 작성할 수 있다.

차트를 만드는 과정과 차트 작업에 사용되는 관련 메뉴는 다음과 같다.

① 차트를 만들 원본 데이터의 범위를 선택한다.
② [삽입] 탭-[차트] 그룹에서 원하는 차트 종류를 선택한다. 또는 [모든 차트 보기]( )를 선택하면 모든 차트의 종류를 보여주는 [차트 삽입] 대화 상자가 표시되는데 여기서 작성할 차트 종류를 선택해도 된다.

| 그림 7-1 | [삽입] 탭-[차트] 그룹에서 삽입할 차트 종류 선택하기

③ 차트가 삽입되면(또는 삽입된 차트를 선택하면) 리본 메뉴에 [차트 디자인], [서식] 탭을 이용하여 빠르고 쉽게 삽입된 차트를 수정하거나 편집할 수 있다.

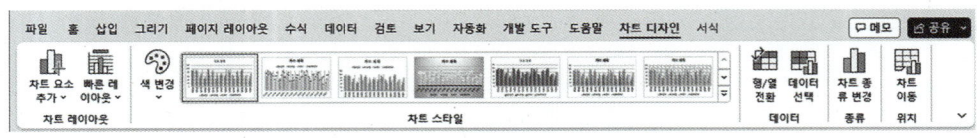

| 그림 7-2 | [차트 디자인] 탭

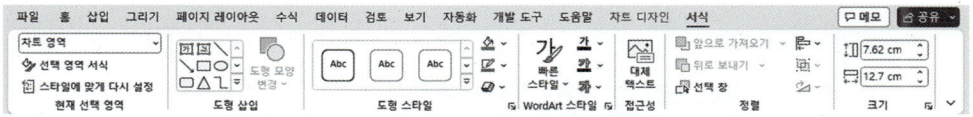

| 그림 7-3 | [서식] 탭

차트를 작성하기 위해서 우선 차트의 일반적인 구성 요소에 대한 이해가 필요하다. 차트를 구성하고 있는 요소는 다음과 같다.

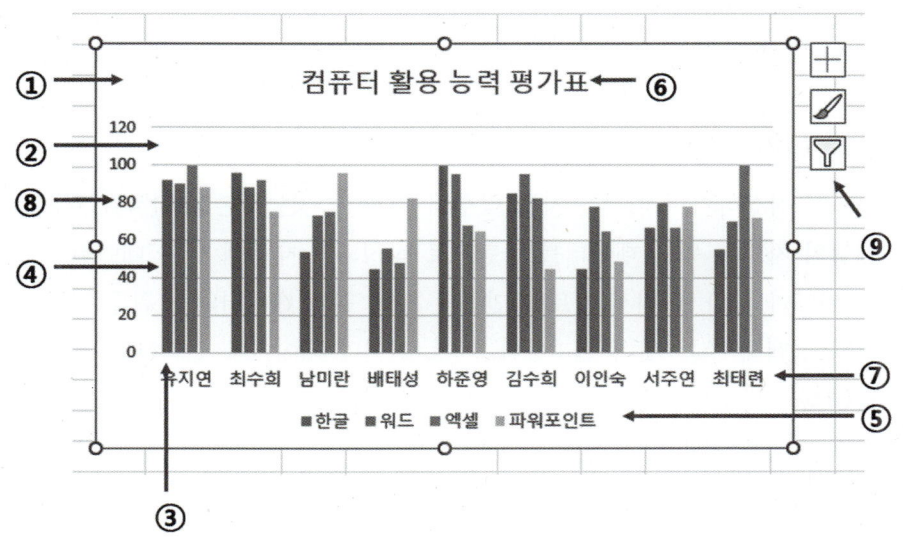

| 그림 7-4 | 차트의 구성 요소

① 차트 영역 : 차트 전체의 영역
② 그림 영역 : 축으로 둘러싸인 영역
③ 데이터 계열 : 차트에 사용된 워크시트의 행이나 열로 구성된 요소로 각 데이터 계열은 고유의 색이나 무늬를 가짐
④ 데이터 요소 : 데이터 계열에 포함되는 하나 하나의 요소
⑤ 범례 : 데이터 계열이나 항목에 지정된 색과 의미를 표시
⑥ 차트 제목 : 차트 위의 가운데 표시되는 차트 전체에 대한 제목
⑦ 항목(가로) 축 : 항목을 표시하는 수평의 축
⑧ 값(세로) 축 : 데이터 값을 표시하는 수직의 축
⑨ 차트 단추 : 차트 요소, 차트 스타일, 차트 필터를 표시

7.2 기본 차트 작성하기

[컴퓨터 활용 능력 평가표] 통합문서의 [능력 평가표_3] 시트의 항목별 점수를 막대차트로 작성하고, [차트도구]를 이용하여 차트를 수정 또는 편집해보도록 하자.

1 기본 차트 만들기

(1) 원본 데이터 범위 지정하기

차트를 작성하기 위해서는 차트 작성의 기본이 되는 원본 데이터가 필요하다. 엑셀의 차트는 원본 데이터를 바탕으로 작성되기 때문에 원본 데이터와 밀접한 관계가 있다. 따라서 차트를 만들기 전에 원본 데이터의 범위를 되도록 정확히 선택해 주는 것이 편리하다. 시트 전체의 데이터를 선택하여 차트를 작성한 후 차트 작성 단계에서 수정해도 되지만, 차트 작성 단계를 간단히 하고 차트 작성을 쉽게 하기 위해서는 차트 작성에 필요한 정확한 원본 데이터 범위를 선택해 주는 것이 좋다. 셀 범위 선택에 사용되는 키(Ctrl)를 이용해서 부분적으로 필요한 데이터를 선택하면 된다.

[능력 평가표_3] 시트의 데이터에서 필요한 데이터 범위를 선택하면 된다. 각 학생의 엑셀, 총점, 평균에 대한 차트를 작성하기 위해서는 "이름", "엑셀", "총점", "평균" 열의 데이터를 열이름을 포함(G5-G20, J5-J20, L5-L20, M5-M20)하여 지정하면 된다.

(2) 차트 종류 선택하기

원본 데이터 범위가 선택된 상태에서 [삽입] 탭-[차트] 그룹에서 원하는 차트 종류를 선택한다. 차트의 종류를 선택하면 해당 종류의 하위 차트 종류들이 보인다. 여기서 원하는 차트 종류를 선택하면 된다. 또는 [차트] 그룹의 [모든 차트 보기]( )을 눌러 [차트 삽입] 대화상자에서 원하는 차트를 선택해도 된다.

① [성적차트] 시트의 차트를 그릴 원본 데이터가 지정된 상태에서 [삽입] 탭

- [차트]메뉴에서 [세로 막대형 차트 삽입]의 [3차원 묶은 세로 막대형]을 선택한다.

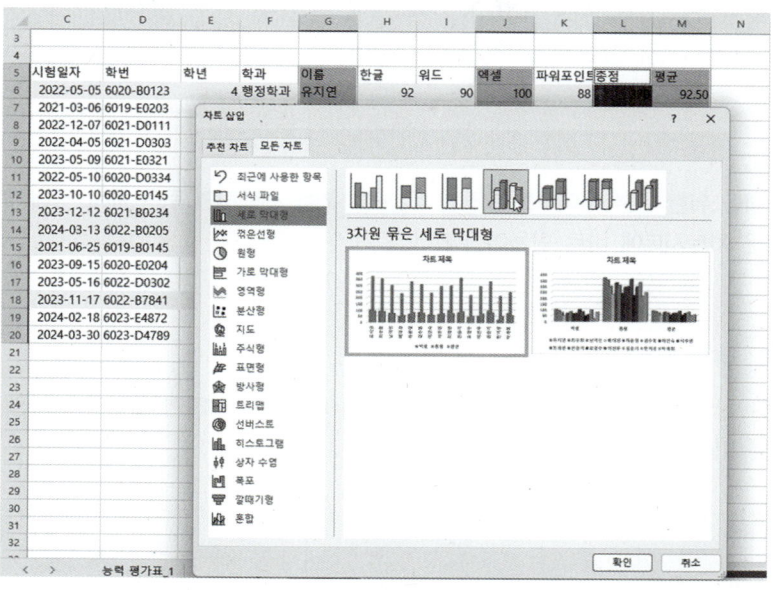

│그림 7-5│ 원본 데이터 범위 지정 및 차트 종류 선택하기

② 차트 종류를 선택하면 지정된 원본 데이터에 대한 차트가 시트에 삽입되고, [리본 메뉴]에 차트 수정 및 편집을 위한 [차트 디자인]이 표시된다.

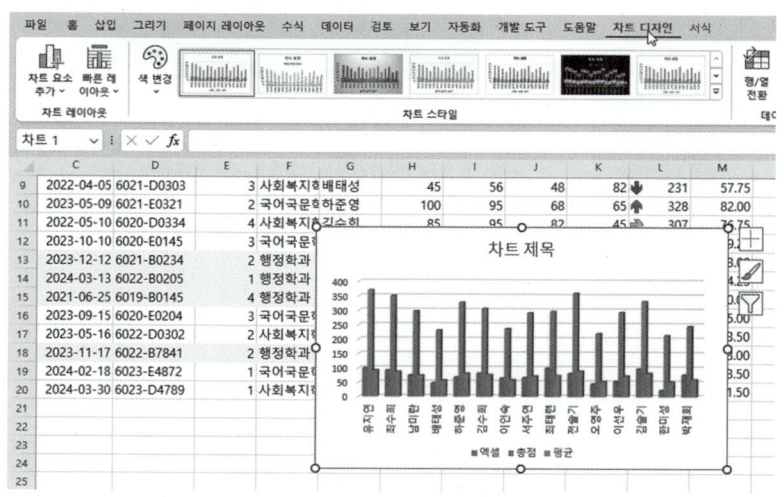

│그림 7-6│ 차트 삽입 결과

7.2 기본 차트 작성하기

(3) 차트 이동 및 크기 조정하기

차트를 선택한 후 드래그하여 원하는 위치로 이동하고 차트 가장자리 경계부분에서 조절점을 이용하여 크기를 조절한다. 크기 조정은 [서식] 탭- [크기] 메뉴에서 수치 값으로도 지정할 수 있다.

> **TIP**
> 차트 작성을 위한 원본 데이터를 지정한 후, F11 키를 선택하면 묶은 세로 막대형의 차트가 새로운 차트시트에 바로 만들어진다.

> **TIP** 추천 차트 활용하기
> - 차트를 삽입할 때 추천 차트를 제공한다. 추천 차트를 활용하면 데이터에 가장 적합한 차트를 미리 보고 선택 할 수 있다.

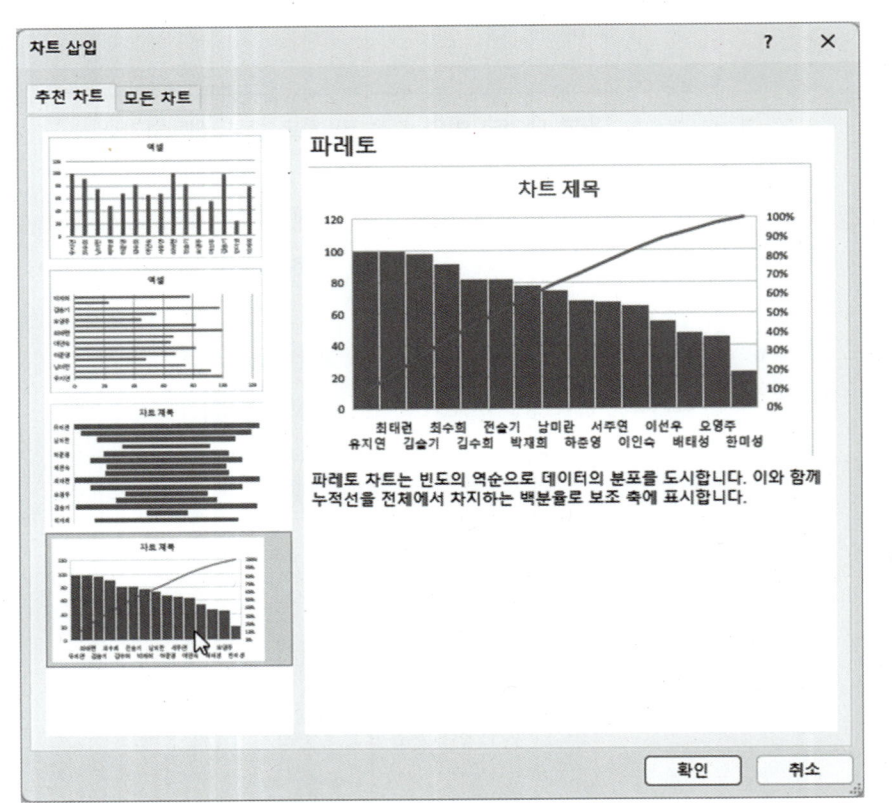

| 그림 7-7 | 추천 차트 활용하기

2 차트 디자인 변경하기

삽입된 차트에 대해 차트 도구의 [디자인] 탭에서 제공하는 기능을 이용하여 디자인 관련 변경을 해보기로 하자.

(1) 차트 종류 변경하기

만들어진 차트의 종류는 다른 종류의 차트로 변경할 수 있다.

① 차트가 선택된 상태에서 [차트 디자인] 탭-[종류] 그룹에서 [차트 종류 변경]을 클릭한 후, [차트 종류 변경] 대화상자에서 변경할 차트의 종류를 선택하면 된다. 변경할 차트로 [세로막대형]의 [묶은 세로 막대형]을 선택한 후 [확인]을 클릭하면 차트가 변경된다.

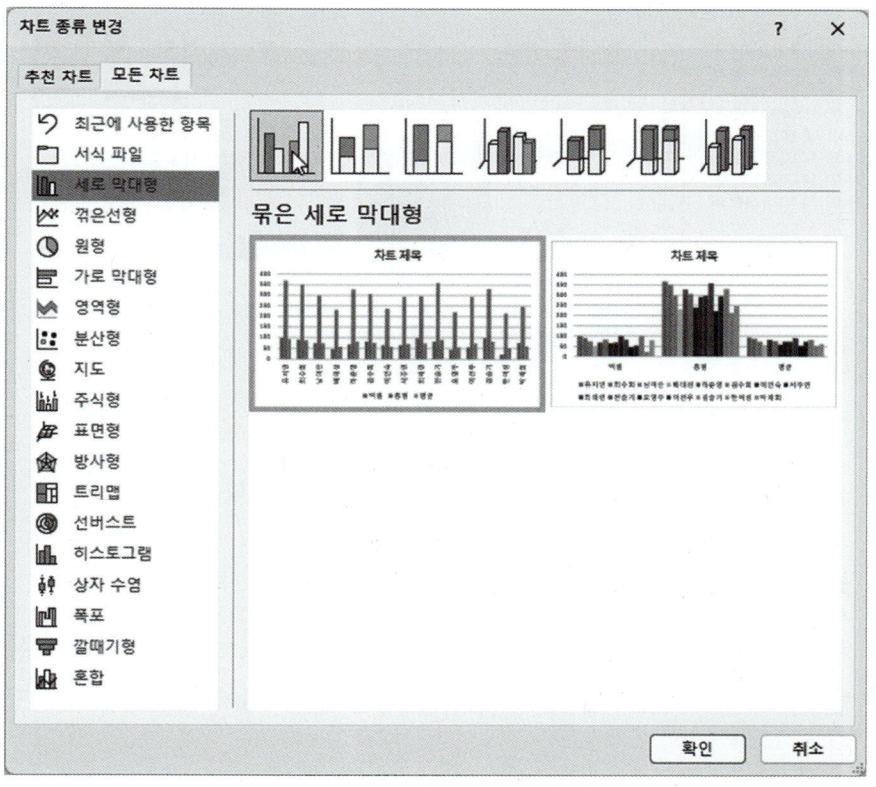

| 그림 7-8 | 차트 종류 변경하기

(2) 행/열 전환하기

차트를 그릴 때 원본 데이터의 행을 기준으로 했는지 열을 기준으로 했는지에 따라 모양이 다르게 나타난다. 열을 기준으로 하면 원본 데이터의 첫 열이 항목 축으로 사용되고 행을 기준으로 하면 원본 데이터의 첫 행이 항목축이 된다.

① 행/열을 전환하려면 [차트 디자인] 탭-[데이터] 그룹에서 [행/열 전환]을 선택하면 된다.

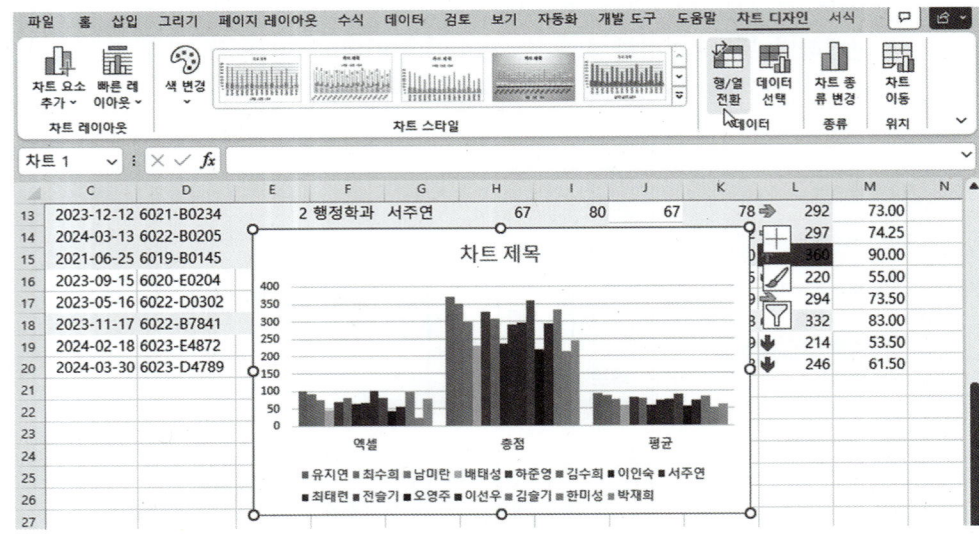

| 그림 7-9 | 행/열 전환하기

② 다시 [행/열 전환]을 선택하면 원래 형태로 바뀐다.

(3) 차트 원본 데이터 범위 재설정하기

차트 작성에 사용된 원본 데이터가 수정되면 차트도 그 값에 따라 자동으로 업데이트된다. 원본 데이터의 범위 변경은 원본 데이터 범위를 재설정하면 된다.

① 원본 데이터 범위를 재설정하려면 [차트 디자인] 탭-[데이터] 그룹에서 [데이터 선택]을 클릭한다.

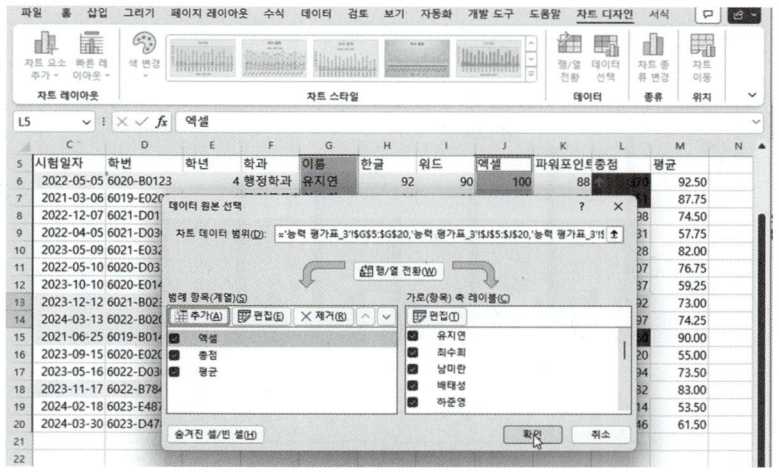

| 그림 7-10 | [데이터 원본 선택] 대화 상자

> **TIP**
>
> [데이터 원본 선택] 대화 상자를 이용하여 차트 데이터 범위를 재설정하거나 계열을 추가, 삭제하는 것 이외에 [행/열 전환] 단추( )를 이용하여 행/열 전환을 할 수 있고, 해당 계열을 선택한 후 계열 순서를 조정하는 상하 화살표( )를 이용하여 차트에 그려지는 계열의 순서를 조정할 수도 있다.

② [데이터 원본 선택] 대화상자에서 [차트 데이터 범위]를 재설정하면 새로운 범위에 대한 차트가 만들어진다. [차트 데이터 범위]를 G5-M13으로 설정한다.

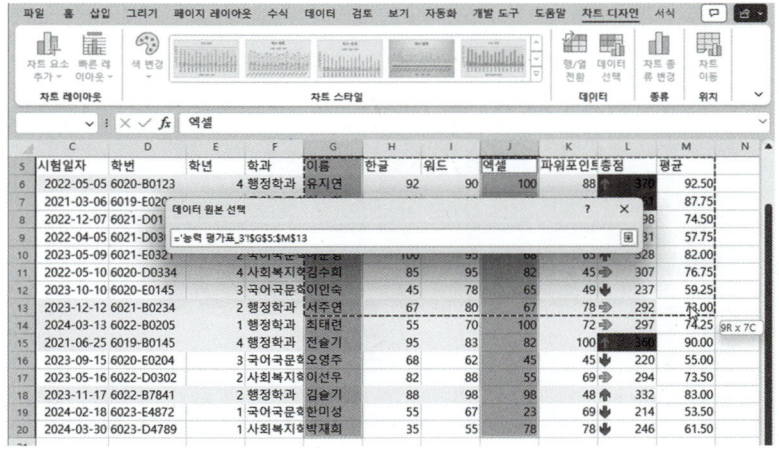

| 그림 7-11 | 차트 데이터 범위 재설정하기

7.2 기본 차트 작성하기 **261**

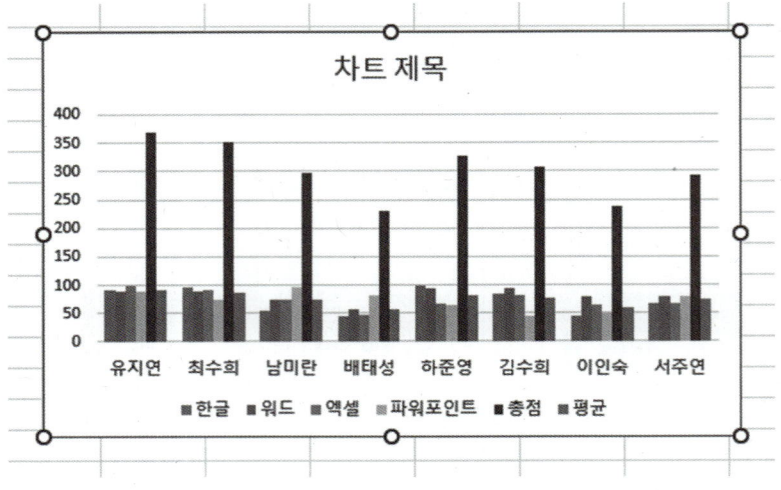

|그림 7-12| 차트 데이터 범위 재설정 결과

(4) 데이터 추가/삭제하기

만들어진 차트에서 필요 없는 데이터를 삭제 또는 추가 할 수도 있다.

■ 데이터 계열 삭제하기

이번에는 불필요한 데이터를 삭제해보기로 하자. 계열 삭제를 하려면 [데이터 원본 선택] 대화상자의 [범례 항목]에서 해당 계열을 선택한 후, [제거]를 클릭하면 된다. 또는 간단하게 그래프에서 해당 계열의 막대를 클릭한 후, Delete 키를 누르거나 단축 메뉴에서 [삭제]를 선택한다. 한글, 워드, 엑셀, 파워포인트에 대한 데이터 계열을 삭제해보자.

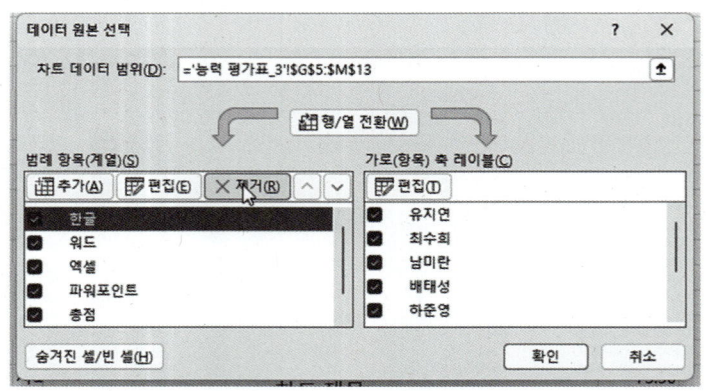

|그림 7-13| [데이터 원본 선택] 대화 상자에서 데이터 계열 삭제하기

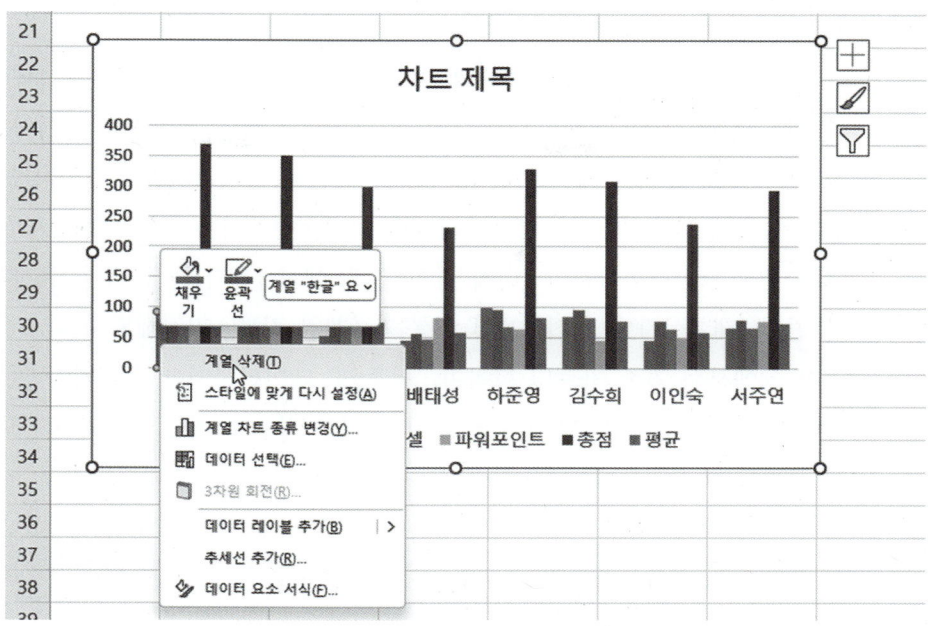

│그림 7-14│ 단축 메뉴로 데이터 계열 삭제하기

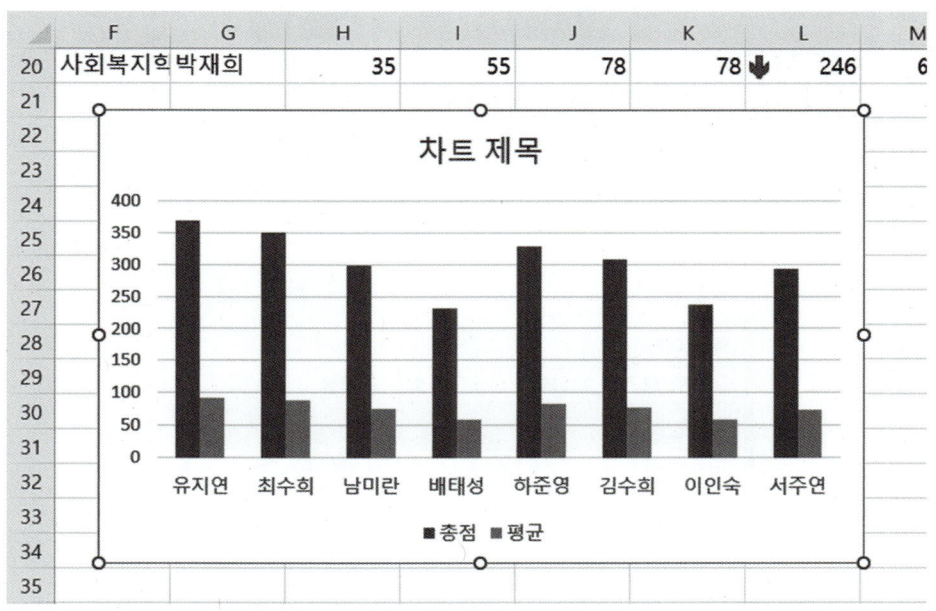

│그림 7-15│ 한글, 워드, 엑셀, 파워포인트 데이터 계열 삭제 결과

■ 데이터 계열 추가하기

이번에는 필요한 데이터를 추가해보기로 하자. 계열 추가를 하려면 [데이터 원본 선택] 대화상자의 [차트 데이터 범위]에 해당 데이터를 추가하면 된다. 추가를 할 경우에는 기존 데이터를 유지해야 하기 때문에 Ctrl 키를 누른 상태에서 추가될 부분을 드래그해서 지정해주어야 한다. 또는 [데이터 원본 선택] 대화상자의 [범례 항목(계열)]에서 [추가]를 클릭한 후, [계열 편집] 대화상자에 직접 [계열 이름]과 [계열 값]을 지정해도 된다.

이 예에서는 기존 차트의 항목이 "서주연" 데이터까지만 포함되어 있으므로 계열을 추가하려면 "서주연"까지의 엑셀 점수에 대한 데이터(J5-J13)를 추가해야 제대로 된 결과를 얻을 수 있다.

| 그림 7-16 | [차트 데이터 범위]에서 Ctrl 키를 이용하여 데이터 계열 추가하기

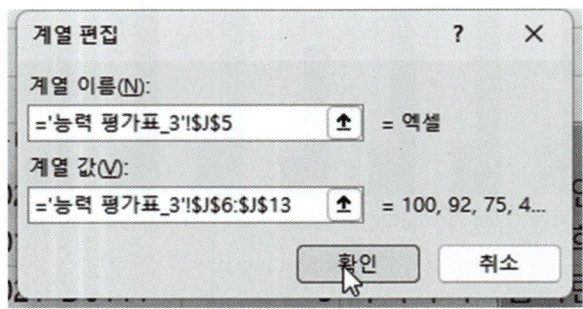

| 그림 7-17 | [계열 편집] 대화 상자를 이용하여 데이터 계열 추가하기

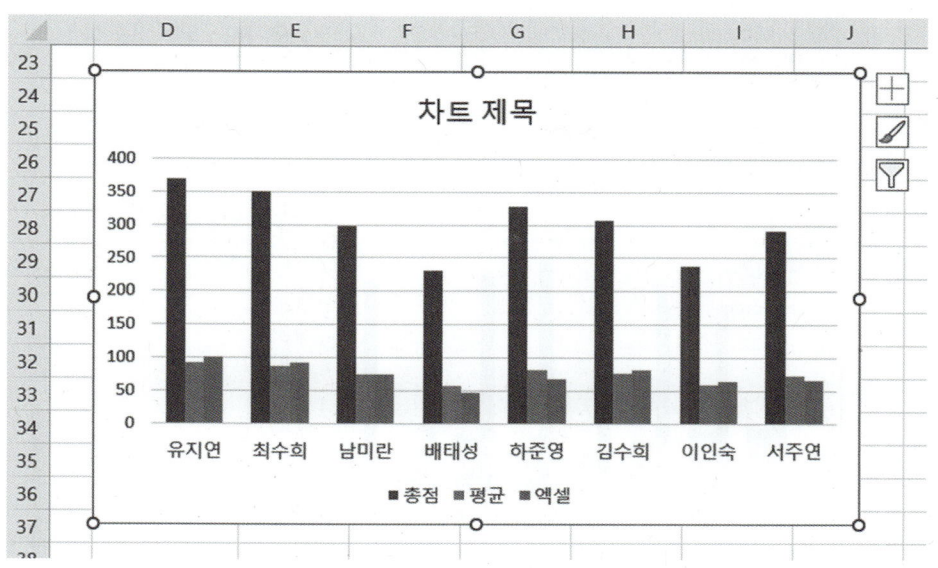

| 그림 7-18 | 엑셀 계열 추가 결과

> **MEMO**
>
> 차트에 데이터를 추가할 때 상황에 따라 다음과 같은 방법도 이용하면 편리하다.
> - 추가할 데이터가 있는 셀 범위를 지정하고 선택 범위의 경계선에 포인터를 놓은 후 Ctrl 키를 누른 상태에서 차트로 드래그한다.
> - 추가할 데이터가 있는 셀 범위를 복사(Ctrl + C)한 후 차트에 붙여넣기(Ctrl + V) 한다.

(5) 차트 레이아웃 변경하기

차트의 기본적인 여러 형태의 레이아웃을 제공하여 이 중 원하는 레이아웃을 선택하면 손쉽게 차트의 레이아웃을 변경할 수 있다. 만약 사용자가 상세하게 레이아웃을 바꾸려면 [차트 디자인]의 [차트 레이아웃] 탭을 사용하여 변경해야 한다.

① 차트 레이아웃을 변경하려면 [차트 디자인] 탭-[차트 레이아웃] 그룹에서 [빠른 레이아웃] 단추를 클릭한 후 원하는 레이아웃을 선택하면 된다.

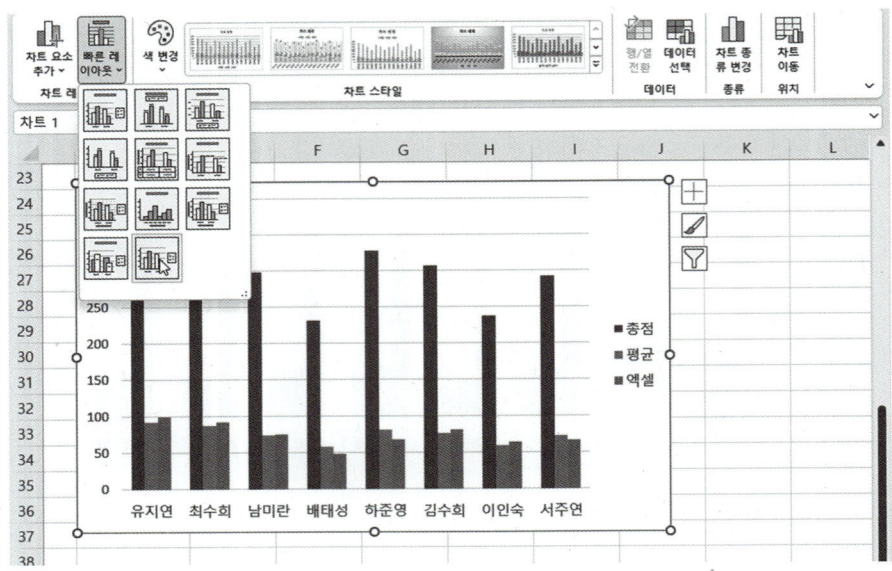

┃그림 7-19┃ 차트 레이아웃 변경하기

② 선택한 레이아웃에 따라 차트의 요소들이 표시된다. 차트제목, X축 제목, Y축 제목을 "컴퓨터 활용 능력 평가표", "이름", "점수"라고 입력한다.

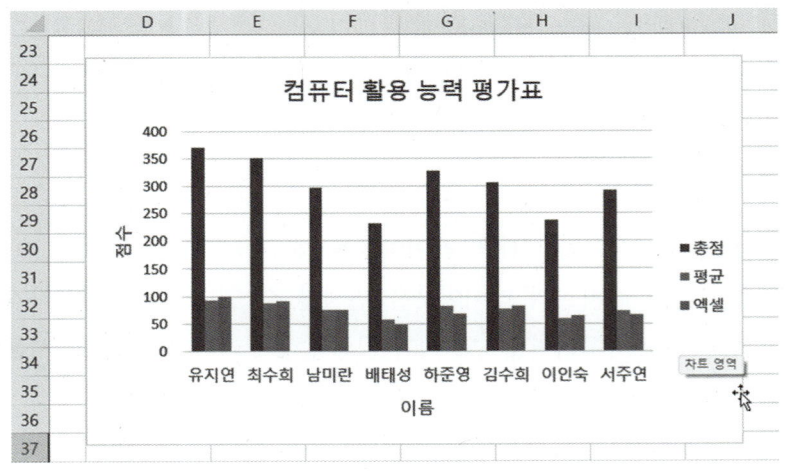

┃그림 7-20┃ 차트 레이아웃 변경 결과

(6) 차트 스타일 적용하기

다양한 차트 스타일을 제공하여 클릭 한 번으로 차트를 멋있게 꾸밀 수 있다. 물론 [서식] 탭을 사용하여 사용자가 서식을 변경하여 꾸밀 수도 있다.

① 차트 스타일을 적용하려면 [차트 디자인] 탭-[차트 스타일] 그룹에서 [색 변경]을 클릭하여 전체 차트의 색상을 변경하거나 [차트 스타일]을 클릭하여 스타일을 변경할 수 있다.

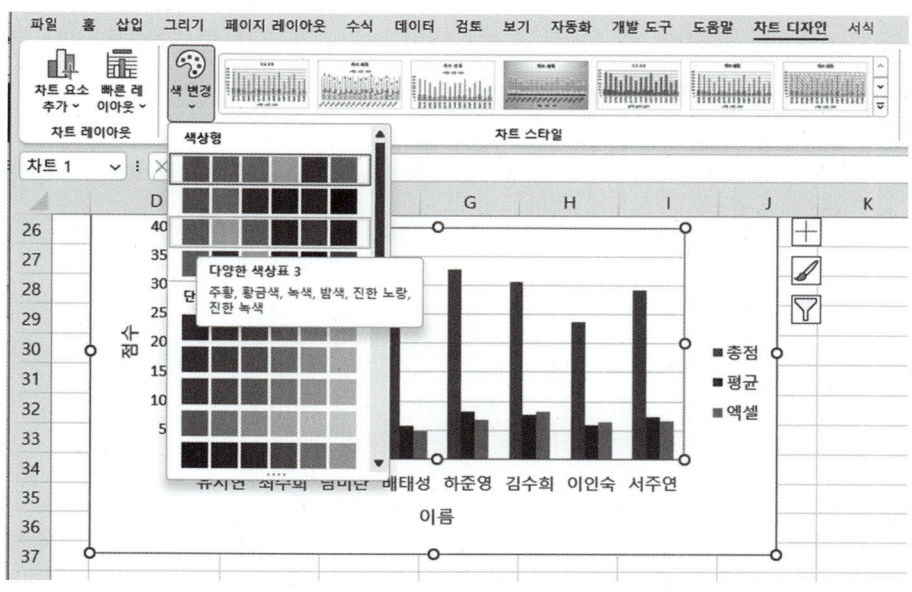

| 그림 7-21 | 차트 스타일 적용하기

MEMO

[차트 단추]의 [차트 스타일] 단추(✏️)를 클릭하여 스타일과 색을 빠르게 선택하고 미리 볼 수 있다.

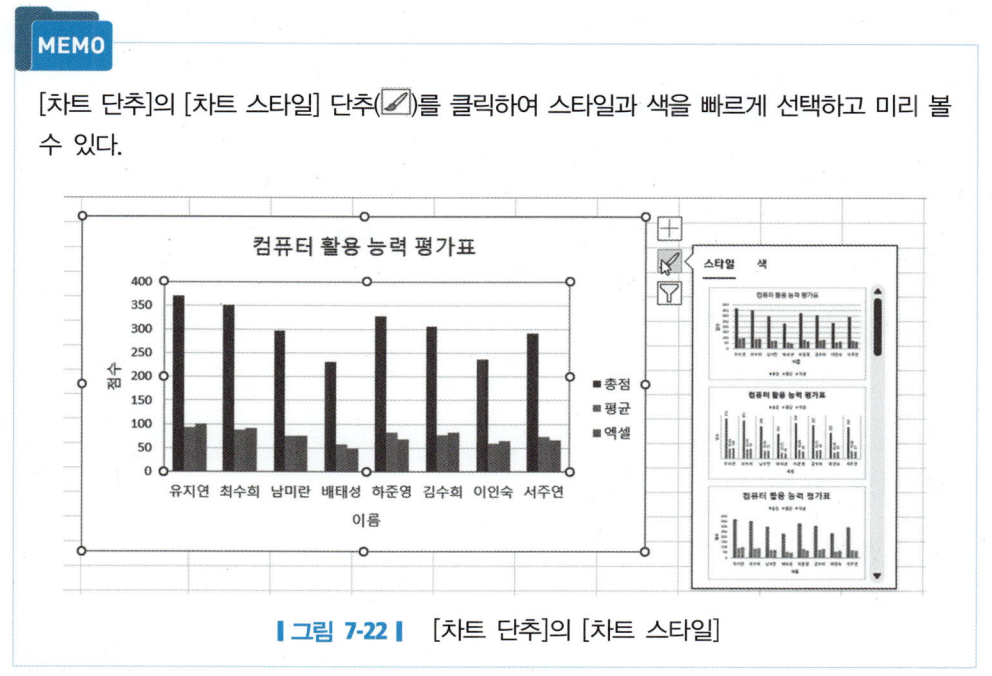

| 그림 7-22 | [차트 단추]의 [차트 스타일]

(7) 차트 위치 바꾸기

차트가 표시되는 위치를 선택할 수 있다.

① 현재 차트의 위치를 이동하려면 [차트 디자인] 탭-[위치] 그룹에서 [차트 이동]을 클릭한 후, [차트 이동] 대화 상자에서 차트를 넣을 위치를 선택하면 된다. [새 시트]를 선택해보자.

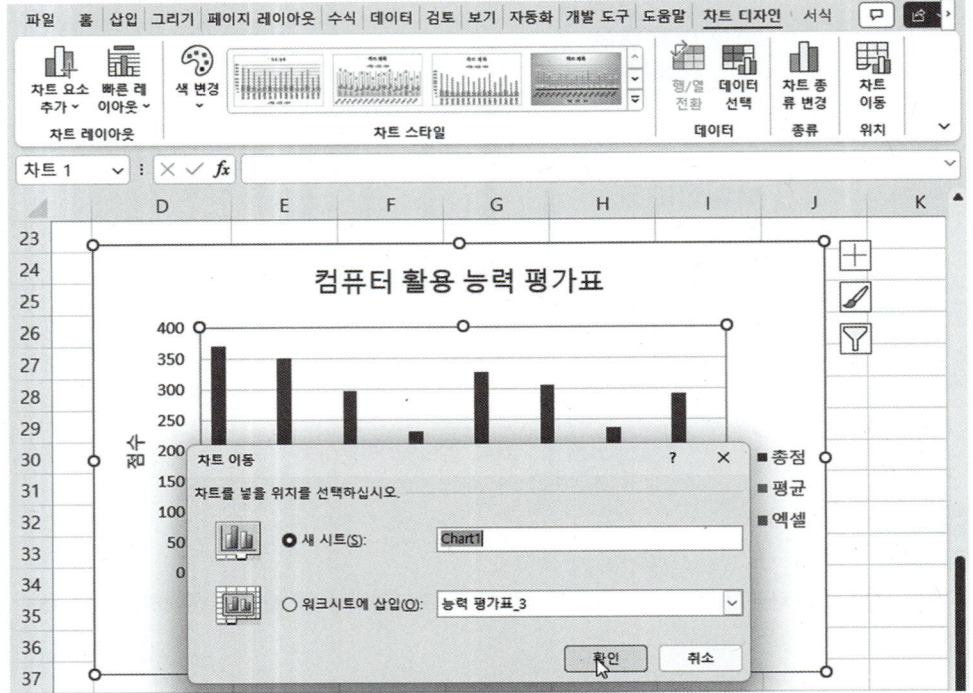

| 그림 7-23 | 차트 위치 이동하기

② 시트 전체가 차트로 채워지는 새로운 차트 시트가 삽입되면서 차트가 이동된다.

3 차트 구성 요소 변경하기

삽입된 차트에 대해 [차트 단추]의 [차트 요소] 단추(➕)를 이용하여 범례, 눈금선, 데이터 레이블 등을 제공하는 기능을 이용하여 추가, 제거 또는 변경해보자. [차트 도구]의 [디자인] 탭-[차트 레이아웃] 그룹에서 [차트 요소 추가]

메뉴를 이용해도 된다.

(1) 범례 위치 변경하기

차트 영역에 범례를 표시할 지의 여부를 결정하고, 범례의 위치를 지정해주는 부분이다.

① 범례의 위치를 아래쪽으로 변경하기 위해 [차트 단추]의 [차트 요소] 단추를 클릭하고 [범례]-[아래쪽]을 선택한다.

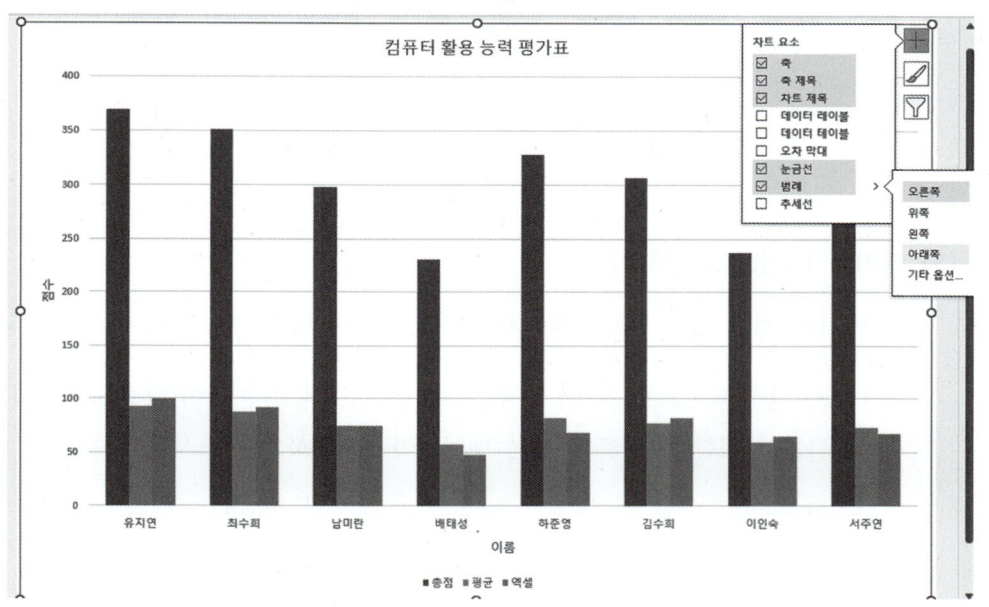

| 그림 7-24 | 범례 위치 변경하기

(2) 데이터 레이블 표시하기

데이터 값을 나타내는 레이블을 원하는 위치에 표시할 수 있다.

① [차트 단추]의 [차트 요소] 단추를 클릭하고 [데이터 레이블]에서 레이블을 표시할 위치를 [바깥쪽 끝에]로 설정한다. 데이터 레이블이 데이터 요소 바깥쪽 끝에 표시된다.

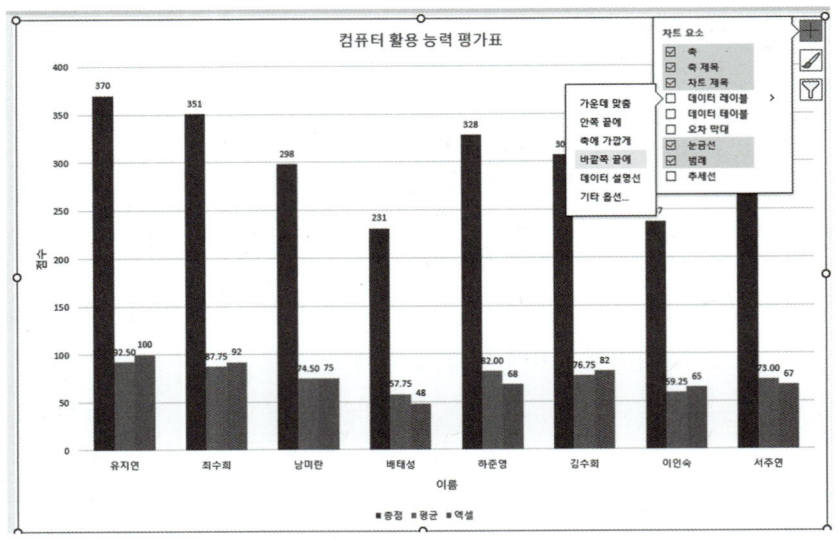

| 그림 7-25 | 데이터 레이블 표시하기

(3) 데이터 테이블 표시하기

각 데이터 계열 값을 차트 아래 표 형식으로 나타내는 기능이다.

① [차트 단추]의 [차트 요소] 단추를 클릭하고 [데이터 테이블]-[범례 표지 없음]을 선택한다. 차트의 원본 데이터가 표 형식으로 표시된다.

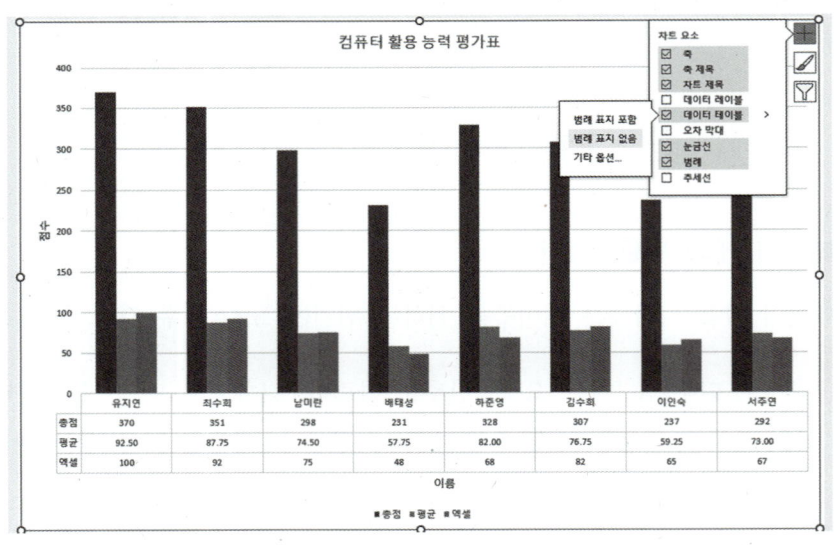

| 그림 7-26 | 데이터 테이블 표시하기

② [차트 요소] 단추를 클릭하고 [데이터 테이블]의 체크를 해제하면 데이터 표가 표시되지 않는다.

> **MEMO**
>
> [데이터 테이블] 항목은 차트를 그린 데이터가 작성된 표와 차트가 동일한 워크시트에 없을 경우에 유용하다.

(4) 축 제목 변경하기

축 제목의 위치나 방향을 변경하거나 표시하지 않도록 설정할 수 있다.

① Y축 제목의 방향을 세로 글씨 방향으로 변경하려면 [차트 요소] 단추를 클릭하고 [축 제목]의 [기타 옵션]을 선택한다.

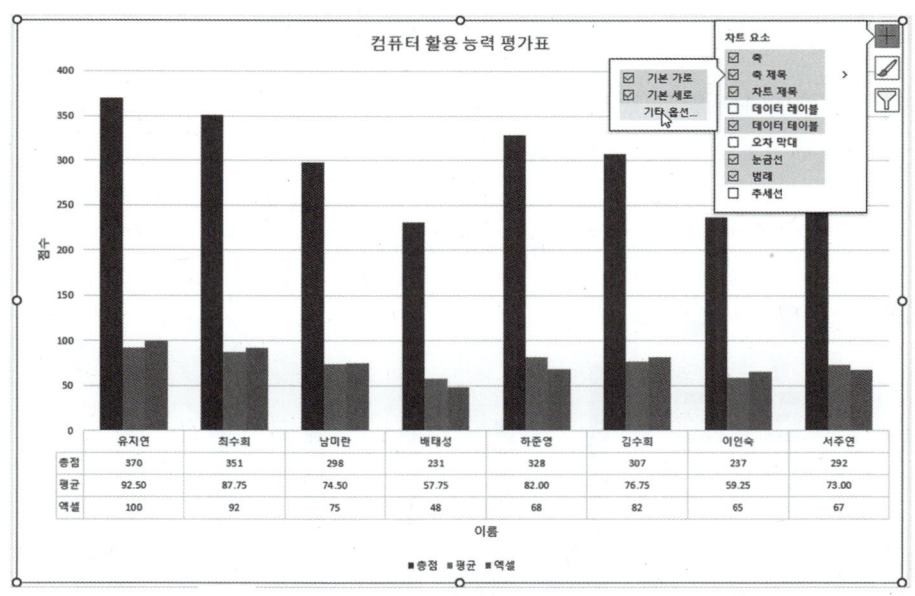

┃그림 7-27┃ 축 제목 변경하기

② 화면의 오른쪽에 [축 제목 서식]창이 나타나면 '제목 옵션'에서 [크기 및 속성](圖)을 클릭한다. '맞춤'에서 텍스트 방향을 [세로]로 변경한다. Y축 제목의 방향이 변경됨을 알 수 있다.

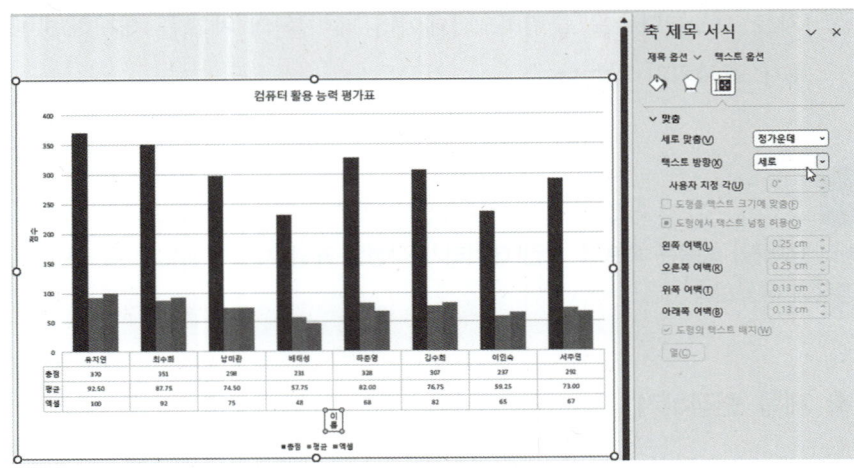

| 그림 7-28 | 축 제목 변경 결과

(5) 축 레이아웃 변경하기

X축과 Y축에 대해 레이아웃을 변경할 수 있다. 특히 Y축의 경우 눈금이 표시되는 단위값을 변경할 수 있다.

① Y축의 단위값을 변경해보자. Y축의 값을 선택하고 마우스 오른쪽 단추를 눌러 [축 서식]을 선택한다.

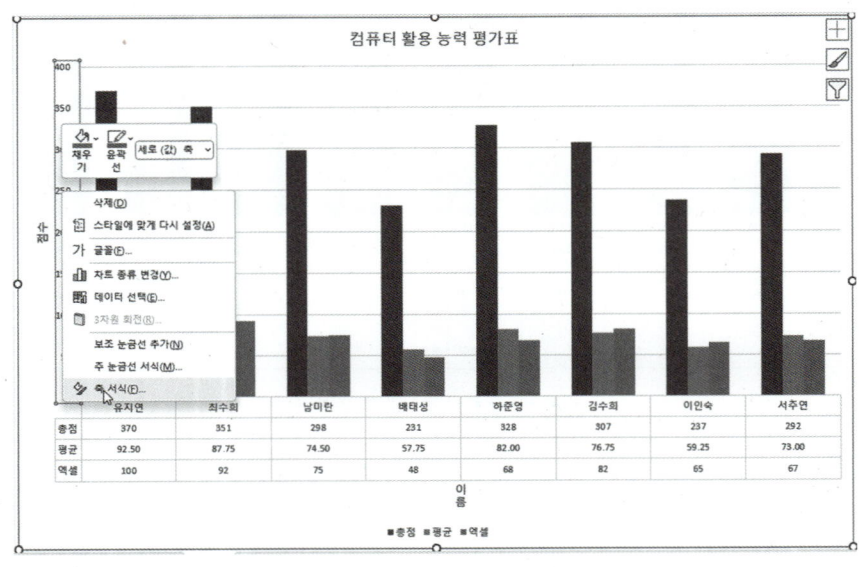

| 그림 7-29 | 축 레이아웃 변경하기

② 화면의 오른쪽에 [축 서식] 창의 [축 옵션]이 나타나면 '기본' 단위의 값을 100, '보조' 단위의 값을 50으로 변경하고 창을 닫는다.

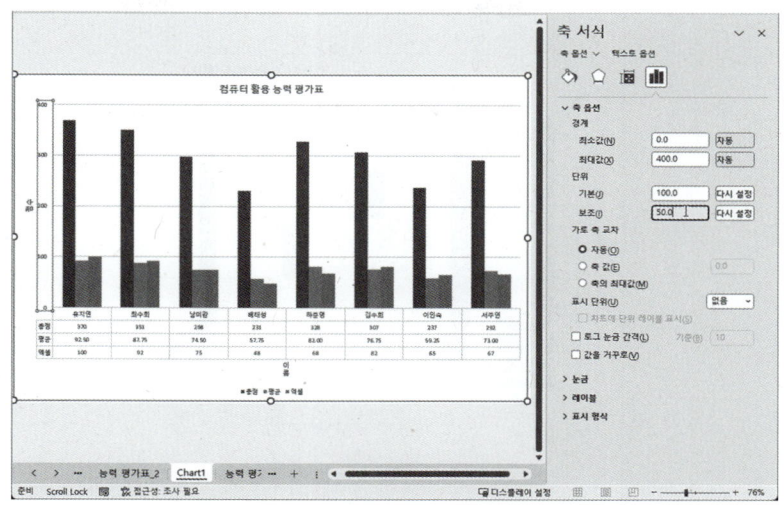

| 그림 7-30 | Y축의 주 눈금 및 보조 눈금의 단위 값 지정하기

(6) 눈금선 표시하기

차트에 나타낼 눈금선을 설정하거나 해제할 수 있다.

① [차트 요소]단추를 클릭하고 [눈금선]의 [기본 부 가로]에 체크한다. 보조 단위 간격으로 보조 눈금선이 표시된다.

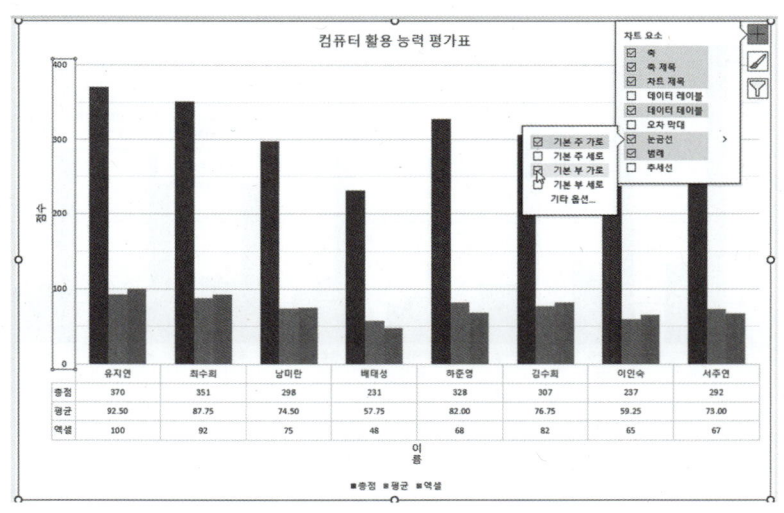

| 그림 7-31 | 가로 보조 눈금선 표시하기

TIP

눈금선의 색을 변경할 경우 보조 눈금선에서 마우스 오른쪽 단추를 누르면 [윤곽선]의 색을 바로 변경할 수 있다.

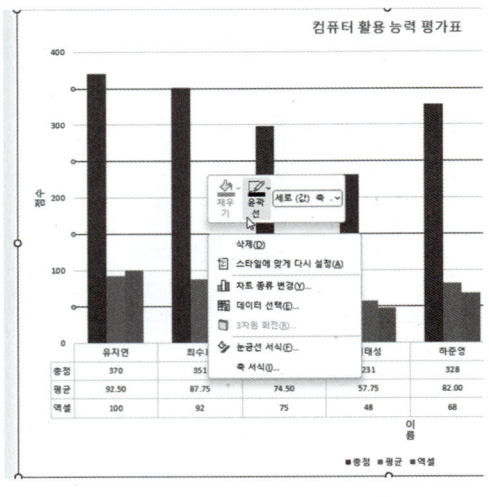

| 그림 7-32 | 윤곽선 변경하기

② 이번에는 [차트 요소]단추를 클릭하고 [눈금선]의 [기본 주 세로]에 체크한다. 세로 방향으로 눈금선이 표시된다.

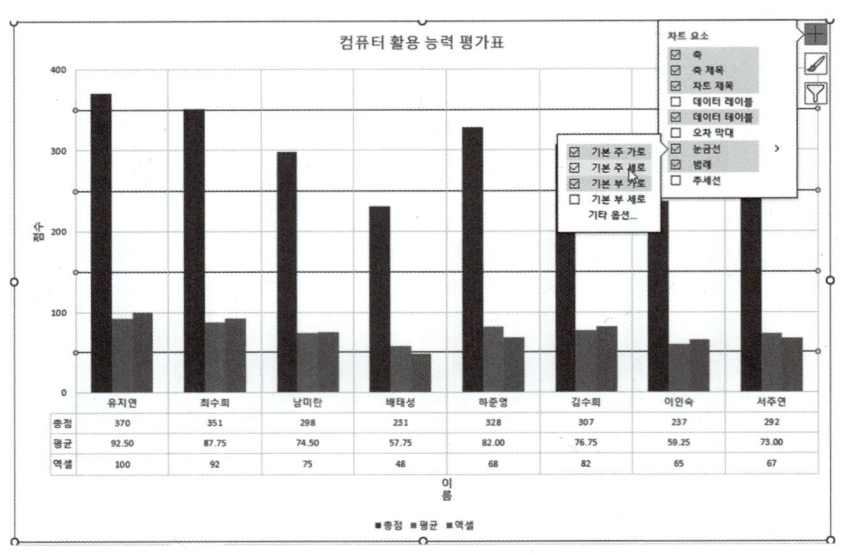

| 그림 7-33 | 눈금선 표시 결과

4 차트 서식 지정하기

차트를 좀 더 보기 좋게 만들기 위해서는 차트 구성 요소에 서식을 지정할 수 있다.

(1) 서식 지정 방법

■ [미니 도구 모음]을 이용하여 서식 지정하기

텍스트 형태를 갖는 차트 구성요소의 경우(차트 제목, 축 제목 등), 해당 영역에서 마우스 오른쪽 버튼을 선택한 후 [미니 도구 모음]의 서식 도구를 이용하여 스타일과 채우기, 윤곽선 등을 지정할 수 있다.

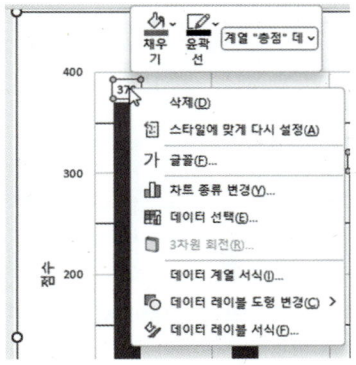

| 그림 7-34 | [미니 도구 모음]을 이용하여 차트 서식 지정하기

■ 바로가기 메뉴에서 해당 요소 서식 메뉴 이용하기

차트 요소의 영역의 바로가기 메뉴에서 해당 요소의 서식 메뉴를 사용하면 편리하게 서식을 지정할 수 있다.

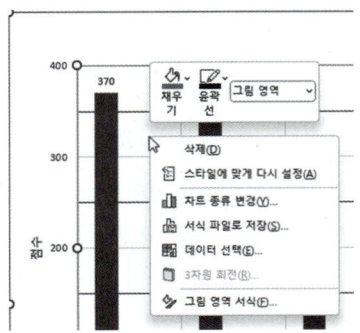

| 그림 7-35 | 바로가기 메뉴에서 차트 구성 요소 서식 메뉴 이용하기

■ [서식] 탭의 [현재 선택 영역] 그룹에서 [선택 영역 서식] 메뉴 사용하기

서식을 지정하고자 하는 차트 요소를 선택한 후, [서식] 탭의 [현재 선택 영역] 그룹에서 [선택 영역 서식]을 클릭한다. 차트 요소 선택은 해당 요소를 직접 차트에서 클릭하거나 [서식] 탭-[현재 선택 영역] 그룹의 [차트요소]의 화살표를 클릭하여 원하는 요소를 선택해도 된다.

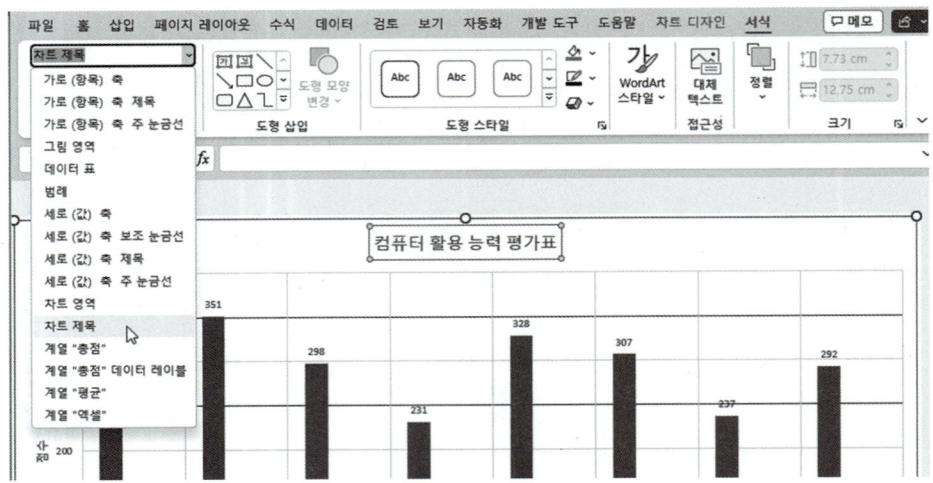

| 그림 7-36 | [현재 선택 영역] 그룹에서 차트 구성 요소 선택하기

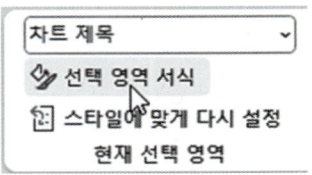

| 그림 7-37 | [선택 영역 서식] 메뉴 이용하기

> **TIP** 데이터 계열 선택 및 데이터 요소 선택하기
>
> 차트 요소 선택은 해당 요소를 직접 차트에서 클릭하여 선택할 수 있다. 데이터 계열의 선택은 해당 데이터 계열을 한 번 클릭하면 되고 그 중 한 요소인 데이터 요소를 선택하고자 할 때는 해당 데이터 요소를 다시 한 번 클릭해야 선택된다.

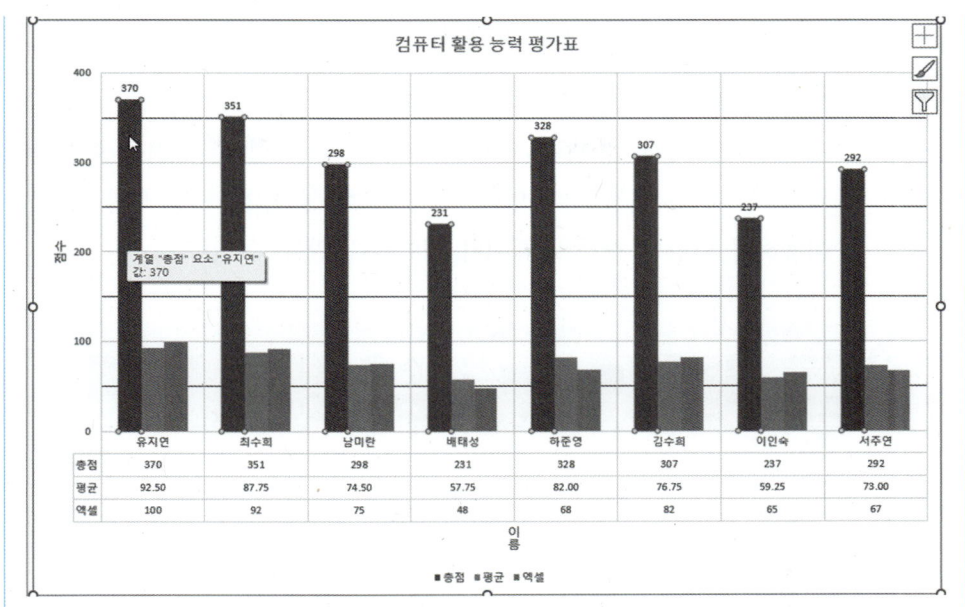

| 그림 7-38 | 총점 데이터 계열 선택

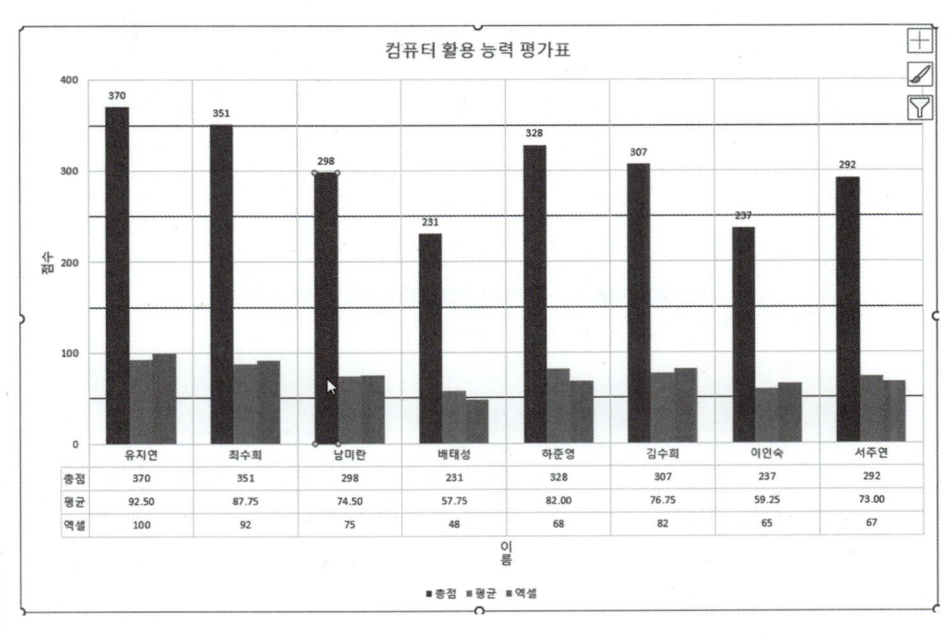

| 그림 7-39 | 총점 데이터 중 "남미란" 데이터 요소 선택

7.2 기본 차트 작성하기

(2) 차트 구성 요소에 서식 지정하여 꾸미기

■ 도형 모양 변경을 이용하여 다양한 형태의 데이터 레이블 만들기

① 차트 제목에 [서식] 탭-[WordArt 스타일]과 [도형 스타일]을 이용하여 차트의 서식을 변경할 수 있다. 또한 [도형 삽입]의 [도형 모양 변경]을 이용하면 다양한 형태의 데이터 레이블을 만들 수 있다.

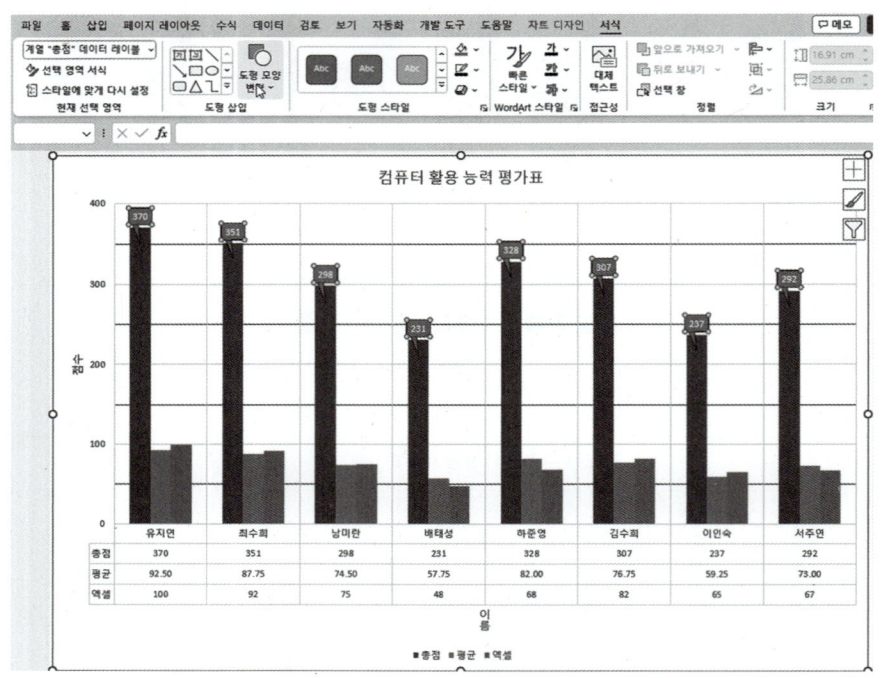

┃그림 7-40┃ 데이터 레이블 모양 변경하기

■ 차트 데이터 그림으로 표시하기

차트를 보다 이해하기 쉽도록 하기 위해서 차트의 데이터를 그림으로 채워서 표시하는 경우가 있다.

① 총점에 해당하는 데이터 계열을 그림으로 채워보자. 총점 데이터 계열을 선택한 상태에서 바로 가기 메뉴의 [데이터 계열 서식] 메뉴를 클릭한다.

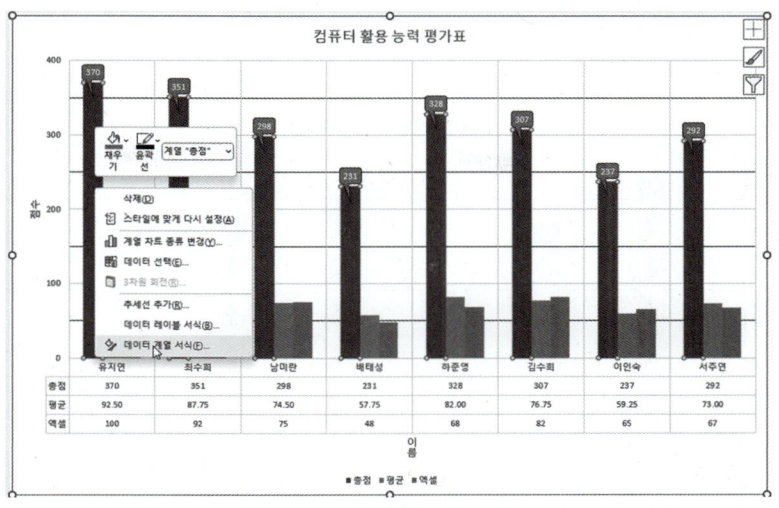

| 그림 7-41 | 총점 데이터 계열 서식 메뉴 선택하기

② 화면의 오른쪽에 [데이터 계열 서식] 창이 나타나면 '계열 옵션'에서 [채우기 및 선]을 클릭한다. [채우기]의 [그림 또는 질감 채우기]를 선택하고 [삽입]을 클릭하여 표시할 그림을 선택한다.

③ [늘이기]는 지정된 그림이 막대에 늘여져 표시된다. 좀 더 보기 좋은 그림 차트를 작성하기 위해서 각 그림이 지정 단위마다 하나씩 표시되도록 하려면 [다음 배율에 맞게 쌓기]를 선택한 후, 그림에 대한 단위 값을 지정할 수도 있다. 그림 하나당 50 단위로 표시되도록 입력한다.

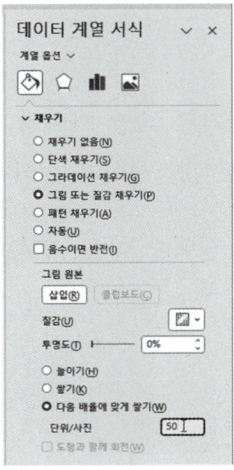

| 그림 7-42 | [데이터 계열 서식] 대화 상자의 [채우기]에 그림으로 채우기 설정

④ 그림이 지정된 단위마다 하나씩 표시되는 차트가 만들어진다.

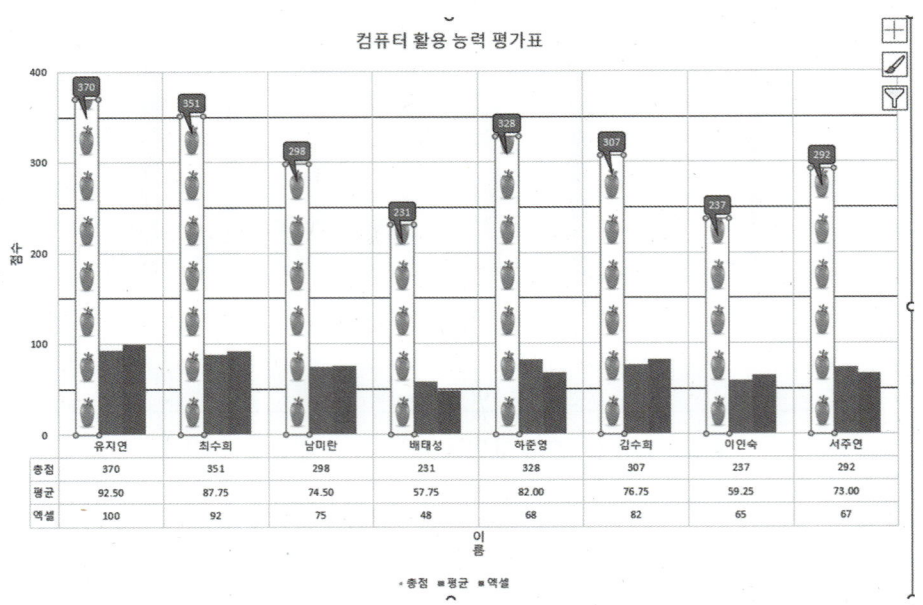

┃그림 7-43┃ 지정된 단위마다 그림이 표시되는 차트

⑤ 지정된 그림을 삭제하려면 [데이터 계열 서식] 대화상자의 [채우기] 메뉴에서 [자동]을 선택한다.

5 계열 겹치기 및 간격 너비 조절하기

(1) 계열 겹치기

막대그래프에서 계열 겹치기는 계열 사이의 간격을 조절한다. 조절값이 0이면 계열 사이가 붙고, 음수이면 사이가 벌어지고, 양수이면 겹치게 된다.

① [엑셀] 데이터 계열을 선택한 다음, 단축메뉴에서 [데이터 계열 서식]을 선택한다.

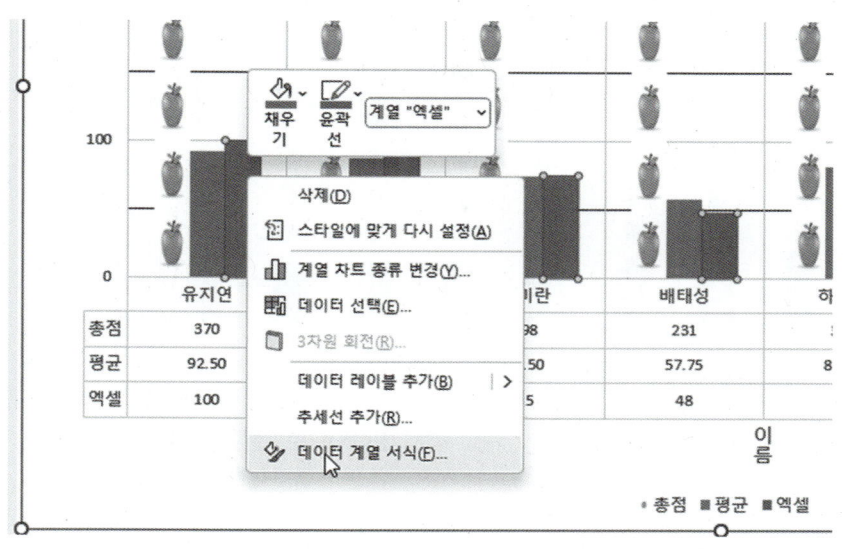

┃그림 7-44┃ 계열에서 데이터 계열 서식 선택

② [데이터 계열 서식] 대화 상자에서 '계열 겹치기'를 −40으로 설정하면 각 계열 사이의 사이가 벌어지고, 100으로 설정하면 계열이 겹쳐서 표시된다.

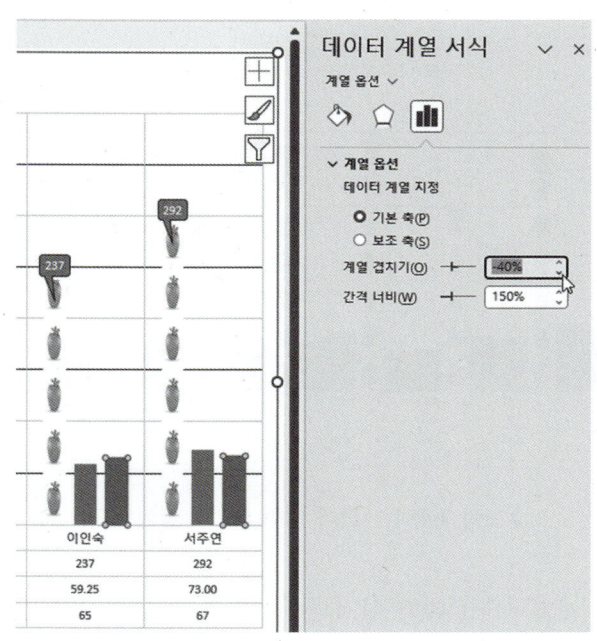

┃그림 7-45┃ 계열 겹치기 −40으로 설정 결과

7.2 기본 차트 작성하기 281

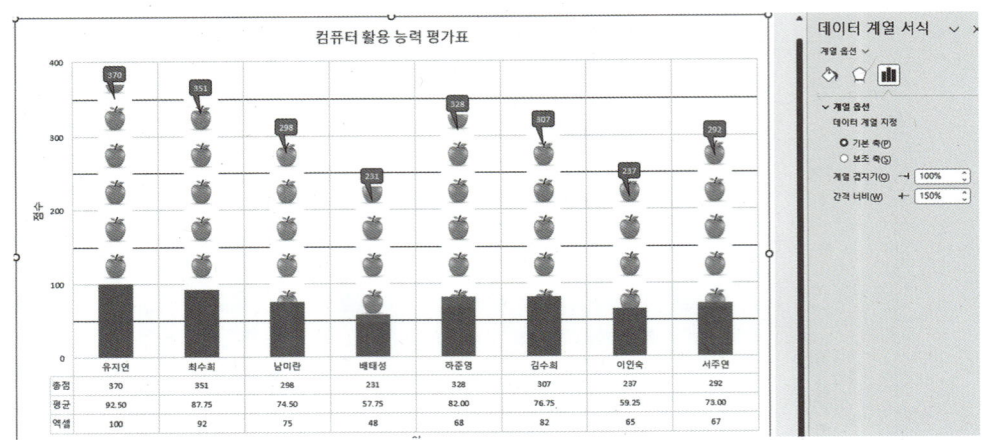

| 그림 7-46 | 계열 겹치기 100으로 설정 결과

(2) 간격 너비

간격 너비를 조정하여 계열 간 막대 사이의 간격을 조정할 수 있다.

① [데이터 계열 서식] 대화 상자의 '간격 너비' 값을 최소값인 0%로 설정하면 계열 간 간격이 없어지면서 계열 막대의 굵기가 굵어진다.

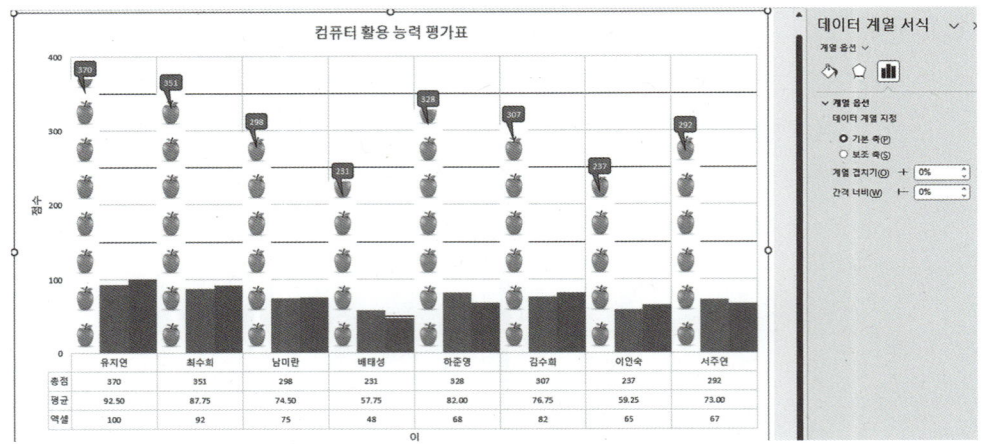

| 그림 7-47 | 간격 너비 0으로 설정 결과

② [데이터 계열 서식] 대화 상자의 '간격 너비' 값을 최대값인 500%로 설정하면 계열 간 간격이 넓어지면서 막대의 굵기가 가늘어진다.

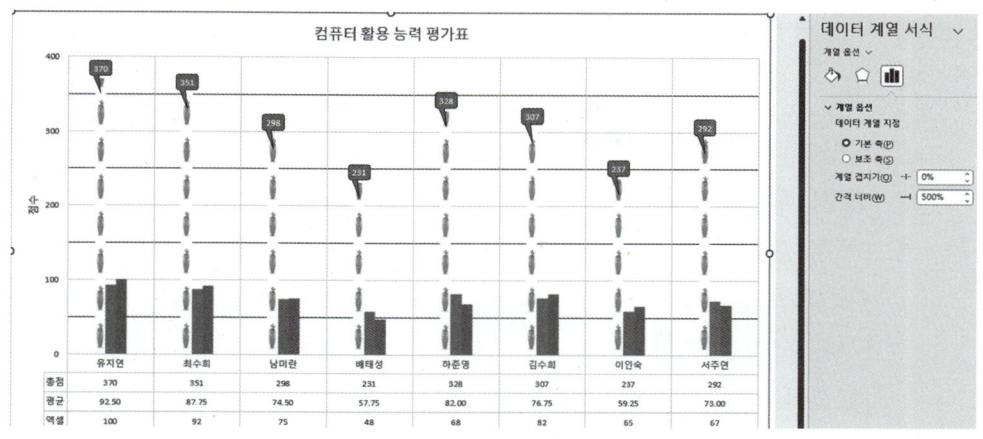

그림 7-48 간격 너비 500으로 설정 결과

7.3 혼합 차트(또는 콤보 차트) 작성하기

혼합 차트(또는 콤보 차트)란 계열마다 차트의 종류를 달리하여 차트를 작성하는 것이다. 일반적으로 데이터 계열 간 값 차이가 커서 하나의 차트로 의미 전달이 어려운 경우, 단위가 다른 계열의 자료를 표시하기 위해 하나의 축이 아닌 이중의 축을 사용하고 계열별 각기 다른 차트 종류를 혼합하는 이중축 혼합형 차트를 작성한다.

  이중축 혼합형 차트를 작성하려면 차트를 그릴 데이터 범위를 선택한 후 [삽입] 탭 -[차트] 그룹의 [차트 종류 변경] 대화 상자의 [모든 차트]에서 [혼합] 차트를 선택하면 된다. 이미 작성된 차트를 이중축 혼합형 차트로 변경하려면 [차트 디자인] 탭- [종류] 그룹의 [차트 종류 변경] 메뉴를 선택하고 [혼합] 차트를 선택하여 계열별 차트 종류와 보조축 사용 여부를 지정하여 변경한다.

[컴퓨터 활용 능력 평가표]에서 작성된 세로 막대형 차트를 이중축 혼합형 차트로 변경해보자.

① 작성된 차트를 선택한 다음, [차트 디자인] 탭- [종류] 그룹의 [차트 종류 변경] 메뉴를 선택한다.

② [차트 종류 변경] 대화 상자가 나오면 [모든 차트] 중에서 [혼합]을 선택한다. 특정 혼합형 차트 종류([묶은 세로 막대형-꺾은선형])를 선택하거나 [사용자 지정 조합]을 선택한 다음, "총점" 데이터 계열을 [꺾은선형]의 [표식이 있는 꺾은선형]의 차트로 변경하고 다른 두 데이터 계열과의 값의 차이가 크므로 "총점" 데이터가 별도의 축을 사용하도록 [보조 축]을 지정한다.

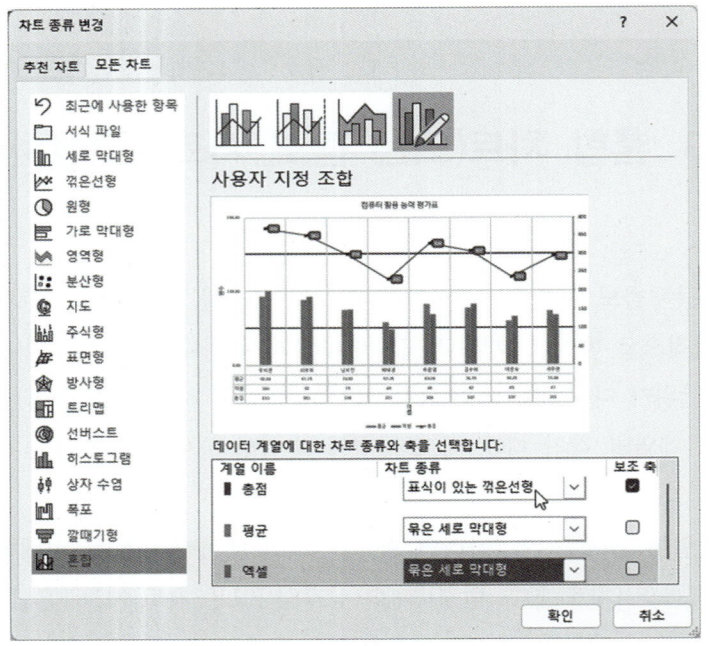

| 그림 7-49 | 차트 종류와 보조 축 설정

③ 보조 축이 삽입된 이중축의 혼합 차트가 완성된다.

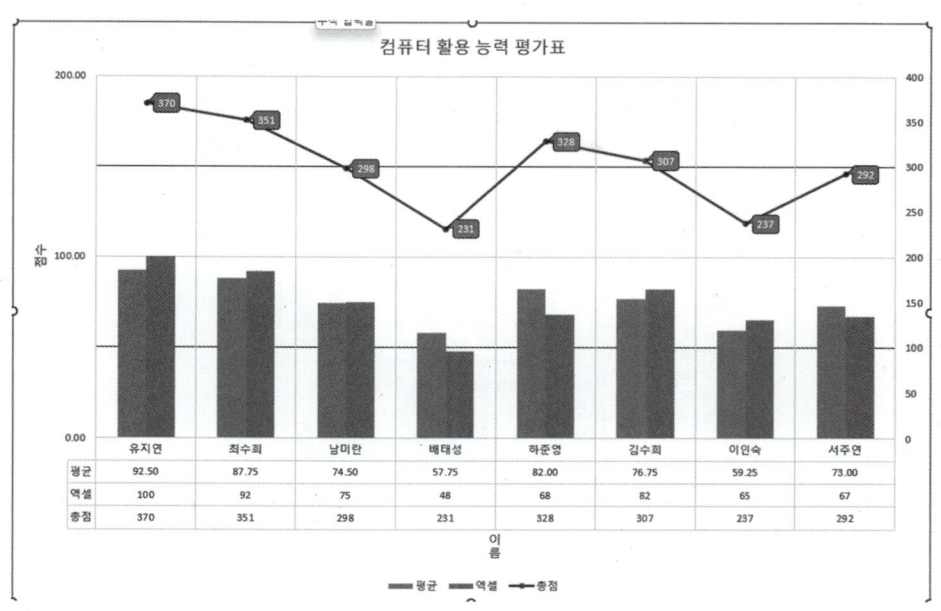

| 그림 7-50 | 이중축의 혼합 차트 완성

> **MEMO**
>
> **혼합 차트 삽입하기**
>
> 혼합 차트를 만들 데이터 범위를 선택한 다음, 바로 혼합차트(콤보 차트)를 만들 수도 있다.
>
> ① 혼합 차트를 그릴 데이터 범위를 선택한 다음, [삽입] 탭–[차트] 그룹에서 [혼합 차트 삽입]을 클릭한 후 [사용자 지정 콤보 차트 만들기]를 클릭한다. 여기서도 특정 혼합차트 종류를 선택해도 된다.
>
>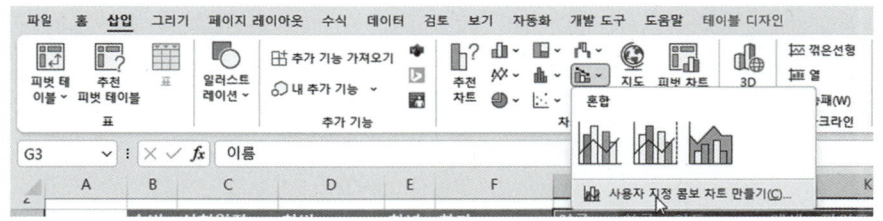
>
> | 그림 7-51 | 사용자 지정 콤보 차트 만들기
>
> ② [차트 삽입] 대화 상자의 [모든 차트] 탭–[혼합]–[사용자 지정 조합] 메뉴에서 계열에 따라 '묶은 세로 막대형' 차트나 '꺾은선형' 차트를 선택하고 보조축 사용 여부를 체크하면 쉽게 이중축 혼합형의 콤보 차트를 만들 수 있다.

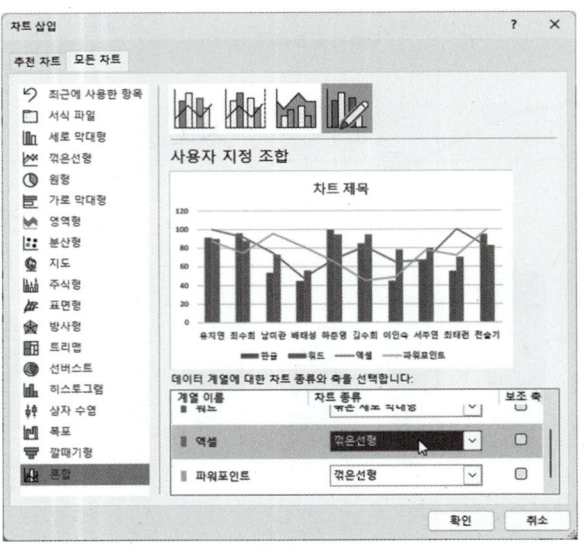

| 그림 7-52 | 사용자 지정 콤보 차트 만들기

7.4 스파크라인(Sparkline) 만들기

스파크라인은 셀(Cell)안에서 표현되는 작은 차트라고 할 수 있다. 스파크라인은 하나의 셀에 데이터의 추세를 꺾은선형과 막대형으로 쉽게 나타낼 수 있으며, 작성된 스파크라인은 [스파크라인 도구] - [디자인] 탭에서 표식과 스타일 등을 설정할 수 있다.

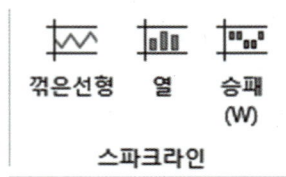

| 그림 7-53 | [삽입]-[스파크라인] 그룹

① [능력 평가표_3] 시트에서 스파크라인 항목을 추가하고 삽입할 셀(N6)을 선택한 후, [삽입] 탭 - [스파크라인] 그룹에서 [꺾은선형]을 클릭한다.

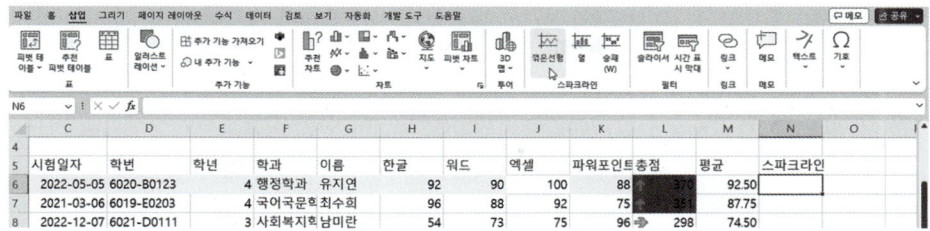

▎그림 7-54 ▎ 스파크라인에서 꺾은선형 선택

② 유지연의 데이터(H6-K6셀)를 데이터범위로 설정한다.

▎그림 7-55 ▎ 데이터 범위 설정

③ 나머지 스파크라인을 완성하기 위해 채우기 핸들을 이용하여 자동채우기 한다.

▎그림 7-56 ▎ 자동채우기를 이용한 스파크라인 결과

7.4 스파크라인(Sparkline) 만들기

④ 스파크라인 도구 [표시] 탭의 높은점을 선택하면 높은 점이 표시된다.

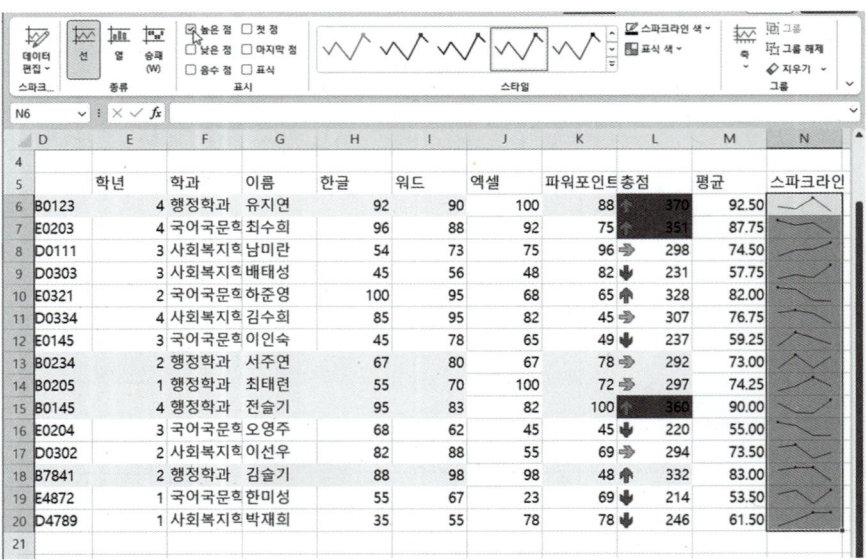

┃그림 7-57┃ 높은 점 표시하기

⑤ 스파크라인도구 [종류] 탭에서 꺾은 선형이 아닌 막대형으로 변경할 수 있다.

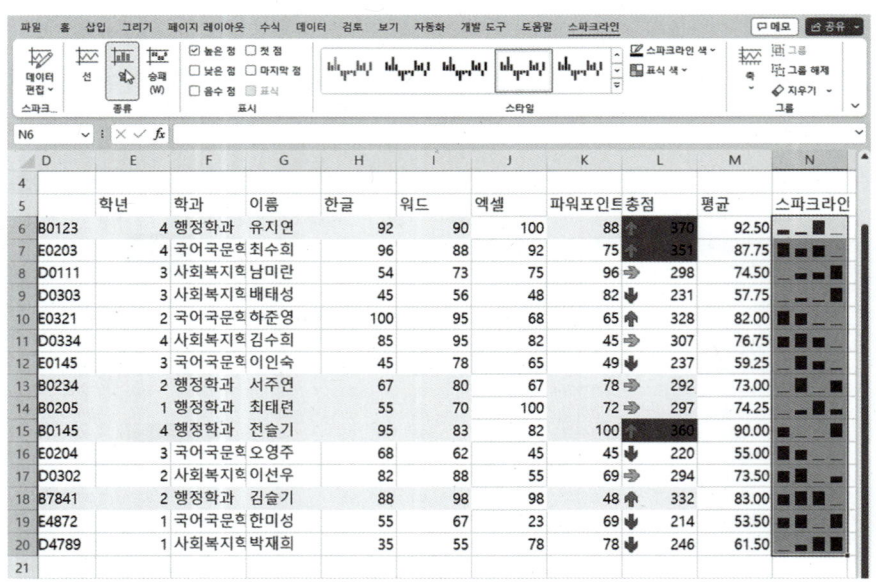

┃그림 7-58┃ 막대형 차트로 변경 결과

⑥ 스파크라인 도구 [스타일] 탭에서 다양한 스타일을 설정할 수 있다.

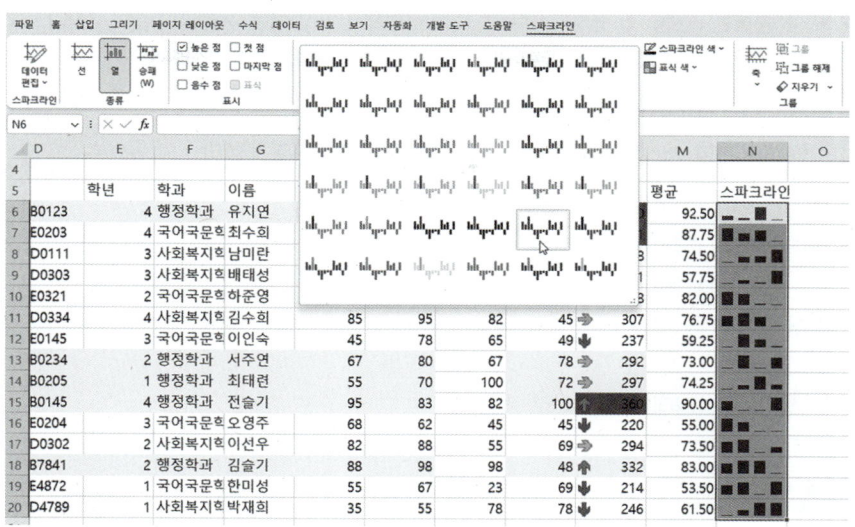

┃그림 7-59┃ 스타일 적용 결과

> **확인하기** [주방 가전 판매 현황] 원형 차트 작성하기/[초과 달성 매출 비교] 막대 차트 작성하기/[기본급/수당 지급 현황] 혼합 차트 작성하기/[중간/기말 성적 현황] 혼합 차트 작성하기

■ [주방 가전 판매 현황] 원형 차트 작성하기

시트에 입력된 데이터를 이용하여 다음 결과 화면의 원형 차트를 작성한다.

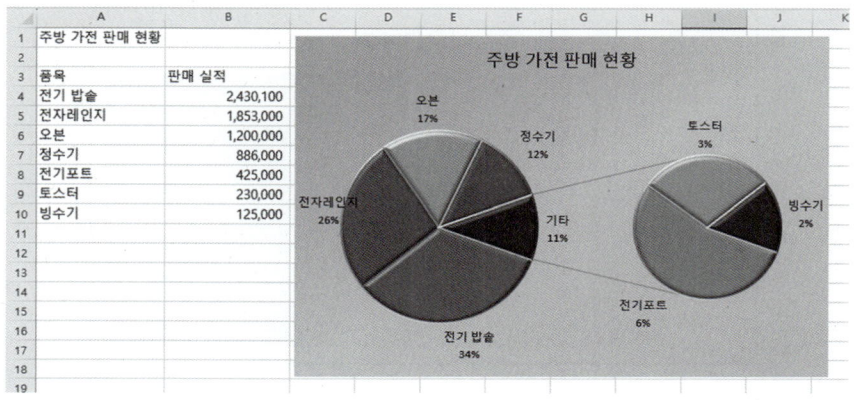

┃그림 7-60┃ [주방 가전 판매 현황] 원형 차트

POINT

① 차트의 종류는 원형 대 원형 차트로 하고, 데이터가 입력된 시트에 위치시킨다.
② 원형 대 원형의 기타에 해당되는 두 번째 원형 차트(둘째 영역)에 표시되는 데이터 요소가 그림과 같이 4개만 표시되도록 한다.

[HINT] 데이터계열 서식의 계열옵션에서 둘째 영역 값을 조정한다.

③ 둘째 영역의 크기를 45%로 설정하여 축소시킨다.
④ 차트의 제목은 "주방 가전 판매 현황"이라고 한다.
⑤ 범례는 표시하지 않는다.
⑥ 데이터 레이블은 항목 이름과 백분율이 표시되도록 하고, 레이블 위치는 바깥쪽 끝에 위치시킨다.
⑦ 차트 영역은 그라데이션 효과로 채운다.

TIP

원형 대 원형 차트를 작성하려면 기본적으로 데이터를 내림차순으로 정렬해야 한다.

■ [초과 달성 매출 비교] 막대 차트 작성하기

시트에 지역별 예상 매출 총액과 실제 매출 총액을 입력하고 초과 매출 금액을 계산한 다음, 초과 달성 매출을 비교하는 막대 차트를 작성해 보자.

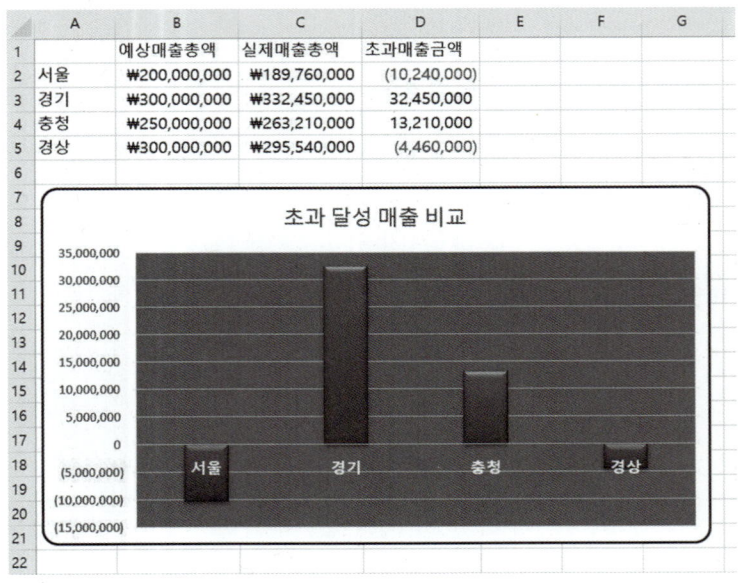

| 그림 7-61 | [초과 달성 매출 비교] 막대 차트

POINT

① 지역별 예상매출총액과 실제매출총액을 입력한 후, 초과매출금액은 실제매출총액 - 예상매출총액으로 계산한다.
② 계산 결과가 음수인 경우, 빨간색의 ( )로 표시되도록 표시 형식을 적용한다.
③ 지역별 초과매출금액을 비교하는 차트를 작성하여, 적당한 크기로 동일 시트에 위치시킨다.
④ 차트 제목은 "초과 달성 매출 비교"라고 한다.
⑤ 음수로 표시되는 차트는 다른 임의의 색으로 바꾼다.
⑥ 범례는 표시하지 않는다.
⑦ 가로(항목) 축의 항목에 해당하는 글꼴을 흰색, 굵게 바꾼다.
⑧ 그림 영역은 검정색으로 채우고, 차트 영역은 테두리를 지정(색, 너비 등)한 후, 모서리가 둥글게 표시되게 한다.

■ [기본급/수당 지급 현황] 혼합 차트 작성하기

다음은 기본급/수당 지급 현황을 나타낸 혼합 차트이다. 워크시트에 데이터를 입력하고 기본급과 수당을 비교하는 이중축 혼합형의 콤보 차트를 작성해 보자.

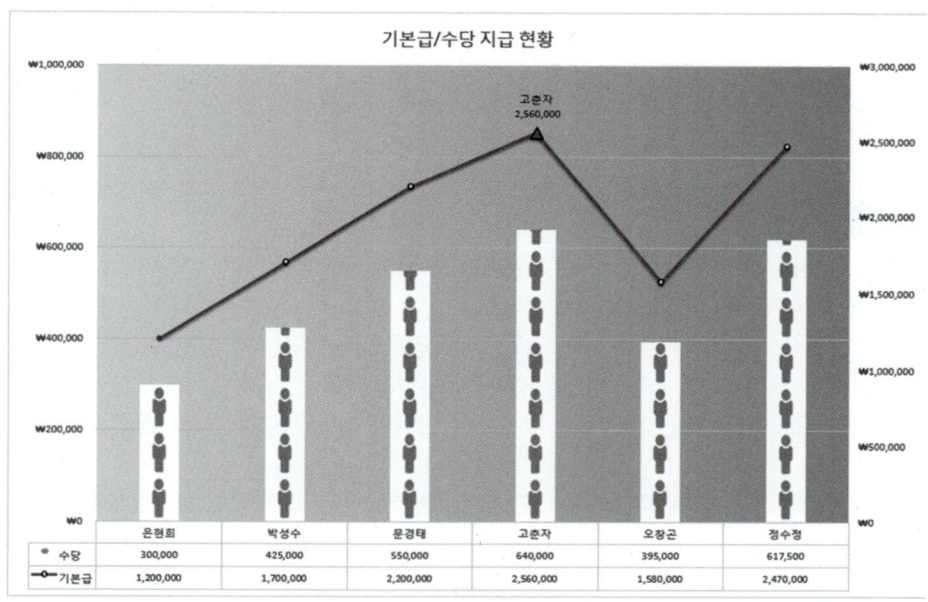

| 그림 7-62 | [기본급/수당 지급 현황] 혼합 차트

> **POINT**
> ① 차트 결과 화면의 데이터표를 참조하여 차트를 작성하기 위한 데이터를 입력한다. 수당은 기본급 * 25%로 계산한다.
> ② "수당" 데이터 계열은 묶은 세로 막대형으로 하고 기본축을 기준으로 표시한다. "기본급" 데이터 계열은 표식이 있는 꺾은 선형으로 하고 보조 축을 기준으로 표시한다.
> ③ 작성된 혼합 차트는 새로운 차트 시트(차트 시트명은 "기본급수당차트")에 위치시킨다.
> ④ 차트 제목은 "기본급/수당 지급 현황"라고 한다.
> ⑤ 범례는 표시되지 않게 한다.
> ⑥ "수당"의 데이터 계열은 (온라인) 그림을 삽입하여 표현하고 100,000 단위 배율로 표시한다.
> ⑦ 기본축의 최대값(1,000,000), 주단위(200,000) 및 표시 형식을 결과 화면과 같이 변경하고, 주눈금선을 표시한다.
> ⑧ 범례표지를 포함한 데이터표가 하단에 표시되게 한다.
> ⑨ 차트의 그림 영역에 그라데이션 효과를 설정한다.
> ⑩ 가장 높은 기본급에 해당하는 데이터 요소에 값과 항목 이름의 레이블을 위쪽에 표시한다. 이때 항목 이름과 값의 구분기호를 줄바꿈으로 설정한다.
> ⑪ 가장 높은 기본급에 해당하는 데이터 요소의 표식 모양을 삼각형으로 변경하고, 색과 크기를 눈에 띄도록 바꾼다.

■ [중간/기말 성적 현황] 혼합 차트 작성하기

워크시트에 성적 데이터를 입력하고 중간, 기말 데이터에 대한 혼합 차트를 작성해 보자.

> **POINT**
> ① 차트 그림을 참조하여 중간, 기말 계열을 묶은 세로 막대형과 데이터 표식이 있는 꺾은 선형 두 가지 종류의 차트로 작성한다.
> ② 차트 제목은 "중간/기말 성적"으로 하고 테두리를 표시한다.
> ③ 축제목은 세로쓰기로 하고, 범례는 아래쪽에 위치시킨다.
> ④ 그림영역은 그라데이션 채우기로 하고, 차트영역의 테두리를 검정색의 둥근 모서리로 지정한다.
> ⑤ "남미란"의 중간, 기말 막대 데이터만 다른 막대와 구분되도록 색상을 변경한다.
> ⑥ 설명선 도형을 해당 위치에 삽입한 후, "중간/기말 최고점수"라는 설명을 단다.

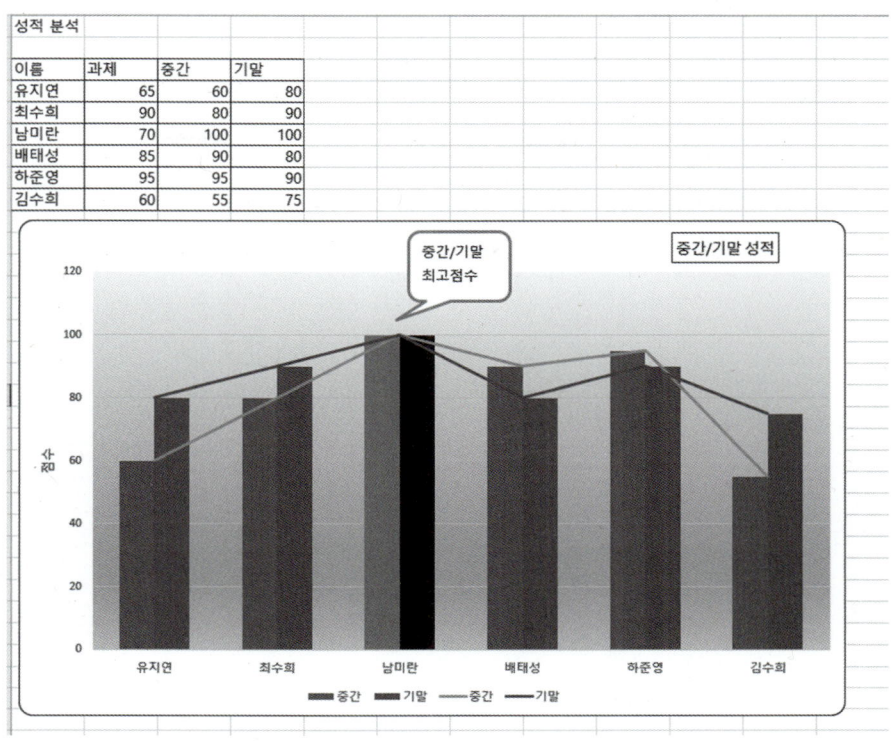

| 그림 7-63 | [중간/기말 성적 현황] 혼합 차트

CHAPTER
8

데이터 관리 및 분석하기

엑셀은 대량의 데이터를 관리하고 분석할 수 있는 다양한 기능을 제공한다. 정렬, 필터, 부분합, 피벗 테이블 등 엑셀이 제공하는 데이터베이스 관리 기능을 사용하면 대량의 데이터 목록을 보다 효율적으로 업무에 활용할 수 있다. 또한 엑셀에서 제공되는 표 기능은 더 빠르고 손쉽게 표 형식의 데이터베이스 관리를 가능하게 한다. 이외에도 데이터 관리 및 분석에 유용한 시나리오, 목표값 찾기 등의 데이터 가상 분석 기능과 입력 데이터에 대한 유효성 검사, 분산된 관련 데이터를 통합하는 기능 등을 제공한다.

8.1 데이터베이스 이해하기

데이터베이스란 무질서한 자료들에 대해 일정한 규칙을 부여하여 정리하여 둔 형태의 데이터 목록을 말한다. 데이터베이스는 행과 열로 구성되고, 행을 레코드(RECORD), 각각의 레코드를 구성하는 항목인 열을 필드(FIELD)라고 한다.

- **레코드** : 행을 지칭하며 정보의 의미 있는 최소 단위라고 한다. 학생번호 101이 있는 행에는 101과 직접적인 관련이 있는 데이터가 입력되어 있고, 101이 이동한다면 함께 이동해야 되는 데이터들이다.
- **필드** : 열을 지칭하며 동일한 성격의 데이터 단위를 말한다. 학생번호 열에는 학생번호만 입력이 되어야지 이름이 입력되어서는 안 된다. 이처럼 필드에는 동일한 의미를 갖는 데이터들이 열 방향으로 입력되어 있다. 일반적으로 데이터베이스의 첫 행에 필드 레이블이 정의되어 있다.

엑셀은 데이터 목록 요소를 데이터베이스에 적용하여 엑셀로 작성한 목록을 데이터베이스로 활용할 수 있도록 한다.

- 목록의 열은 데이터베이스에서 필드와 같다.
- 목록의 열 이름표는 데이터베이스에서 필드 이름과 같다.
- 목록의 각 행은 데이터베이스의 레코드와 같다.

순번	시험일자	학번	학년	학과	이름	한글	워드	엑셀	파워포인트
1	2022-05-05	6020-B0123	4	행정학과	유지연	92	90	100	88
2	2021-03-06	6019-E0203	4	국어국문학과	최수희	96	88	92	75
3	2022-12-07	6021-D0111	3	사회복지학과	남미란	54	73	75	96
4	2022-04-05	6021-D0303	3	사회복지학과	배태성	45	56	48	82
5	2023-05-09	6021-E0321	2	국어국문학과	하준영	100	95	68	65
6	2022-05-10	6020-D0334	4	사회복지학과	김수희	85	95	82	45
7	2023-10-10	6020-E0145	3	국어국문학과	이인숙	45	78	65	49
8	2023-12-12	6021-B0234	2	행정학과	서주연	67	80	67	78
9	2024-03-13	6022-B0205	1	행정학과	최태련	55	70	100	72
10	2021-06-25	6019-B0145	4	행정학과	전술기	95	83	82	100
11	2023-09-15	6020-E0204	3	국어국문학과	오영주	68	62	45	45
12	2023-05-16	6022-D0302	2	사회복지학과	이선우	82	88	55	69
13	2023-11-17	6022-B7841	2	행정학과	김슬기	88	98	98	48
14	2024-02-18	6023-E4872	1	국어국문학과	한미성	55	67	23	69
15	2024-03-30	6023-D4789	1	사회복지학과	박재희	35	55	78	78

│ 그림 8-1 │ 엑셀 데이터베이스 구조

TIP 데이터베이스 작성 시 주의할 점

엑셀에서 데이터베이스 관리 기능을 사용하기 위해서 데이터베이스를 작성할 때는 다음과 같은 점을 주의해야 한다.
- 병합된 셀이 존재해서는 안 된다.
- 중간에 빈 행이 삽입돼서는 안 된다.
- 필드에는 하나의 정보만 입력한다.

이러한 데이터베이스 형식의 데이터 목록을 사용하여 정렬, 필터, 부분합, 피벗 테이블 등을 적용하여 효과적인 데이터 관리 기능을 수행할 수 있다. 지금부터 이러한 구조를 갖는 데이터 목록을 가지고 데이터를 관리하는 데이터베이스의 기능을 하나씩 살펴보기로 하자.

MEMO

데이터베이스를 관리할 때에는 데이터 목록 내에 셀 포인터를 위치시키거나 해당 데이터베이스를 드래그해서 지정한 후 원하는 기능을 사용하는 메뉴를 수행해야 한다. 만약 데이터 목록 내의 셀이 선택되지 않았거나 범위 지정이 잘못된 경우에는 다음과 같은 메시지가 표시된다.

│ 그림 8-2 │ 데이터베이스 범위 지정이 잘못된 경우 에러 메시지 표시

8.2 표 기능 사용하기

엑셀에서는 데이터베이스 관리 기능을 좀 더 용이하게 할 수 있도록 표 기능을 제공한다. 데이터 범위를 표로 만들면 필터를 쉽게 할 수 있고 데이터 입력 및 서식 작업 등을 용이하게 한다. 이러한 특별한 표 기능이 필요 없는 경우 표를 일반적인 셀 범위로 변환할 수도 있다.

1 표 기능을 사용하여 특별한 표 만들기

표 기능을 이용하려면 엑셀로 작성한 일반 셀 범위를 표로 만들어야 한다.

① [컴퓨터 활용 능력 평가표] 통합 문서의 "능력 평가표_4" 시트의 데이터에 표 기능을 적용해 보자. 일반 셀 범위를 표로 만들기 위해서는 표로 작성할 데이터 범위의 임의의 셀을 선택한 후, [삽입] 탭-[표] 그룹-[표]를 클릭한다.

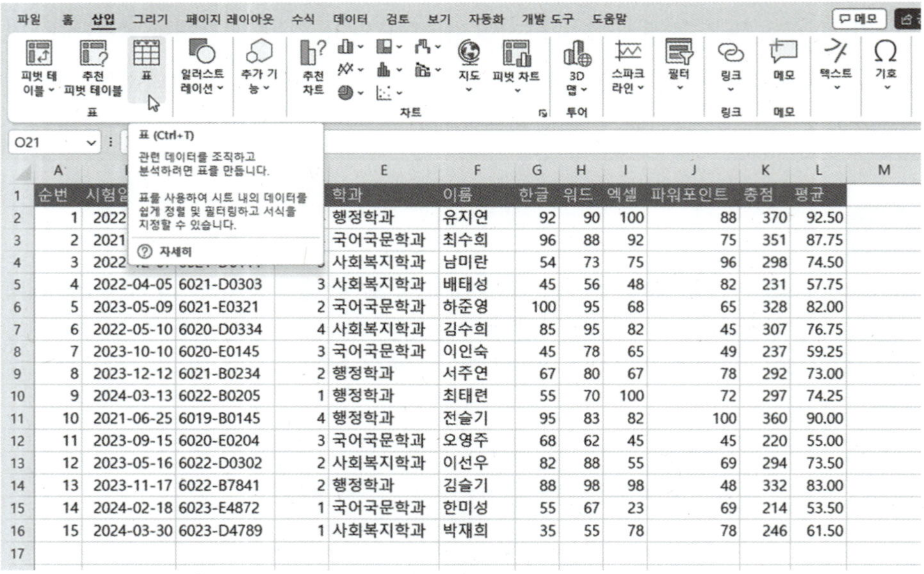

| 그림 8-3 | 표 작성 메뉴 선택하기

② 연속적인 데이터 범위가 자동으로 지정되고 범위가 제대로 되었다면 [확인]을 누른다. 범위 지정이 잘못된 경우는 드래그하여 다시 설정한다.

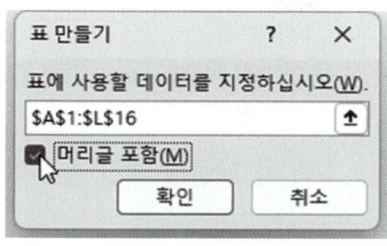

| 그림 8-4 | [표 만들기] 대화 상자

③ 일반 셀 범위가 표로 만들어진다. 기본 표 스타일이 적용되고 머리글 행에 필터 단추가 표시되며, 표와 관련된 [테이블 디자인]도 나타난다.

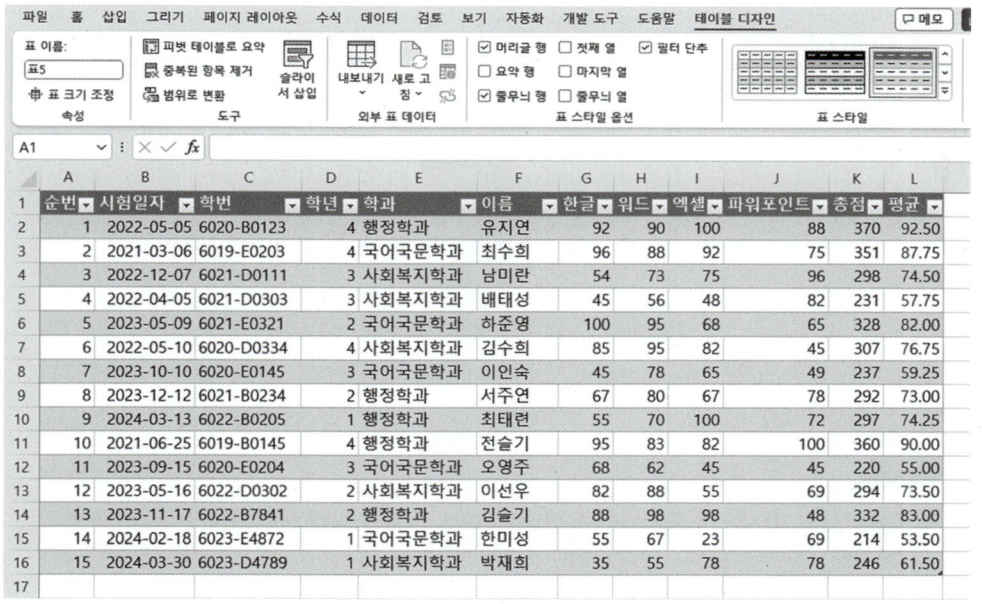

| 그림 8-5 | 표 작성 결과

> **TIP** 표를 일반 셀 범위로 변환하기
>
> 표를 일반 셀 범위로 변환하려면 [테이블 디자인]-[도구] 그룹-[범위로 변환]을 선택하면 된다. 단, 표에 지정된 서식은 그대로 유지된다.

2 표에 요약행 추가해 수식 계산하기

엑셀은 각 열의 값을 요약해주는 요약행을 제공한다. 11개의 함수를 사용하여 각 열의 값을 빠르게 요약해 준다.

① [표 스타일 옵션] 그룹의 메뉴에서 [요약 행]을 선택하면 표의 마지막에 요약행이 표시된다. 요약행의 한글 열에서 목록단추를 클릭하여 [평균] 함수를 선택하면 자동으로 한글 열에 대한 평균을 계산한다.

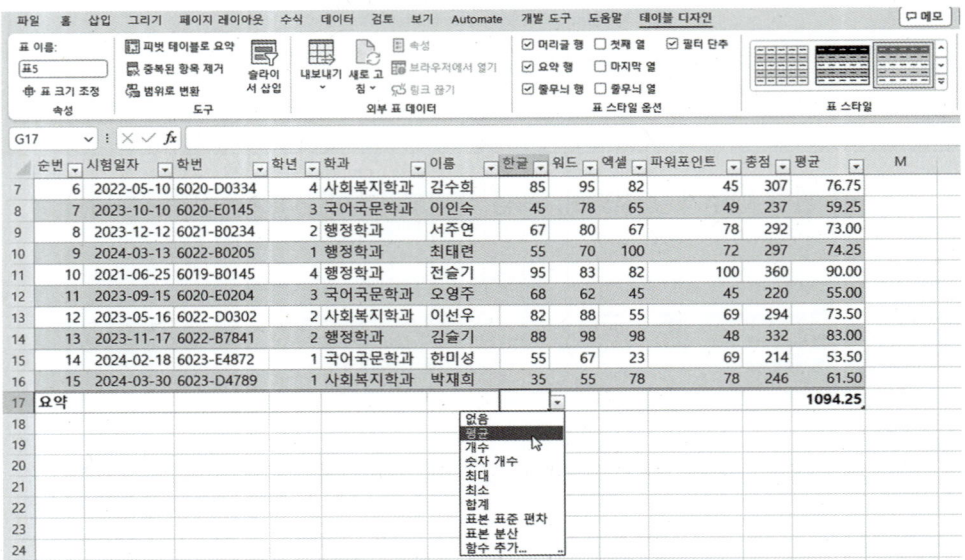

| 그림 8-6 | 요약행 표시 및 함수 적용하기

> **TIP**
>
> 요약행은 표의 마지막에 표시되며 목록에서 수치 데이터 작업에 유용한 함수를 선택하여 손쉽게 계산 작업을 할 수 있게 한다.

② 요약행의 나머지 열은 자동채우기로 채운다.

	순번	시험일자	학번	학년	학과	이름	한글	워드	엑셀	파워포인트	총점	평균
7	6	2022-05-10	6020-D0334	4	사회복지학과	김수희	85	95	82	45	307	76.75
8	7	2023-10-10	6020-E0145	3	국어국문학과	이인숙	45	78	65	49	237	59.25
9	8	2023-12-12	6021-B0234	2	행정학과	서주연	67	80	67	78	292	73.00
10	9	2024-03-13	6022-B0205	1	행정학과	최태련	55	70	100	72	297	74.25
11	10	2021-06-25	6019-B0145	4	행정학과	전슬기	95	83	82	100	360	90.00
12	11	2023-09-15	6020-E0204	3	국어국문학과	오영주	68	62	45	45	220	55.00
13	12	2023-05-16	6022-D0302	2	사회복지학과	이선우	82	88	55	69	294	73.50
14	13	2023-11-17	6022-B7841	2	행정학과	김슬기	88	98	98	48	332	83.00
15	14	2024-02-18	6023-E4872	1	국어국문학과	한미성	55	67	23	69	214	53.50
16	15	2024-03-30	6023-D4789	1	사회복지학과	박재희	35	55	78	78	246	61.50
17	요약						71	79	72	71	292	73

│그림 8-7│ 자동 채우기로 요약행 채우기

3 필드명을 참조하여 수식 작성하기

표 기능을 이용하면 표에 사용된 필드명을 수식 작성시 참조할 수 있다. 수식 작성 시 표의 필드명을 참조하려면 [필드명]의 형식으로 입력해야 한다. 또한 표에서는 수식 작성을 한 후 Enter를 입력하면 동일 열의 첫 행부터 마지막 행까지 자동으로 수식이 채워져 계산 결과가 표시된다.

① 표의 M1셀에 "가산점"이라고 새로운 열 이름을 입력한다. 입력이 완료되면 M열의 모든 행이 표와 동일 서식으로 변경된다.

	학번	학년	학과	이름	한글	워드	엑셀	파워포인트	총점	평균	가산점
2	6020-B0123	4	행정학과	유지연	92	90	100	88	370	92.50	
3	6019-E0203	4	국어국문학과	최수희	96	88	92	75	351	87.75	
4	6021-D0111	3	사회복지학과	남미란	54	73	75	96	298	74.50	
5	6021-D0303	3	사회복지학과	배태성	45	56	48	82	231	57.75	
6	6021-E0321	2	국어국문학과	하준영	100	95	68	65	328	82.00	
7	6020-D0334	4	사회복지학과	김수희	85	95	82	45	307	76.75	
8	6020-E0145	3	국어국문학과	이인숙	45	78	65	49	237	59.25	
9	6021-B0234	2	행정학과	서주연	67	80	67	78	292	73.00	
10	6022-B0205	1	행정학과	최태련	55	70	100	72	297	74.25	

│그림 8-8│ 표에 새로운 열 삽입하기

② 가산점은 엑셀 점수의 3%로 계산한다고 가정하자. 가산점을 계산할 M2를 선택한 다음 "=["를 입력하면 현재 표의 필드명이 목록으로 표시되며 여기서 계산에 사용될 [엑셀]을 더블클릭하여 수식에 참조하도록 입력한다.

	C	D	E	F	G	H	I	J	K	L	M	N
1	학번	학년	학과	이름	한글	워드	엑셀	파워포인트	총점	평균	가산점	
2	6020-B0123	4	행정학과	유지연	92	90	100	88	370	92.50	=[	
3	6019-E0203	4	국어국문학과	최수희	96	88	92	75			@ - 이 행	
4	6021-D0111	3	사회복지학과	남미란	54	73	75	96	298	74.50	(...)순번	
5	6021-D0303	3	사회복지학과	배태성	45	56	48	82	231	57.75	(...)시험일자	
6	6021-E0321	2	국어국문학과	하준영	100	95	68	65	328	82.00	(...)학년	
7	6020-D0334	4	사회복지학과	김수희	85	95	82	45	307	76.75	(...)학과	
8	6020-E0145	3	국어국문학과	이인숙	45	78	65	49	237	59.25	(...)이름	
9	6021-B0234	2	행정학과	서주연	67	80	67	78	292	73.00	(...)한글	
10	6022-B0205	1	행정학과	최태련	55	70	100	72	297	74.25	(...)워드	
11	6019-B0145	4	행정학과	전슬기	95	83	82	100	360	90.00	(...)엑셀	
12	6020-E0204	3	국어국문학과	오영주	68	62	45	45	220	55.00	(...)파워포인트	
13	6022-D0302	2	사회복지학과	이선우	82	88	55	69	294	73.50	(...)총점	
14	6022-B7841	2	행정학과	김슬기	88	98	98	48	332	83.00		
15	6023-E4872	1	국어국문학과	한미성	55	67	23	69	214	53.50		
16	6023-D4789	1	사회복지학과	박재희	35	55	78	78	246	61.50		
17					71	79	72	71	292	73		

┃그림 8-9┃ 필드명을 참조하여 수식 작성하기

③ 수식의 나머지인 "]*3%"를 입력하고 Enter를 누른다. 가산점 열의 나머지 셀들이 한꺼번에 수식이 채워져 자동으로 계산된다.

	C	D	E	F	G	H	I	J	K	L	M
1	학번	학년	학과	이름	한글	워드	엑셀	파워포인트	총점	평균	가산점
2	6020-B0123	4	행정학과	유지연	92	90	100	88	370	92.50	3
3	6019-E0203	4	국어국문학과	최수희	96	88	92	75	351	87.75	2.76
4	6021-D0111	3	사회복지학과	남미란	54	73	75	96	298	74.50	2.25
5	6021-D0303	3	사회복지학과	배태성	45	56	48	82	231	57.75	1.44
6	6021-E0321	2	국어국문학과	하준영	100	95	68	65	328	82.00	2.04
7	6020-D0334	4	사회복지학과	김수희	85	95	82	45	307	76.75	1.96
8	6020-E0145	3	국어국문학과	이인숙	45	78	65	49	237	59.25	1.95
9	6021-B0234	2	행정학과	서주연	67	80	67	78	292	73.00	2.01
10	6022-B0205	1	행정학과	최태련	55	70	100	72	297	74.25	3
11	6019-B0145	4	행정학과	전슬기	95	83	82	100	360	90.00	2.46
12	6020-E0204	3	국어국문학과	오영주	68	62	45	45	220	55.00	1.35
13	6022-D0302	2	사회복지학과	이선우	82	88	55	69	294	73.50	1.65
14	6022-B7841	2	행정학과	김슬기	88	98	98	48	332	83.00	2.94
15	6023-E4872	1	국어국문학과	한미성	55	67	23	69	214	53.50	0.69
16	6023-D4789	1	사회복지학과	박재희	35	55	78	78	246	61.50	2.34
17					71	79	72	71	292	73	

┃그림 8-10┃ 필드명 참조 수식 입력 완성

4 표에 새로운 데이터 입력하기

표로 작성된 경우, 마지막 행에 새로운 레코드를 입력하면 표 범위가 자동 확장되어 새로 추가된 행의 서식 및 수식이 자동으로 표시된다.

① 새로운 데이터를 입력하기 위해서 [요약행]을 없앤다. [테이블 디자인]의 [표 스타일 옵션]에서 [요약행]을 해제하면 된다.

② 새로운 레코드를 입력하기 위해서 A17셀을 선택한 후 데이터를 입력하고 Tab 키를 눌러 오른쪽 셀로 이동하면서 데이터를 입력하면 서식이 자동으로 설정된다. 나머지 한글, 워드, 엑셀, 파워포인트 점수를 입력하면 자동으로 총점, 평균 및 가산점이 계산된다.

	A	B	C	D	E	F	G	H	I	J	K	L
1	순번	시험일자	학번	학년	학과	이름	한글	워드	엑셀	파워포인트	총점	평균
2	1	2022-05-05	6020-B0123	4	행정학과	유지연	92	90	100	88	370	92.50
3	2	2021-03-06	6019-E0203	4	국어국문학과	최수희	96	88	92	75	351	87.75
4	3	2022-12-07	6021-D0111	3	사회복지학과	남미란	54	73	75	96	298	74.50
5	4	2022-04-05	6021-D0303	3	사회복지학과	배태성	45	56	48	82	231	57.75
6	5	2023-05-09	6021-E0321	2	국어국문학과	하준영	100	95	68	65	328	82.00
7	6	2022-05-10	6020-D0334	4	사회복지학과	김수희	85	95	82	45	307	76.75
8	7	2023-10-10	6020-E0145	3	국어국문학과	이인숙	45	78	65	49	237	59.25
9	8	2023-12-12	6021-B0234	2	행정학과	서주연	67	80	67	78	292	73.00
10	9	2024-03-13	6022-B0205	1	행정학과	최태련	55	70	100	72	297	74.25
11	10	2021-06-25	6019-B0145	4	행정학과	전슬기	95	83	82	100	360	90.00
12	11	2023-09-15	6020-E0204	3	국어국문학과	오영주	68	62	45	45	220	55.00
13	12	2023-05-16	6022-D0302	2	사회복지학과	이선우	82	88	55	69	294	73.50
14	13	2023-11-17	6022-B7841	2	행정학과	김슬기	88	98	98	48	332	83.00
15	14	2024-02-18	6023-E4872	1	국어국문학과	한미성	55	67	23	69	214	53.50
16	15	2024-03-30	6023-D4789	1	사회복지학과	박재희	35	55	78	78	246	61.50
17	16	2024-01-15	6023-B5817	1	행정학과	이오영	60	70	80	90	300	75.00

그림 8-11 레코드 삽입 시 수식 자동 표시

③ 더 이상 표 기능을 사용하지 않으려면 표를 일반 셀 범위로 되돌려야 한다. 표의 임의의 셀을 선택한 후 [테이블 디자인]의 [도구]그룹의 [범위로 변환]을 선택하여 표를 일반 셀 범위로 만든다.

8.3 정렬하기

정렬(Sort)이란 데이터베이스 목록의 정렬 기준 열의 내용에 따라 행이 다시 배열되는 과정으로 오름차순과 내림차순 정렬로 구분할 수 있다. 일반적으로는 열을 기준으로 정렬되며, 색이나 아이콘 등의 서식을 기준으로 정렬하는 기능도 제공된다.

> **MEMO**
> - 오름차순 : 한글은 ㄱ, ㄴ, ㄷ, ㄹ... ㅎ, 영어는 A, B, C... Z, 수치는 작은 수에서 큰 수로 정렬되는 방식을 말한다.
> - 내림차순 : 한글은 ㅎ, ㅌ, ㅋ... ㄱ, 영어는 Z, Y, X... A, 수치는 큰 수에서 작은 수로 정렬되는 방식을 말한다.

1 단순 정렬하기

(1) 단일 기준 정렬하기

정렬의 기준이 되는 열에 셀 포인터를 위치시킨 후, [데이터] 탭-[정렬 및 필터] 그룹의 오름차순 정렬(⤴) 아이콘 또는 내림차순 정렬(⤵) 아이콘을 선택하여 정렬할 수 있다. 또는 [홈] 탭-[편집] 그룹-[정렬 및 필터] 눌러 해당 명령을 선택해도 된다.

■ 이름(오름차순)으로 정렬하기

① 데이터베이스 목록의 이름 열에 셀 포인터를 위치시킨 후, [데이터] 탭-[정렬 및 필터] 그룹의 오름차순 정렬 아이콘을 선택한다.

순번	시험일자	학번	학년	학과	이름	한글	워드	엑셀	파워포인트	총점	평균	가산점
1	2022-05-05	6020-B0123	4	행정학과	유지연	92	90	100	88	370	92.50	3
2	2021-03-06	6019-E0203	4	국어국문학과	최수희	96	88	92	75	351	87.75	2.76
3	2022-12-07	6021-D0111	3	사회복지학과	남미란	54	73	75	96	298	74.50	2.25
4	2022-04-05	6021-D0303	3	사회복지학과	배태성	45	56	48	82	231	57.75	1.44
5	2023-05-09	6021-E0321	2	국어국문학과	하준영	100	95	68	65	328	82.00	2.04
6	2022-05-10	6020-D0334	4	사회복지학과	김수희	85	95	82	45	307	76.75	2.46
7	2023-10-10	6020-E0145	3	국어국문학과	이인숙	45	78	65	49	237	59.25	1.95
8	2023-12-12	6021-B0234	2	행정학과	서주연	67	80	67	78	292	73.00	2.01
9	2024-03-13	6022-B0205	1	행정학과	최태련	55	70	100	72	297	74.25	3
10	2021-06-25	6019-B0145	4	행정학과	전술기	95	83	82	100	360	90.00	2.46
11	2023-09-15	6020-E0204	3	국어국문학과	오영주	68	62	45	45	220	55.00	1.35
12	2023-05-16	6022-D0302	2	사회복지학과	이선우	82	88	55	69	294	73.50	1.65
13	2023-11-17	6022-B7841	2	행정학과	김슬기	88	98	98	48	332	83.00	2.94
14	2024-02-18	6023-E4872	1	국어국문학과	한미성	55	67	23	69	214	53.50	0.69
15	2024-03-30	6023-D4789	1	사회복지학과	박재희	35	55	78	78	246	61.50	2.34
16	2024-01-15	6023-B5817	1	행정학과	이오영	60	70	80	90	300	75.00	2.4

| 그림 8-12 | 정렬 아이콘을 이용하여 이름의 오름차순 정렬하기

② 이름의 가나다 순으로 정렬됨을 확인할 수 있다.

	A	B	C	D	E	F	G	H	I	J	K	L	M
1	순번	시험일자	학번	학년	학과	이름	한글	워드	엑셀	파워포인트	총점	평균	가산점
2	6	2022-05-10	6020-D0334	4	사회복지학과	김수희	85	95	82	45	307	76.75	2.46
3	13	2023-11-17	6022-B7841	2	행정학과	김슬기	88	98	98	48	332	83.00	2.94
4	3	2022-12-07	6021-D0111	3	사회복지학과	남미란	54	73	75	96	298	74.50	2.25
5	15	2024-03-30	6023-D4789	1	사회복지학과	박재희	35	55	78	78	246	61.50	2.34
6	4	2022-04-05	6021-D0303	3	사회복지학과	배태성	45	56	48	82	231	57.75	1.44
7	8	2023-12-12	6021-B0234	2	행정학과	서주연	67	80	67	78	292	73.00	2.01
8	11	2023-09-15	6020-E0204	3	국어국문학과	오영주	68	62	45	45	220	55.00	1.35
9	1	2022-05-05	6020-B0123	4	행정학과	유지연	92	90	100	88	370	92.50	3
10	12	2023-05-16	6022-D0302	2	사회복지학과	이선우	82	88	55	69	294	73.50	1.65
11	16	2024-01-15	6023-B5817	1	행정학과	이오영	60	70	80	90	300	75.00	2.4
12	7	2023-10-10	6020-E0145	3	국어국문학과	이인숙	45	78	65	49	237	59.25	1.95
13	10	2021-06-25	6019-B0145	4	행정학과	전슬기	95	83	82	100	360	90.00	2.46
14	2	2021-03-06	6019-E0203	4	국어국문학과	최수희	96	88	92	75	351	87.75	2.76
15	9	2024-03-13	6022-B0205	1	행정학과	최태련	55	70	100	72	297	74.25	3
16	5	2023-05-09	6021-E0321	2	국어국문학과	하준영	100	95	68	65	328	82.00	2.04
17	14	2024-02-18	6023-E4872	1	국어국문학과	한미성	55	67	23	69	214	53.50	0.69

│ 그림 8-13 │ 이름의 오름차순 정렬 결과

(2) 다중 기준 정렬하기

데이터 목록 내의 임의의 셀을 선택하거나 목록의 전체 범위를 지정한 후, [데이터] 탭-[정렬 및 필터] 그룹의 [정렬] 메뉴를 선택한다. 정렬 기준의 개수 제한은 없다.

■ 학년(오름차순), 학과(오름차순), 총점(내림차순)으로 정렬하기

① 데이터베이스 목록 내에 셀 포인터를 위치시키거나 목록 전체 범위를 지정한 후, [데이터] 탭-[정렬 및 필터] 그룹의 [정렬] 메뉴를 선택한다.
② [정렬] 대화상자가 나오면 [열]의 정렬 기준을 첫째 기준인 "학년"으로 설정하고, [정렬 기준]은 "셀 값"으로 [정렬]은 "오름차순"을 선택한다. 둘째 기준을 추가하기 위해서 [기준 추가]를 선택하고 "학과", "셀 값", "오름차순"으로 지정한다. 세 번째 기준도 동일한 방법으로 "총점", "셀 값"을 선택하고 "내림차순"으로 지정한다.

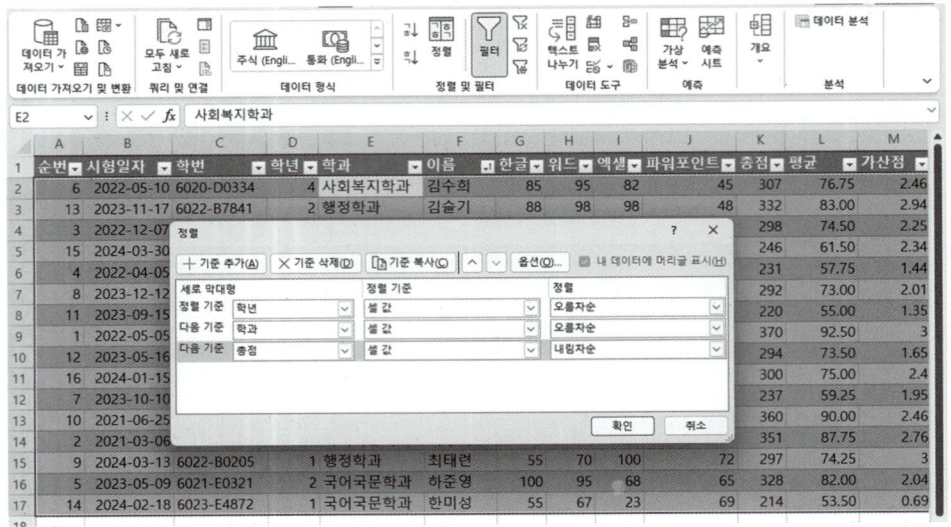

| 그림 8-14 | [정렬] 대화 상자에 정렬 기준 지정하기

③ [확인] 버튼을 클릭하면, 우선 학년 순으로 오름차순 정렬되고, 동일 학년인 경우 다음 기준인 학과의 오름차순으로 정렬되며 학과도 동일한 경우엔 총점의 내림차순으로 정렬된 것을 알 수 있다.

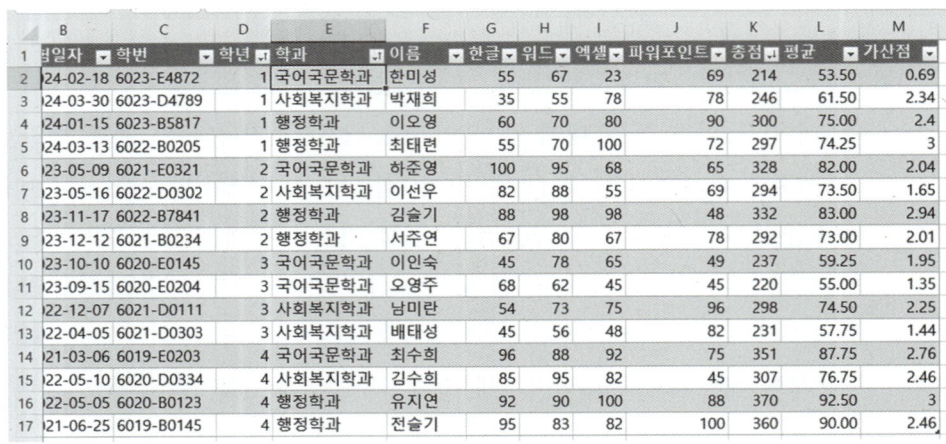

| 그림 8-15 | 다중 기준 정렬 결과

2 사용자 지정에 의한 정렬하기

데이터베이스의 정렬은 기본적으로 엑셀 내부에서 정해진 정렬순서에 의해 이루어지게 되지만 사용자가 임의의 순서로 정렬을 해야 하는 경우에는 사용자 지정 목록을 사용하여 임의의 순서로 정렬할 수 있다. 여기에서는 임의로 학과별 지정 순서(행정학과 → 사회복지학과 → 국어국문학과)를 정한 다음에 이를 기준으로 사용자 지정 정렬을 해보도록 하자.

① [데이터] 탭-[정렬 및 필터] 그룹의 [정렬] 메뉴를 선택한 후, [정렬] 대화상자가 표시되면 [학과]에 대한 [정렬]에 [사용자 지정 목록]을 선택한다. [사용자 지정 목록] 대화상자가 나오면 정렬을 원하는 순서대로 사용자 지정 목록을 만든 다음, 정렬 방법에서 정의한 목록을 지정하면 된다.

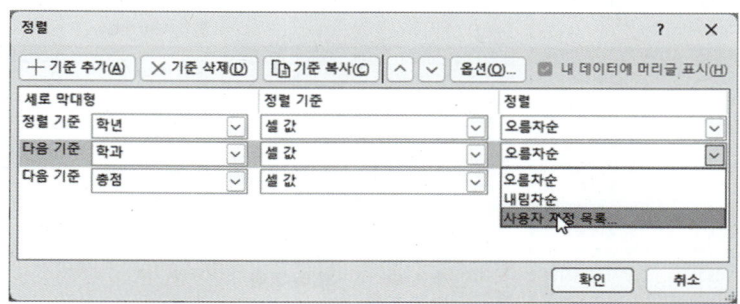

┃그림 8-16┃ 사용자 지정 정렬 기준 설정하기

② 다음은 사용자 지정 정렬 순서로 정렬된 결과이다.

	A	B	C	D	E	F	G	H	I	J	K	L	M
1	순번	시험일자	학번	학년	학과	이름	한글	워드	엑셀	파워포인트	총점	평균	가산점
2	16	2024-01-15	6023-B5817	1	행정학과	이오영	60	70	80	90	300	75.00	2.4
3	9	2024-03-13	6022-B0205	1	행정학과	최태련	55	70	100	72	297	74.25	3
4	15	2024-03-30	6023-D4789	1	사회복지학과	박재희	35	55	78	78	246	61.50	2.34
5	14	2024-02-18	6023-E4872	1	국어국문학과	한미성	55	67	23	69	214	53.50	0.69
6	13	2023-11-17	6022-B7841	2	행정학과	김술기	88	98	98	48	332	83.00	2.94
7	8	2023-12-12	6021-B0234	2	행정학과	서주연	67	80	67	78	292	73.00	2.01
8	12	2023-05-16	6022-D0302	2	사회복지학과	이선우	82	88	55	69	294	73.50	1.65
9	5	2023-05-09	6021-E0321	2	국어국문학과	하준영	100	95	68	65	328	82.00	2.04
10	3	2022-12-07	6021-D0111	3	사회복지학과	남미란	54	73	75	96	298	74.50	2.25
11	4	2022-04-05	6021-D0303	3	사회복지학과	배태성	45	56	48	82	231	57.75	1.44
12	7	2023-10-10	6020-E0145	3	국어국문학과	이인숙	45	78	65	49	237	59.25	1.95
13	11	2023-09-15	6020-E0204	3	국어국문학과	오영주	68	62	45	45	220	55.00	1.35
14	1	2022-05-05	6020-B0123	4	행정학과	유지연	92	90	100	88	370	92.50	3
15	10	2021-06-25	6019-B0145	4	행정학과	전술기	95	83	82	100	360	90.00	2.46
16	6	2022-05-10	6020-D0334	4	사회복지학과	김수희	85	95	82	45	307	76.75	2.46
17	2	2021-03-06	6019-E0203	4	국어국문학과	최수희	96	88	92	75	351	87.75	2.76

┃그림 8-17┃ 사용자 지정 정렬 결과

3 서식 기준으로 정렬하기

셀 값에 의한 정렬 이외에 셀의 배경색이나 글꼴색, 셀 아이콘 등의 서식을 기준으로 정렬이 가능하다.

① 총점에 대한 조건부 서식을 적용하여 다음과 같이 아이콘 집합을 셀에 표시한다.

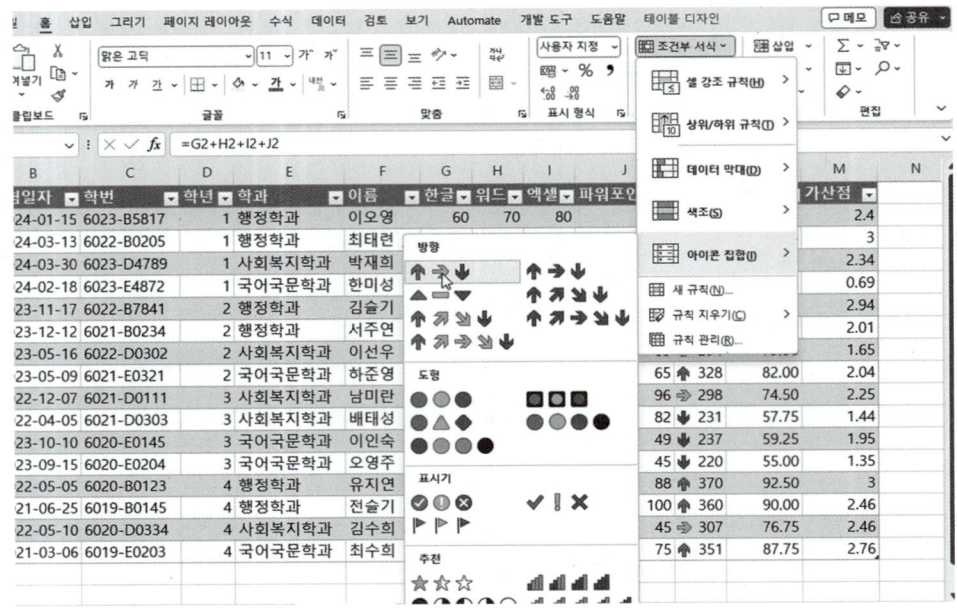

│그림 8-18│ 총점에 조건부 서식 적용하기

② [데이터] 탭-[정렬 및 필터] 그룹의 [정렬] 대화상자에서 첫 번째 기준과 두 번째 기준을 선택한 후 [기준삭제]를 클릭하여 제거한다. "총점"에 대한 [정렬기준]을 "조건부 서식 아이콘"으로 선택하고, [정렬]은 ⬆(초록 화살표)가 "위에 표시"되도록 설정한다. [기준추가]를 눌러 "총점"에 대한 [정렬기준]을 "조건부 서식 아이콘"으로 하고 ⬇을 "아래쪽에 표시"로 지정한다.

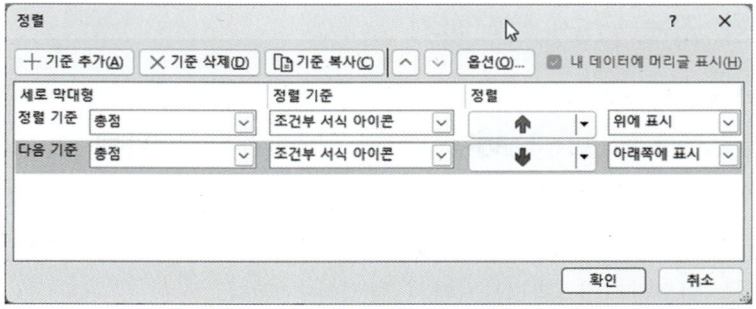

┃그림 8-19┃ 셀 아이콘 정렬 기준 설정하기

③ 셀 아이콘의 지정한 순서에 의해 정렬된다.

순번	시험일자	학번	학년	학과	이름	한글	워드	엑셀	파워포인트	총점	평균	가산점
13	2023-11-17	6022-B7841	2	행정학과	김술기	88	98	98	48 ⬆	332	83.00	2.94
5	2023-05-09	6021-E0321	2	국어국문학과	하준영	100	95	68	65 ⬆	328	82.00	2.04
1	2022-05-05	6020-B0123	4	행정학과	유지연	92	90	100	88 ⬆	370	92.50	3
10	2021-06-25	6019-B0145	4	행정학과	전술기	95	83	82	100 ⬆	360	90.00	2.46
2	2021-03-06	6019-E0203	4	국어국문학과	최수희	96	88	92	75 ⬆	351	87.75	2.76
16	2024-01-15	6023-B5817	1	행정학과	이오영	60	70	80	90 ⬆	300	75.00	2.4
9	2024-03-13	6022-B0205	1	행정학과	최태련	55	70	100	72 ➡	297	74.25	3
8	2023-12-12	6021-B0234	2	행정학과	서주연	67	80	67	78 ➡	292	73.00	2.01
12	2023-05-16	6022-D0302	2	사회복지학과	이선우	82	88	55	69 ➡	294	73.50	1.65
3	2022-12-07	6021-D0111	3	사회복지학과	남미란	54	73	75	96 ➡	298	74.50	2.25
6	2022-05-10	6020-D0334	4	사회복지학과	김수희	85	95	82	45 ➡	307	76.75	2.46
15	2024-03-30	6023-D4789	1	사회복지학과	박재희	35	55	78	78 ⬇	246	61.50	2.34
14	2024-02-18	6023-E4872	1	국어국문학과	한미성	55	67	23	69 ⬇	214	53.50	0.69
4	2022-04-05	6021-D0303	3	사회복지학과	배태성	45	56	48	82 ⬇	231	57.75	1.44
7	2023-10-10	6020-E0145	3	국어국문학과	이인숙	45	78	65	49 ⬇	237	59.25	1.95
11	2023-09-15	6020-E0204	3	국어국문학과	오영주	68	62	45	45 ⬇	220	55.00	1.35

┃그림 8-20┃ 셀 아이콘 정렬 결과

8.4 필터하기

필터(Filter)란 원본 데이터 중에서 사용자가 필요한 레코드만 걸러내어 조회하는 작업이다. 즉, 원본 데이터 중 조건에 맞는 데이터만 필터링해 주는 기능이다. 엑셀의 필터링 기능은 크게 간단히 사용할 수 있는 (자동 또는 단순) 필터 기능과 좀 더 복잡한 필터링을 지원해 주는 고급 필터가 있으며, 셀 서식으로도 필터가 가능하다.

1 (자동 또는 단순) 필터하기

추출하는 조건에 따라 레코드를 바로 찾을 수 있는 기능으로 데이터의 이동 없이 표에서 확인이 가능하다. 필터를 실행하려면 데이터베이스 내부의 임의의 셀을 선택한 후, [데이터] 탭-[정렬 및 필터] 그룹의 [필터]를 선택하거나 [홈] 탭-[편집] 그룹-[정렬 및 필터] 눌러 해당 명령을 선택해도 된다. 그리고 필터를 취소하려면 [필터]를 다시 클릭하면 된다.

(1) 항목에 대한 필터하기

■ 국어국문학과 학생 레코드 필터하기

① 목록 내의 임의의 셀을 선택한 후, [데이터] 탭-[정렬 및 필터] 그룹의 [필터]를 선택한다.

② 학과 필드의 필터 단추를 클릭한 후, [모두 선택]의 체크를 해제하고 필터 항목인 "국어국문학과"에 체크한 후, [확인]을 누른다.

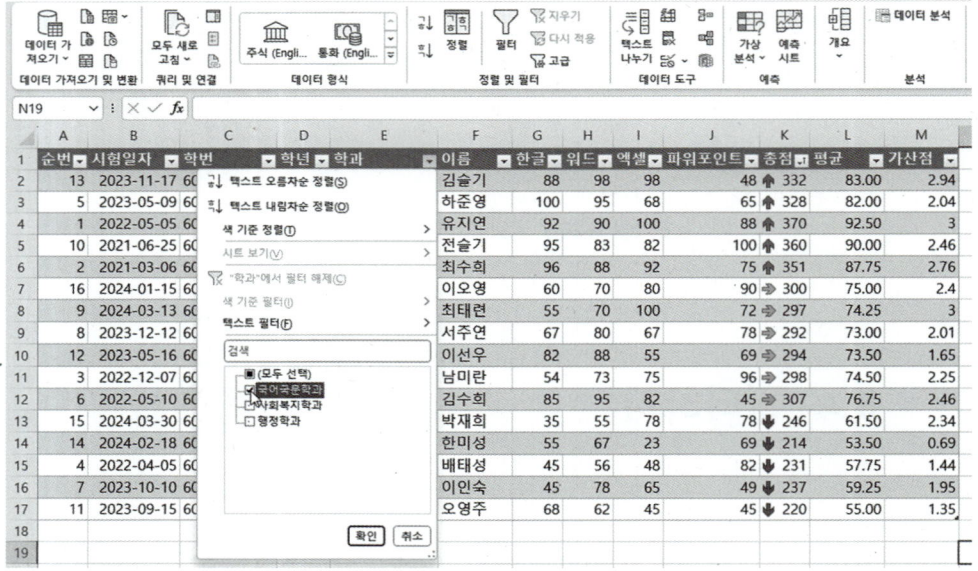

| 그림 8-21 | "국어국문학과" 데이터 필터하기

③ "국어국문학과"의 레코드만 표시된다. 나머지 레코드들은 숨겨진 상태이다.

	A	B	C	D	E	F	G	H	I	J	K	L
1	순번	시험일자	학번	학년	학과	이름	한글	워드	엑셀	파워포인트	총점	평균
13	5	2023-05-09	6021-E0321	2	국어국문학과	하준영	100	95	68	65 ↑	328	82.00
14	2	2021-03-06	6019-E0203	4	국어국문학과	최수희	96	88	92	75 ↑	351	87.75
15	14	2024-02-18	6023-E4872	1	국어국문학과	한미성	55	67	23	69 ↓	214	53.50
16	7	2023-10-10	6020-E0145	3	국어국문학과	이인숙	45	78	65	49 ↓	237	59.25
17	11	2023-09-15	6020-E0204	3	국어국문학과	오영주	68	62	45	45 ↓	220	55.00

┃ 그림 8-22 ┃ "국어국문학과" 데이터 필터 결과

> **TIP 필터 결과를 이용하여 차트 그리기**
>
> "국어국문학과"의 레코드만 필터된 결과에 대해 범위를 지정하고 차트를 작성하면 국어국문학과 데이터만의 차트를 쉽게 만들 수 있다.

④ 레코드를 모두 보려면 학과 필드의 필터 단추를 클릭하여 ["학과"에서 필터 해제]를 선택하여 지정된 조건을 해제해야 한다.

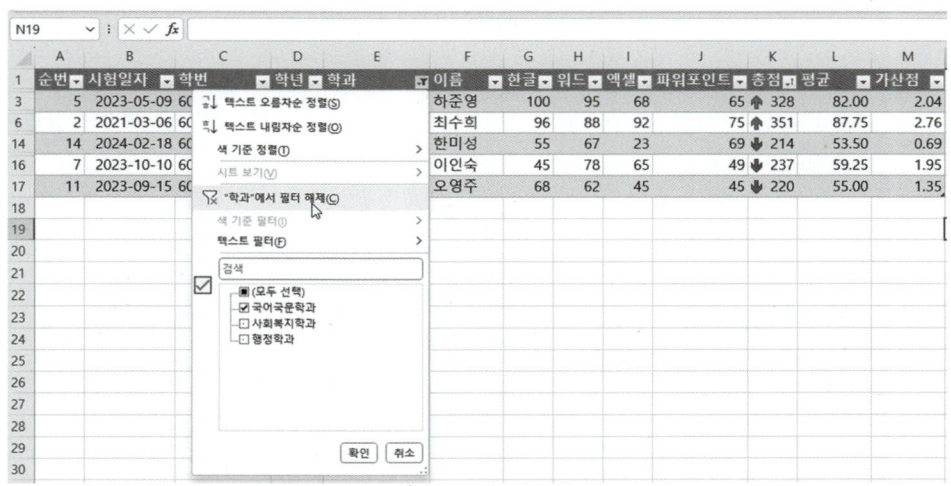

┃ 그림 8-23 ┃ 필터 해제하기

(2) 사용자 지정 필터하기

■ "김씨"와 "이씨" 성의 학생 레코드 필터하기

필터 단추에 주어진 조건이 아닌 사용자가 조건을 2개 이내에서 지정하여 작성할 수 있다. 사용자 정의 대화상자의 조건을 두 가지 입력할 수 있는 것을 고려해서 "김씨"와 "이씨" 성을 가진 학생들을 필터해 보자.

① 이름 필드의 필터 단추를 클릭하여 [텍스트 필터]-[시작문자]를 클릭한다. 또는 [사용자 지정 필터]를 선택한 후, 조건을 명시해도 된다.

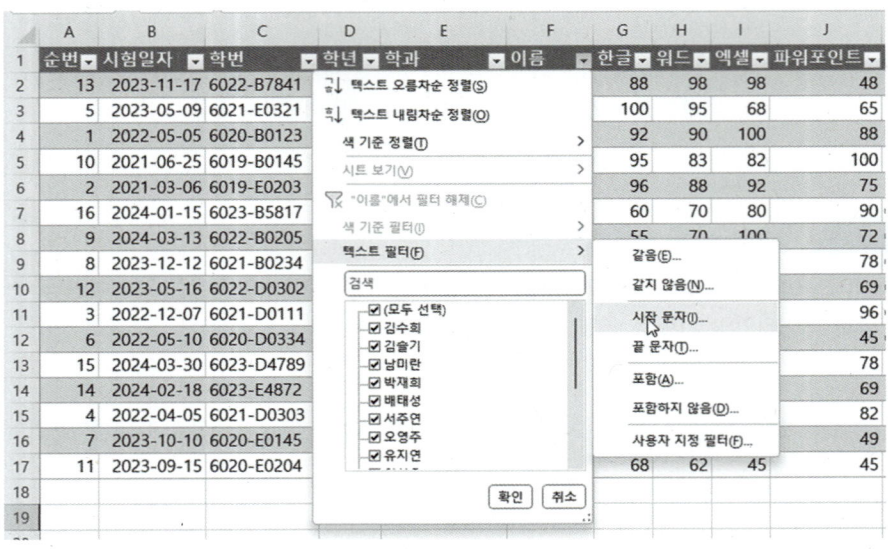

| 그림 8-24 | 사용자 지정 필터 사용하기

② [사용자 지정 자동 필터] 대화상자에 다음과 같이 지정한다. 합집합이므로 [또는]을 선택한다.

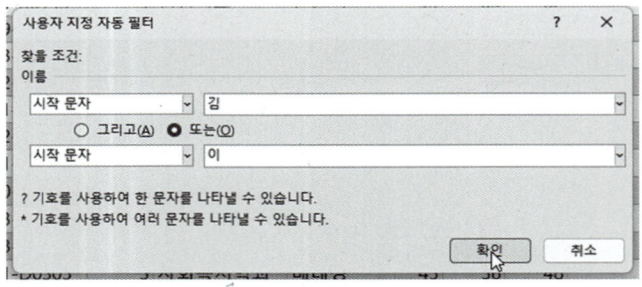

| 그림 8-25 | 사용자 지정 필터 조건 명시하기

> **MEMO**
>
> [사용자 지정 자동 필터] 대화상자의 [찾을 조건]에서 [그리고]는 위와 아래 두 조건의 교집합, [또는] 는 합집합의 개념으로 적용된다. [사용자 지정 자동 필터]를 사용하여 필터 조건을 주는 경우, 2개의 조건만 지정할 수 있다. 따라서 복잡한 조건의 경우 고급 필터를 사용해야 한다.

③ "김씨"와 "이씨" 성을 가진 학생의 레코드를 필터한 결과이다.

	A	B	C	D	E	F	G	H	I	J	K	L	M
1	순번	시험일자	학번	학년	학과	이름	한글	워드	엑셀	파워포인트	총점	평균	가산점
2	13	2023-11-17	6022-B7841	2	행정학과	김슬기	88	98	98	48 ↑	332	83.00	2.94
7	16	2024-01-15	6023-B5817	1	행정학과	이오영	60	70	80	90 ➡	300	75.00	2.4
10	12	2023-05-16	6022-D0302	2	사회복지학과	이선우	82	88	55	69 ➡	294	73.50	1.65
12	6	2022-05-10	6020-D0334	4	사회복지학과	김수희	85	95	82	45 ➡	307	76.75	2.46
16	7	2023-10-10	6020-E0145	3	국어국문학과	이인숙	45	78	65	49 ↓	237	59.25	1.95

┃ 그림 8-26 ┃ "김씨"와 "이씨" 성의 학생 데이터 필터 결과

(3) 필터 결과에 대해 다른 항목으로 필터하기

■ "김씨"와 "이씨" 성의 학생 중 학과가 "행정학과"인 학생만 필터하기(AND 연산)

한 항목에 대해 필터한 상태에서 다른 항목에 대해 필터하면 AND 연산으로 결과를 출력해 준다. 앞에서 필터한 "김씨"와 "이씨" 데이터만 필터한 결과에 대해서 학과가 "행정학과"인 레코드를 필터하면 "김씨" 또는 "이씨" 성의 학생 중 학과가 "행정학과"인 학생의 레코드만 필터할 수 있게 된다.

① "김씨"와 "이씨" 성인 데이터를 필터한 결과 상태에서 학과 항목에서 "행정학과"를 필터한다.
② 필터 결과를 확인해보면 항목 간 필터에 AND 조건이 사용되었음을 알 수 있다.

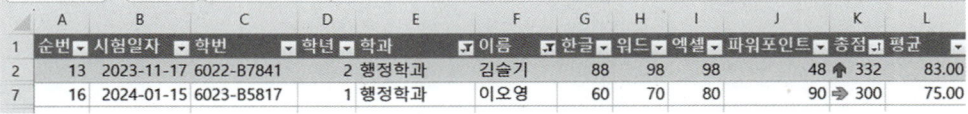

┃ 그림 8-27 ┃ "김씨"와 "이씨" 성의 "행정학과" 학생 데이터 필터 결과

> **MEMO**
> [자동 필터] 기능은 지정된 상태에서 다른 항목의 자동 필터 기능을 적용하면, 추가되는 조건이 AND 개념으로 지정되므로 주의해야 한다.

③ 지정된 두 개의 조건을 모두 제거하려면 [데이터] 탭-[정렬 및 필터] 그룹-[지우기]를 클릭한다. 또는 조건을 지정한 역순으로 조건을 해제해도 된다.

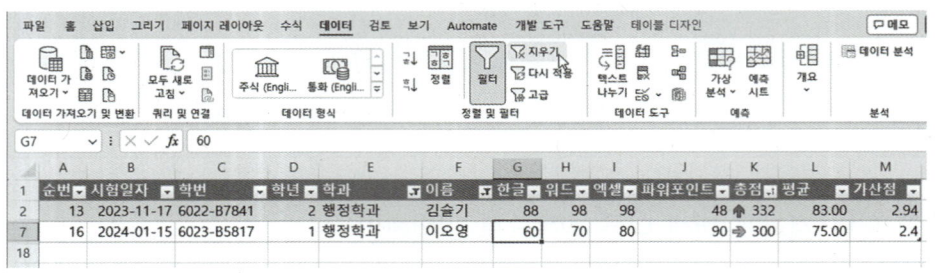

| 그림 8-28 | 필터 조건 모두 해제하기

(4) 상위/하위 데이터 필터하기

■ 총점이 상위 5위 이내의 데이터 필터하기

수치 데이터인 경우에는 지정하는 순위 또는 백분율 내의 레코드를 필터하는 기능인 상위 10 기능을 사용할 수 있다.

① 총점 필드의 필터 단추를 클릭하고 [숫자 필터]-[상위 10]을 선택한다.

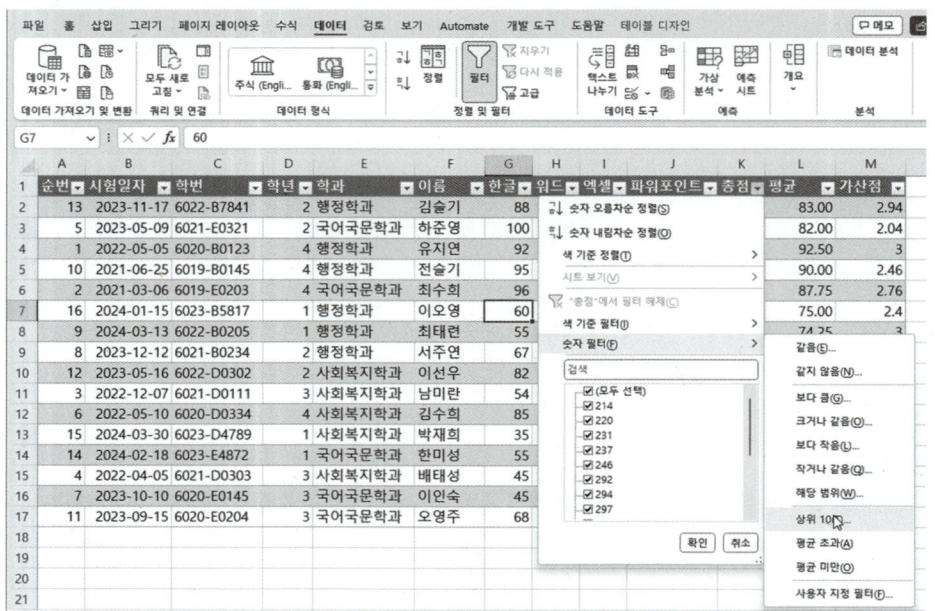

| 그림 8-29 | 총점의 [상위 10] 필터 선택하기

② 대화상자에 총점이 상위 5위 이내인 데이터 필터하기를 지정한다.

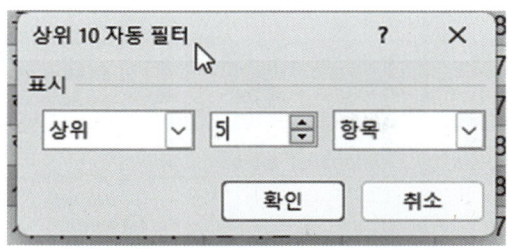

| 그림 8-30 | 상위 10 필터 조건 설정하기

> **MEMO**
>
> [상위 10 자동 필터] 대화상자의 항목
> – 큰 순서는 큰 값부터, 작은 순서는 작은 값부터 순서를 적용하는 것을 의미한다.
> – 두 번째 항목의 수치는 선택하는 기준값을 의미한다.
> – 세 번째 항목은 두 번째 항목이 필터할 개수를 의미하는지 아니면 백분율을 의미하는지에 따라 항목 또는 퍼센트로 설정한다.

③ [확인] 버튼을 클릭한다.

| 그림 8-31 | 총점이 상위 5위 이내의 데이터 필터 결과

> **MEMO**
>
> 상위 5개가 표시되지만, 내림차순으로 정렬이 되어서 표시되지는 않는다. 만약 총점의 내림차순으로 상위 5개가 표시되기를 원한다면 우선 "총점"으로 정렬된 상태에서 상위 10 필터링을 적용해야 한다.

(5) 서식 기준으로 필터하기

① 총점 필드의 필터 단추를 클릭하고 [색 기준 필터]-[셀 아이콘 기준 필터]

에서 ⬇을 선택한 후, [확인]을 누른다.

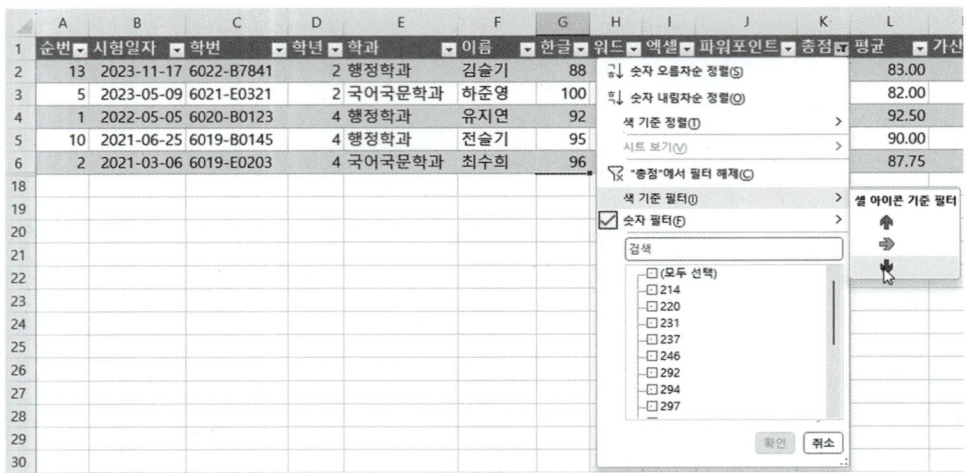

| 그림 8-32 | 셀 아이콘 기준 필터 선택하기

② 해당 셀 아이콘을 가진 데이터만 필터된다.

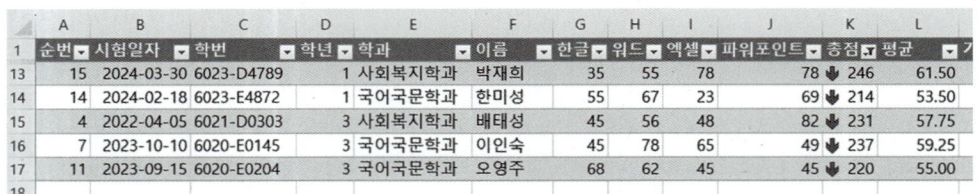

| 그림 8-33 | 총점의 셀 아이콘 기준 필터 결과

2 고급 필터하기

자동 필터 기능을 이용하면 원하는 데이터를 바로 찾을 수 있다. 그러나 자동 필터의 사용 시에는 한 항목에 대한 조건 지정이 두 개까지만 가능하고 항목 간에는 AND 연산만이 적용되며 필터된 결과가 그 자리에 그대로 표시되는 제한점이 있다. 고급 필터는 자동 필터와 역할이 같으면서도 이러한 자동 필터가 가지는 제한점을 해결하여 더욱 다양하고 복잡한 조건을 지정하거나 필터 결과를 이동해야 할 때 사용한다.

(1) 고급 필터 조건식 작성하기

고급 필터에서는 조건식을 직접 시트 상에 입력해야 한다. 이때 중요한 것은 조건식에 사용되는 필드명은 반드시 목록의 필드명과 동일한 형태여야 한다. 또한 고급 필터에서는 항목 간에 AND와 OR 연산을 모두 적용할 수 있으므로 AND와 OR 조건을 명시할 수 있어야 한다. 같은 행에 입력하는 조건은 AND 조건에 해당되고 다른 행에 입력한 조건은 OR 조건에 해당된다. 이런 원리를 이용하면 어떤 복잡한 조건이라도 식으로 나타낼 수 있게 된다. 다음 몇 가지 조건식의 예를 살펴보기로 하자.

■ AND 조건

학과	학년	평균
행정학과	2	>=90

- 의미 : 행정학과 2학년 학생 중 평균이 90 이상인 학생들의 레코드를 필터

총점	총점	이름
>=250	<=300	김*

- 의미 : 성이 김씨인 학생 중 총점이 250이상 300이하에 해당하는 학생들의 레코드를 필터

■ OR 조건

학년
1
2
3

- 의미 : 1학년, 2학년, 3학년 모든 학생의 레코드를 필터

학과	엑셀
행정학과	
	>=90

- 의미 : 학과가 행정학과거나 엑셀 점수가 90 이상인 학생들의 레코드를 필터

■ AND, OR 조건의 조합

학과	엑셀	파워포인트
국어국문학과	>=90	
행정학과		>=90

- 의미 : 국어국문학과 학생 중 엑셀 점수가 90 이상인 학생들 또는 행정학과 학생 중 파워포인트 점수가 90 이상인 학생들의 레코드를 필터

총점	총점
>=270	<=300
<200	

- 의미 : 총점이 200 미만이거나 또는 270 이상 300이하에 해당하는 학생 데이터를 필터

(2) 고급 필터링으로 데이터 추출하기

■ 국어국문학과 학생 중 엑셀 점수가 90 이상인 학생들과 행정학과 학생 중 파워포인트 점수가 90 이상인 학생들의 레코드를 필터하기

학과	엑셀	파워포인트
국어국문학과	>=90	
행정학과		>=90

위의 조건식으로 필터링 작업을 해보자.

① 필터에 사용될 조건을 임의의 셀(B19)에 입력한다.
② 목록 내의 임의의 셀을 선택한 후 [데이터] 탭-[정렬 및 필터] 그룹의 [고급] 명령을 선택한다.

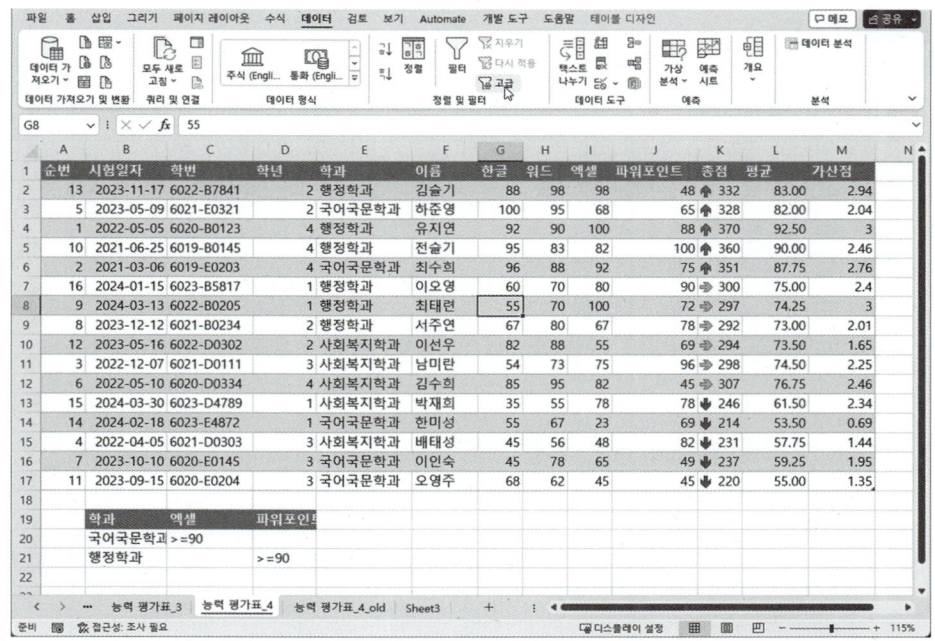

| 그림 8-34 | 필터 조건 입력 및 고급 필터 선택하기

③ [고급 필터] 대화상자가 나타난다. 목록 범위가 자동으로 선택되어 [목록 범위] 값으로 지정된다. 찾을 조건(B19:D21)을 [조건 범위]에 지정한다.

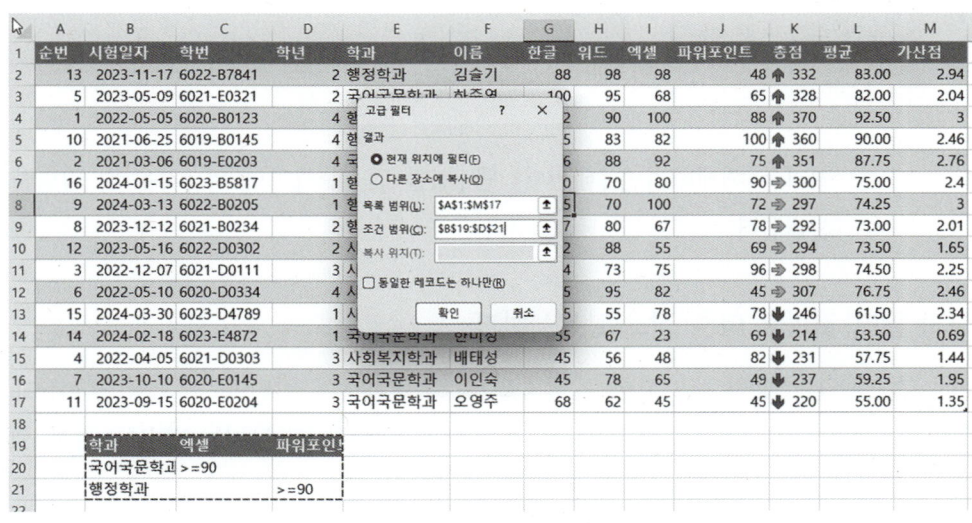

| 그림 8-35 | 고급 필터 설정하기

8.4 필터하기

> **MEMO**
>
> **[고급 필터] 대화상자**
> - [현재 위치에 필터] : 원본데이터는 보이지 않고 필터링된 데이터가 현재 위치에 표시
> - [다른 장소에 복사] : 필터된 결과를 다른 장소에 복사하는데 사용되며 [복사위치] 항목에서 결과를 복사할 셀을 지정
> - [목록 범위] : 원본 데이터의 범위
> - [조건 범위] : 조건식을 세운 범위
> - [동일한 레코드는 하나만] : 찾을 조건을 만족하는 행에서 중복되는 행을 제외

④ 필터된 결과는 다음과 같다.

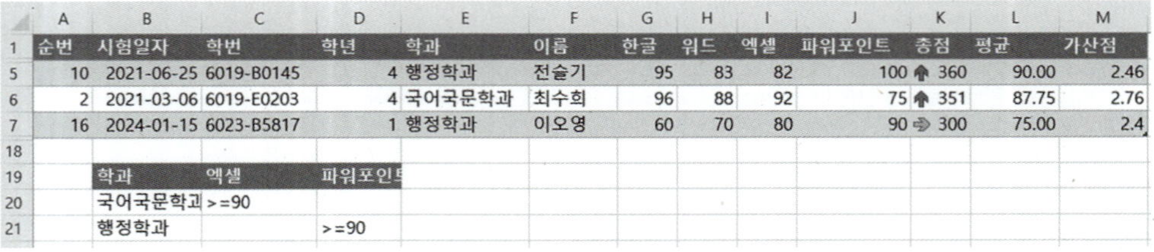

	A	B	C	D	E	F	G	H	I	J	K	L	M
1	순번	시험일자	학번	학년	학과	이름	한글	워드	엑셀	파워포인트	총점	평균	가산점
5	10	2021-06-25	6019-B0145	4	행정학과	전슬기	95	83	82	100	360	90.00	2.46
6	2	2021-03-06	6019-E0203	4	국어국문학과	최수희	96	88	92	75	351	87.75	2.76
7	16	2024-01-15	6023-B5817	1	행정학과	이오영	60	70	80	90	300	75.00	2.4
18													
19	학과	엑셀		파워포인트									
20	국어국문학과	>=90											
21	행정학과			>=90									

│그림 8-36│ 고급 필터 결과

> **TIP**
> - 고급 필터 사용 시 특별한 지정을 하지 않는 한, 원본 데이터의 모든 필드 즉, 항목 전체에 필터 결과가 표시된다.
> - 복사위치를 지정하지 않으면 데이터 목록이 있는 위치에 필터 결과가 나타난다.

⑤ 필터를 해제하려면 [데이터] 탭-[정렬 및 필터] 그룹의 [지우기] 명령을 선택한다.

(3) 필터 결과를 다른 장소로 복사하기

① 동일한 방법으로 고급 필터링을 재 수행하는데 이번에는 [고급 필터] 대화상자에서 [다른 장소에 복사] 항목을 선택한 후 [복사 위치]를 특정 셀(A23)로 지정해보자. 특정 셀을 클릭하면 자동 지정된다.

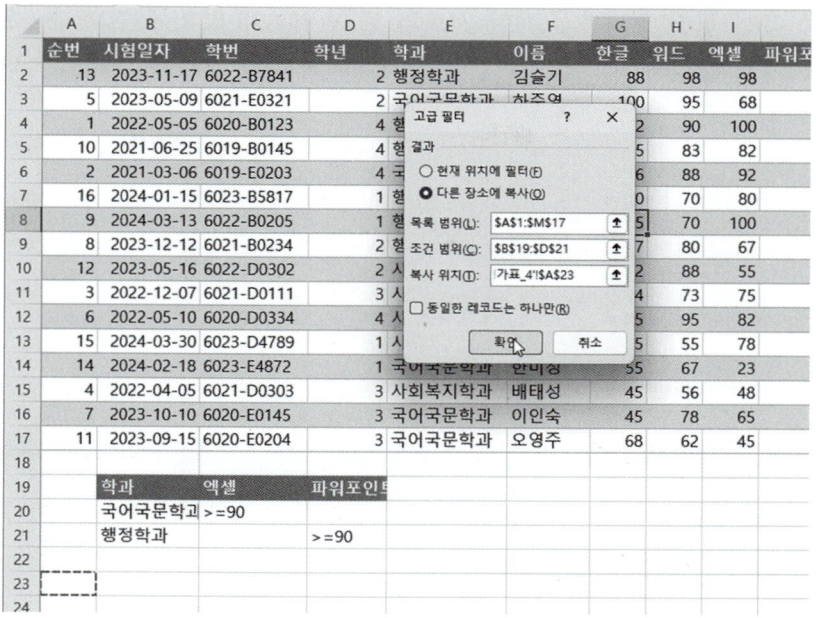

|그림 8-37| 필터 결과 다른 장소 복사하기

② 필터된 결과가 A23 셀부터 표시된다.

|그림 8-38| 다른 장소로 복사된 필터 결과

(4) 원하는 필드만 결과로 표시하기

① 앞 예에서 필터 결과는 조건을 만족하는 데이터에 대한 모든 필드를 표시한다. 고급 필터 기능을 이용하면 조건에 맞는 데이터 중 특정 필드만 결과로 표시할 수 있다. 위 예에서 학번, 학년, 학과, 이름, 평균만 필터 결과 값으로 표시해보자.

② 우선 필터 결과를 표시할 시트의 셀 범위(A28-E28)에 결과 값으로 보고 싶은 필드에 해당하는 필드명인 "학번", "학년", "학과", "이름", "평균"을 입력한다.

	A	B	C	D	E	F	G	H	I	J	K	L
13	15	2024-03-30	6023-D4789	1	사회복지학과	박재희	35	55	78	78	⬇ 246	61.50
14	14	2024-02-18	6023-E4872	1	국어국문학과	한미성	55	67	23	69	⬇ 214	53.50
15	4	2022-04-05	6021-D0303	3	사회복지학과	배태성	45	56	48	82	⬇ 231	57.75
16	7	2023-10-10	6020-E0145	3	국어국문학과	이인숙	45	78	65	49	⬇ 237	59.25
17	11	2023-09-15	6020-E0204	3	국어국문학과	오영주	68	62	45	45	⬇ 220	55.00
18												
19		학과	엑셀	파워포인트								
20		국어국문학과	>=90									
21		행정학과		>=90								
22												
23	순번	시험일자	학번	학년	학과	이름	한글	워드	엑셀	파워포인트	총점	평균
24	10	2021-06-25	6019-B0145	4	행정학과	전슬기	95	83	82	100	360	90.00
25	2	2021-03-06	6019-E0203	4	국어국문학과	최수희	96	88	92	75	351	87.75
26	16	2024-01-15	6023-B5817	1	행정학과	이오영	60	70	80	90	300	75.00
27												
28	학번	학년	학과	이름	평균							
29												

| 그림 8-39 | 필터 결과로 표시될 필드명 입력하기

③ 셀 포인터를 데이터베이스 목록내의 임의의 셀로 이동한 다음, 고급필터를 실행하고 [고급필터] 대화상자에서 [목록 범위], [조건 범위]를 지정한다. [복사위치]를 입력해 둔 필드 항목에 해당하는 셀 범위(A28-E28)를 지정한다.

④ [확인]을 클릭하면 고급필터를 통해 추출되는 데이터 중에서 복사해 둔 필드 항목에 해당하는 데이터만 표시됨을 알 수 있다.

	A	B	C	D	E	F	G	H	I	J	K	L
16	7	2023-10-10	6020-E0145	3	국어국문학과	이인숙	45	78	65	49	⬇ 237	59.25
17	11	2023-09-15	6020-E0204	3	국어국문학과	오영주	68	62	45	45	⬇ 220	55.00
18												
19		학과	엑셀	파워포인트								
20		국어국문학과	>=90									
21		행정학과		>=90								
22												
23	순번	시험일자	학번	학년	학과	이름	한글	워드	엑셀	파워포인트	총점	평균
24	10	2021-06-25	6019-B0145	4	행정학과	전슬기	95	83	82	100	360	90.00
25	2	2021-03-06	6019-E0203	4	국어국문학과	최수희	96	88	92	75	351	87.75
26	16	2024-01-15	6023-B5817	1	행정학과	이오영	60	70	80	90	300	75.00
27												
28	학번	학년	학과	이름	평균							
29	6019-B0145	4	행정학과	전슬기	90.00							
30	6019-E0203	4	국어국문학과	최수희	87.75							
31	6023-B5817	1	행정학과	이오영	75.00							

| 그림 8-40 | 원하는 필드만 표시 결과

8.5 부분합 사용하기

엑셀이 제공하는 데이터 분석 도구 중에서 핵심적인 기능 중 하나가 바로 부분합이다. 부분합(Subtotal)이란 정렬된 데이터베이스 목록의 소계를 구하는 기능이다. 부분합을 사용하기 전에 해당 기준에 따라 정렬이 되어 있어야 하며, 부분합을 이용하여 기준을 정한 부분에 대해 합계나 평균 같은 요약 함수로 부분합 값을 계산할 수 있다.

1 부분합으로 데이터 요약하기

■ 학과별 총점의 평균 구하기

① 부분합을 이용하여 학과별 소계를 구하려면 우선 학과별로 정렬을 해야 한다. 학과별 정렬은 사용자 지정 정렬 방법을 사용하여 "사회복지학과, 행정학과, 국어국문학과" 순으로 정렬한다.

② 데이터가 기준에 따라 정렬된 상태에서 [데이터] 탭-[개요] 그룹에서 [부분합]을 선택한다.

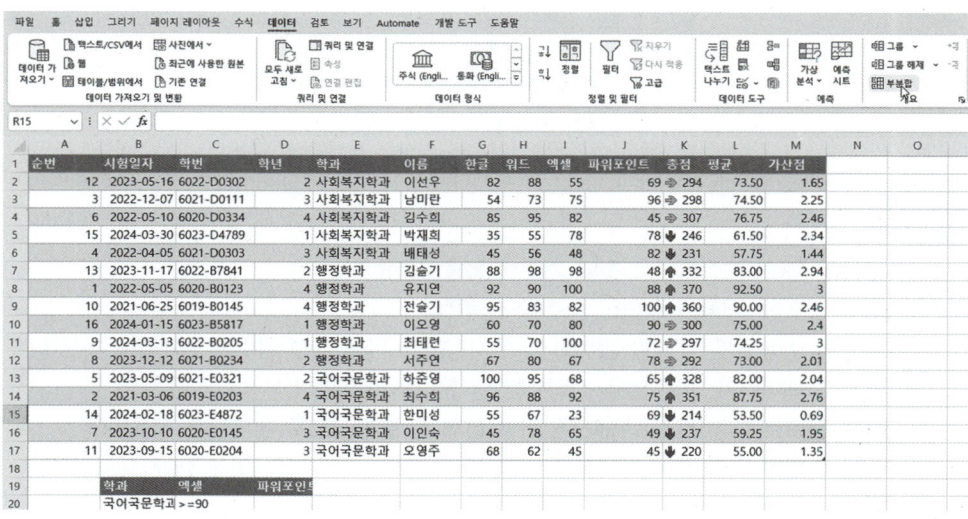

| 그림 8-41 | 정렬 후 부분합 메뉴 선택

> **TIP**
> 부분합을 이용하려면 엑셀이 표의 속성을 지니면 안 된다. 표기능이 되어 있다면 [테이블 디자인]-[도구] 그룹-[범위로 변환]을 선택하여 표의 속성을 해제시켜 주어야한다.

③ 표시되는 대화상자에 다음과 같이 선택한다. [그룹화할 항목]은 첫 번째 정렬 조건인 "학과"를 선택하고, [사용할 함수]는 "평균"을 선택한다. [부분합 계산 항목]은 "총점"을 선택하고 이미 선택되어 있는 "가산점"은 취소한다. 나머지 항목은 기본적으로 선택된 사항을 그대로 적용한다.

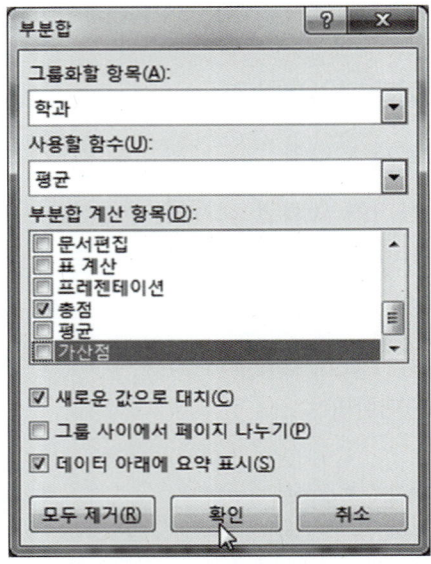

┃그림 8-42┃ 부분합 설정

> **MEMO**
> - [그룹화할 항목]은 정렬에서 첫째 기준 항목을 지정한다.
> - [사용할 함수]는 상황에 적합한 함수를 선택한다.
> - [부분합 계산 항목]은 선택한 함수에 따라 지정한다. 예를 들면 함수가 합계인데 계산 항목을 문자 데이터가 있는 열을 선택하면 안 된다는 의미이다.
> - [새로운 값으로 대치]가 선택되어 있어야 현재 목록에 새로운 부분합이 적용된다.
> - [데이터 아래에 요약 표시]가 선택되면 부분합 결과가 데이터의 아래 행에 표시된다는 의미이다.

④ [확인] 버튼을 클릭한다. 학과별 총점에 대한 평균을 산출한 부분합이 작성된다.

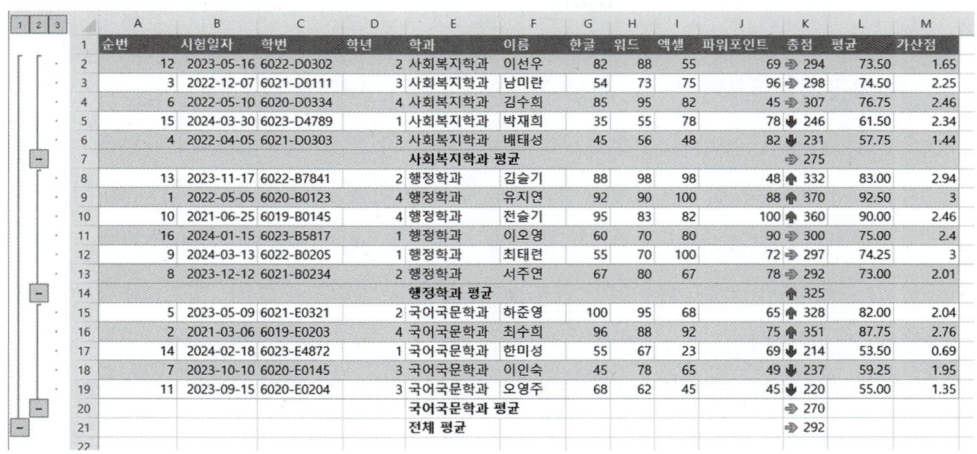

| 그림 8-43 | 학과별 총점에 대한 부분합 결과

⑤ 부분합된 표의 왼쪽에 표시되는 기호들을 윤곽기호라고 한다. 1 2 3 는 윤곽의 단계를 의미하는 수치이므로 각각 클릭해본다.

⑥ +, - 는 요약된 단계를 표시하거나 숨기는 역할을 한다. 이를 이용하면 다음과 같이 부분합의 소계 내용만을 볼 수 있도록 요약 보고서도 만들 수 있다.

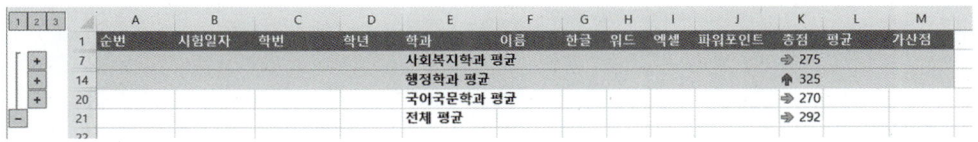

| 그림 8-44 | 부분합 소계만 표시

> **TIP**
>
> 부분합이 들어 있는 목록에 표시되는 데이터만 사용하는 차트를 만들 수 있다. 윤곽이 설정된 목록에서 하위 수준 정보를 표시하거나 숨기면 차트도 업데이트되어 해당 데이터를 표시하거나 숨기게 된다.

2 부분합 중첩하기

이미 작성된 부분합에 다른 항목을 추가할 수 있다. 이를 부분합 중첩이라고 하는데 예를 들어, 위의 부분합 결과에 학과별 총점의 최대값을 추가할 수 있다.

■ 학과별 총점(평균) 및 총점(최대값)에 대한 부분합 구하기

① 위에서 작성된 부분합 데이터의 임의의 셀을 선택한 다음 [데이터] 탭-[개요] 그룹에서 [부분합] 메뉴를 선택하면 동일한 [부분합] 대화상자가 나타난다. 부분합 계산 항목에 새로 추가할 항목 및 적용함수를 지정한다. 이 경우, [사용할 함수]는 "최대값"이고 [부분합 계산 항목]은 "총점"이다.

② [부분합] 대화상자의 아래 옵션에서 [새로운 값으로 대치]의 선택을 해제한다. 만약 [새로운 값으로 대치]가 선택되어 있으면 기존의 부분합 데이터는 무시되고 지금 지정한 상태의 새로운 부분합이 만들어지게 된다.

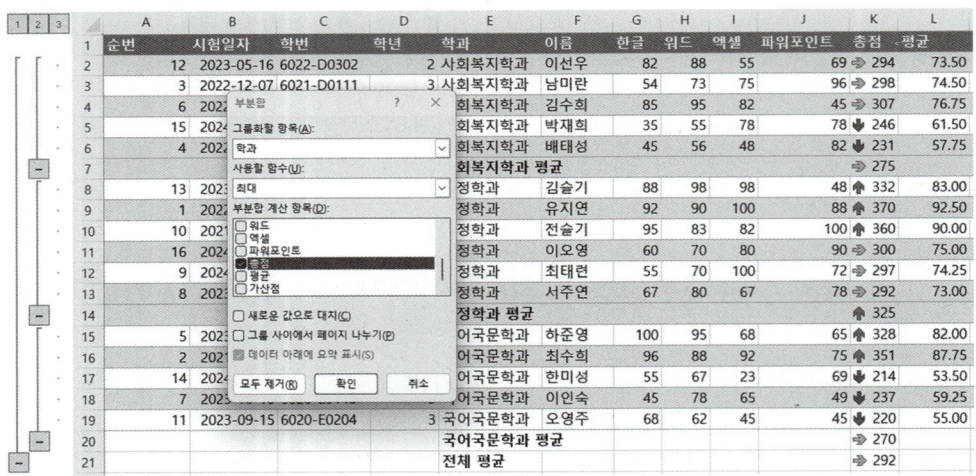

| 그림 8-45 | 부분합 중첩하기

③ 다음 그림처럼 다른 함수를 사용하는 2개의 항목이 요약된 부분합 시트가 작성된다.

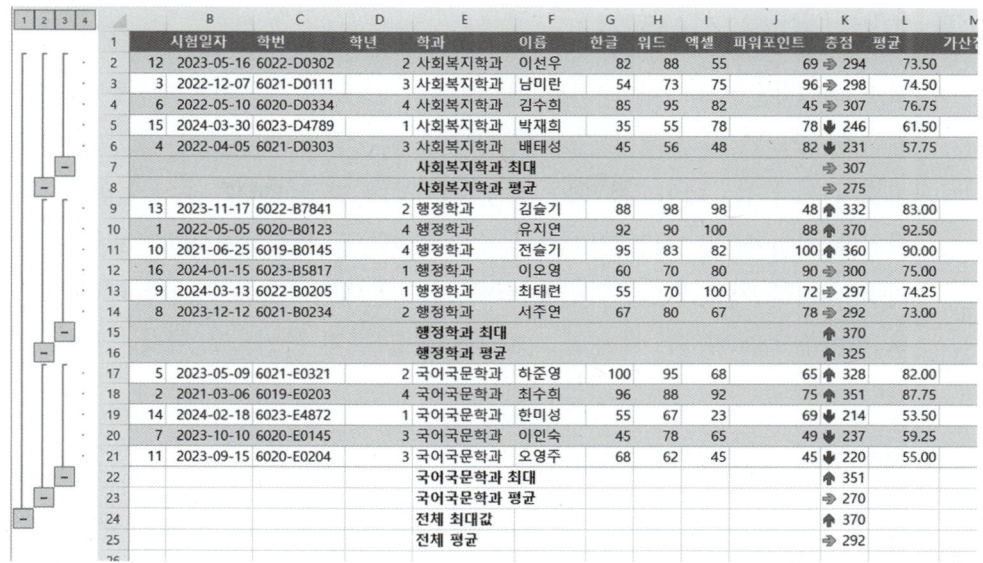

│ 그림 8-46 │ 부분합 중첩 결과

3 부분합 제거하기

부분합을 제거하고 원본 데이터 형식으로 복구하기 위해서는 [데이터] 탭-[개요] 그룹에서 [부분합] 메뉴를 선택한 후 [부분합] 대화 상자에서 [모두 제거]를 클릭하면 된다.

8.6 피벗 테이블 작성하기

피벗 테이블(Pivot Table)이란 많은 양의 데이터를 쉽게 요약, 분석해주는 대화형 테이블을 말한다. 테이블을 구성하는 기준축을 임의로 정하거나 수시로 변경하여 원본 데이터를 다르게 요약하여 보여주거나, 다른 페이지를 표시하여 데이터를 필터링하는 등의 기능을 한다. 또한 엑셀은 피벗 차트(Pivot Chart) 기능을 제공하여 차트도 원하는 관점에 따라 기준 축을 변경하여 작성할 수 있도록 해준다.

1 피벗 테이블 작성하기

피벗 테이블은 필터, 행 레이블, 열 레이블, 값으로 구성된다. 열 레이블, 행 레이블, 필터가 피벗 테이블을 구성하는 x, y, z 축의 기준축이 되고 값이 테이블에 표시되는 데이터가 되어 피벗 테이블이 만들어지게 된다. 일반적으로 이러한 레이아웃을 직접 지정하여 피벗 테이블을 작성하게 된다. 또한 추천 피벗 테이블 기능을 활용하면 선택한 필드의 레이아웃을 간단한 미리 보기로 보여주므로 원하는 내용의 피벗 테이블을 클릭 한번으로 쉽게 만들 수도 있다.

(1) 추천 피벗 테이블 활용하기

① 추천 피벗 테이블을 작성하려면 데이터베이스 목록 내 임의의 셀을 선택한 후, [삽입] 탭-[표] 그룹에서 [추천 피벗 테이블] 명령을 선택한다. [권장 피벗 테이블] 대화상자가 나타나면 원하는 레이아웃을 선택하고 확인을 누르면 피벗 테이블이 작성된다.

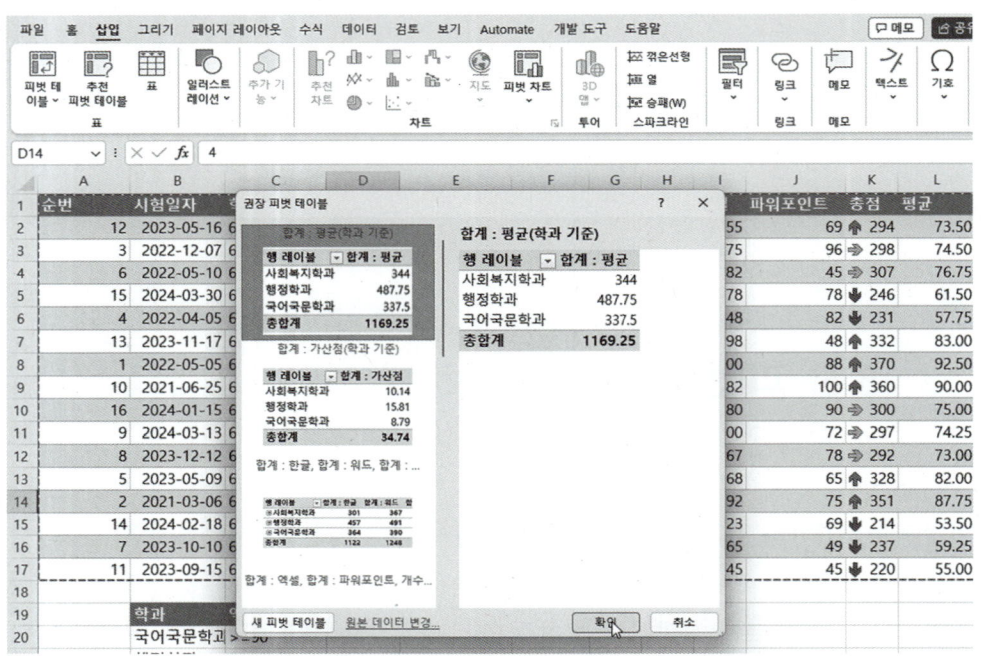

| 그림 8-47 | 권장 피벗 테이블 작성하기

> **TIP**
>
> [권장 피벗 테이블]에서 원하는 레이아웃이 없으면 왼쪽 하단에 [새 피벗 테이블]을 클릭하여 빈 레이아웃을 열어 직접 피벗 테이블을 작성할 수 있다.

(2) 기본 레이아웃 결정하기

① [삽입] 탭-[표] 그룹에서 [피벗 테이블] 명령을 선택한다. [표 또는 범위의 피벗 테이블] 대화 상자가 나타나며 분석할 데이터 범위가 자동으로 지정된다. 피벗 테이블 보고서를 넣을 위치를 [새 워크시트]로 선택한 후, [확인]을 클릭한다.

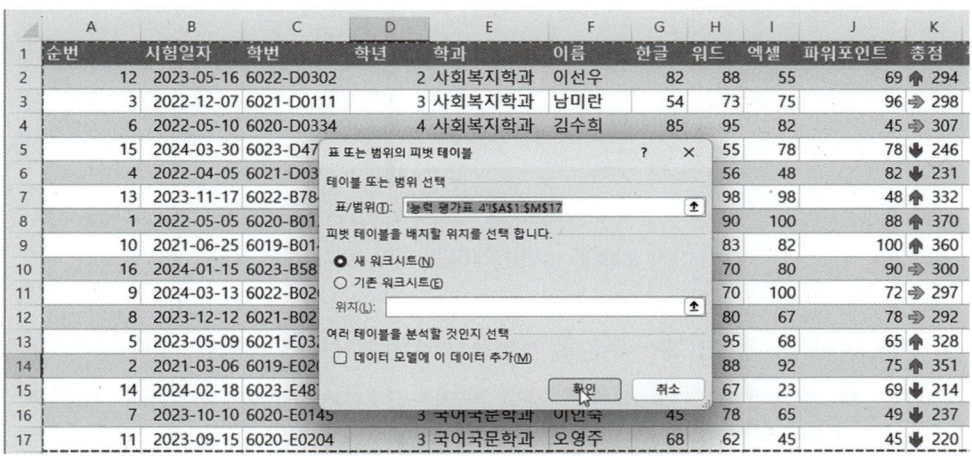

| 그림 8-48 | [피벗 테이블 만들기] 대화 상자

② 새로운 시트에 피벗 테이블이 작성되고 오른쪽에 [피벗 테이블 필드 목록] 작업창이 나타나며 [피벗 테이블 도구]가 리본 메뉴에 표시된다.

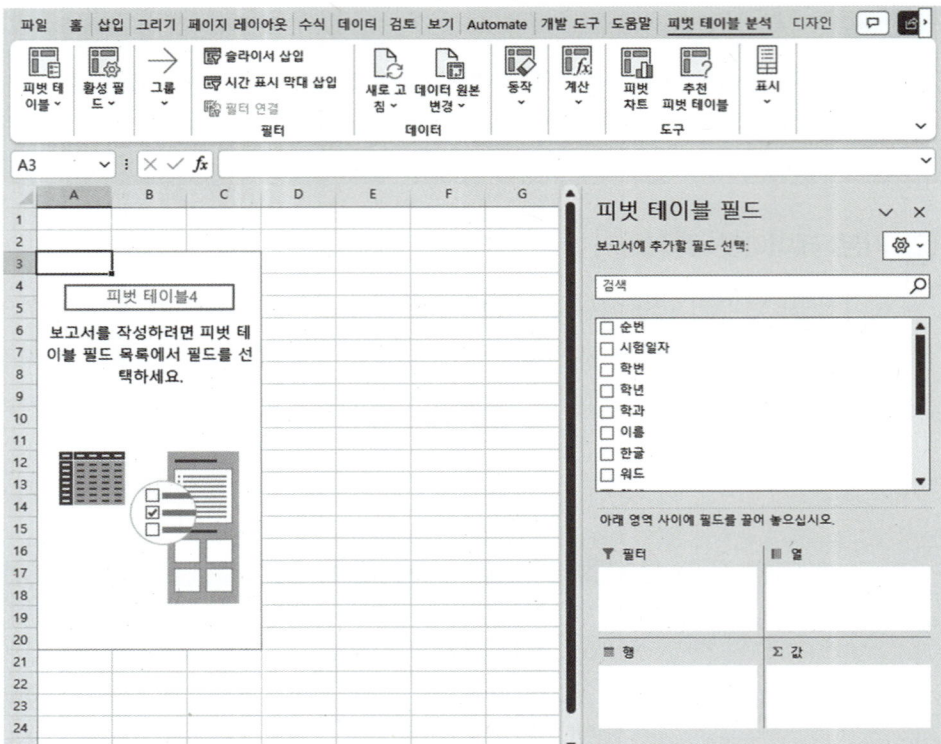

| 그림 8-49 | 피벗 테이블 작성 초기 화면

③ 피벗 테이블의 레이아웃을 결정하기 위해서 [피벗 테이블 필드] 작업창에서 추가할 필드명 버튼을 해당 영역으로 드래그하여 이동한다. [필터]는 "학년"으로 [열] 레이블은 "학과"로, [행] 레이블은 "이름", [값]은 "평균"으로 지정하여 피벗 테이블의 전체 구조를 결정한다.

④ 지정된 구성 요소에 따라 피벗 테이블의 레이아웃이 결정되어 피벗 테이블이 표시된다.

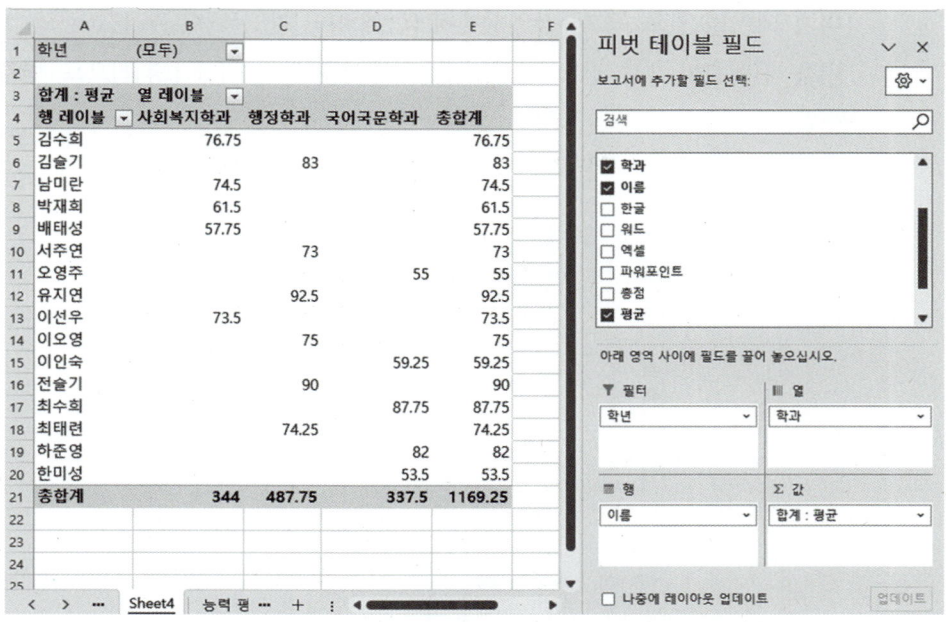

| 그림 8-50 | 드래그로 피벗 테이블 레이아웃 결정

> **MEMO**
> - 행 레이블은 한 행에 한 항목씩 데이터가 세로로 표시된다. 이름 필드를 끌어오면 각 학생 이름이 개별 행에 표시된다.
> - 열 레이블은 한 열에 한 항목씩 데이터가 가로로 표시된다. 학과 필드를 이 영역으로 끌어오면 각 학과명이 개별 열에 표시된다.
> - 필터 영역에는 데이터가 그룹화되어 별도의 페이지에 있는 것처럼 표시되기 때문에 한 번에 보려는 데이터 부분만 표시할 수 있다. 여기에 학년 필드를 끌어오면 학년별로 별도의 페이지에 있는 것처럼 표시할 수 있다.
> - 값 항목 영역은 데이터가 요약되어 표시되는 곳이다. 이 경우 데이터는 주로 숫자 데이터이다.
> - 필터, 행 레이블, 열 레이블 항목 3가지 중에서 한 가지 항목만 구성하여도 되지만, 데이터값 항목은 반드시 필드 항목이 있어야 한다.

(3) 값 필드의 요약 함수 변경하기

기본적으로 값 필드의 항목은 합계 함수로 계산이 되나, 요약 함수를 사용자가 변경할 수 있다.

① [피벗 테이블 필드 목록] 작업창에서 [합계:평균]를 클릭한 후 [값 필드 설정]을 선택한다. [값 필드 설정] 창에서 [사용할 함수]를 [평균]으로 변경한다.

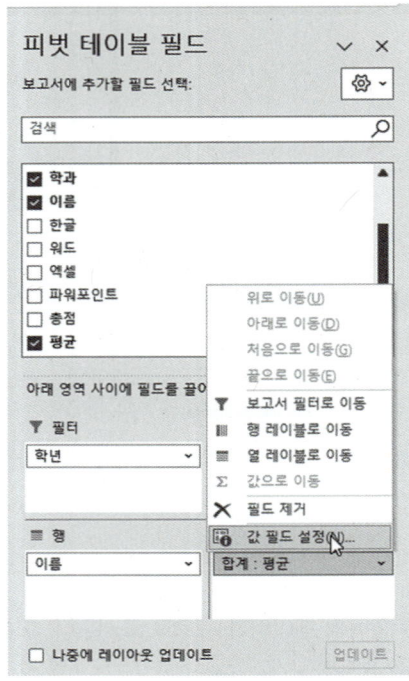

| 그림 8-51 | [값 필드 설정] 메뉴 선택하기

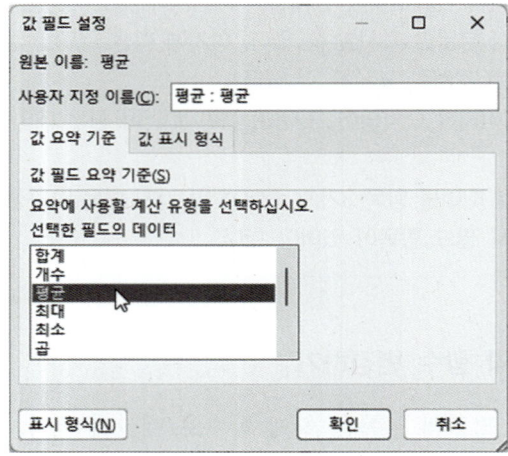

| 그림 8-52 | 요약 함수 변경하기

② [표시 형식] 버튼을 클릭하여 소수점 이하 두 자리로 표시되도록 지정하면 값이 표시되는 형식도 변경할 수 있다. 결과는 다음과 같다.

	A	B	C	D	E
1	학년	(모두)			
2					
3	평균 : 평균	열 레이블			
4	행 레이블	사회복지학과	행정학과	국어국문학과	총합계
5	김수희	76.75			76.75
6	김슬기		83.00		83.00
7	남미란	74.50			74.50
8	박재희	61.50			61.50
9	배태성	57.75			57.75
10	서주연		73.00		73.00
11	오영주			55.00	55.00
12	유지연		92.50		92.50
13	이선우	73.50			73.50
14	이오영		75.00		75.00
15	이인숙			59.25	59.25
16	전슬기		90.00		90.00
17	최수희			87.75	87.75
18	최태련		74.25		74.25
19	하준영			82.00	82.00
20	한미성			53.50	53.50
21	총합계	68.80	81.29	67.50	73.08
22					

┃그림 8-53┃ 값 필드 요약함수 변경 결과

2 피벗 테이블 사용하기

피벗 테이블은 데이터베이스의 필드를 열 레이블과 행 레이블, 필터 그리고 값에 해당하는 필드로 재배치하여 데이터를 보기 쉽고 분석하기 용이하게 해주는 테이블이다. 피벗 테이블로 데이터를 분석할 때 각 필드별로 요약된 항목만 볼 수도 있다. 필드 목록 상자의 화살표 버튼을 클릭해서 원하는 데이터만 선택하면 된다.

(1) 원하는 데이터만 필터하기

① [학년]의 버튼을 클릭하고 표시되는 학년에서 "2"만 선택한 후 [확인] 버튼을 클릭한다.

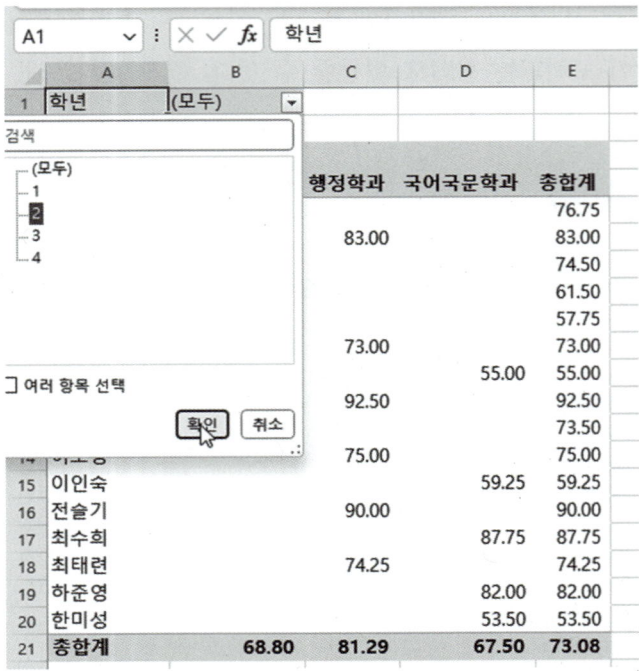

| 그림 8-54 | 2학년만 선택

② 2학년 데이터만 표시된다.

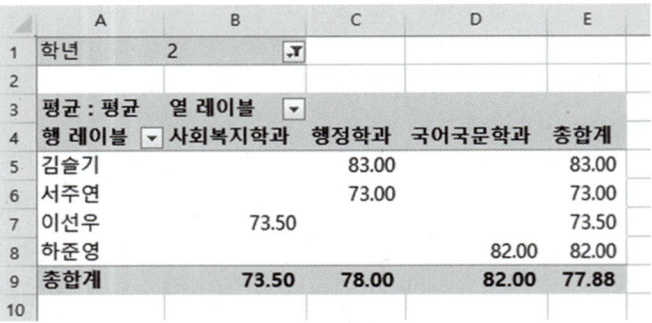

| 그림 8-55 | 2학년 데이터만 표시

③ 이중 행정학과 데이터만 필터하기 위해서 [열 레이블]에서 "행정학과"를 선택한다.

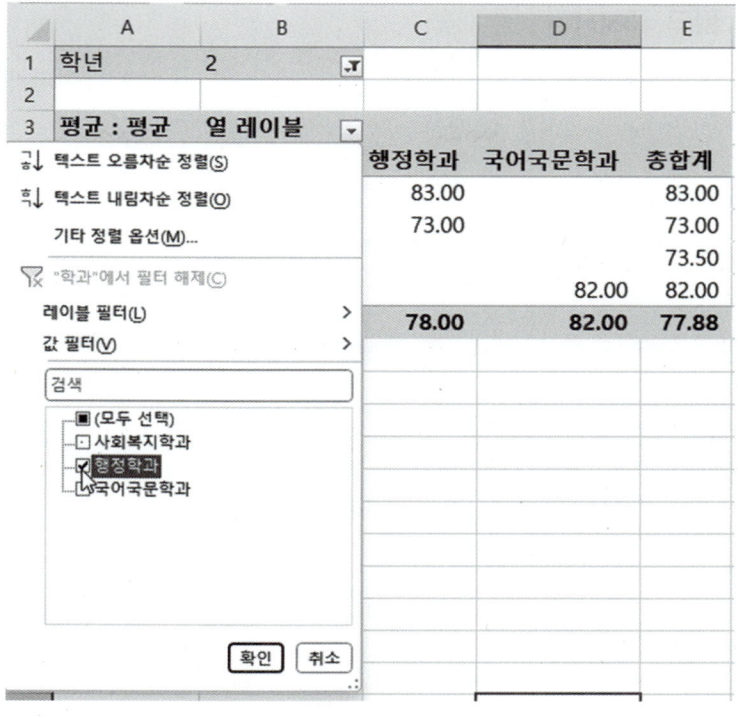

| 그림 8-56 | "행정학과" 선택

④ 2학년 학생 중 행정학과 학생 데이터만 필터되어 표시된다.

| 그림 8-57 | 2학년 중 행정학과 데이터만 표시

⑤ 다시 원래대로 데이터를 표시하려면 [열 레이블] 버튼을 클릭하여 ["학과"에서 필터 해제]를 선택한 후, [학년] 필드의 필터 단추를 클릭하여 [(모두)]를 선택하면 된다.

(2) 하위 필드 표시하기

피벗 테이블의 행과 열이 교차하는 값은 행과 열 기준의 데이터가 요약되어 있다. 이 요약 데이터를 작성하는 원본 데이터를 표시할 수 있다.

① 행정학과의 평균을 계산한 값(C21)을 더블클릭하면 해당 데이터가 작성되는데 필요한 원본 데이터가 새로운 시트에 자동으로 작성된다.

순번	시험일자	학번	학년	학과	이름	한글	워드	엑셀	파워포인트	총점	평균	가산점
13	2023-11-17	6022-B784	2	행정학과	김슬기	88	98	98	48	332	83	2.94
8	2023-12-12	6021-B023	2	행정학과	서주연	67	80	67	78	292	73	2.01
1	2022-05-05	6020-B012	4	행정학과	유지연	92	90	100	88	370	92.5	3
16	2024-01-15	6023-B581	1	행정학과	이오영	60	70	80	90	300	75	2.4
10	2021-06-25	6019-B014	4	행정학과	전슬기	95	83	82	100	360	90	2.46
9	2024-03-13	6022-B020	1	행정학과	최태련	55	70	100	72	297	74.25	3

| 그림 8-58 | 하위 필드 표시하기

(3) 필터 기준으로 시트 자동 작성하기

필터 필드의 항목별 시트를 자동으로 작성할 수 있다.

① 피벗 테이블 내부의 임의의 셀을 선택한 후, [피벗 테이블 분석]-[활성 필드] 그룹에서 [피벗 테이블]-[옵션]을 클릭하여 [보고서 필터 페이지 표시]를 선택한다.

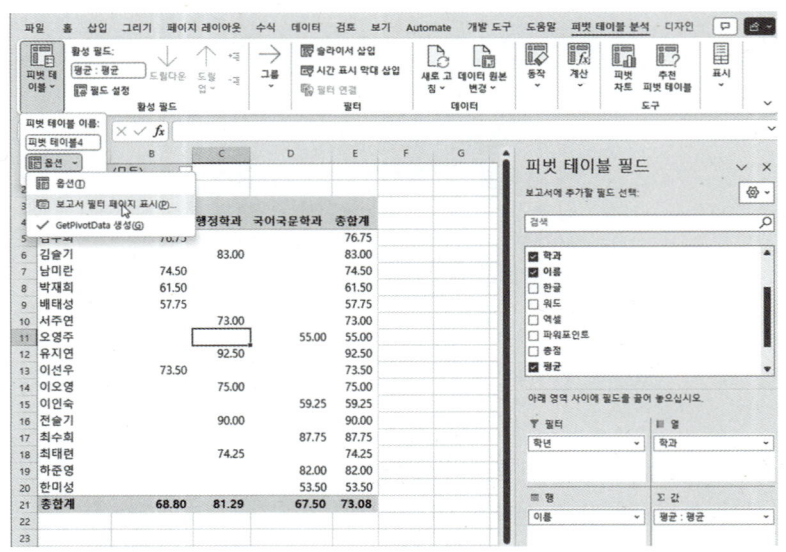

| 그림 8-59 | 보고서 필터 페이지 표시하기

② [보고서 필터 페이지 표시] 대화상자가 나오면 [확인]을 클릭한다. 필터 항목인 학년별 피벗 테이블 시트가 자동으로 작성됨을 확인할 수 있다.

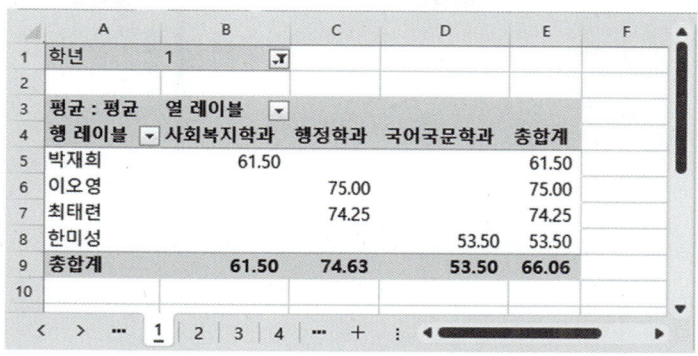

| 그림 8-60 | 보고서 필터 페이지 표시 결과

3 피벗 테이블 편집하기

피벗 테이블은 기본 데이터를 사용자의 의도대로 피벗을 중심으로 다시 만든 테이블이다. 이렇게 작성된 피벗 테이블의 필터, 행 레이블, 열 레이블에 해당하는 단추를 다른 위치로 끌어서 놓으면 피벗 테이블의 구조를 쉽게 변경할 수 있다. 또한 필드를 삭제하는 경우에도 필드 단추를 피벗 테이블 바깥 영역으로 드래그하면 쉽게 제거된다.

(1) 피벗 테이블 구조 변경하기

피벗 테이블은 기본 데이터를 사용자의 의도대로 피벗을 중심으로 다시 만든 테이블이다. 이렇게 작성된 피벗 테이블의 보고서 필터, 행 레이블, 열 레이블에 해당하는 단추를 다른 위치로 끌어서 놓으면 피벗 테이블의 구조를 쉽게 변경할 수 있다. 또한 필드를 삭제하는 경우에도 필드 단추를 피벗 바깥 영역으로 드래그하면 쉽게 제거된다.

① [피벗 테이블 필드 목록] 작업창에서 [행 레이블]에 "학년", "학과"가, [열 레이블]은 "이름"이 되도록 드래그하여 이동한다. 새로 변경된 레이아웃에 따라 피벗테이블이 자동적으로 변경된다.

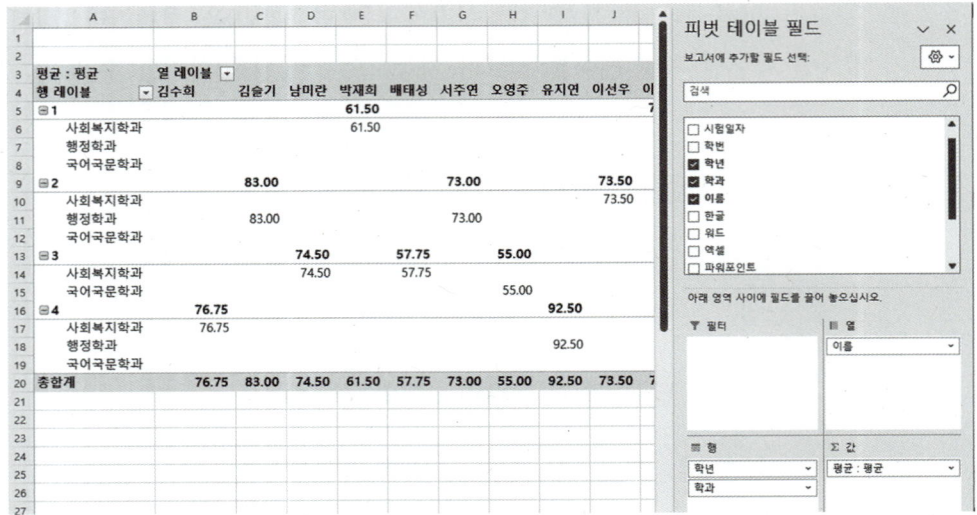

│그림 8-61│ 피벗 테이블 레이아웃 변경하기

② "이름" 버튼을 행 레이블의 "학과"의 하위로 드래그하여 이동해보자. 간단히 드래그로 피벗 테이블의 구조를 쉽게 변경할 수 있음을 알 수 있다.

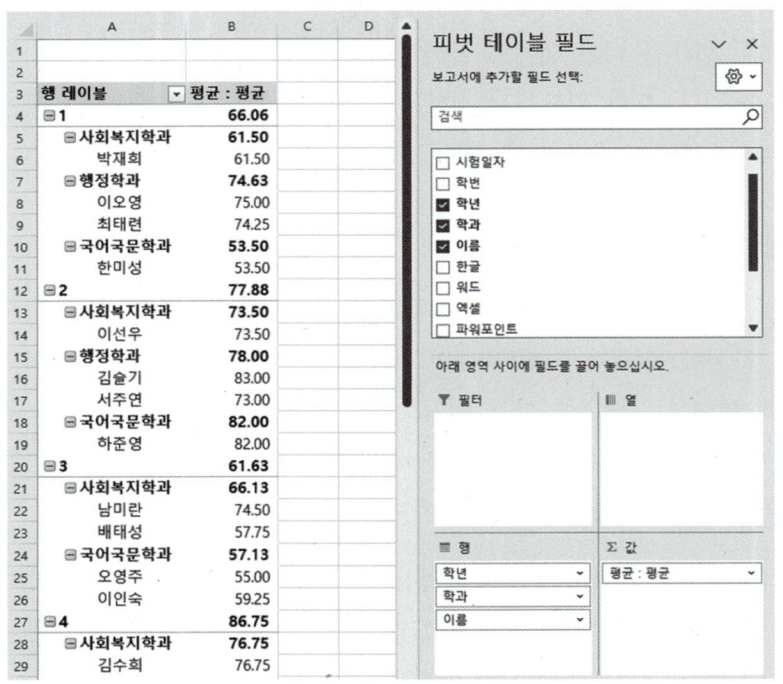

│그림 8-62│ 레이아웃 변경 결과

> **TIP** 필드 확장/축소
>
>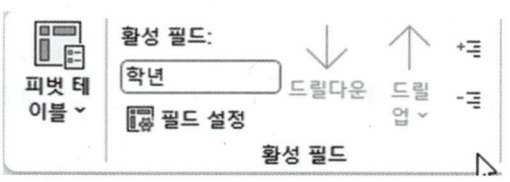
>
> | 그림 8-63 | 활성 필드
>
> [피벗 테이블] 도구의 [활성 필드]그룹의 필드 확장( ) 필드 축소( ) 메뉴를 이용하거나 항목 앞 +/- 단추를 이용하면 피벗 테이블의 항목을 확장/축소하여 표시할 수 있다.
>
> | | A | B |
> | --- | ------------- | --------- |
> | 1 | | |
> | 2 | | |
> | 3 | 행 레이블 | 평균 : 평균 |
> | 4 | ⊟1 | 66.06 |
> | 5 | ⊞사회복지학과 | 61.50 |
> | 6 | ⊞행정학과 | 74.63 |
> | 7 | ⊞국어국문학과 | 53.50 |
> | 8 | ⊟2 | 77.88 |
> | 9 | ⊞사회복지학과 | 73.50 |
> | 10 | ⊞행정학과 | 78.00 |
> | 11 | ⊞국어국문학과 | 82.00 |
> | 12 | ⊟3 | 61.63 |
> | 13 | ⊞사회복지학과 | 66.13 |
> | 14 | ⊞국어국문학과 | 57.13 |
> | 15 | ⊟4 | 86.75 |
> | 16 | ⊞사회복지학과 | 76.75 |
> | 17 | ⊞행정학과 | 91.25 |
> | 18 | ⊞국어국문학과 | 87.75 |
> | 19 | 총합계 | 73.08 |
> | 20 | | |
>
> | 그림 8-64 | 피벗 테이블 확장/축소하여 표시하기

(2) 데이터 필드 설정하기

① 학년에 해당하는 셀을 선택한 뒤 [피벗 테이블 분석]탭의 [활성 필드] 그룹에서 [필드 설정]을 선택한다. 학년별 부분합을 없애려면 [부분합 및 필터] 항목에서 [없음]을 선택한다.

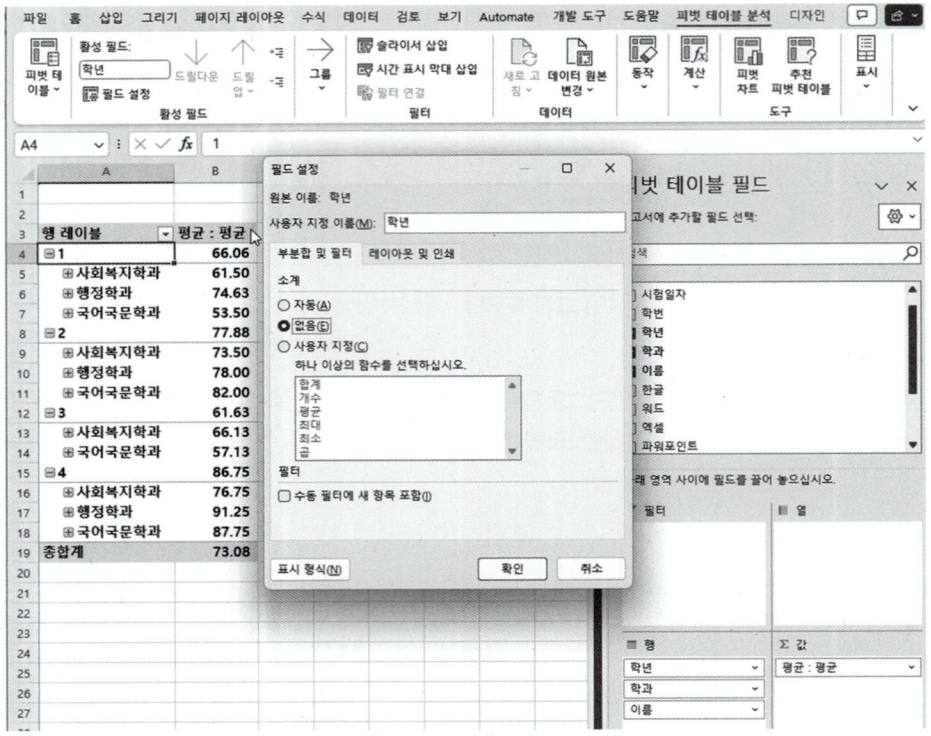

| 그림 8-65 | 학년별 부분합 항목 표시 없앰 설정

② 결과 학년별 부분합이 표시되지 않는다. 다른 필드도 동일하게 설정할 수 있다.

| 그림 8-66 | 학년별 부분합 항목 표시 없앰 설정 결과

값 필드의 경우는 [값 필드 설정] 대화상자에서 값 필드 요약에 사용되는 함수를 변경하거나 표시 형식을 지정할 수 있다.

(3) 그룹 필드 설정하기

① 학년을 1-2학년과 3-4학년으로 그룹화하여 표시해 보자. 그룹화할 항목인 학년에 해당하는 셀을 선택한 후 [피벗 테이블 분석] 탭의 [그룹]-[선택항목 그룹화]를 선택한다. [선택항목 그룹화] 대화상자가 나오면 그룹 단위에 '2'를 입력하고 [확인]을 클릭한다.

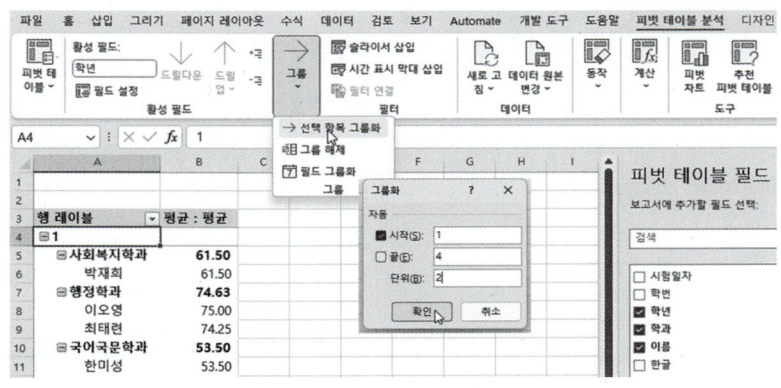

| 그림 8-67 | 학년별 그룹화 설정하기

② 1-2학년과 3-4학년으로 그룹화되어 표시된다.

| 그림 8-68 | 학년별 그룹화 결과

③ 그룹을 해제하려면 그룹화된 항목의 해당 셀을 선택한 다음, [피벗 테이블 분석] 탭의 [그룹]-[그룹 해제]를 선택하면 된다.

(4) 피벗 테이블 디자인 적용하기

① 피벗 테이블에서 [디자인] 탭을 사용하면 작성된 피벗테이블에 손쉽게 서식을 지정할 수 있다. 피벗 테이블의 임의의 셀을 선택한 후, [디자인]탭-[피벗 테이블 스타일] 그룹에서 원하는 스타일을 선택한다. [피벗 테이블 스타일 옵션] 그룹의 메뉴를 이용하면 스타일의 옵션을 변경할 수 있다.

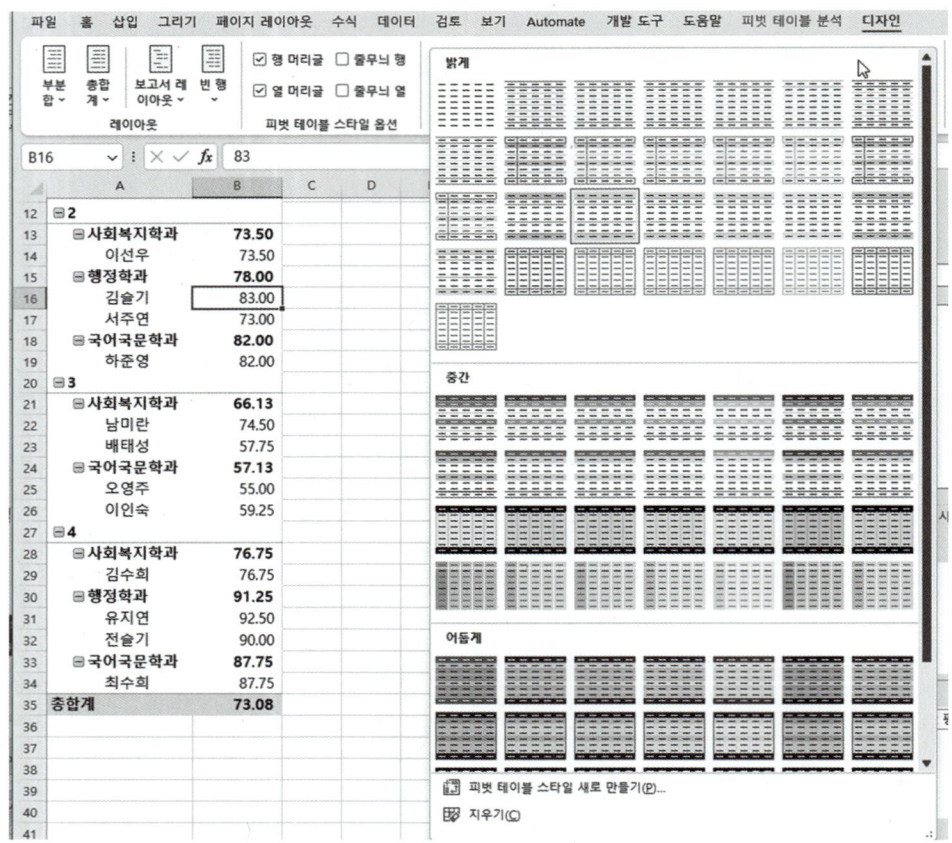

┃그림 8-69┃ 피벗 테이블 스타일 지정하기

② [디자인]탭-[레이아웃] 그룹의 [보고서 레이아웃]을 클릭한다. [개요 형식으로 표시]를 선택한다.

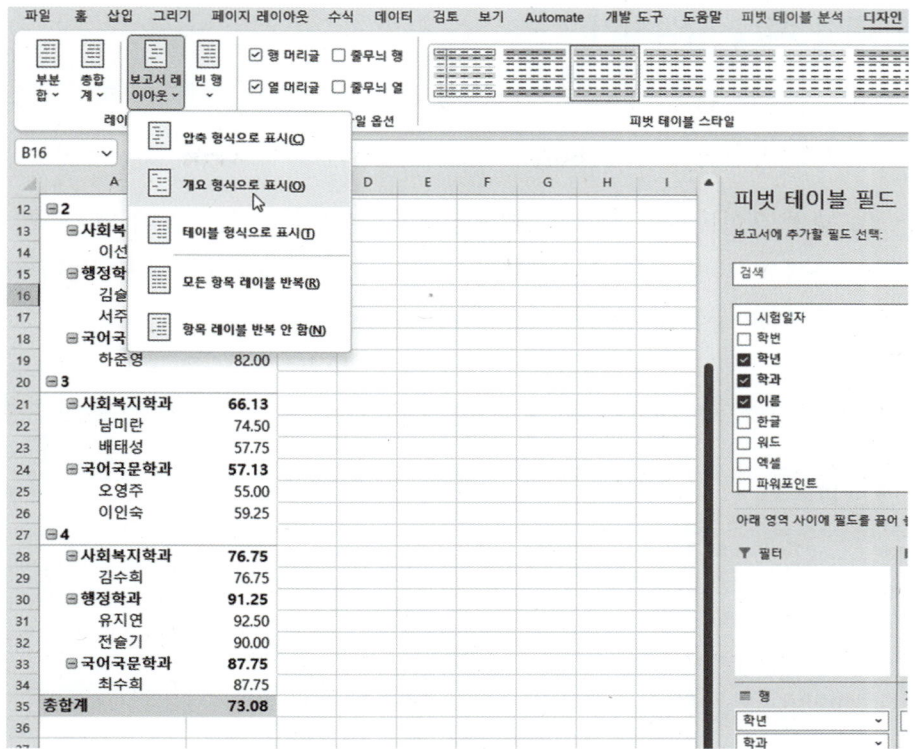

| 그림 8-70 | 피벗 테이블 보고서 레이아웃 지정하기

> **TIP** 보고서 레이아웃 유형
>
> [테이블 형식으로 표시]는 일반적인 테이블 형식으로 표시하여 다른 워크시트로 셀 복사하는데 용이하다.

> **MEMO**
>
> **원본 데이터의 변경 반영하기**
>
> 피벗 테이블에서는 원본 데이터가 변경되어도 자동으로 수정된 데이터가 반영되지 않는다. 따라서 변경된 원본 데이터를 반영하기 위해서는 피벗 테이블 내에서 변경되어야 할 셀에서 [피벗 테이블 분석] 탭-[데이터] 그룹에서 [새로 고침]을 선택하여 데이터를 수동으로 고쳐주어야 한다.
>
> **피벗 테이블 삭제하기**
>
> 피벗 테이블 내부의 한 셀을 선택하고, [피벗 테이블 분석] 탭-[동작] 그룹에서 [지우기] 명령을 클릭한 후, [모두 지우기]를 선택하면 된다.

4 피벗 차트 작성하기

피벗 차트는 피벗 테이블과 연동되어, 피벗 테이블이 변경되면 피벗 차트도 함께 변경된다.

① 피벗 테이블 내부 임의의 셀을 선택한 후[피벗 테이블 분석] 탭-[도구] 그룹에서 [피벗 차트]를 선택한다. [차트 삽입] 대화상자가 표시되는데 작성할 차트 종류를 선택한 다음 [확인]을 클릭한다.

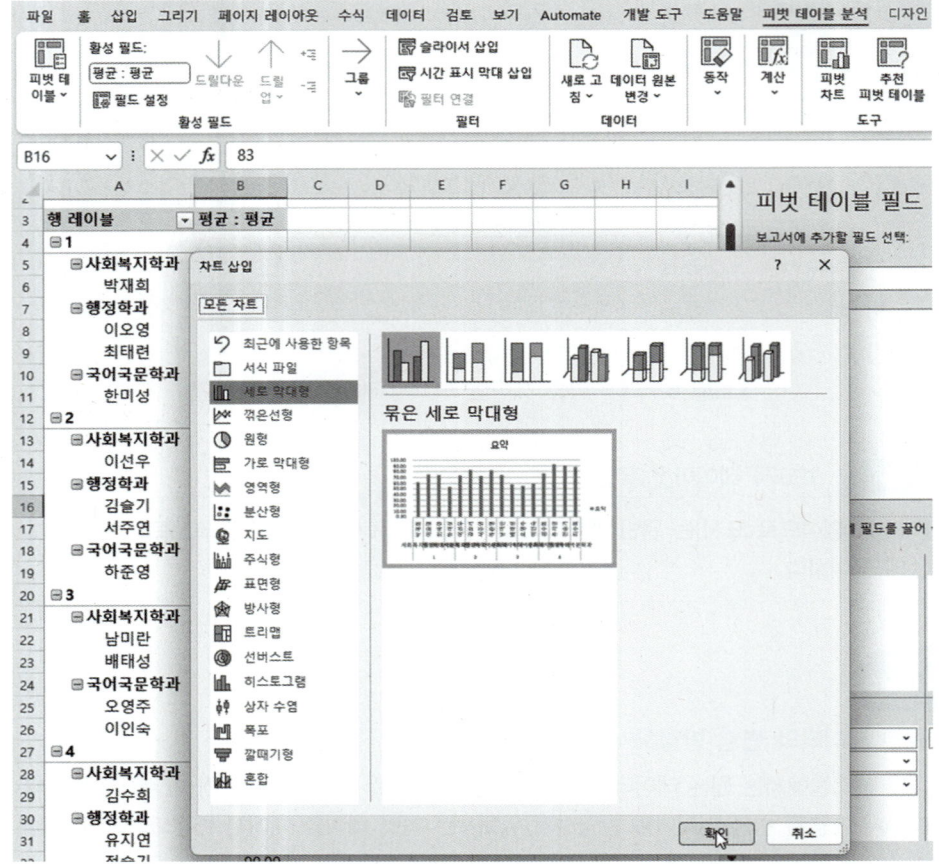

│그림 8-71│ 피벗 차트 작성하기

② 피벗 차트가 자동으로 작성된다.

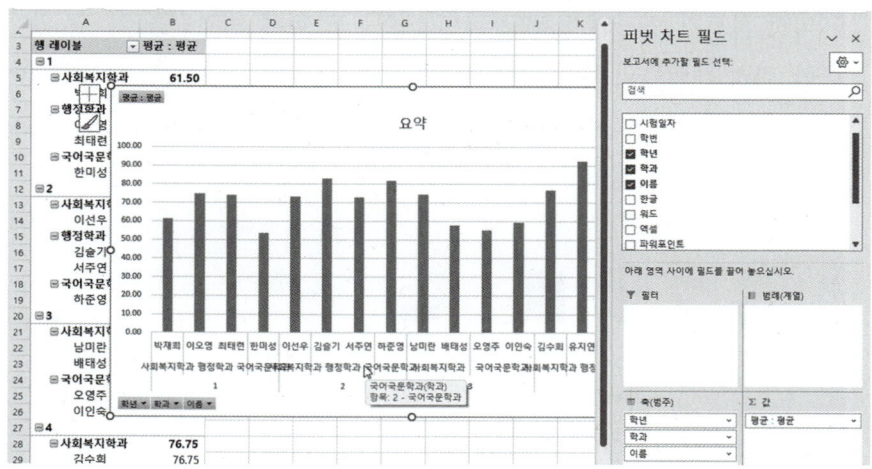

| 그림 8-72 | 피벗 차트 작성 결과

③ [피벗 차트 필터 창]에 표시되는 피벗 차트 구성 요소의 필터기능을 이용하여 원하는 데이터만 차트로 작성할 수 있다. [축 필드]에서 학년은 "2", 학과는 "행정학과"를 선택한다. 2학년 학생 중 행정학과 학생들의 데이터만 필터되어 이 데이터에 따라 피벗 차트 모양도 변경된다.

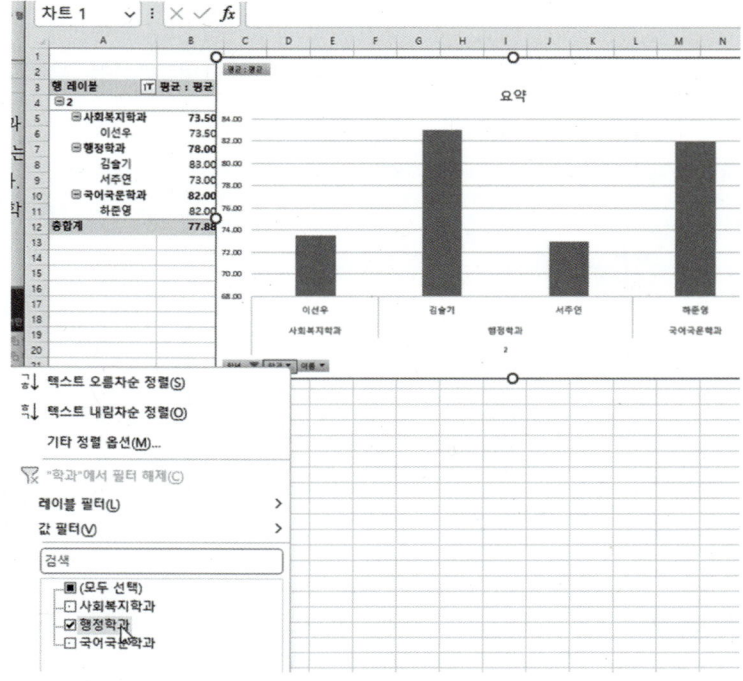

| 그림 8-73 | [피벗 차트 필터 창]에서 피벗 차트 변경하기

④ 피벗 차트가 변경되면 해당 피벗 테이블도 함께 변경됨을 알 수 있다. 또한 피벗 테이블의 [피벗 테이블 필드 목록] 작업창에서 필드 버튼을 클릭해서 드래그하여 상호 위치를 교환하면 피벗 차트의 구조가 변경된다.

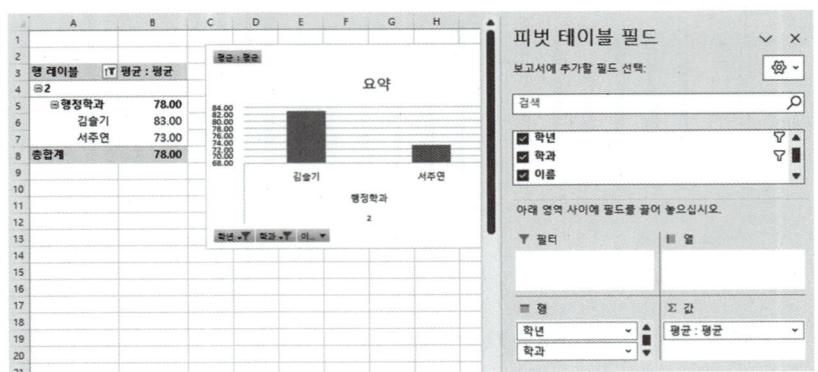

| 그림 8-74 | 피벗 차트 변경에 따라 변경된 피벗 테이블

5 슬라이서로 데이터 필터링 하기

슬라이서를 이용하면 보고자 원하는 데이터를 일종의 버튼 형식으로 쉽게 필터할 수 있다.

① 피벗 테이블에 있는 하나의 셀을 선택하고 [피벗 테이블 분석] 탭-[필터] 그룹에서 [슬라이서 삽입]을 클릭한다.

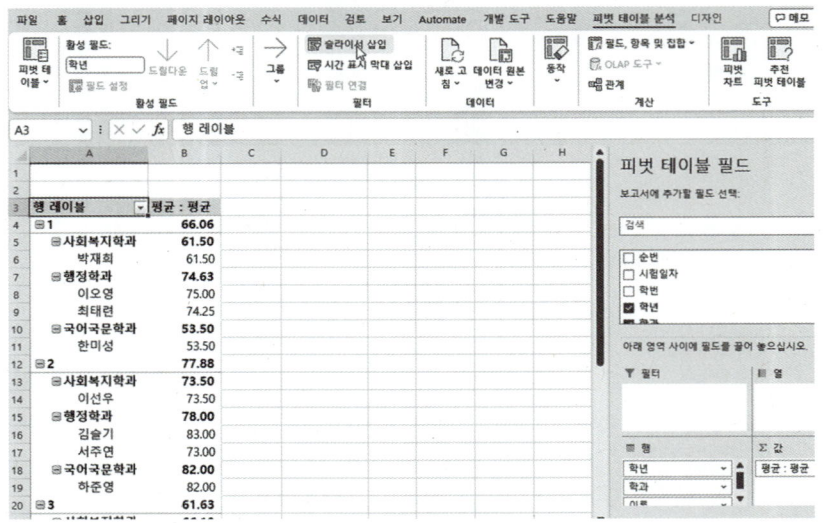

| 그림 8-75 | 슬라이서 삽입하기

② [슬라이서 삽입] 대화상자가 나타나면 필터링 기준이 되는 항목인 [학년]과 [학과]를 체크하고 확인을 클릭한다.

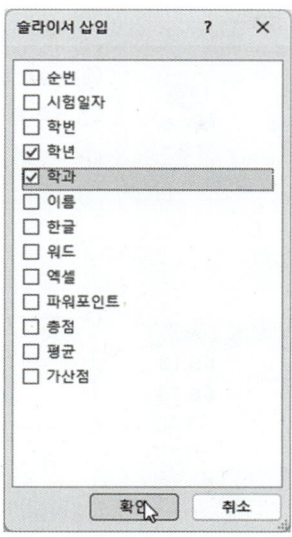

| 그림 8-76 | 학년과 학과 슬라이서 삽입하기

③ 슬라이서가 삽입되면 [학년] 슬라이서를 선택하고 [슬라이서]의 [단추]그룹에서 '열'에 '4'를 입력하고 슬라이서 크기를 조절한다.

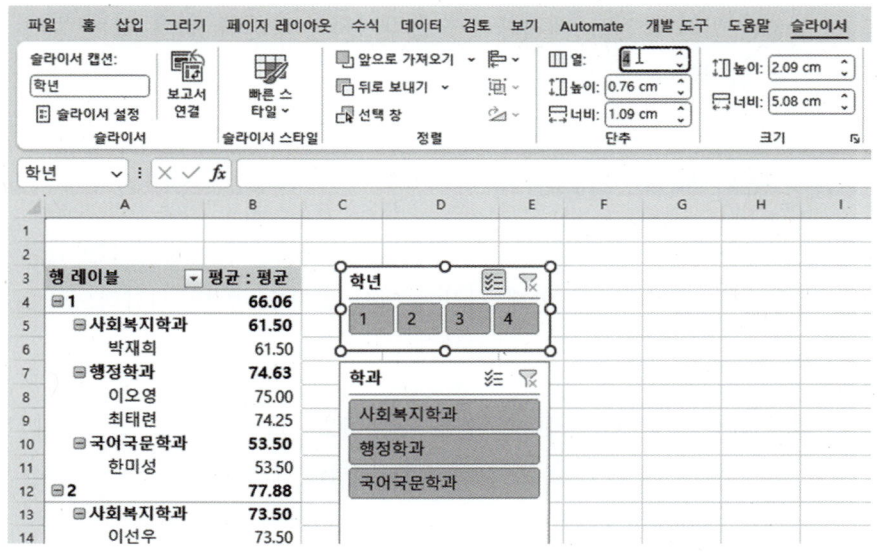

| 그림 8-77 | 슬라이서 삽입 결과

④ [학년] 슬라이서에서 '3'학년을 [학과] 슬라이서에서 '사회복지학과'를 선택하고 필터링된 결과를 확인한다.

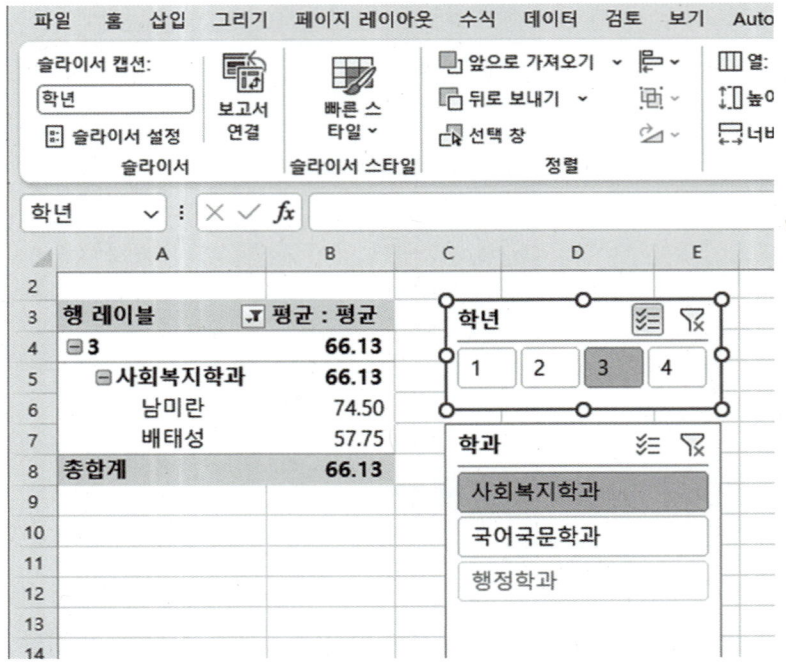

| 그림 8-78 | 슬라이서 필터링 결과

⑤ 설정된 필터 조건을 해제하려면 슬라이서의 오른쪽 위에 있는 필터 지우기를 클릭한다.

6 시간 표시 막대 삽입하기

슬라이서 외에 날짜를 대화식으로 필터링하는 시간 표시 막대라는 필터 기능을 제공한다. 슬라이서와 함께 시간에 대한 필터를 좀 더 시각적으로 표현할 수 있다.

① 피벗 테이블에 있는 하나의 셀을 선택하고 [피벗 테이블 분석] 탭-[필터] 그룹에서 [시간 표시 막대 삽입]을 클릭한다. [시간 표시 막대 삽입] 대화 상자가 나타나면 [시험일자]에 체크하고 확인을 클릭한다.

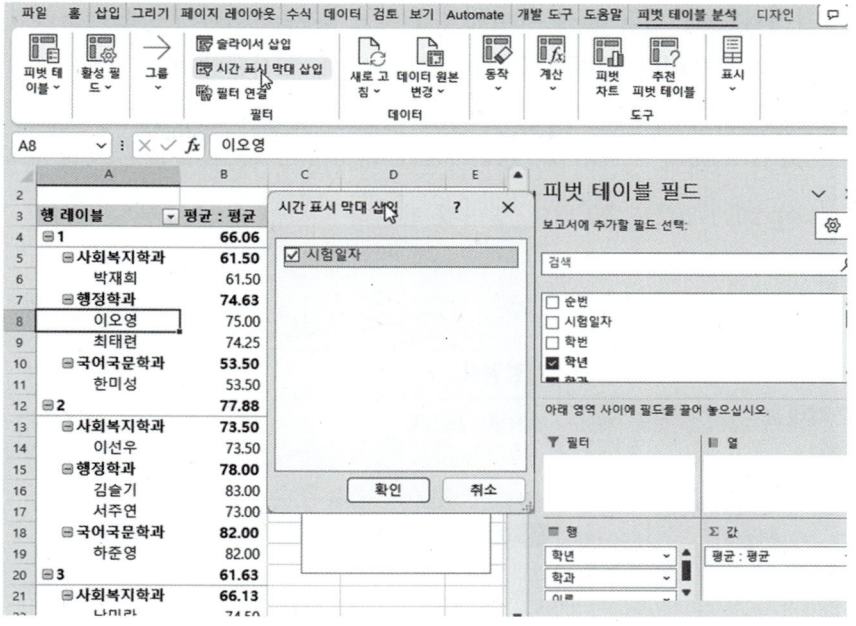

그림 8-79 시간 표시 막대 삽입하기

② [시험일자] 시간 표시 막대가 표시되면 [타임라인]의 [시간 표시 막대 스타일]을 변경한다.

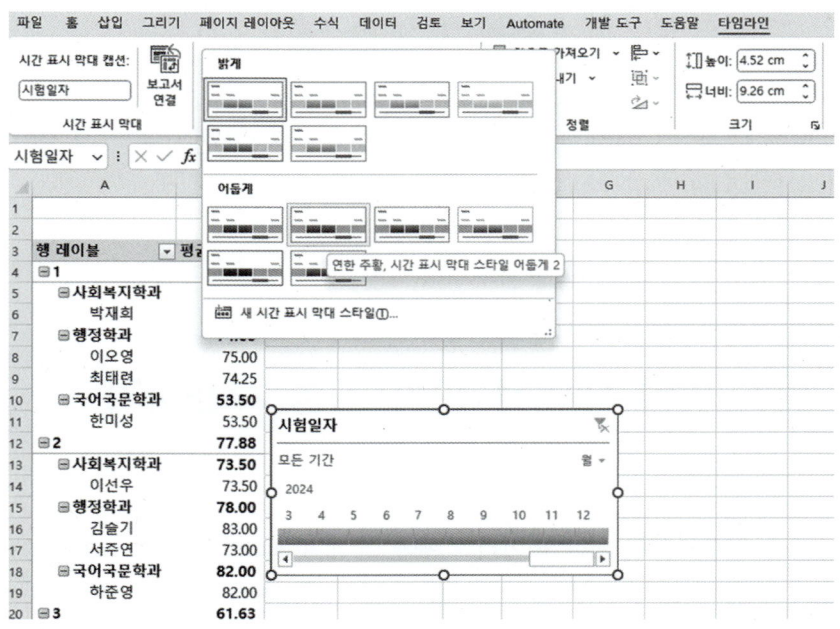

그림 8-80 시간 표시 막대 스타일 변경하기

③ [시험일자] 시간 표시 막대에서 원하는 월을 클릭하거나 드래그하면 해당 기간 데이터만 필터링되어 피벗 테이블에 표시된다.

[시험일자] 시간 표시 막대에서 [월]을 클릭하고 [년]을 선택한다. 시간 표시 막대의 기간이 월에서 년으로 변경된다. 시간 표시 막대를 드래그하여 2021-2022 데이터만 필터링 해본다.

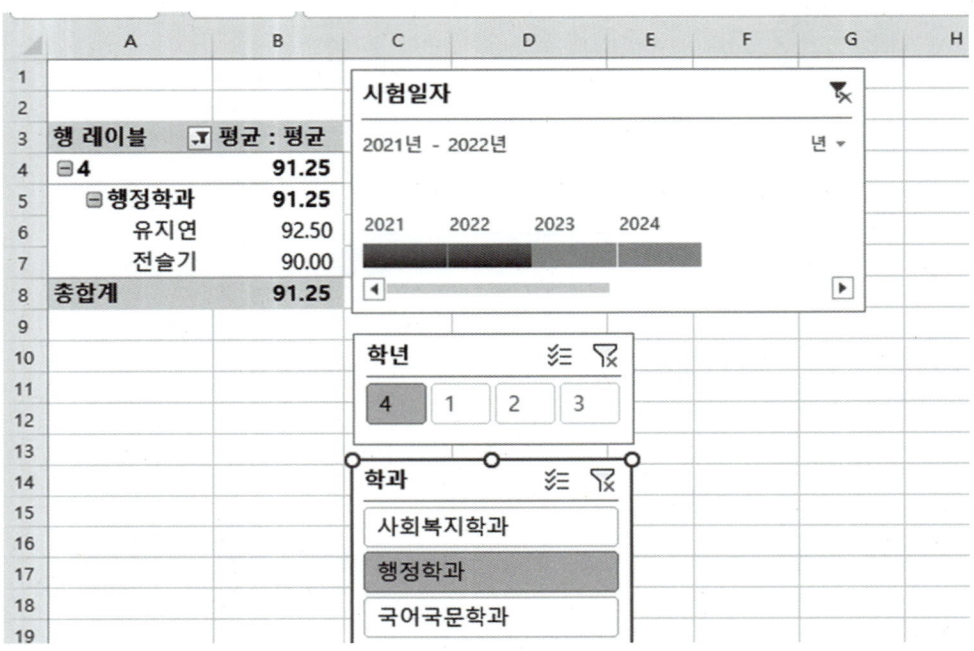

| 그림 8-81 | 시간 막대 필터링 결과 화면

8.7 기타 데이터 관리 기능 사용하기

엑셀은 엑셀 외부에 저장되는 데이터 - 예를 들면, Access, DBase, SQL Server, 웹 서버 등에서 만든 데이터베이스 또는 일반 텍스트 형식의 데이터 파일 및 HTML 과 같은 웹 데이터, XML 파일 등 - 를 가져와 엑셀에서 사용할 수 있도록 하는 기능을 제공한다. 또한 [데이터] 탭의 [데이터 도구]그룹에서 제공하는 기타 유용한 데이터 관리 도구를 이용하면 데이터 관리를 보다 용이하게 할 수 있다.

1 텍스트 데이터 가져오기와 텍스트 나누기

(1) 텍스트 데이터 가져오기

엑셀은 일반 텍스트 형식의 데이터를 엑셀 데이터 형식으로 변환시켜서 사용할 수 있는 기능을 제공한다. 이 기능을 사용하면 기존에 텍스트로 작성된 데이터베이스를 엑셀 데이터베이스로 사용해야 할 경우 아주 유용하다.

① 우선 메모장으로 다음과 같은 텍스트 파일을 작성한 후, 파일 이름을 "신청상황.txt"로 저장한다. 단, 각 항목간의 구분은 Tab 키를 사용한다.

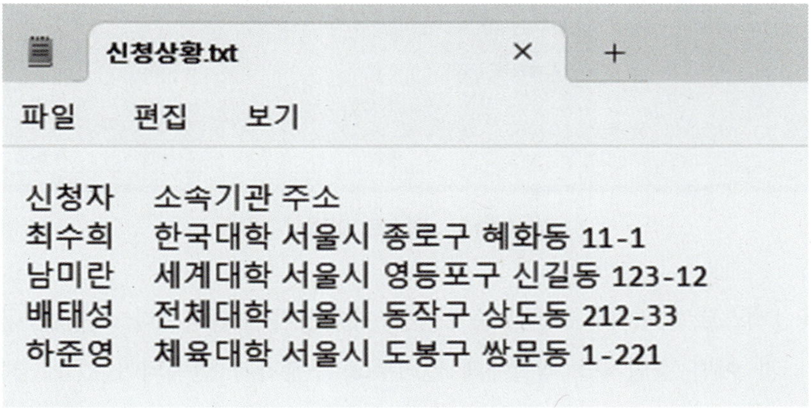

| 그림 8-82 | 텍스트 파일 작성

② [파일]-[열기] 메뉴를 클릭한다. [열기]-[찾아보기]의 [열기] 대화상자에서 [파일 형식] 목록 화살표를 클릭해서 [텍스트 파일]을 선택한다. "신청상황.txt" 파일이 저장된 폴더를 열어 "신청상황.txt" 파일을 선택한 후, [열기] 버튼을 클릭한다.

③ 텍스트 파일이 바로 열리지 않고 자동으로 [텍스트 마법사]가 실행되어 [텍스트 마법사 - 3단계 중 1단계] 대화상자가 표시된다. 이 단계에서는 원본 데이터의 형식 및 구분 시작행을 지정한다. 원본 데이터에서 항목

간 구분을 탭 키를 사용하였으므로 다음과 같이 설정하고 [다음] 버튼을 선택한다.

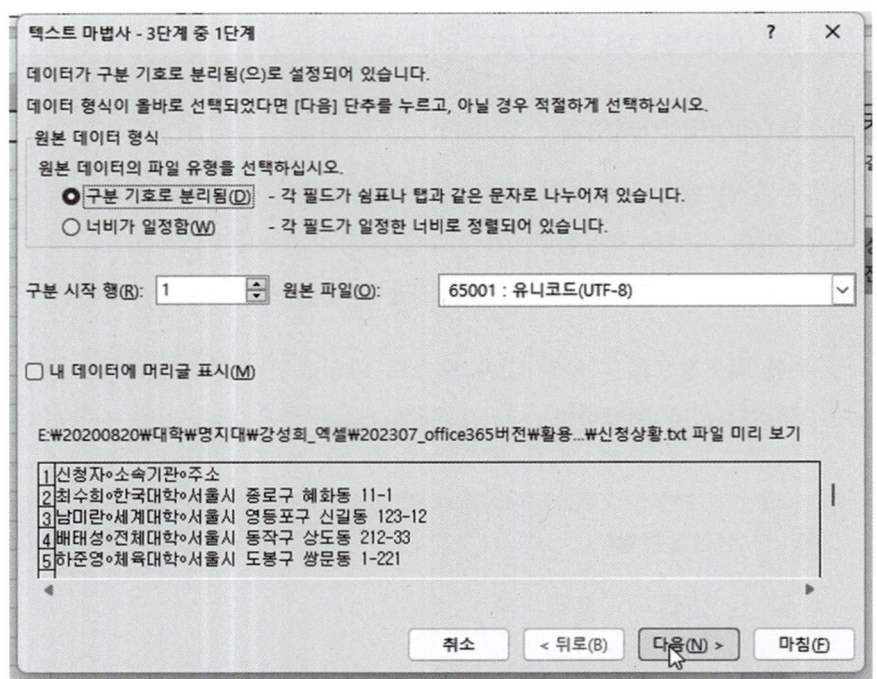

| 그림 8-83 | 텍스트 마법사 1단계

④ [텍스트 마법사 - 3단계 중 2단계] 대화상자가 나타난다. 사용한 구분기호가 어떤 것인지를 엑셀에게 알려주고 구분자가 연속되어 있을 경우도 설정할 수 있다. 현재 예에서는 구분기호를 Tab 키를 사용하므로 [탭]을 선택한다.(하나의 항목을 구분하는데 여러개의 Tab으로 분리되어 있을 경우 "연속된 구분 기호를 하나로 처리"를 선택하면 Tab을 하나로 구분한다.) 만약 제시하는 기호가 아닌 다른 기호를 사용하는 경우에는 [기타]를 선택하고 옆의 입력창에 해당 기호를 입력하면 된다.

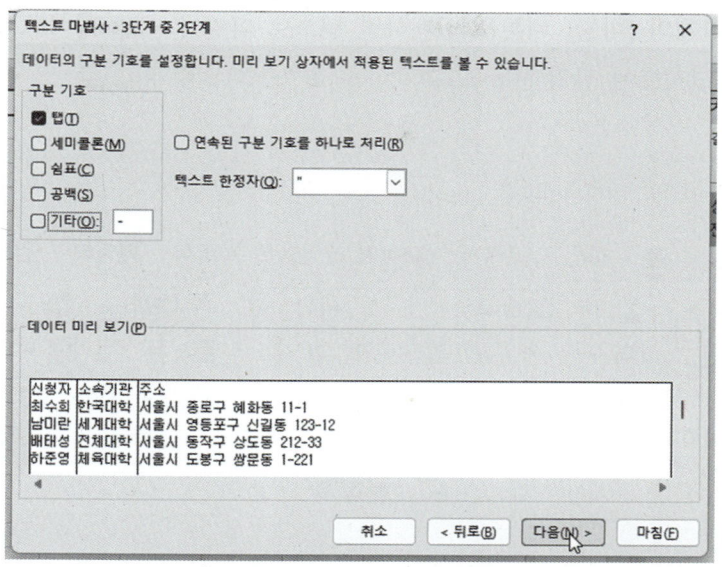

| 그림 8-84 | 텍스트 마법사 2단계

⑤ [텍스트 마법사 - 3단계 중 3단계]에서는 각 열의 서식을 지정한다. 일반적으로 [일반]을 선택한다. 포함시키지 않을 열이 있으면 [데이터 미리 보기] 창에서 해당 열을 선택하고 [열 데이터 서식]에서 [열 가져오지 않음]을 선택하면 된다.

| 그림 8-85 | 텍스트 마법사 3단계

⑥ 3단계의 [마침] 버튼을 선택하면 텍스트 파일이 엑셀 형식으로 변경되어 워크시트에 삽입된다.

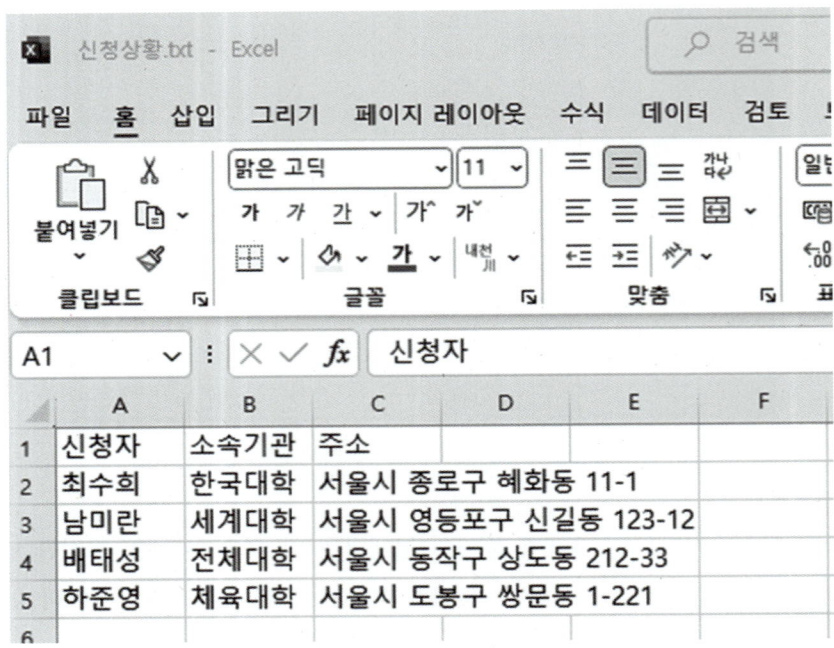

| 그림 8-86 | 텍스트 데이터 가져오기 결과

(2) 텍스트 나누기

한 필드에 입력되어 있는 텍스트 데이터를 원하는 기준으로 분리하여 다른 셀에 나누어 입력할 수 있다. [데이터] 탭-[데이터 도구] 그룹의 [텍스트 나누기] 기능을 사용하면 손쉽게 텍스트를 나눌 수 있다.

① 주문자주소를 시, 구, 동으로 나누어보자. 우선 텍스트를 나눌 셀 범위를 선택한 다음 [데이터] 탭-[데이터 도구] 그룹의 [텍스트 나누기]를 선택한다.

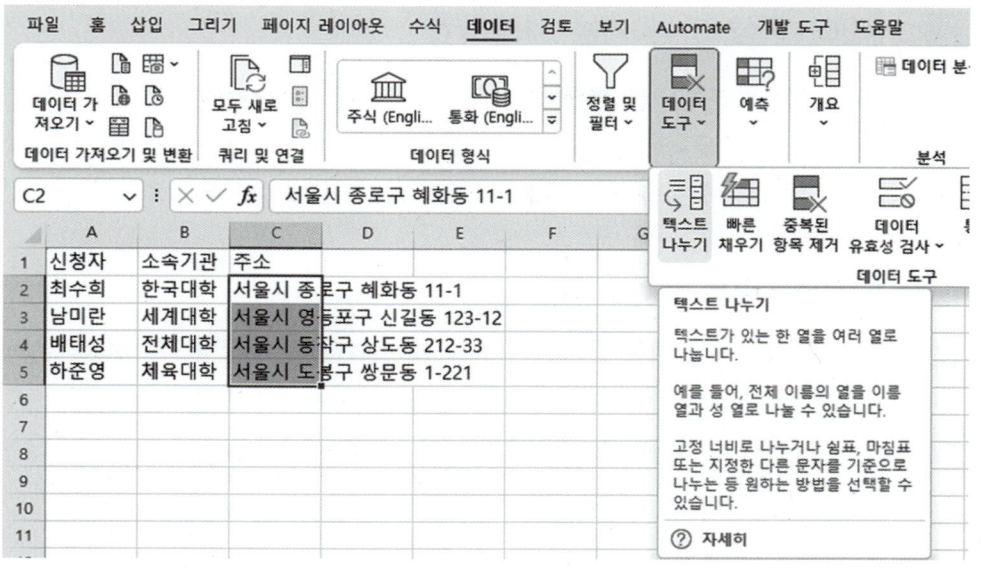

| 그림 8-87 | 텍스트 나누기 메뉴

② [텍스트 마법사 - 3단계 중 1단계] 대화상자에서 [구분기호로 분리됨]을 선택한다. [텍스트 마법사 - 3단계 중 2단계]에서는 사용한 구분기호를 [공백]으로 지정한다.

③ [텍스트 마법사 - 3단계 중 3단계]에서는 [데이터 미리 보기] 창에서 마지막 열을 선택하고 [열 데이터 서식]에서 [열 가져오지 않음]을 선택한다.

④ 결과 주소가 시, 구, 동으로 분리되어 각 셀에 자동으로 입력된다.

| 그림 8-88 | 텍스트 나누기 결과

2 데이터 가상 분석 기능 사용하기

엑셀은 현재의 데이터를 바탕으로 아직 일어나지 않은 일이나 변수가 있는 상황에서 값을 예측할 수 있는 가상 분석(What-If) 기능을 제공한다. 엑셀의 가상 분석 기능에는 크게 시나리오, 목표값 찾기, 데이터 테이블 등이 있다.

(1) 시나리오 사용하기

시나리오는 입력된 셀의 값을 변경했을 때 결과값이 어떤 식으로 변화하는지를 예측하는데 사용하는 데이터 가상 분석 도구이다. 예를 들어, 시나리오 기능을 사용하여 총예산이나 제작원가가 변경되면 순이익이 어떻게 변화되는지를 예측할 수 있다.

① 다음과 같은 데이터를 입력한다. 환율에 해당하는 C3은 환율이라고 이름을 정의하고, 매출액에 해당하는 D6 셀에는 "=B6*C6*환율" 수식을 이용하여 계산한다.

| 그림 8-89 | 시나리오 사용 예

② [데이터] 탭-[예측] 그룹의 [가상분석] 단추를 클릭하여 [시나리오 관리자] 메뉴를 선택한다.

③ [시나리오 관리자] 대화상자가 표시된다. 현재는 등록된 시나리오가 없다. 시나리오를 추가하기 위해서 [추가] 버튼을 클릭한다.

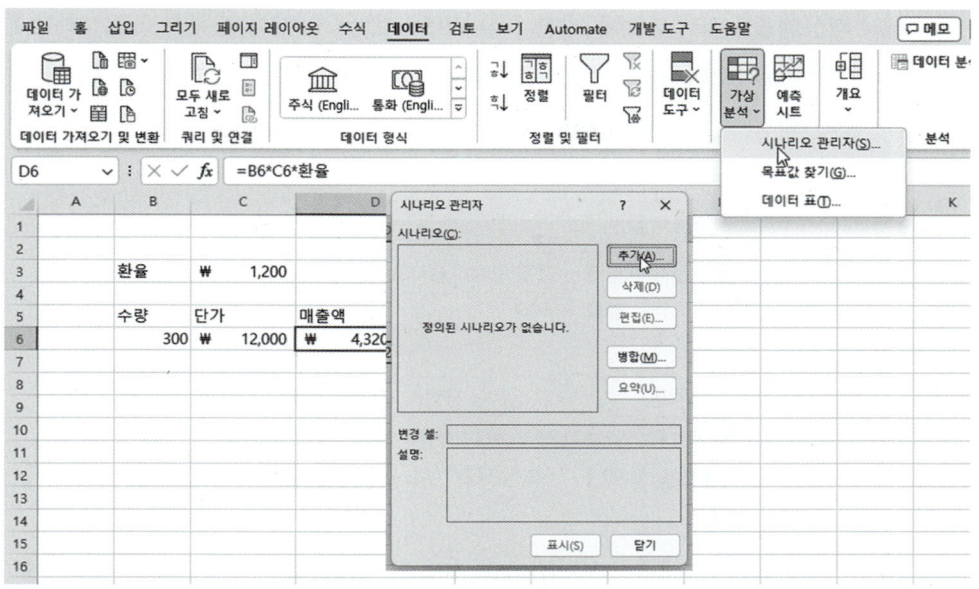

| 그림 8-90 | [시나리오 관리자] 대화상자에서 시나리오 추가하기

④ [시나리오 추가] 대화 상자가 나오면, 추가할 첫 번째 시나리오 이름을 "최상 매출"로 입력하고 변경 셀의 범위를 환율 값 셀을 클릭하여 지정한다. 변경 셀은 가상으로 값을 변경할 셀을 말하며 시나리오에 따라 변경 셀이 하나 이상일 수 있다. 이 경우는 환율이 변화할 때 매출액의 변화를 예측하는 것으로 환율값이 변경 셀이다.

| 그림 8-91 | "최상매출" 시나리오 편집하기

8.7 기타 데이터 관리 기능 사용하기

⑤ "최상매출" 시나리오에 대한 [시나리오 값]을 입력하는 부분으로 "최상매출" 시나리오의 환율값으로 1500을 입력한다. 값을 입력했으면 [추가]를 눌러 다음 시나리오를 만든다.

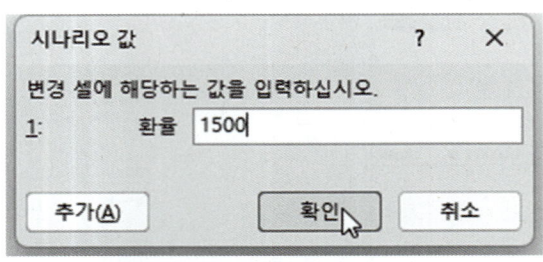

| 그림 8-92 | "최상매출" 시나리오 값 입력

⑥ 계속해서 "최악매출" 시나리오를 동일한 방법으로 작성한다. "최악매출" 시나리오의 시나리오 값을 입력한 후 [확인] 버튼을 선택한다.

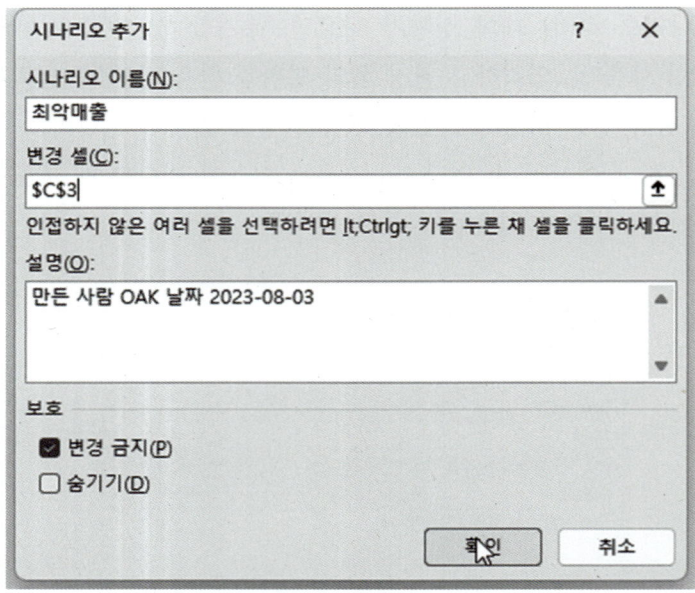

| 그림 8-93 | "최악매출" 시나리오 편집하기

| 그림 8-94 | "최악매출" 시나리오 값 입력

⑦ [시나리오 관리자] 대화상자가 다시 나타나며 등록된 시나리오가 표시된다. 현재 등록된 시나리오를 시트에 표시하거나 새로운 시나리오의 추가 및 삭제, 편집 그리고 요약 보고서 작성 등의 작업을 수행한다.

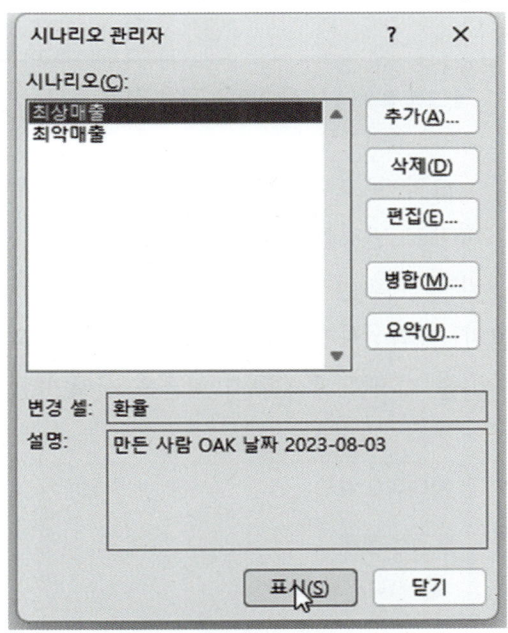

| 그림 8-95 | 시나리오 등록 결과

⑧ 시나리오를 시트에 적용하려면 [시나리오 관리자] 대화상자에서 적용할 시나리오를 선택한 후, [표시] 버튼을 누르면 된다. "최상 매출" 시나리오를 선택한 후, [표시] 버튼을 누르면 시나리오에 입력된 환율 값이 시트에 표시되고 자동으로 연결된 셀의 계산 값인 매출액도 변경되어 표시된다.

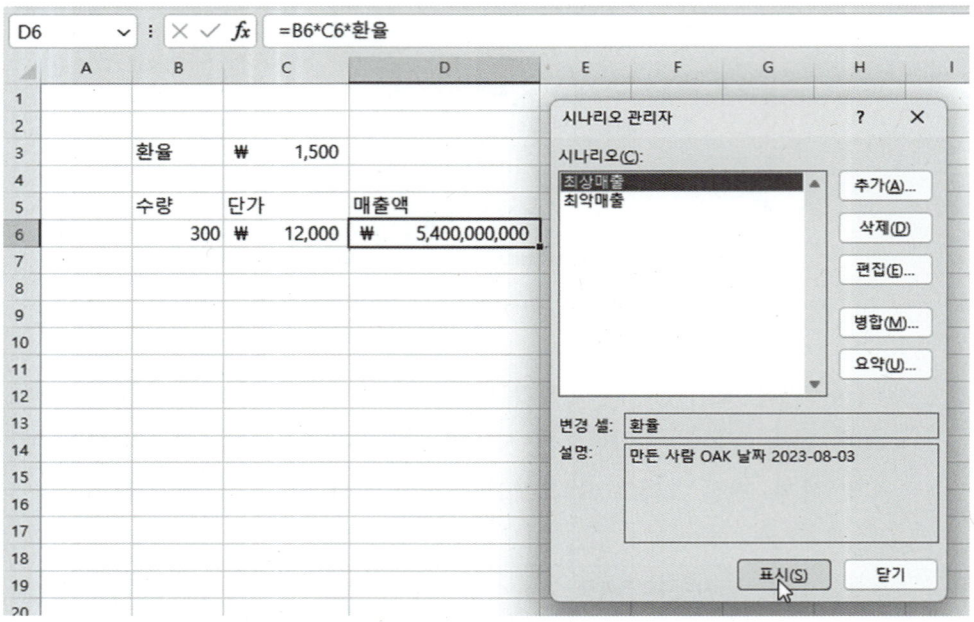

| 그림 8-96 | 시나리오 적용 결과 표시

⑨ 이제 시나리오 요약 보고서를 작성해보기로 한다. 우선 환율값(C3)을 현재의 값인 1200으로 변경한다. 시나리오를 요약해서 보고서를 작성하려면 [시나리오 관리자] 대화상자에서 [요약] 버튼을 선택한다.

⑩ [시나리오 요약] 대화상자가 나오면 [보고서]의 종류와 시나리오 입력값에 따른 [결과 셀]을 지정한 후 [확인] 버튼을 선택한다.

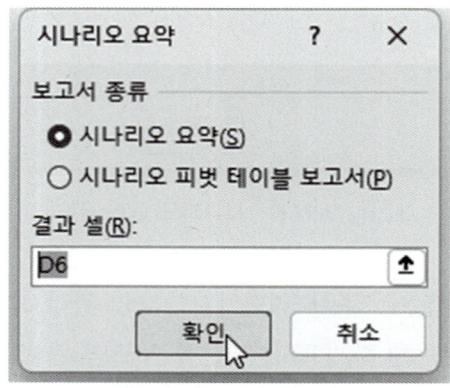

| 그림 8-97 | 시나리오 요약 보고서 작성하기

⑪ [시나리오 요약]이라는 새로운 시트가 자동으로 생기고 시나리오 요약 보고서가 작성된다.

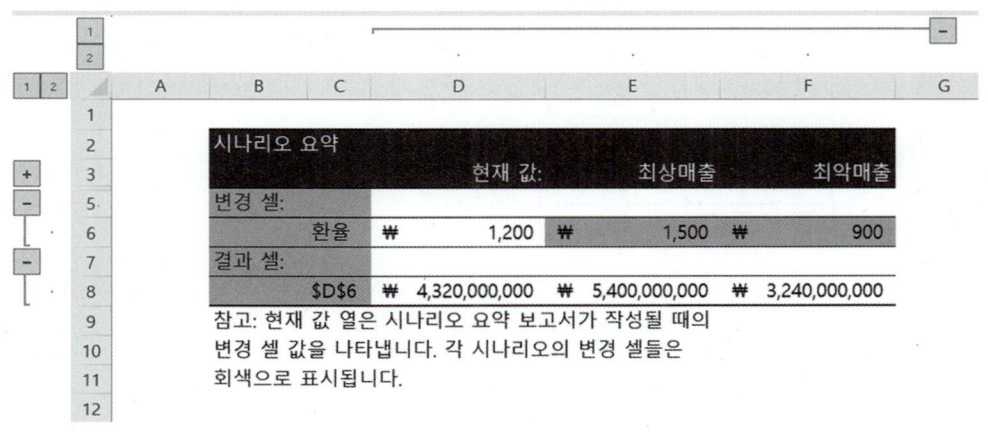

| 그림 8-98 | 시나리오 요약 보고서 작성 결과

> **TIP**
> - 시나리오 요약 보고서를 작성하면 셀 번지 대신 정의된 이름이 표시된다. 변경 셀의 경우 정의된 이름이 표시되어 보고서를 이해하는데 더욱 도움이 된다. 마찬가지로 결과 셀인 D6셀에도 "매출액"으로 이름을 정의하면 더 보기 쉬운 보고서를 작성할 수 있다.
> - 시나리오 기능의 사용 시 하나의 시나리오 상에서 두 개 이상의 변경 셀을 설정할 수 있다. 예를 들어, [시나리오 편집] 대화상자의 [변경 셀]에서 "A2:A3"의 형태로 입력하고, [시나리오 값]의 대화상자에서 각 변경 셀에 따라 해당하는 값을 입력하면 된다.

(2) 목표값 찾기

시나리오가 입력 값이 변화될 때 결과 값을 예측하는 것인 반면, 목표 값 찾기는 수식의 결과 값을 바탕으로 입력 값을 찾는 기능을 말한다. 예를 들어, 정해져 있는 제작비가 주어질 때 재료구입비의 값을 구한다거나 연봉이 주어질 때 기본급을 구하는 문제 등에 적용될 수 있다. 목표값 찾기는 수식에서 얻으려는 값은 알고 있으나 그 결과 값을 얻기 위해 필요한 입력 값을 모를 때 사용하며 값을 바꿀 셀이 한 개 셀이라는 특징을 갖는다. 목표값의 대상이 되는 셀은 반드시 수식이 입력된 셀이어야 한다.

① 다음과 같이 데이터를 입력하고 평균을 구한다.

| 그림 8-99 | 목표값 사용 예

② 평균을 90점으로 향상시키기 위해서 대학수학의 점수를 몇 점 받아야 하는지를 결정하는데 목표값 찾기를 사용한다. 해당 수식 셀인 F3을 선택한 후, [데이터] 탭-[예측] 그룹의 [가상분석] 단추를 클릭하여 [목표값 찾기] 메뉴를 선택한다.

③ [목표값 찾기] 대화상자가 나타나면 [수식 셀]은 평균값을 계산한 수식이 들어 있는 F3 셀을 선택하고 [찾는 값]은 목표로 정한 90을 입력한다. [값을 바꿀 셀]은 대학수학 점수인 C6 셀이 된다.

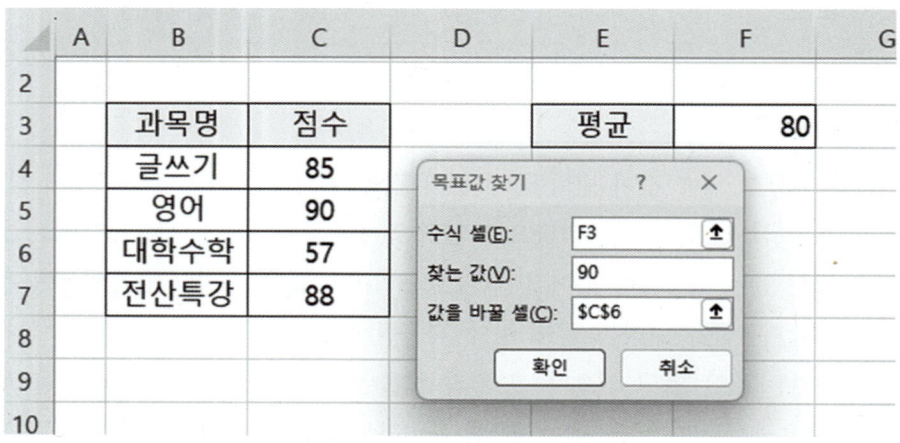

| 그림 8-100 | 목표값 찾기 설정하기

④ [목표값 찾기 상태] 대화상자가 나타난다. 찾은 값을 확인하고 [확인]을 선택하면 셀의 값이 변경되면서 목표값이 97점으로 수정된다. [취소]를 클릭하면 값이 변경되지 않으므로 입력값의 변화를 확인한 후 [취소] 버튼을 누른다.

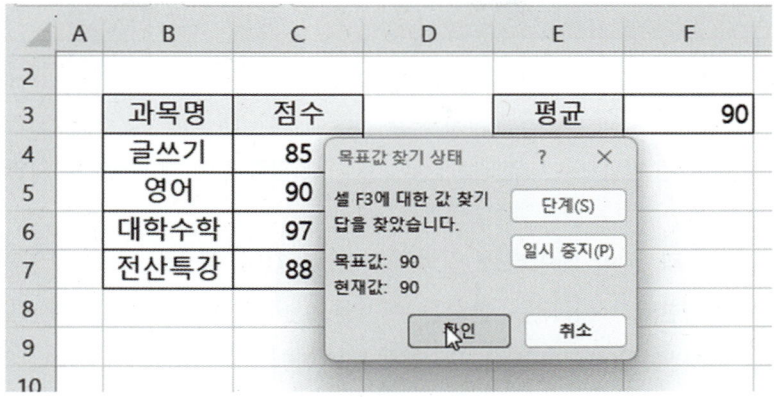

| 그림 8-101 |　목표값 찾기 결과

(3) 데이터 표 사용하기

데이터 표란 수식의 특정 값을 변경하면 수식의 결과가 어떻게 달라지는지를 나타내는 기능이다. 여러 변화들을 가정해서 그 결과를 표 형식으로 미리 볼 수 있는 기능이다. 데이터 표 기능의 사용은 변수가 하나 또는 두 개인 표를 만들어 사용할 수 있다.

■ 변수가 한 개인 데이터 표 만들기

변수를 하나만 설정하고 여러 값을 입력했을 때 수식 결과가 어떻게 달라지는지를 나타낸다. 변수가 하나인 표는 입력 값이 열 방향이나 행 방향으로 목록을 이루도록 만들어야 한다. 변수가 하나인 표에 사용되는 수식은 입력 셀을 참조해서 입력한다. 수식의 입력 위치는 입력 값이 열 방향으로 나열되면, 첫째 값 바로 위행에서 한 셀 오른쪽의 셀에 수식을 입력한다. 추가 수식이 있는 경우는 첫째 수식의 오른쪽에 입력한다. 입력 값이 행 방향으로 나열되면, 첫째 값 왼쪽 열에서 한 셀 아래쪽의 셀에 수식을 입력하고 추가 수식은 첫째 수식의 아래에 입력한다.

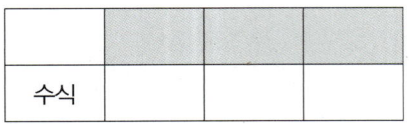 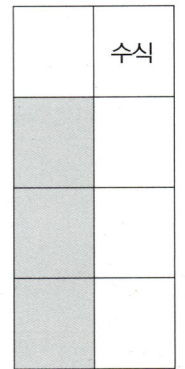

입력 값이 행 방향으로 나열되는 경우   입력 값이 열 방향으로 나열되는 경우

① 다음과 같이 데이터를 입력하고 입력 값이 행 방향으로 나열되는 표를 작성한다. 사용되는 변수는 이자율로 하고 변수가 변할 때 변경되어야 하는 수식(=C3*C4)은 B9셀에 입력한다.

B9		fx	=C3*C4		
	A	B	C	D	E	F
2						
3		원금	10000			
4		이자율	3%			
5		이자액	300			
6						
7			이자율			
8			3%	5%	7%	9%
9		300				
10						

| 그림 8-102 | 데이터 표 사용 예

② 이자율이 변화할 때 수식 값의 변화를 살펴보기 위해서 이자율을 변수로 하는 표 전체의 셀 범위(B8-F9)를 선택한 후, [데이터] 탭-[예측] 그룹의 [가상분석] 단추를 클릭하여 [데이터 표] 메뉴를 선택한다.

③ [표] 대화상자가 나타난다. 데이터 테이블의 형태가 행 구조이므로 행 입력 셀에 변수값인 C4를 클릭하여 지정한다.

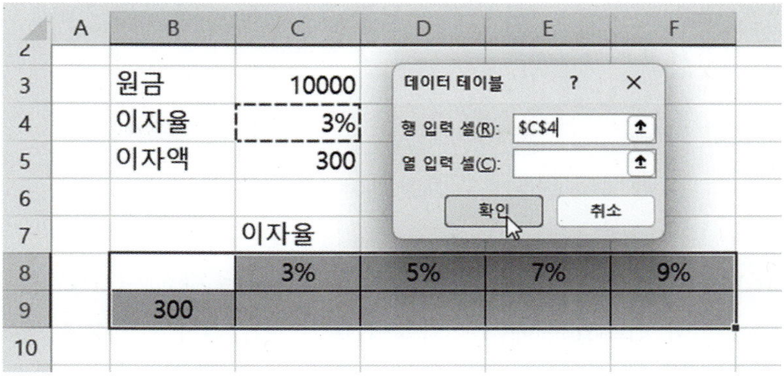

| 그림 8-103 | 행 입력 셀 지정

④ [확인]을 누르면 다음과 같이 변수의 값에 따라 차례로 계산이 된 데이 터 테이블이 만들어진다. 열 구조의 데이터 표도 동일한 방법으로 작성할 수 있다. 열 입력 셀을 지정해야 한다.

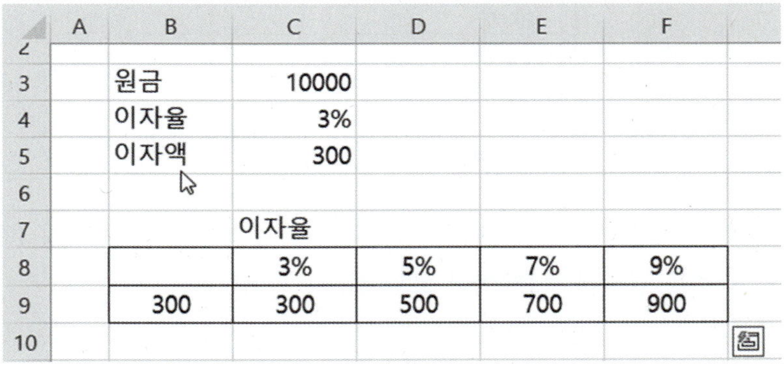

| 그림 8-104 | 행 구조의 데이터 표 결과

■ 변수가 두 개인 데이터 표 만들기

두 개의 변수를 설정하고 여러 가지 값을 입력해서 수식 결과에 미치는 영향을 확인할 수 있다. 변수가 두 개인 경우에는 변하는 값이 행과 열에 위치하고 두 개의 입력 값 목록에 하나의 수식만 사용된다. 수식의 위치는 변수가 입력되는 행과 열이 만나는 셀에 입력하며 수식은 두 개의 다른 입력 셀을 참조해야 한다.

8.7 기타 데이터 관리 기능 사용하기   365

수식			

변수가 두 개인 데이터 표 구조

① 다음과 같이 데이터를 입력한다. B15 셀에는 수식 =C3*C4를 입력하고 수식이 입력된 행에는 이자율의 변수값을, 수식이 입력된 열에는 원금에 대한 변수 값을 입력한다.

| 그림 8-105 | 변수가 두 개인 데이터 테이블 사용한 예

② 전체 셀의 범위를 선택한 다음 [데이터] 탭-[예측] 그룹의 [가상분석] 단추를 클릭하여 [데이터 표] 메뉴를 선택한다.
③ [표] 대화상자가 나타나면 행 입력 셀에 이자율을 나타내는 C4를, 열 입력 셀에 원금을 나타내는 C3을 클릭하여 지정한다.

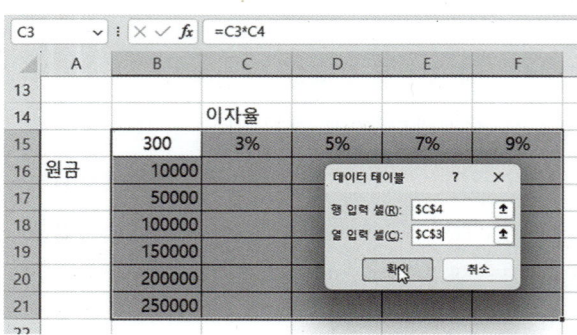

| 그림 8-106 | 행/열 입력 셀 지정

④ 데이터 표의 결과는 다음과 같다.

	A	B	C	D	E	F
13						
14			이자율			
15		300	3%	5%	7%	9%
16	원금	10000	300	500	700	900
17		50000	1500	2500	3500	4500
18		100000	3000	5000	7000	9000
19		150000	4500	7500	10500	13500
20		200000	6000	10000	14000	18000
21		250000	7500	12500	17500	22500
22						

| 그림 8-107 | 변수가 두 개인 데이터 표 결과

3 데이터 유효성 검사하기

데이터 유효성 검사 기능을 사용하면 데이터를 입력할 때 입력한 데이터가 유효한지를 체크하여 유효하지 않은 데이터를 입력할 수 없도록 제한할 수 있다.

[데이터] 탭-[데이터 도구] 그룹-[데이터 유효성 검사] 기능을 실행하면 설정, 설명 메시지, 오류 메시지, IME 모드 탭으로 구성된 대화상자가 표시된다.

- 설정 : 정수, 소수점, 목록, 날짜, 텍스트 길이, 사용자 지정 등 기준으로 유효성 조건을 설정한다.
- 설명 메시지 : 데이터 유효성 검사 조건이 설정된 셀을 선택하면 표시되는 설명 메시지를 지정한다.
- 오류 메시지 : 설정된 유효성 검사 조건에 만족하지 않은 데이터를 입력하면 표시되는 오류 메시지를 지정한다.
- IME 모드 : 셀에 데이터를 입력할 때 한글/영문 입력상태를 설정한다.

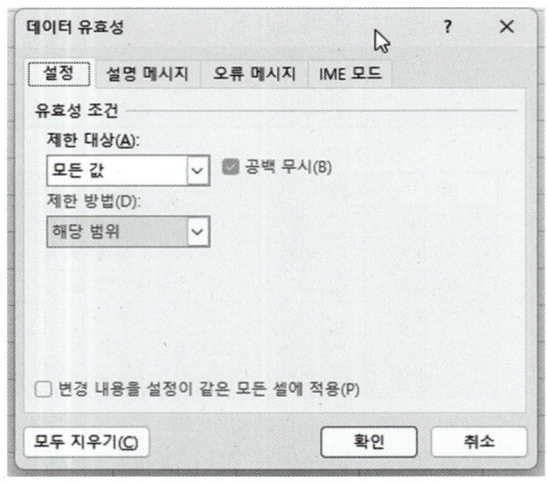

| 그림 8-108 | 데이터 유효성 대화상자

(1) 데이터 유효성 검사 사용하기

유효성 검사의 설정 기준 중 텍스트 길이를 제한하여 조건을 설정하고, 설명 메시지와 오류 메시지를 표시하도록 유효성 검사를 작성해 보기로 한다. 예를 들어 주민등록번호를 입력하는 경우, "-"을 제외한 13자리 데이터만 입력될 수 있도록 유효성 검사 조건을 설정해보자.

① 다음과 같이 데이터를 입력한다. 이 때 주민등록번호는 "-"을 제외한 13자리의 데이터만 입력하고, 주민등록번호가 입력되는 셀(D5-D12)에 사용자지정 표시 형식을 이용하여 "-"이 포함되어 표시되도록 설정한다.

	A	B	C	D	E
3					
4		사번	성명	주민번호	지원부서
5		2005A12	김영민	770328-1275711	
6		2023C11	황인창	010215-3323451	
7		2013B06	김소혜	821010-2323222	
8					
9					
10					
11					
12					
13					

| 그림 8-109 | 데이터 유효성 검사를 위한 데이터 입력

> **TIP** 사용자 지정 표시 형식 지정
>
> 셀에 입력한 주민번호 13자리 숫자가 "-"을 포함한 주민번호 형식으로 표시되도록 하려면 [셀서식] 대화상자의 [표시 형식] 탭-[범주]에서 [사용자지정]을 선택한 후, ######"-"00#####로 지정한다.

② 데이터 유효성 검사를 지정할 주민등록번호 셀(D5-D12)을 선택한 후, [데이터] 탭-[데이터 도구] 그룹-[데이터 유효성 검사]를 클릭한다.

③ [데이터 유효성] 대화상자가 열리면, [설정] 탭의 [제한 대상]을 [텍스트 길이]로 선택하고 [제한 방법]에 [=]을 지정한 다음, [길이]에 13을 입력한다.

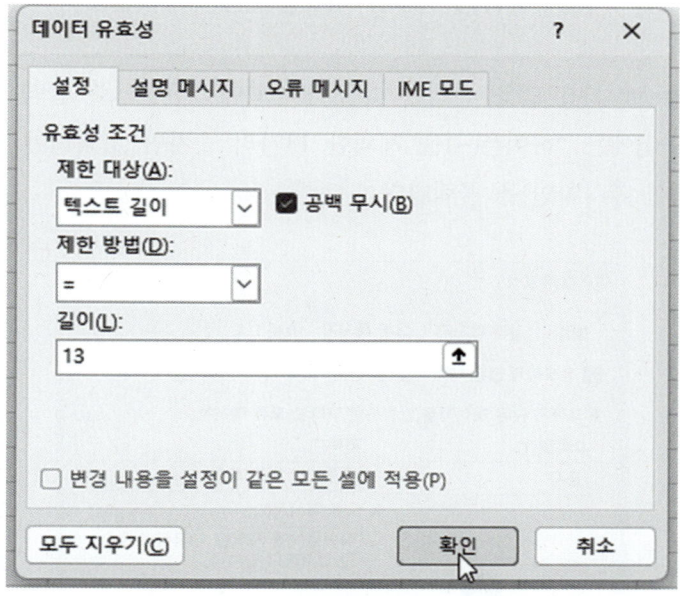

| 그림 8-110 | 데이터 유효성 텍스트 길이 설정

④ [설명 메시지] 탭을 선택한 다음, [제목]에 "주민번호 입력 조건", [설명 메시지]에는 "주민번호 13자리를 입력하세요"라고 입력한다.

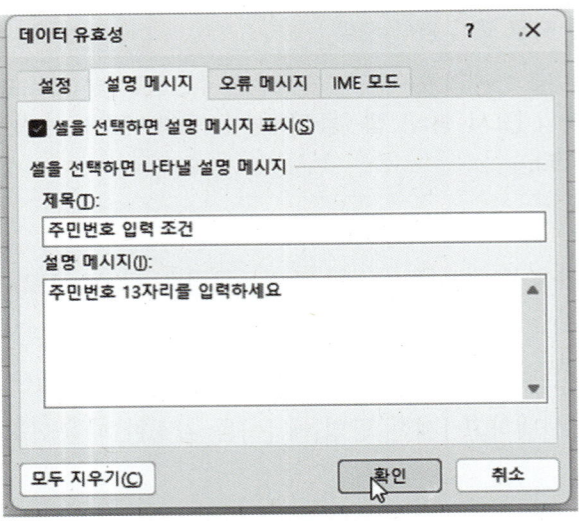

| 그림 8-111 | 데이터 유효성 설명 메시지 설정

⑤ [오류 메시지] 탭을 선택한 다음, [제목]에 "주민번호 입력 오류", [오류 메시지]에는 "하이픈(-)을 제외한 13자리 숫자만 입력해야 합니다."라고 입력한 후 [확인]을 클릭한다.

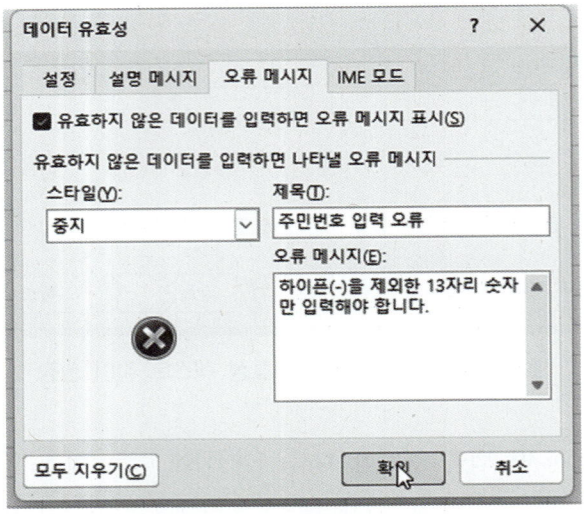

| 그림 8-112 | 데이터 유효성 오류 메시지 설정

⑥ 주민번호를 입력하려하면, 설정한 설명 메시지가 표시되는 것을 확인할 수 있다.

| 그림 8-113 | 데이터 유효성 설명 메시지

⑦ 설정된 텍스트 길이와 다른 데이터가 입력되는 경우, 오류 메시지가 표시되는 것을 확인할 수 있다.

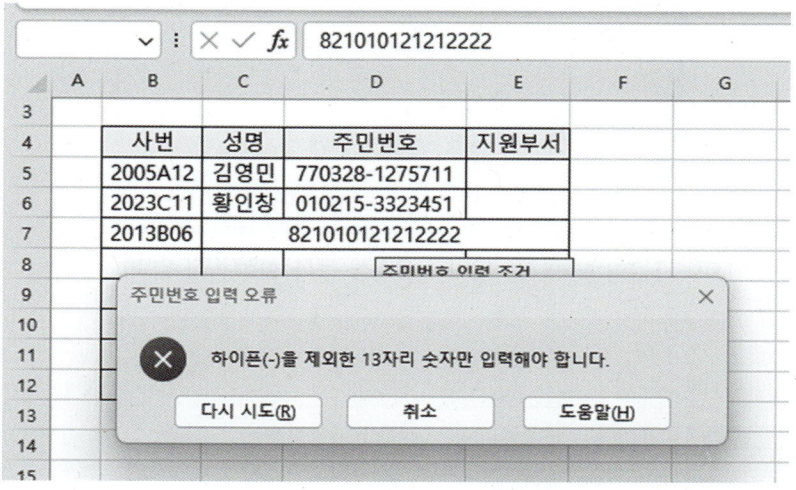

| 그림 8-114 | 데이터 유효성 오류 메시지

(2) 목록으로 유효성 검사하기

셀에 입력되는 데이터를 목록으로 만들어 목록에 있는 데이터를 선택하여 입력되도록 조건을 설정할 수 있다. 데이터 유효성 검사에 사용되는 데이터를 직접 입력하거나 목록 데이터를 따로 입력 후 해당 셀 범위를 지정해도 된다.

① 지원부서 열의 입력 셀(E5-E12)을 선택한 후, 데이터 유효성 메뉴를 선택한다.
② [데이터 유효성] 대화상자가 열리면, [설정] 탭의 [제한 대상]을 [목록]으로 선택하고 [원본]에 목록에 표시될 데이터를 ","로 구분하여 직접 입력한 다음, [확인]을 클릭한다. 또는 목록에 표시될 데이터를 임의의 셀에 입력한 다음, 해당 셀 범위를 선택하여 지정해도 된다.

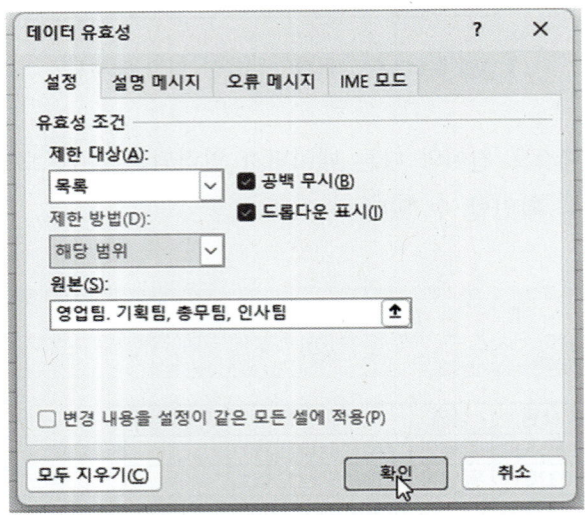

| 그림 8-115 | 데이터 유효성 목록 설정(직접 입력)

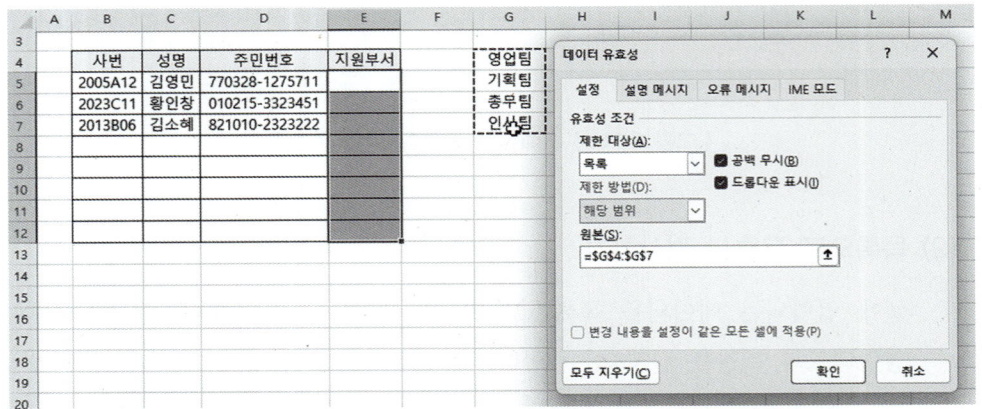

| 그림 8-116 | 데이터 유효성 목록 설정(셀 범위 지정)

③ 지원부서 열에 데이터를 입력하려하면, 설정된 목록의 리스트가 나오고 그 중 원하는 값을 선택하면 셀에 해당 데이터가 입력된다.

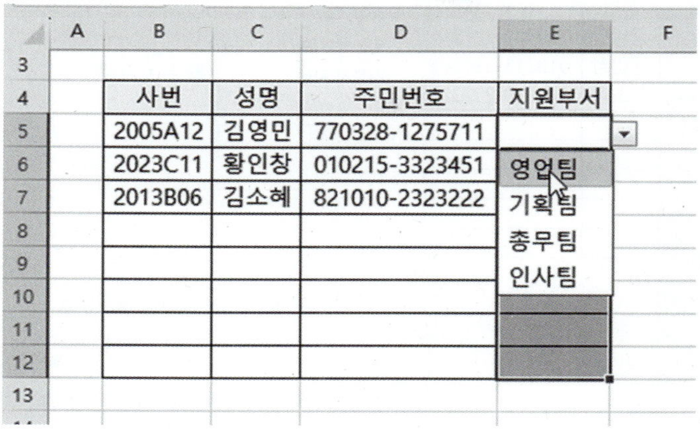

| 그림 8-117 | 목록으로 데이터 유효성 검사

(3) 수식으로 유효성 검사하기

데이터 유효성 검사의 유효성 조건 [제한 대상]을 [사용자 지정]으로 하면 함수를 사용한 수식으로 사용자가 원하는 유효성 조건을 직접 지정할 수 있다. [사번] 열에 입력되는 값은 직원에게 하나씩만 부여되는 고유번호로, 사번이 중복 입력되면 오류 메시지가 표시되도록 함수를 사용하여 유효성 검사 조건을 설정해 보자.

① [사번] 열(B열) 전체를 선택한 다음, [데이터 유효성] 대화상자에서 [제한 대상]의 [사용자 지정]을 선택한다.
② [수식]란에 "=countif($B:$B, B1)=1"을 입력한 후 [확인]을 클릭한다. 이 수식의 의미는 B열 전체에서 B1과 같은 값을 갖는 것은 1개, 즉 유일해야 한다는 것을 의미한다.

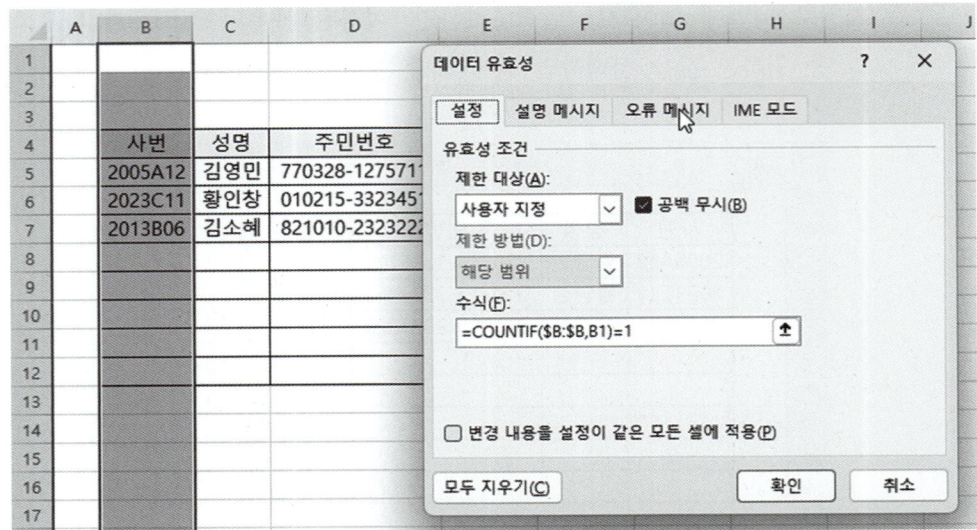

| 그림 8-118 | 데이터 유효성 수식 설정

③ [오류 메시지] 탭을 선택한 다음, [제목]에 "사번 중복 입력 오류"라고 입력하고, [오류 메시지]에는 "입력한 사번이 존재합니다. 사번은 중복 입력할 수 없습니다."라고 입력한 후, [확인]을 클릭한다.

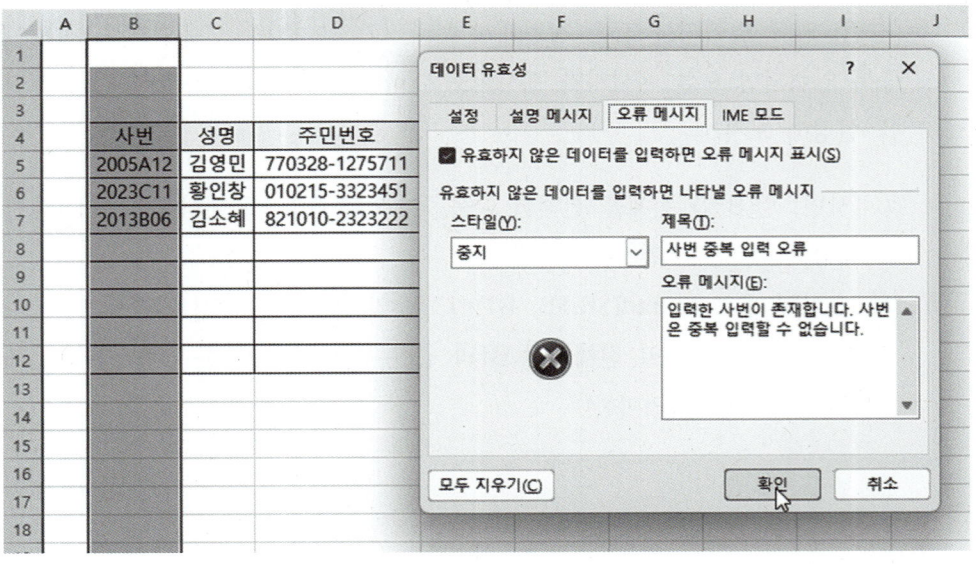

| 그림 8-119 | 데이터 유효성 오류 메시지

④ [사번]에 이미 입력된 데이터를 입력하려 하면, [사번 입력 중복 오류] 메시지가 표시된다.

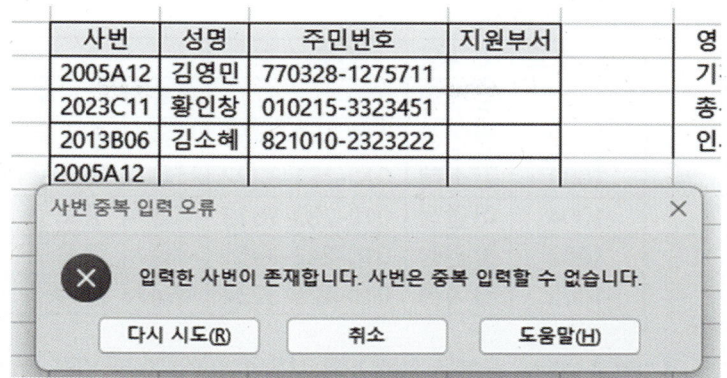

│그림 8-120│ 수식으로 데이터 유효성 검사

4 중복된 항목 제거하기

중복된 항목 제거 기능을 이용하면 지정한 열의 값을 기준으로 데이터가 중복되었음을 판단하여 자동으로 중복된 항목을 제거할 수 있다.

① 다음과 같이 데이터를 입력한다. 이 때 전화번호는 전화번호에 해당하는 숫자만 입력하면 결과 화면과 같이 중간에 "-"이 포함되어 표시되게 사용자지정 표시 형식을 이용하여 설정한다. 입력 데이터에서 고객코드 1002에 해당하는 레코드가 중복되어 있음을 확인할 수 있다.

> **TIP** 사용자 지정 표시 형식 지정
>
> 전화번호를 숫자만 입력하고 결과 화면과 같이 "-"을 포함한 전화번호 형식으로 표시되게 하려면 [셀서식] 대화상장의 [표시 형식] 탭-[범주]에서 [사용자지정]을 선택한 후, 0##"-"###"-"####로 지정한다

|그림 8-121| 중복된 항목 제거 사용을 위한 데이터 입력

② 중복 항목을 제거할 데이터 범위 내의 임의 셀을 선택하거나 표 전체를 선택한 다음, [데이터] 탭-[데이터 도구] 그룹-[중복된 항목 제거] 메뉴를 클릭한다.

③ [중복된 항목 제거] 대화상자에서 중복 데이터임을 파악할 열을 지정한 후, [확인]을 클릭한다.

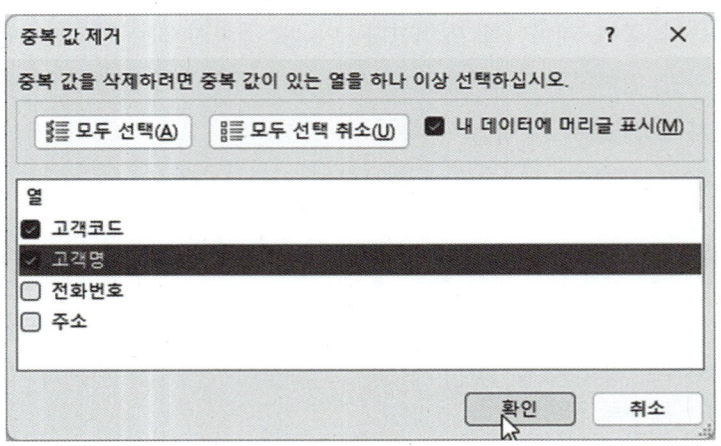

|그림 8-122| 중복된 항목 제거를 위한 열 지정

④ 중복된 항목 제거 결과, 중복된 고객코드 1002에 해당하는 레코드가 제거됨을 확인할 수 있다.

	A	B	C	D	E
1					
2					
3					
4		고객코드	고객명	전화번호	주소
5		1001	김영민	010-123-5711	서울시 강남구
6		1002	황인창	010-247-3451	서울시 종로구
7		1003	김소혜	010-151-3222	서울시 마포구
8		1004	이민정	010-233-7615	서울시 구로구
9		1005	배미혜	010-125-3234	서울시 관악구
10					
11					

그림 8-123 중복된 항목 제거 결과

5 데이터 통합하기

데이터 통합 기능을 사용하면 관련 있는 여러 개의 데이터 범위를 하나로 통합할 수 있다. 데이터 통합은 위치에 의한 통합과 레이블에 의한 통합이 있다. 위치에 의한 통합은 통합 대상 데이터의 동일 위치에 있는 데이터를 통합하는 것이고, 레이블에 의한 통합은 레이블을 기준으로 하여 동일 항목의 데이터를 통합하는 방식이다.

(1) 위치에 의한 통합 기능 사용하기

여러 데이터의 순서와 위치가 동일한 경우, 같은 위치에 있는 데이터를 대상으로 지정한 함수를 이용하여 통합한다.

① 다음과 같이 데이터를 입력하고 합계를 계산한다.

② 통합 데이터가 표시될 I12셀을 선택하고 [데이터] 탭-[데이터 도구] 그룹-[통합] 메뉴를 선택한다.

| 그림 8-124 | 위치 통합을 위한 데이터 입력

③ [통합] 대화상자가 표시되면 [함수]를 "합계"로 선택하고 [참조]를 클릭한 후, 참조할 데이터 범위 C5-F8을 선택한 다음 [추가]를 클릭한다.

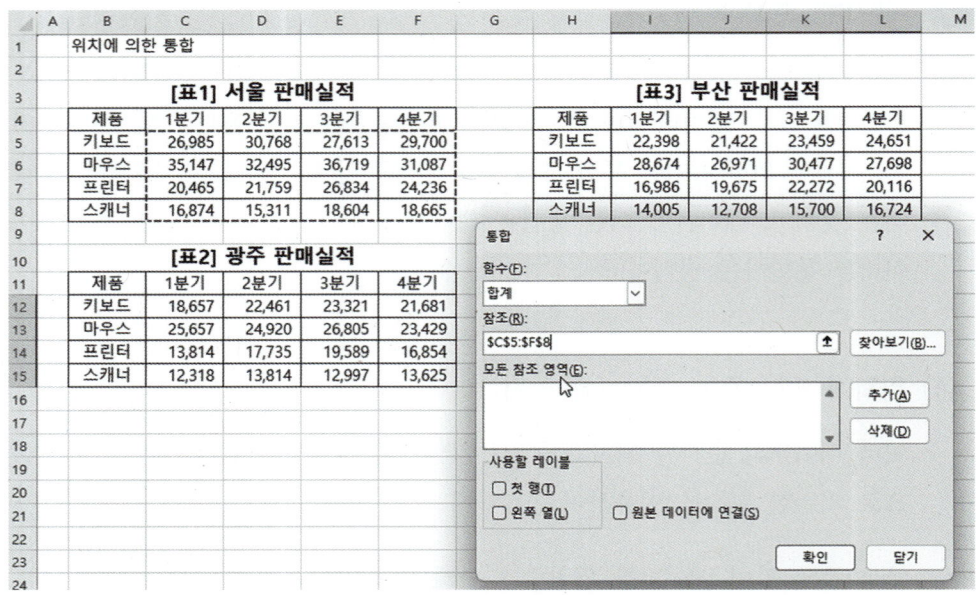

| 그림 8-125 | [통합] 대화상자

④ 동일한 방법으로 통합할 다른 셀 범위 I5-L8, C12-F15를 각각 선택하고 추가한다. 통합할 대상 데이터의 추가가 끝나면 [확인]을 선택한다.

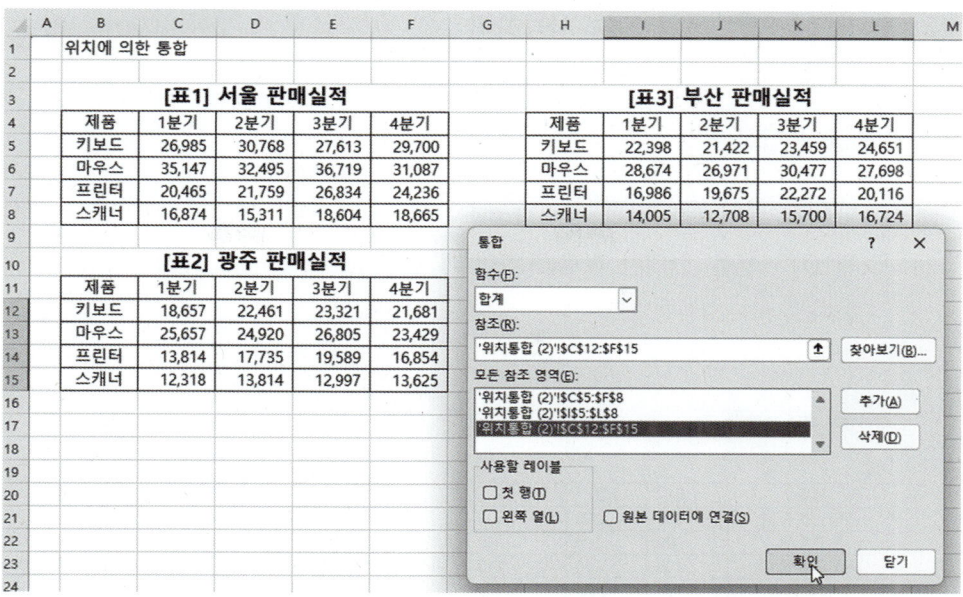

그림 8-126 [통합] 대화상자에서 위치 통합 설정

⑤ I12셀을 통합 결과의 시작 셀로 하여, 통합 대상의 동일 위치에 있는 값들의 합으로 통합된 데이터가 표시된다.

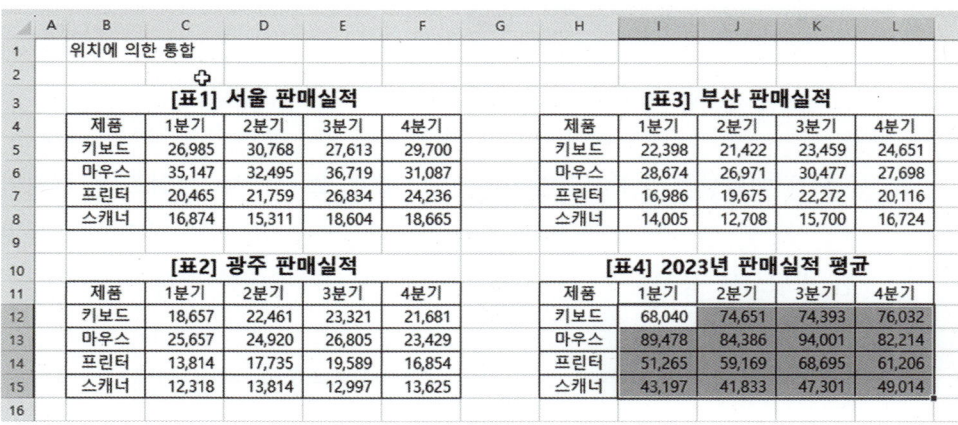

그림 8-127 위치에 의한 통합 결과

8.7 기타 데이터 관리 기능 사용하기

(2) 레이블에 의한 통합 기능 사용하기

레이블에 의한 통합은 첫 행과 왼쪽 열의 레이블을 기준으로 같은 항목의 데이터를 통합한다.

① 다음과 같이 데이터를 입력하고 합계를 계산한다. 통합할 데이터가 표시될 G13 셀을 선택한 다음, [데이터] 탭-[데이터 도구] 그룹-[통합]을 클릭한다.

	A	B	C	D	E	F	G	H	I	J
1		레이블에 의한 통합								
2										
3		서울					부산			
4			제품	1월	2월	합계		지점	1월	3월	합계
5			풀먹인토종닭	300	200	500		싱싱블루베리	200	180	380
6			튼튼한쌀	200	100	300		싱싱오징어	150	100	250
7			깨끗한매생이	100	10	110		튼튼한쌀	23	78	101
8			싱싱오징어	50	50	100		꿀맛참외	15	110	125
9			꿀맛참외	200	150	350		한우의품격	210	180	390
10			합계	850	510	1,360		합계	598	648	1,246
11										
12		경기					전체			
13			제품	2월	4월	합계				
14			깨끗한매생이	200	180	380				
15			꿀맛참외	100	100	200				
16			싱싱블루베리	10	78	88				
17			튼튼한쌀	50	110	160				
18			풀먹인토종닭	150	180	330				
19			합계	510	648	1,158				
20										

│그림 8-128│ 레이블 통합을 위한 데이터 입력

② [통합] 대화상자가 표시되면 [함수]를 "합계"로 선택하고 [참조]를 클릭한 후, 참조할 데이터 범위 B4-E10을 선택한 다음, [추가]를 클릭한다. 동일한 방법으로 통합할 다른 셀 범위 G4-J10, B13-E19를 각각 선택하여 추가한다.

③ 통합에 사용할 레이블을 지정하기 위해서 [사용할 레이블]에서 [첫 행], [왼쪽 열]을 선택하고 [확인]을 클릭한다.

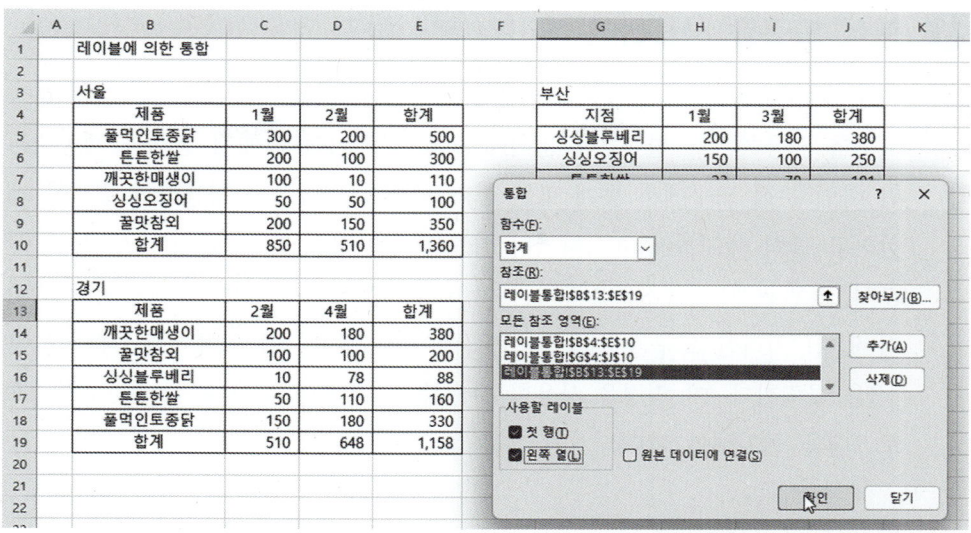

│그림 8-129│ [통합] 대화상자에서 레이블 통합 설정

④ G13셀을 통합 결과의 시작 셀로 하여, 통합 대상의 동일 위치에 있는 값들의 합으로 통합된 데이터가 표시된다.

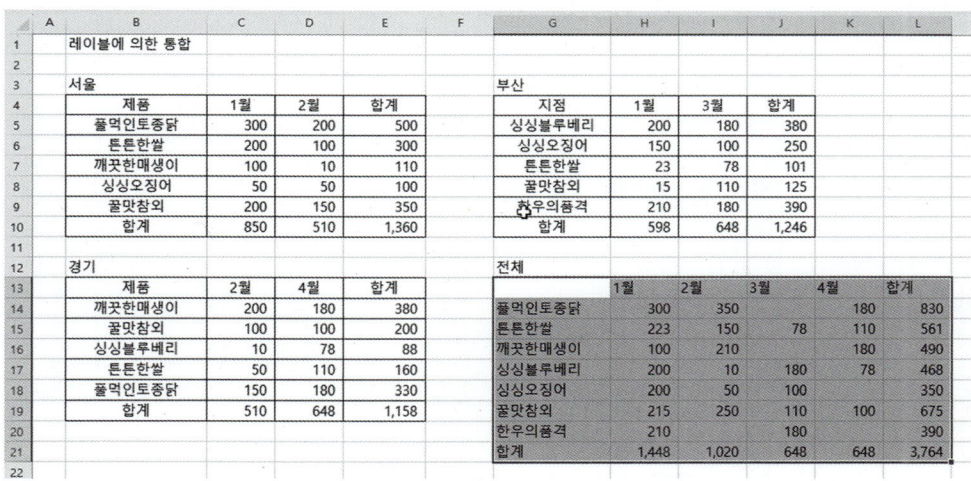

│그림 8-130│ 레이블에 의한 통합 결과

6 분석 도구를 사용하여 데이터 분석하기

통계 또는 공학 분석 등 복잡한 데이터 분석을 수행하기 위해서 엑셀의 분석 도구를 사용하기도 한다. 각 분석에 필요한 데이터와 매개 변수를 제공하기만 하면 분석 도구에서 통계 또는 공학용 매크로 함수를 사용하여 결과를 계산하고 출력 테이블에 표시하거나 차트를 만들기도 한다. 분석도구에는 분산 분석, 상관관계, 공분산, 푸리에 분석, 회귀 분석 등 다양한 도구들이 포함되어 있다. 이러한 도구를 사용하려면 [데이터] 탭-[분석] 그룹에서 [데이터 분석]을 클릭한다. 이 명령을 사용할 수 없는 경우에는 분석 도구 추가 기능 프로그램을 설치해야 한다.

(1) 분석 도구 설치하기

① [파일]-[옵션]을 선택한 다음, [추가 기능]을 클릭한다. [추가기능]의 하단의 [관리]-[Excel 추가기능] 옆의 [이동]을 클릭한다.

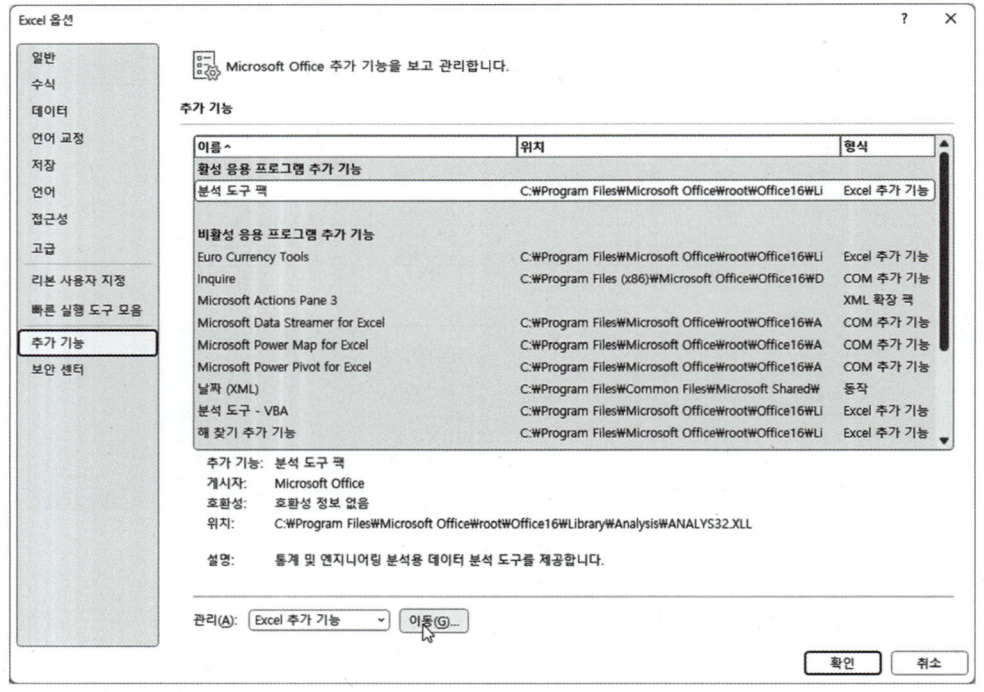

| 그림 8-131 | [Excel 옵션]의 [추가기능] 메뉴

② [추가기능] 대화상자가 나오면, [사용 가능한 추가 기능]에서 [분석도구]를 선택한 다음, [확인]을 클릭한다.

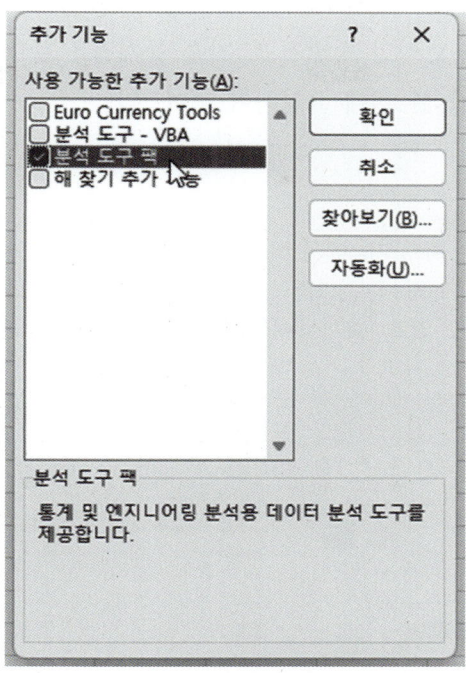

| 그림 8-132 | [추가기능] 대화 상자

③ 리본 메뉴의 [데이터] 탭-[분석] 그룹에 [데이터 분석] 메뉴가 표시된다. 이를 클릭하면[통계 데이터 분석] 대화상자가 표시되고 사용가능한 다양한 분석 도구의 목록을 볼 수 있다.

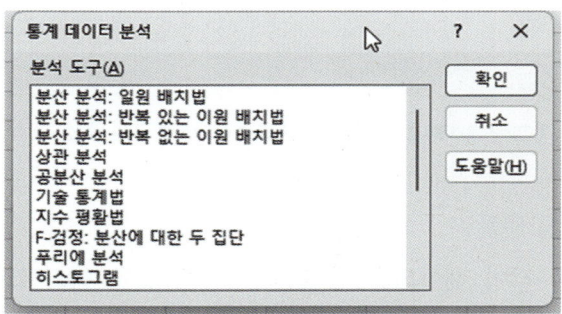

| 그림 8-133 | [데이터 분석] 메뉴의 [통계 데이터 분석] 대화 상자

(2) 분석 도구 사용하기

다양한 분석 도구 중에서 흔하게 사용할 수 있는 도구인 히스토그램과 일반적인 기술 통계법을 사용해보기로 하자. 히스토그램은 수치형 속성의 분포를 확인하는 가장 일반적인 방법이고, 기술 통계법은 주어진 수치 데이터에 대한 다양한 지표를 한 번에 요약하여 보여준다.

> **TIP**
>
> 엑셀 2016버전 부터는, 차트 기능에서 히스토그램을 제공한다. 히스토그램을 그릴 데이터를 선택한 다음 [삽입]메뉴의 [차트]그룹의 [통계 차트 삽입]에서 히스토그램을 선택하면 히스토그램을 쉽게 그릴 수 있고, [축서식]-[축옵션] 메뉴에서 계급구간 등을 설정할 수 있다.
>
>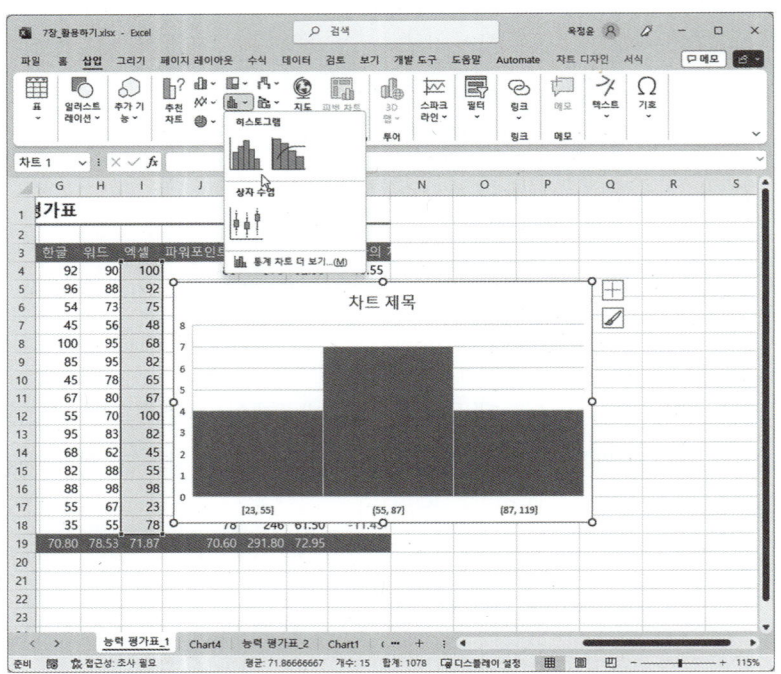
>
> | 그림 8-134 | 차트 기능으로 히스토그램 작성하기

■ 히스토그램 만들기

① 다음과 같이 데이터를 입력한다. 성적 열은 히스토그램으로 나타내고 싶은 입력 데이터이고, 성적 계급구간은 히스토그램 분포를 확인하기 위한 구간을 나타낸다.

	A	B	C	D	E
1	성적				
2	100				
3	100				
4	99				
5	98			성적 계급 구간	
6	98			20	
7	96			40	
8	96			60	
9	94			80	
10	92			100	
11	92				
12	90				
13	90				
14	86				
15	85				
16	82				
17	82				
18	91				
19	79				
20	77				
21	77				
22	77				
23	70				
24	69				
25	64				
26	48				
27	48				
28	41				
29	38				
30	37				
31	36				
32	35				
33	33				
34	0				
35	0				
36					

| 그림 8-135 | 히스토그램 작성을 위한 데이터 입력

② [데이터 분석] 메뉴에서 [히스토그램]을 선택한다.

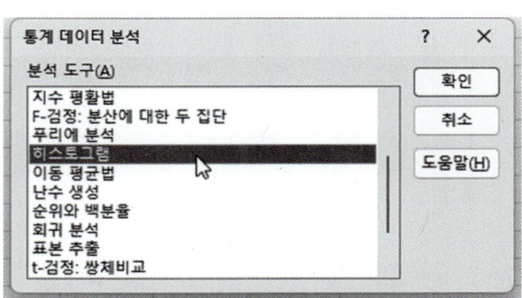

| 그림 8-136 | [통계 데이터 분석] 대화상자에서 [히스토그램] 선택

③ [입력범위]는 성적 데이터에 해당하는 A1-A35을, [계급구간]은 성적 계급구간인 D5-D10을 선택한다. 선택한 영역의 첫 번째 행은 속성의 이름을 표시하기 때문에 [이름표] 박스를 체크한다. [출력 옵션]의 [출력범위]를 임의의 특정 셀로 선택하고 [차트 출력] 선택하여 차트가 표시되도록 한다. 모든 설정을 마무리한 다음, [확인]을 클릭한다.

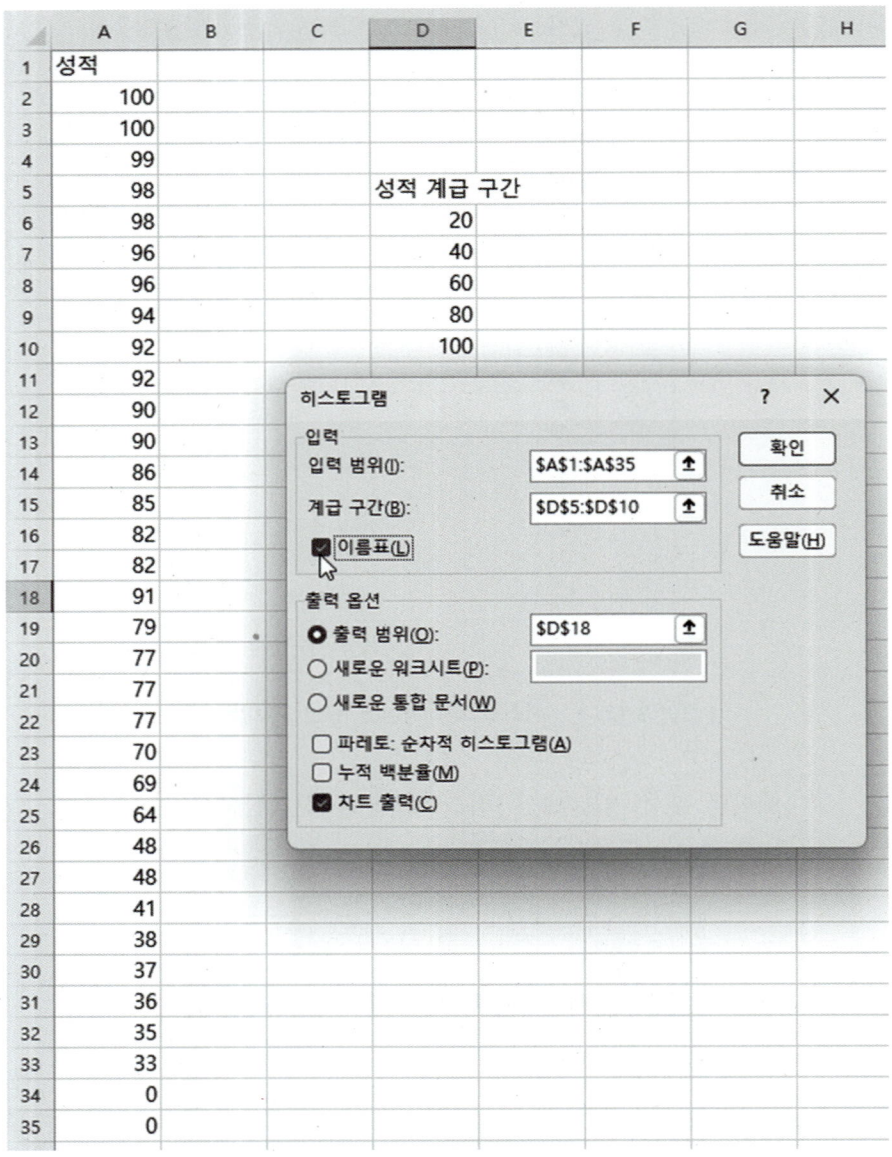

| 그림 8-137 | [히스토그램] 대화상자

④ 계급구간별 빈도수를 보여주는 표와 차트가 표시됨을 확인할 수 있다.

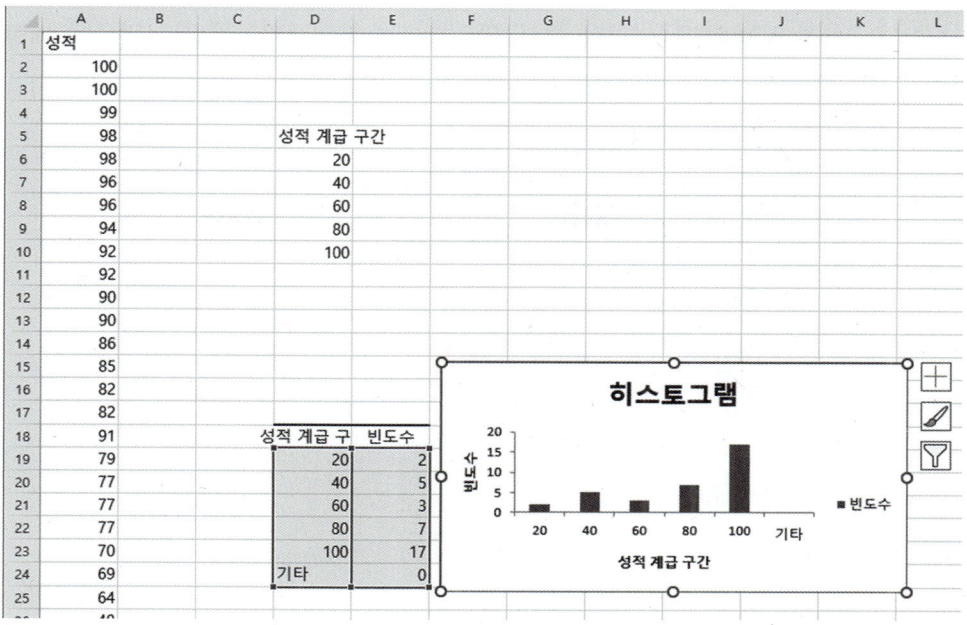

| 그림 8-138 | 히스토그램 작성 결과

■ 기술 통계법 사용하기

① [데이터 분석] 메뉴에서 [기술통계법]을 선택한다.

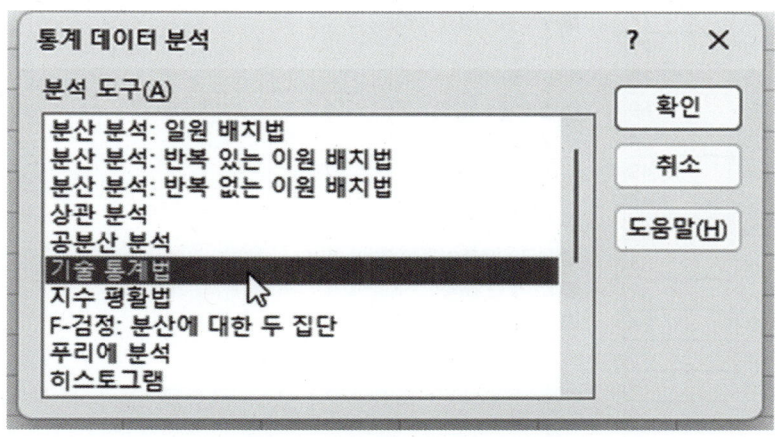

| 그림 8-139 | [통계 데이터 분석] 대화상자에서 [기술통계법] 선택

② [입력범위]는 성적 데이터에 해당하는 A1-A35를, [데이터 방향]은 [열]을 선택하고 [첫째 행 이름표 사용] 박스를 체크한다. [출력 옵션]의 [출력 범위]를 임의의 특정 셀로 선택하고, [요약통계량], [평균에 대한 신뢰수준], [K번째 큰 값], [K번째 작은값] 등을 설정한 다음 [확인]을 클릭한다.

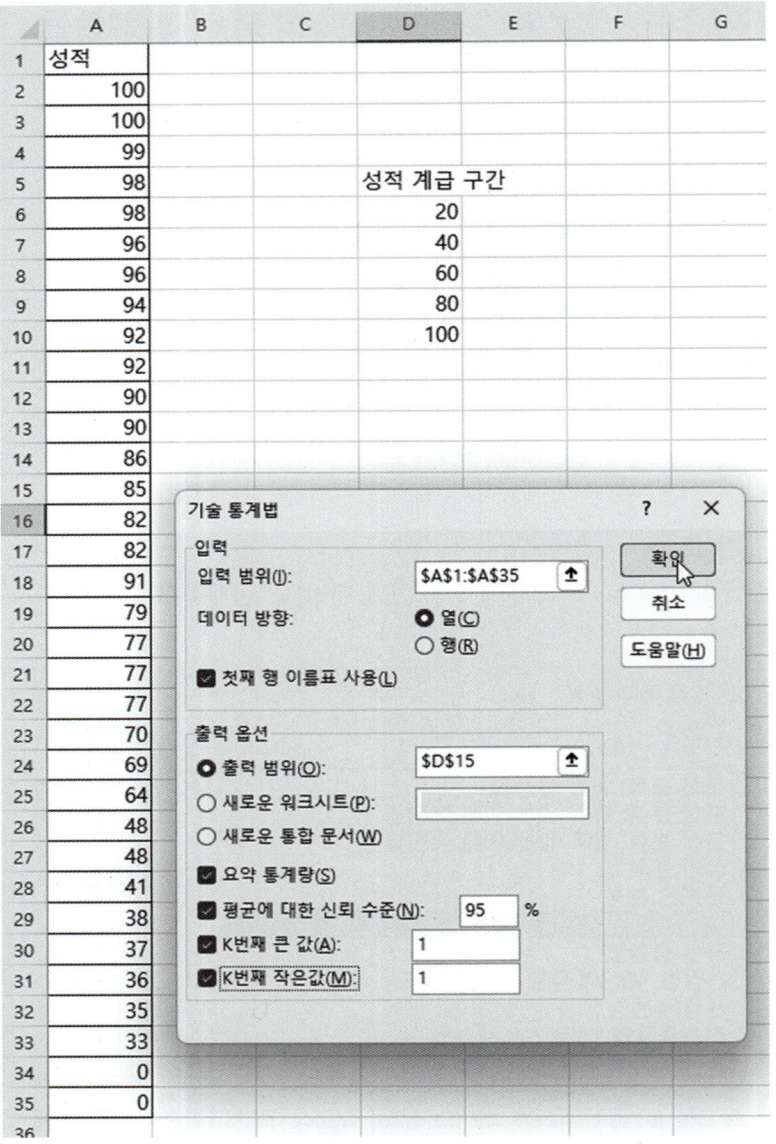

| 그림 8-140 | [기술통계법] 대화상자

③ 중간고사 성적 데이터에 대한 전반적인 추세를 보여주는 다양한 지표가 표시된다.

TIP 첨도/왜도

첨도는 분포가 위로 뾰족한 정도(0은 표준 정규분포의 첨도)를, 왜도는 분포가 좌우로 치우친 정도(0은 좌우 대칭)를 나타낸다.

	A	B	C	D	E	F
1	성적					
2	100					
3	100					
4	99					
5	98			성적 계급 구간		
6	98			20		
7	96			40		
8	96			60		
9	94			80		
10	92			100		
11	92					
12	90					
13	90					
14	86					
15	85			성적		
16	82					
17	82			평균	70.58824	
18	91			표준 오차	4.89099	
19	79			중앙값	80.5	
20	77			최빈값	77	
21	77			표준 편차	28.51912	
22	77			분산	813.3405	
23	70			첨도	0.213035	
24	69			왜도	-1.04146	
25	64			범위	100	
26	48			최소값	0	
27	48			최대값	100	
28	41			합	2400	
29	38			관측수	34	
30	37			가장 큰 값(1)	100	
31	36			가장 작은 값(1)	0	
32	35			신뢰 수준(95.0%)	9.950793	
33	33					
34	0					

| 그림 8-141 | 기술통계법 분석 결과

> **확인하기** [PC 매출 현황] 기본 데이터 관리 기능 사용하기/기타 데이터 관리 기능 사용하기

■ **[PC 매출 현황] 기본 데이터 관리 기능 사용하기**

6장 확인하기에서 작성한 [PC 매출 현황]에 데이터베이스 관리 기능을 적용하여 데이터를 분석해보자.

[고급필터]

	A	B	C	D	E
27					
28		모델명	제조사	매출액	이익금
29		DBGU8-71	LG전자	₩ 18,900,000	₩ 3,213,000
30		DBGU8-71	LG전자	₩ 20,250,000	₩ 3,442,500
31		NHKQ-182	한성컴퓨터	₩ 29,610,000	₩ 3,849,300
32					

┃그림 8-142┃ [PC 매출 현황] 고급 필터 결과

> **POINT**
> ① 전체 품목 중에서 분류가 "노트북"이면서 수량이 30이상이거나 분류가 "데스크탑"이면서 이익금이 3,000,000원 이상이 되는 품목만 필터하되, 모델명, 제조사, 매출액, 이익금만 결과로 나오게 한다. 단, 필터 조건은 직접 작성하고, 필터 결과는 결과 화면과 같은 위치에 표시되게 한다.

[부분합]

그림 8-143 [PC 매출 현황] 부분합 결과

> **POINT**
> ① [PC매출현황] 시트를 복사한 후 [PC매출현황_부분합]으로 시트 이름을 변경한다.
> ② 부분합 기능을 이용하여 분류별 매출액과 이익금에 대한, 부분합과 부분 평균을 구한다.
> ③ 표시되는 분류의 순서는 "데스크탑", "노트북", "태블릿PC"가 되도록 하고, 분류가 동일한 경우에는 모델명의 알파벳 순으로 표시되게 한다.

[피벗 테이블]

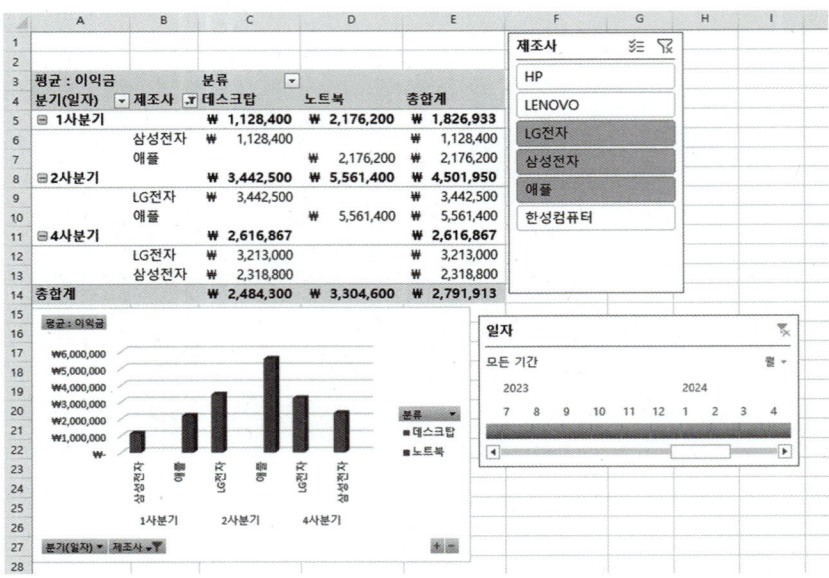

┃그림 8-144┃ [PC 매출 현황] 피벗 테이블 결과

> **POINT**
> ① 피벗테이블 기능을 이용하여 행 레이블에는 일자와 제조사를, 열 레이블에는 분류, 값에는 이익금을 지정하여 피벗 테이블을 작성한다. 단, 일자는 분기별로 구분되게 한다.
> ② 이익금의 값은 평균값으로 설정하고, 원화표시와 천 단위마다 (,)를 찍어 표시되게 한다.
> ③ 피벗 테이블에 적당한 스타일을 적용하고, 보고서 레이아웃을 개요 형식으로 지정한다.
> ④ 피벗테이블과 연동되는 피벗차트(3차원 묶은 세로 막대형)를 삽입한다.
> ⑤ 제조사에 대한 슬라이서를 삽입한 후, "LG전자", "삼성전자", "애플"만 표시되게 필터한다.
> ⑥ 일자에 대한 시간 표시 막대를 삽입하고 년, 월로 표시되게 한다.

■ 기타 데이터 관리 기능 사용하기

[시나리오]

1분기 판매량 데이터를 이용하여 마진율에 따른 매출이익 총합의 변동을 보여주는 시나리오 요약 보고서를 작성하시오.

	A	B	C	D	E	F	G	H	I	J
1										
2		1분기 판매량							마진율	20%
3										
4		월	품명	매입수량	매입단가	매입금액	매출수량	매출단가	매출금액	매출이익
5			볼펜	1,280	2,200		1,120	2,500		
6		1월	노트	1,080	2,100		1,100	2,300		
7			메모지	900	1,900		900	2,000		
8			볼펜	1,300	2,200		1,280	2,500		
9		2월	노트	880	2,100		889	2,300		
10			메모지	790	1,900		810	2,000		
11			볼펜	1,200	2,200		1,000	2,500		
12		3월	노트	1,350	2,100		1,320	2,300		
13			메모지	1,430	1,900		1,550	2,000		
14		합계								

| 그림 8-145 | 시나리오 작성 데이터 입력

	A	B	C	D	E	F	G	H	I	J
1										
2		1분기 판매량							마진율	20%
3										
4		월	품명	매입수량	매입단가	매입금액	매출수량	매출단가	매출금액	매출이익
5			볼펜	1,280	2,200	2,816,000	1,120	2,500	2,800,000	(3,200)
6		1월	노트	1,080	2,100	2,268,000	1,100	2,300	2,530,000	52,400
7			메모지	900	1,900	1,710,000	900	2,000	1,800,000	18,000
8			볼펜	1,300	2,200	2,860,000	1,280	2,500	3,200,000	68,000
9		2월	노트	880	2,100	1,848,000	889	2,300	2,044,700	39,340
10			메모지	790	1,900	1,501,000	810	2,000	1,620,000	23,800
11			볼펜	1,200	2,200	2,640,000	1,000	2,500	2,500,000	(28,000)
12		3월	노트	1,350	2,100	2,835,000	1,320	2,300	3,036,000	40,200
13			메모지	1,430	1,900	2,717,000	1,550	2,000	3,100,000	76,600
14		합계		10,210	18,600	21,195,000	9,969	20,400	22,630,700	287,140

| 그림 8-146 | 시나리오 작성 데이터 결과

> **POINT**
>
> **시나리오 작성을 위한 준비 과정**
>
> ① 시나리오 작성을 위한 데이터 입력 화면대로 데이터를 입력한다.
> ② 다음과 같이 매입금액, 매출금액, 매출이익을 계산한다.
>   – 매입금액 = 매입수량*매입단가
>   – 매출금액 = 매출수량*매출단가
>   – 매출이익 = (매출금액–매입금액)*마진율
>   (단, 마진율은 반드시 마진율 20%에 해당하는 셀 번지를 사용하여 계산할 것.)
> ③ 합계는 각 열에 대한 합으로 계산한다.
> ④ 매출이익에 해당하는 값의 경우, 음수인 경우 빨간색 괄호( )로 표시되도록 표시 형식을 지정한다.

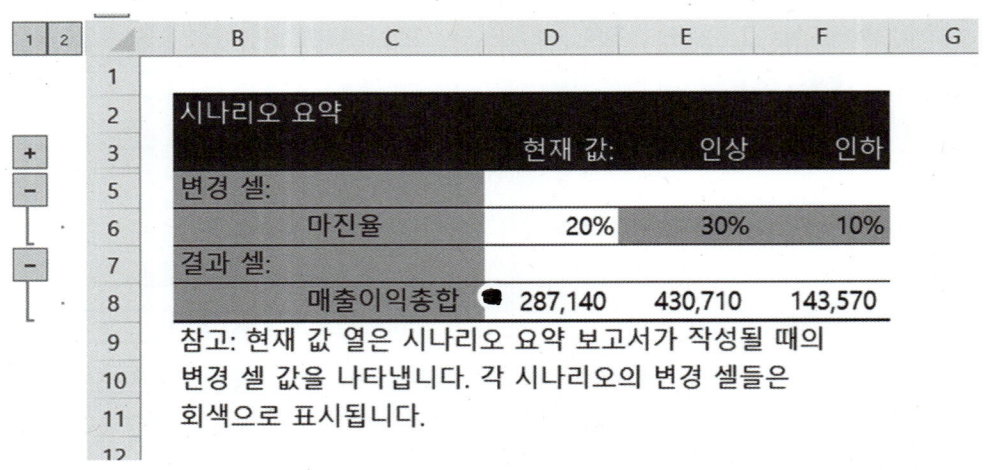

| 그림 8-147 | 시나리오 결과

> **POINT**
>
> **시나리오 작성 과정**
>
> ① 마진율(J2)과 매출이익총합계(J14)에 해당하는 셀에 각각 "마진율" 및 "매출이익총합"으로 이름을 정의한다.
> ② 마진율이 30%로 인상되는 경우(시나리오 이름 : 인상)와 마진율이 10%로 인하되는 경우(시나리오 이름 : 인하), 매출이익 총합이 어떻게 바뀌는지를 보여주는 시나리오 요약 보고서를 작성한다.

[데이터 표]

데이터 표 기능을 이용하여 성별과 키의 변화에 따른 표준체중 결과를 표 형식으로 완성하시오.

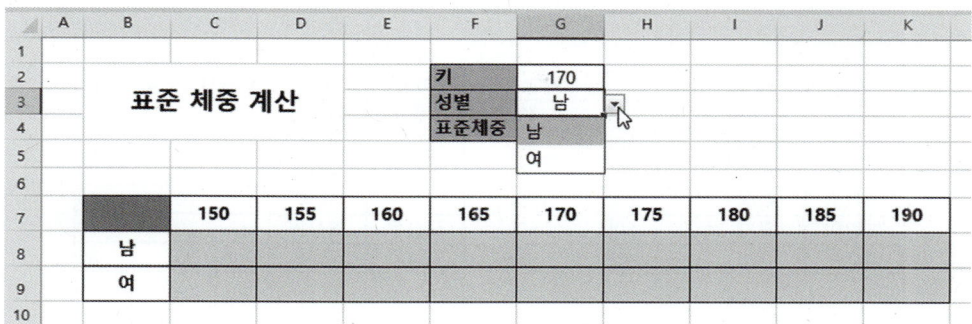

| 그림 8-148 | 데이터 표 작성을 위한 데이터 입력

| 그림 8-149 | 데이터 표 결과

POINT

① 표준 체중 계산을 위해 키와 성별을 입력한다. 단, 성별은 유효성 검사를 이용하여 "남", "여" 목록에서 선택하여 입력되게 한다.

② 표준체중은 만약 성별이 남자면 (키/100)*(키/100)*22로 계산하고, 성별이 여자이면 (키/100)*(키/100)*21로 계산한다. (if 함수를 이용할 것.)

③ 두 개의 변수인 성별과 키가 변화할 때 표준체중이 어떻게 변하는지를 데이터 표 기능을 이용하여 완성한다.

확인하기 - [PC 매출 현황] 기본 데이터 관리 기능 사용하기/기타 데이터 관리 기능 사용하기

[데이터 통합]

데이터 통합 기능을 이용하여 직업별 필기시험과 실기시험에 대한 평균으로 데이터 통합 결과를 완성하시오.

	A	B	C	D	E	F	G	H	I	J
3	서울					대전				
4	이름	직업	필기시험	실기시험		이름	직업	필기시험	실기시험	
5	유건호	공무원	80	70		이준영	회사원	80	70	
6	최미성	회사원	50	60		서민수	주부	90	90	
7	남수희	교사	70	70		최태성	군인	80	90	
8	배미란	학생	80	75		전혜린	학생	70	70	
9	하림이	교사	50	60		오선우	회사원	80	70	
10	김수란	주부	45	55		이슬기	교사	90	80	
11										
12										
13	부산									
14	이름	직업	필기시험	실기시험						
15	한성주	학생	90	100						
16	박혜진	학생	50	80						
17	김덕진	회사원	90	50						
18	이소라	주부	95	82						
19	김민희	군인	90	60						
20	정수용	공무원	85	75						
21										

┃ 그림 8-150 ┃ 데이터 통합 작성을 위한 데이터 입력

	A	B	C	D	E	F	G	H	I	J
3	서울					대전				
4	이름	직업	필기시험	실기시험		이름	직업	필기시험	실기시험	
5	유건호	공무원	80	70		이준영	회사원	80	70	
6	최미성	회사원	50	60		서민수	주부	90	90	
7	남수희	교사	70	70		최태성	군인	80	90	
8	배미란	학생	80	75		전혜린	학생	70	70	
9	하림이	교사	50	60		오선우	회사원	80	70	
10	김수란	주부	45	55		이슬기	교사	90	80	
11										
12										
13	부산					전국				
14	이름	직업	필기시험	실기시험			필기시험	실기시험		
15	한성주	학생	90	100		공무원	82.5	72.5		
16	박혜진	학생	50	80		회사원	75	62.5		
17	김덕진	회사원	90	50		교사	70	70		
18	이소라	주부	95	82		군인	85	75		
19	김민희	군인	90	60		학생	72.5	81.25		
20	정수용	공무원	85	75		주부	76.66667	75.66667		
21										

┃ 그림 8-151 ┃ 데이터 통합 결과

> **POINT**
> ① 데이터 통합 기능을 사용하기 위해 필요한 데이터를 데이터 통합 작성을 위한 데이터 입력 화면에 보이는 대로 입력한다.
> ② 데이터 통합 기능을 사용하여 직업별 필기, 실기시험의 평균으로 서울, 대전, 부산 데이터를 하나로 통합한다.

CHAPTER
9

매크로로 업무 자동화하기

매크로(Macro)란 매번 반복되는 작업들을 단축키나 버튼 클릭으로 한 번에 자동 실행하게 하는 기능이다. 주기적으로 반복되는 엑셀 작업을 매크로를 통해 기록한 뒤에 필요할 때마다 자동으로 실행할 수 있으므로 작업상의 불필요한 수고를 줄일 수 있게 한다. 엑셀에서 매크로를 기록하면 일련의 명령들을 하나의 명령처럼 사용할 수 있도록 비주얼 베이직 프로그램 형태로 저장된다. 이를 VBA(Visual Basic for Applications)라고 하며, 엑셀이나 액세스 등의 응용 프로그램에 비주얼 베이직을 결합함으로써 복잡한 업무를 대화식으로 처리할 수 있는 다양한 프로그램을 개발할 수 있다. 본 장에서는 매크로를 사용하는 방법과 간단한 VBA 관련 작업을 수행해보기로 한다.

9.1 매크로 준비하기

매크로를 사용하기 위해서는 작업을 위해 알아두어야 할 몇 가지 사항이 있다. 매크로 사용 전에 필요한 작업을 파악하기로 하자.

1 [개발 도구] 탭 표시하기

매크로 기록과 실행 등 매크로 작업에 사용되는 도구는 [개발 도구] 탭에서 제공한다. [개발 도구] 탭을 표시하려면 [파일]-[옵션]에서 [리본 사용자 지정]을 선택한 다음, [리본 메뉴 사용자 지정]에서 [개발 도구]를 체크해서 선택해야 한다.

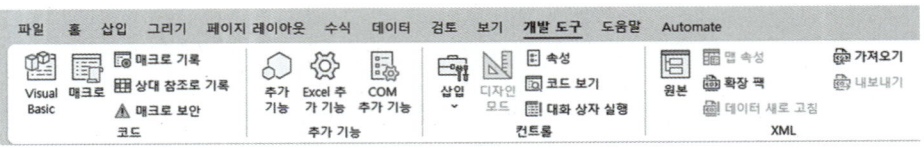

| 그림 9-1 | [개발 도구] 탭

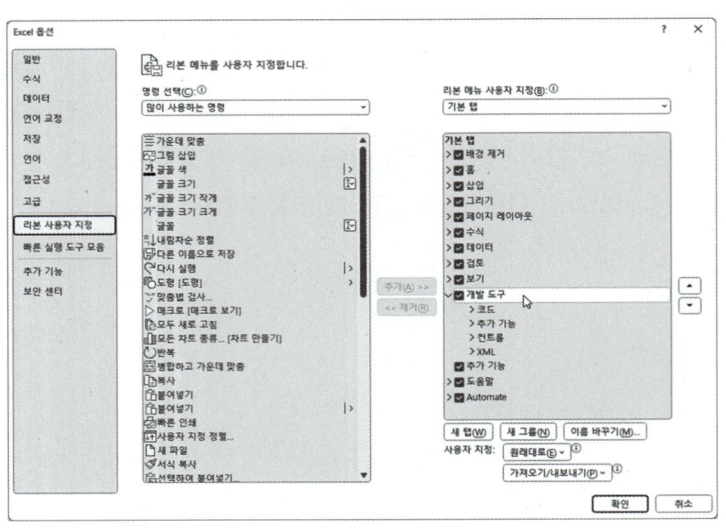

| 그림 9-2 | [개발 도구] 표시 설정

2 매크로 포함 통합 문서로 저장하기

매크로가 포함된 문서는 "Excel 매크로 사용 통합 문서(*.xlsm)"으로 저장해야 한다. "Excel 매크로 사용 통합 문서(*.xlsm)"으로 저장하려면 [파일]을 클릭한 후 [다른 이름으로 저장]에서 [Excel 매크로 사용 통합 문서]를 선택하여 저장한다.

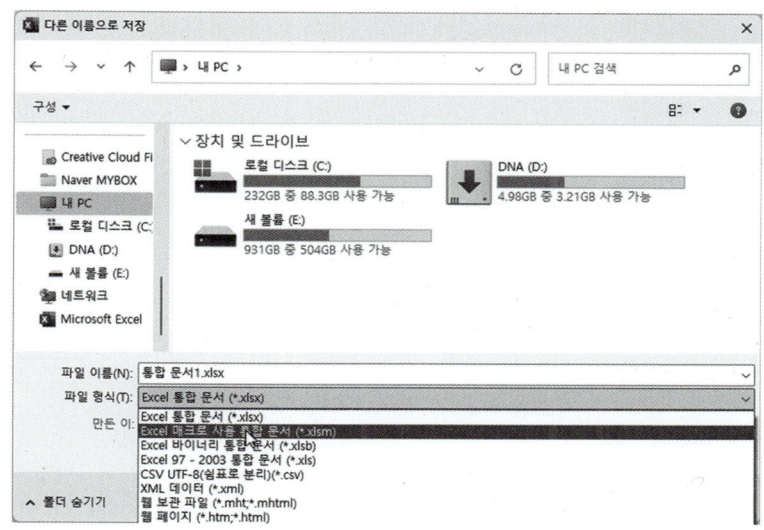

그림 9-3 매크로 사용 통합 문서로 저장하기

3 매크로 보안 설정하기

매크로를 기록하거나 실행하기 위해서 매크로 보안 설정을 매크로 포함이 되도록 설정되어야 한다. 이 설정이 되어 있지 않은 경우 매크로 작업을 할 수 없다. 매크로 보안 설정 방법은 다음과 같다.

① [개발 도구] 탭의 [코드] 그룹에서 [매크로 보안]을 선택한다.
② [보안 센터] 대화상자가 나오면 [VBA 매크로 사용(권장 안 함, 위험한 코드가 시행될 수 있음)]을 선택한다.

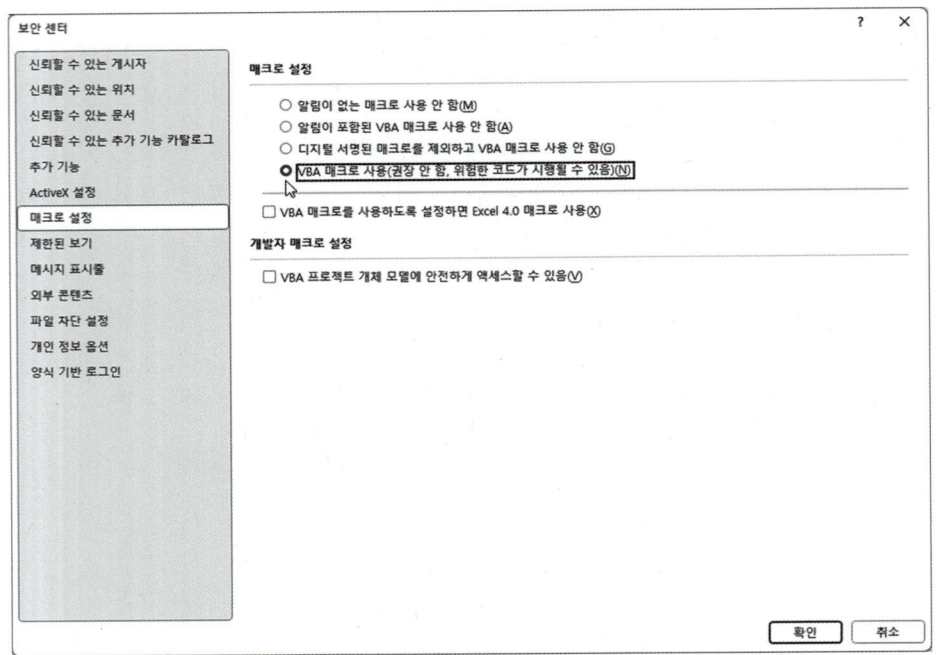

| 그림 9-4 | 매크로 보안 설정하기

9.2 매크로 사용하기

1 매크로 기록하기

매크로로 업무의 자동화를 하려면 우선 반복되는 작업을 매크로로 기록해야 한다. 기록된 매크로는 내부적으로 비주얼 베이직 코드로 기록되며 필요할 때마다 불러서 실행할 수 있다.

(1) 자동 필터 매크로 작성하기

[컴퓨터 활용 능력 평가표] 통합 문서의 "능력 평가표_5" 시트의 데이터에 대해서 자동 필터를 수행하는 매크로를 작성해보자.

작성하고자 하는 매크로는 다음과 같은 세 개의 명령을 모은 것이다.

1. A1 셀을 클릭한다.
2. 성적표가 있는 셀 범위를 선택한다.
3. [데이터] 탭-[정렬 및 필터] 그룹의 [필터]를 선택한다.

이러한 일련의 과정을 매크로 기록하여 두면 다음부터는 일괄적으로 처리할 수 있게 된다.

① [개발 도구] 탭-[코드] 그룹에서 [매크로 기록] 명령을 선택한다.
② [매크로 기록] 대화상자가 나타난다. 매크로의 이름을 "자동필터하기"라고 입력하고 바로 가기 키는 "Ctrl+q"를 입력한 다음 [확인]을 클릭한다.

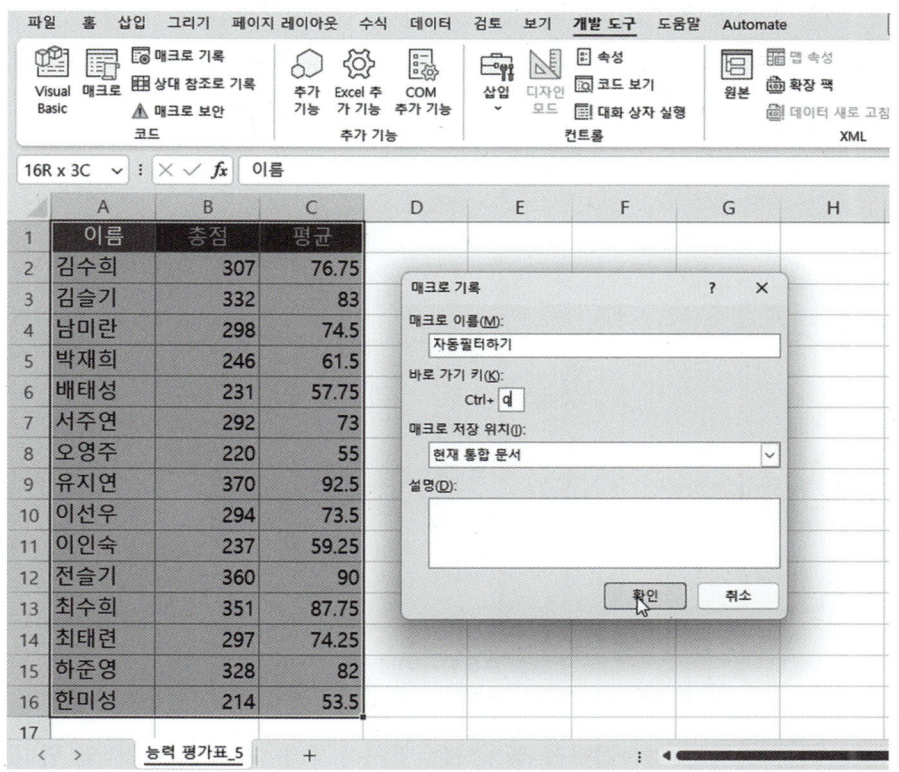

| 그림 9-5 | [매크로 기록] 대화상자

> **TIP**
> - 매크로 이름은 엑셀 내부에 기록될 때 프로시저(Procedure) 명으로 정의된다. 따라서 이름 사이에 공백을 허용하지 않는다.
> - 매크로의 바로 가기 키 지정 시에는 대소문자를 구별하게 되므로 주의하여 입력한다.

③ 지금부터 사용자가 입력하는 모든 내용이 매크로로 기록된다. [개발 도구] 탭-[코드] 그룹-[매크로 기록] 명령은 [기록 중지](□ 기록 중지) 단추로 변환된다.

④ 첫 단계를 수행하기 위해서 A1 셀을 클릭한다.

⑤ 두 번째 단계는 성적표의 셀 범위를 선택하는 작업이다. 선택한 셀이 포함되는 셀 범위를 지정하기 위해서는 [홈] 탭-[편집] 그룹-[찾기 및 선택]을 클릭한 후 [이동] 메뉴를 선택한다. [이동] 대화상자가 나오면 [옵션] 단추를 클릭한다. [이동 옵션] 대화상자에서 [현재 셀이 있는 영역]을 선택한 후 [확인] 단추를 누른다.

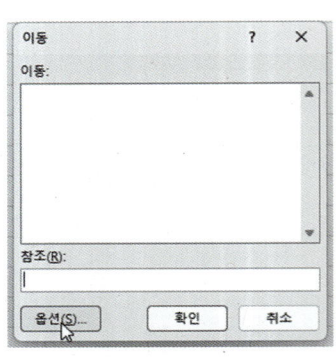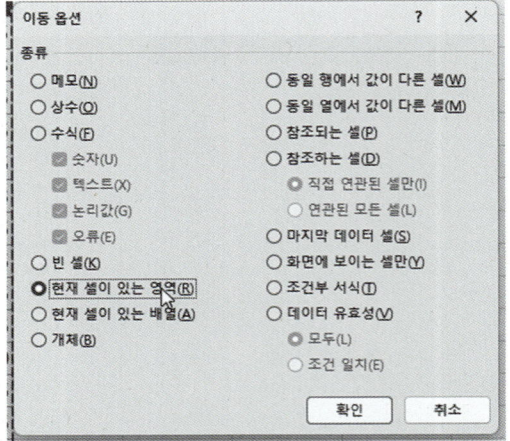

| 그림 9-6 | 이동 옵션

⑥ 다음 단계는 자동필터를 실행하는 것이다. [데이터] 탭-[정렬 및 필터] 그룹-[필터] 명령을 선택한다.

⑦ 매크로 기록의 모든 작업이 끝났으므로 매크로 기록을 중지하기 위해 [기록 중지] 버튼을 선택한다.

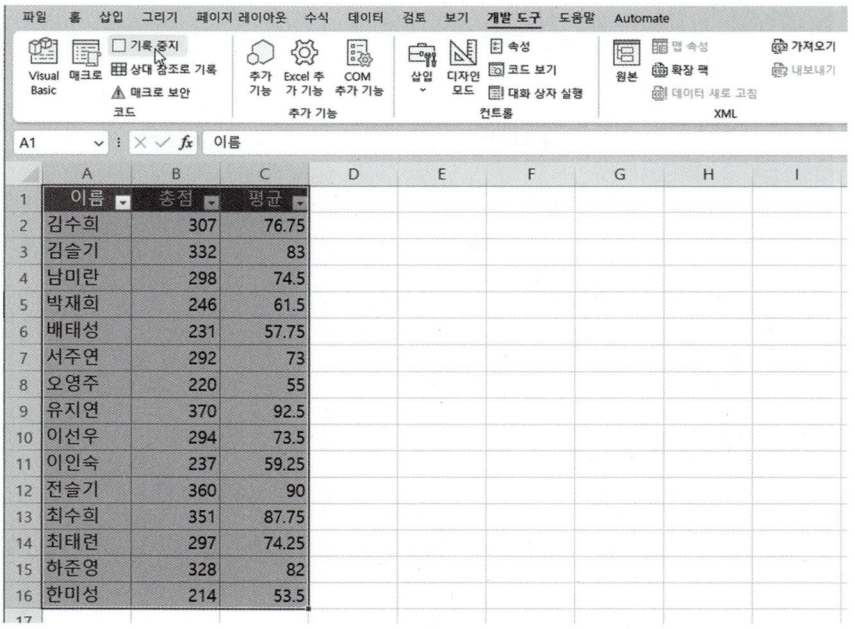

│ 그림 9-7 │ 매크로 기록 중지하기

⑧ [개발 도구] 탭-[코드] 그룹-[매크로] 명령을 선택하여 [매크로] 대화상자를 보면 기록된 매크로가 등록되어 있음을 확인할 수 있다. [매크로] 대화상자에서는 통합문서에 포함된 모든 매크로를 볼 수 있으며 매크로를 실행하거나 삭제, 편집할 수 있다.

(2) 이름의 오름차순으로 정렬하는 매크로 작성하기

성적 데이터 목록에 대해서 학생 이름의 오름차순으로 정렬하는 매크로를 위에서 배운 방법으로 작성해보자.

① [매크로 기록] 명령을 선택한다.
② [매크로 기록] 대화상자가 표시되면 매크로의 이름을 "이름정렬오름차순"이라고 입력하고 바로 가기 키는 "Ctrl+b"을 입력한다.
③ 매크로 기록의 첫 단계를 수행하기 위해서 A1 셀을 클릭한다.
④ [이동] 메뉴를 이용하여 성적 데이터 목록의 셀 범위를 선택한다.
⑤ [데이터] 탭-[정렬 및 필터] 그룹-[정렬] 명령을 선택한다. 이름의 값으로 오름차순 정렬로 지정한다.

⑥ 매크로 기록의 모든 작업이 끝났으므로 [기록 중지] 버튼을 선택하여 매크로 기록을 중지한다.

2 매크로 실행하기

매크로로 작성해 두었던 일련의 과정이 필요할 때에는 기록한 매크로를 실행하여 작업시간을 단축할 수 있다. 작성한 매크로는 리본 메뉴, 바로 가기 키, 단추 등의 다양한 방법으로 실행할 수 있다.

(1) [매크로] 대화상자 이용하기

① [개발 도구] 탭-[코드] 그룹-[매크로] 명령을 선택한다.
② [매크로] 대화상자가 나오면 [자동필터하기] 매크로를 선택한 후, [실행] 단추를 누르면 자동필터가 바로 수행된다.

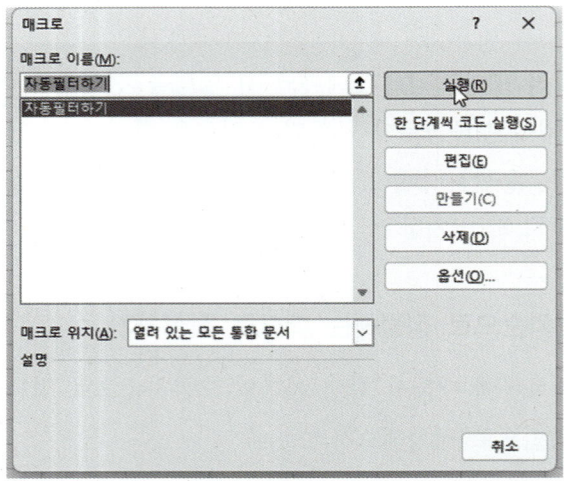

| 그림 9-8 | [매크로] 대화상자에서 매크로 실행

③ 동일한 방법으로 "자동필터하기" 매크로를 다시 한 번 적용한다. 자동필터가 해제됨을 알 수 있다.

(2) 바로 가기 키(단축 키) 사용하기

자동필터가 되어 있는 경우는 자동필터 기능을 해제한 후, "자동필터하기" 매크로를 실행하기 위해서 지정한 바로가기 키인 Ctrl+q를 누른다.

(3) 매크로 단추 만들기

매크로를 실행시키는 또 하나의 방법은 매크로 단추를 만들어서 연결된 매크로를 수행하는 것이다. 매크로 단추는 [양식 컨트롤]을 이용하여 작성하거나 그림파일 또는 도형 개체를 사용할 수 있다.

■ [양식 컨트롤] 이용하기

① 매크로를 실행할 단추 컨트롤을 작성하기 위해서 [개발 도구] 탭-[컨트롤] 그룹의 [삽입] 명령을 클릭한 후, [단추](□)를 선택한다.

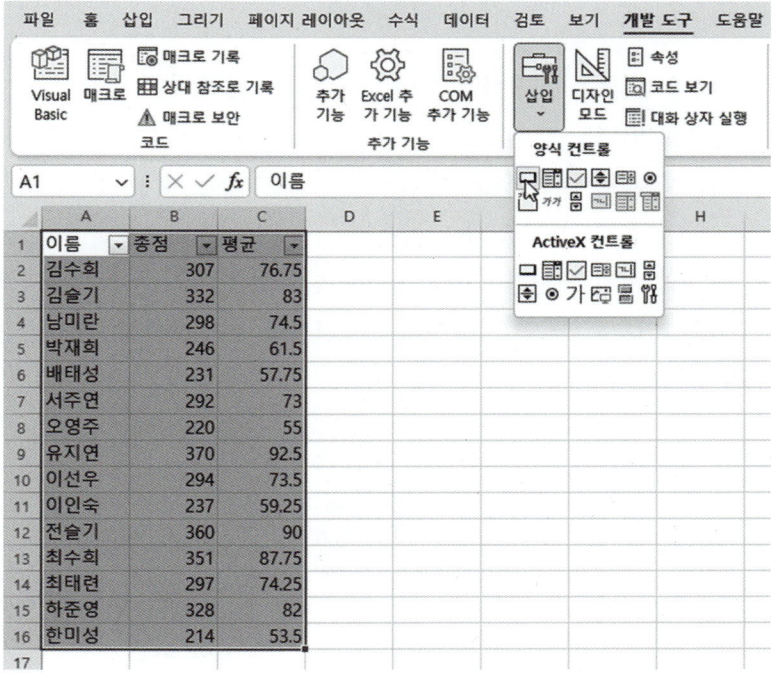

│ 그림 9-9 │ 매크로 실행 단추 작성하기

② 마우스 포인터가 +로 바뀌면 시트의 원하는 위치에 적당한 크기로 마우스를 드래그해서 만든다. 단추를 그리면 자동으로 [매크로 지정] 대화상자가 나오는데 여기서 매크로를 지정한다. "자동필터하기" 매크로를 선택하고 [확인] 버튼을 클릭한다.

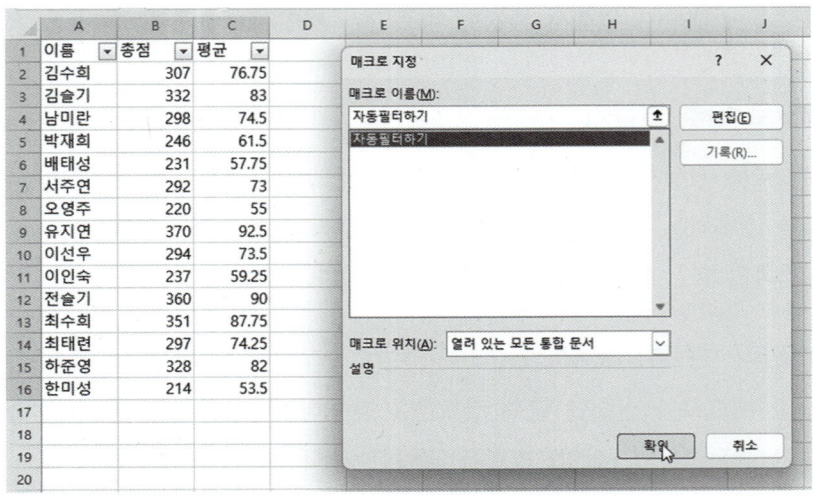

| 그림 9-10 | 단추에 매크로 지정하기

③ 단추의 이름은 변경하려면 단추의 이름을 클릭하여 수정할 수 있다. 자동으로 입력된 단추이름을 지우고 "자동필터"라고 입력한다. 단추의 크기는 조절점에서 드래그하여 조절하고 이동은 빗금 친 부분에서 드래그하면 움직일 수 있다.

④ 단추의 서식을 변경하기 위해서는 단추의 테두리 부분에서 단축메뉴를 불러 [컨트롤 서식]을 선택한 후 [컨트롤 서식] 대화상자에서 변경한다.

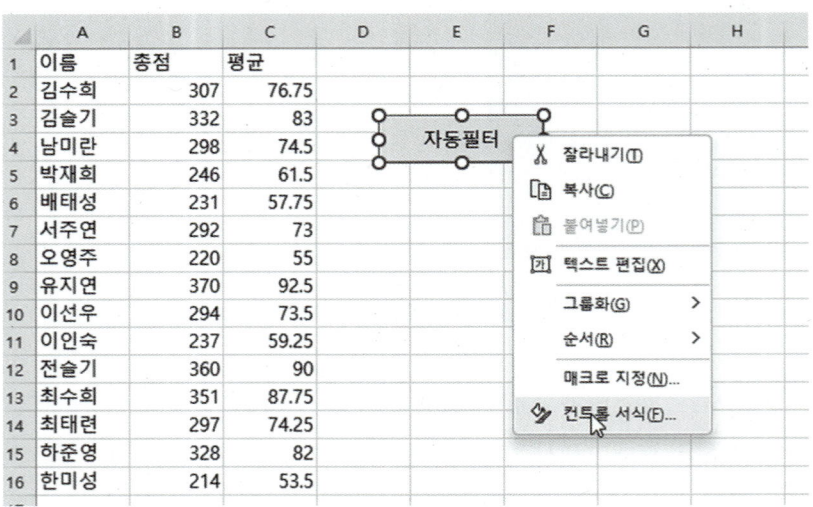

| 그림 9-11 | 단축 메뉴로 컨트롤 서식 지정

⑤ 작성한 매크로 단추를 클릭하면 [자동필터하기] 매크로가 자동으로 수행된다.

■ 도형 개체를 이용한 매크로 실행하기

① 매크로를 실행할 도형을 작성하기 위해 [삽입] 탭-[일러스트레이션] 그룹에서 [도형]을 클릭한 후, 원하는 도형을 선택하고 워크시트의 적당한 위치에 드래그하여 도형을 그린다. 도형에 "이름오름차순정렬"이라고 입력한다.

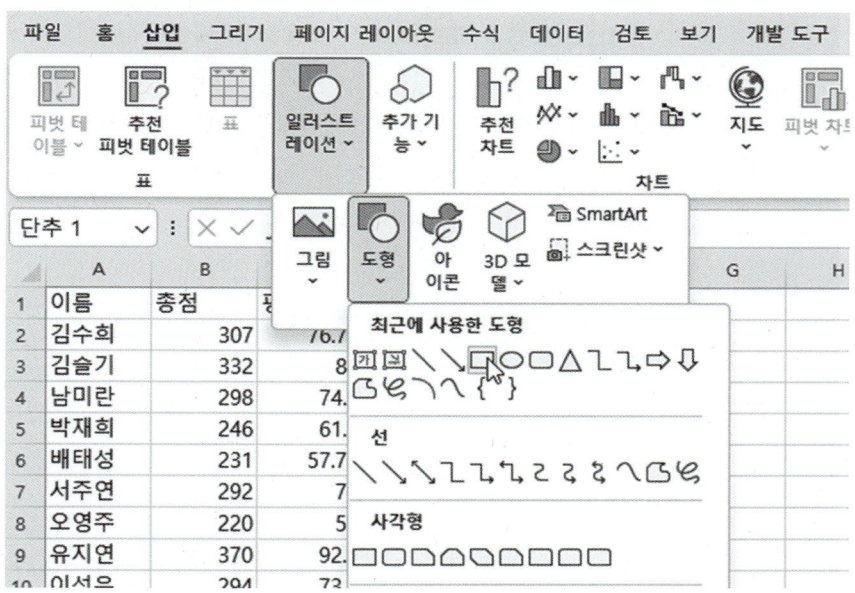

| 그림 9-12 | 도형 작성하기

② 도형이 삽입되어 선택된 상태에는 상황도구인 [도형 서식] 메뉴가 나타난다. [도형 서식]-[도형 스타일] 탭을 이용하면 간단하게 도형의 서식을 지정할 수 있다.

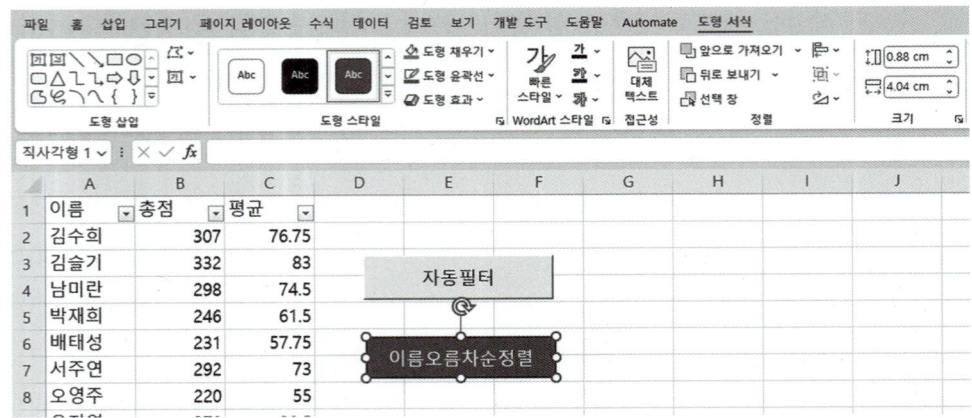

|그림 9-13| 도형 스타일 적용하기

③ 삽입된 도형의 바로가기 메뉴에서 [매크로 지정]을 선택한다. [매크로 지정] 대화상자에서 "이름오름차순정렬" 매크로를 선택하고 [확인] 버튼을 클릭한다.

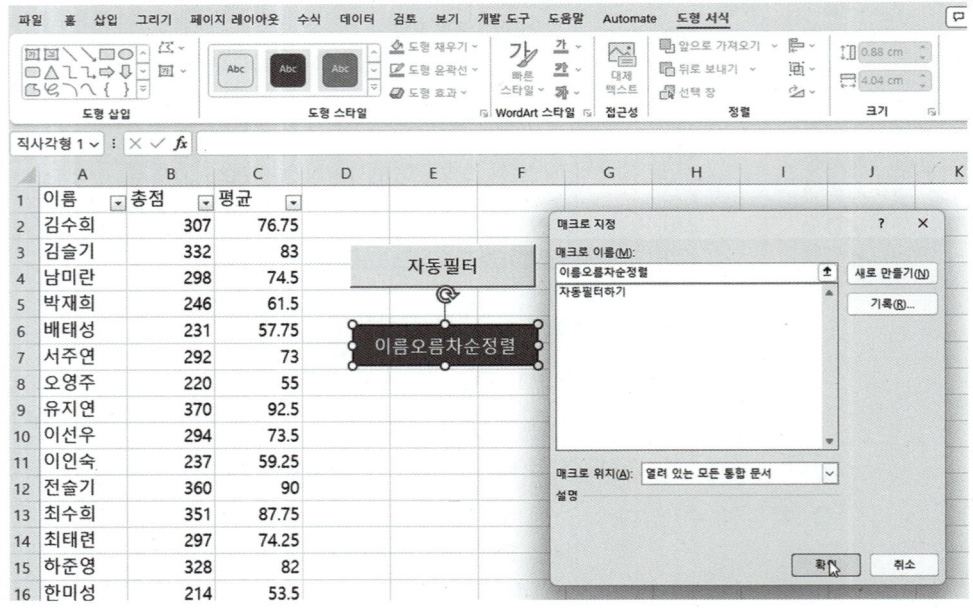

|그림 9-14| 도형에 매크로 지정하기

3 매크로 삭제하기

① 작성된 매크로를 삭제하려면 [개발 도구] 탭-[코드] 그룹-[매크로] 명령을 선택한다.
② [매크로] 대화상자가 나오면 삭제할 매크로를 선택한 후 [삭제] 버튼을 선택한다.

9.3 매크로 편집하기

작성된 매크로는 엑셀 내부에서 비주얼 베이직 코드로 기록되는데 비주얼 베이직 편집기를 통해 편집하거나 수정할 수 있다. 매크로 코드를 편집하려면 Visual Basic에 대한 이해가 있어야 하므로 여기서는 간단한 예로 코드를 편집해보기로 한다.

1 매크로 코드 편집기 사용하기

① 기록한 매크로의 VBA 코드를 확인하고 편집 및 수정하려면 [개발 도구] 탭-[코드] 그룹-[Visual Basic]을 클릭하거나 [매크로] 대화상자에서 해당 매크로 이름을 클릭한 후 [편집] 버튼을 선택한다. 또는 단축키로 Alt+F11이다.
② 비주얼 베이직 편집기(Visual Basic Editor)가 실행되면서 기록된 "자동필터하기"와 "이름오름차순정렬" 매크로 코드의 내용이 나타난다. 만약 오른쪽 창에 코드가 나타나지 않으면 왼쪽 위 창인 [프로젝트] 창에서 [Module1]을 더블 클릭한다.

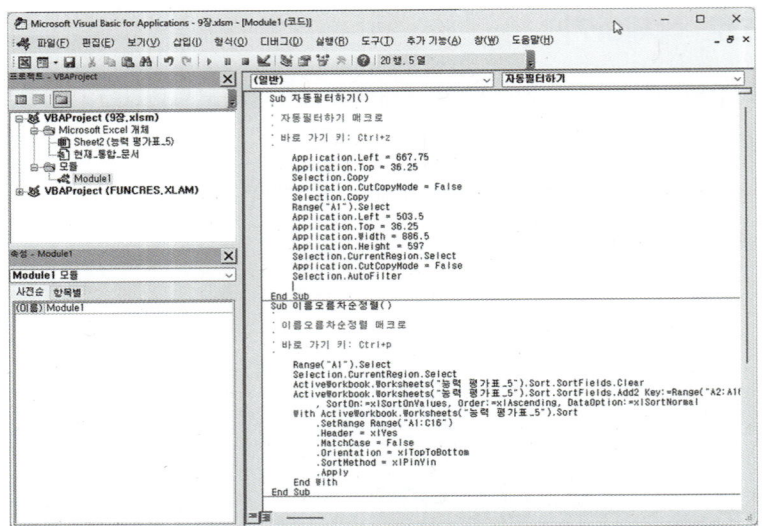

| 그림 9-15 | 작성된 매크로의 비주얼 베이직 코드

2 매크로 코드 편집하기

(1) 자동필터 매크로에 메시지 대화 상자 표시하기

① 자동필터 매크로 코드 밑에 'MsgBox "자동 필터하는 매크로입니다."'를 추가하여 매크로를 간단히 편집해보자.

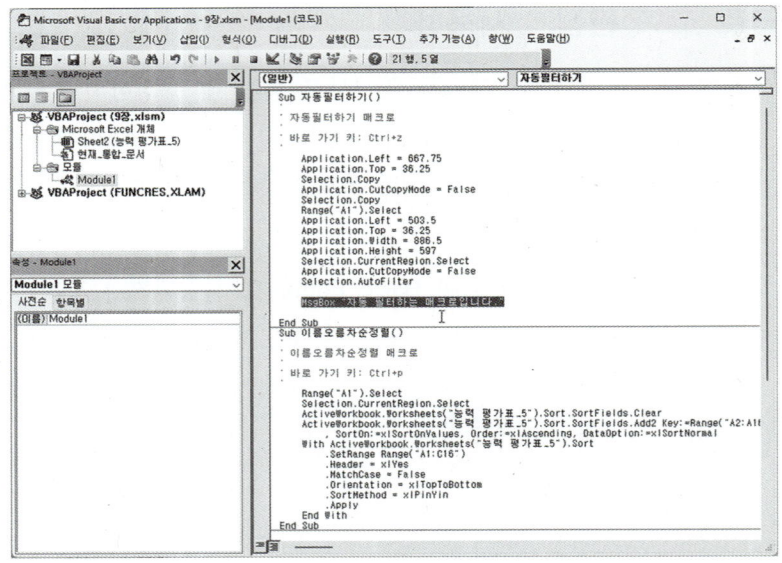

| 그림 9-16 | "자동필터하기" 매크로 코드 편집하기

② 워크시트로 돌아와 [자동필터] 단추를 클릭하여 매크로를 실행하면 '자동 필터하는 매크로입니다.'라는 메시지를 나타내는 대화상자가 표시된다.

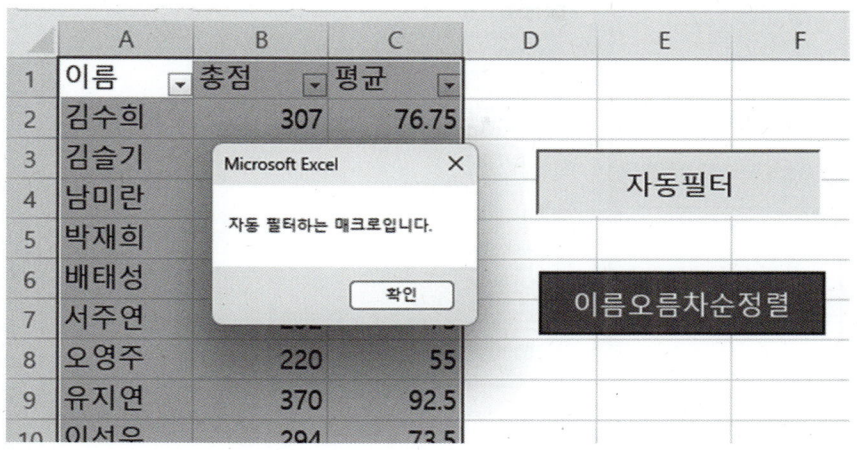

┃그림 9-17┃ "자동필터하기" 매크로 코드 편집 결과 확인

(2) 이름 정렬(오름차순) 매크로를 이용하여 평균 정렬(내림차순) 매크로 편집하기

① 기록된 "이름오름차순정렬" 매크로의 비주얼 베이직 코드를 복사한 후 편집해서 "평균"을 기준으로 내림차순 정렬하는 새로운 매크로를 작성해 보자.

② [개발 도구] 탭-[코드] 그룹-[Visual Basic]을 클릭한다. 비주얼 베이직 편집기가 실행되면서 "이름오름차순정렬" 매크로의 내용이 나타난다.

③ "이름오름차순정렬"의 매크로 코드를 복사하여 아래에 붙여넣기를 한다.

④ 복사된 코드의 매크로 이름을 "평균내림차순정렬"이라고 수정한다. "평균"을 기준으로 정렬하기 위해서 "A1"를 평균 셀인 "C1"로, 내림차순으로 정렬하기 위해서 "xlAscending"을 "xlDescending"으로 수정한다.

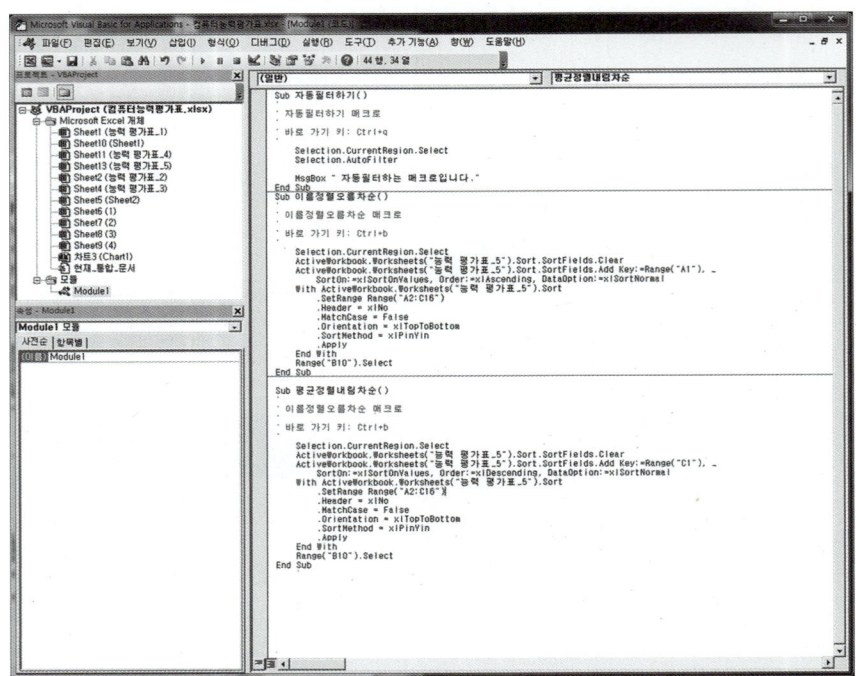

|그림 9-18| "평균내림차순정렬" 매크로 코드 편집

```
Sub 평균내림차순정렬( )
    Selection.CurrentRegion.Select
    ActiveWorkbook.Worksheets("능력 평가표_5").Sort.SortFields.Clear
    ActiveWorkbook.Worksheets("능력 평가표_5").Sort.SortFields. Add
                                             Key:=Range("C1"), _
        SortOn:=xlSortOnValues,  Order:=xlDescending,
                        DataOption:=xlSortNormal
    With  ActiveWorkbook.Worksheets("능력 평가표_5").Sort
        .SetRange  Range("A2:C16")
        .Header  =  xlNo
        .MatchCase  =  False
        .Orientation  =  xlTopToBottom
        .SortMethod  =  xlPinYin
        .Apply
    End  With
    Range("B10").Select
End  Sub
```

⑤ 비주얼 베이직 편집기 창을 닫고 엑셀 창으로 돌아와 [개발 도구] 탭-[코드] 그룹-[매크로] 명령을 선택하면 "평균내림차순정렬" 매크로가 추가됨을 알 수 있다.

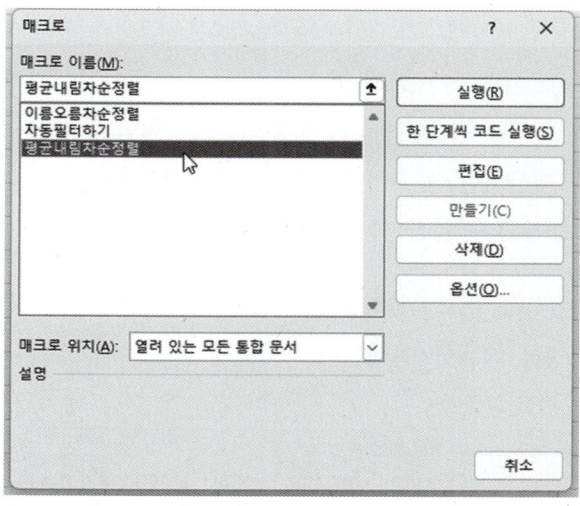

| 그림 9-19 | "평균정렬내림차순" 매크로 추가

⑥ "평균내림차순정렬" 매크로를 선택하여 실행하면 다음과 같이 평균에 대해 내림차순으로 정렬된 결과를 보여준다.

	A	B	C	D	E	F
1	이름	총점	평균			
2	유지연	370	92.5			
3	전슬기	360	90		자동필터	
4	최수희	351	87.75			
5	김슬기	332	83			
6	하준영	328	82		이름오름차순정렬	
7	김수희	307	76.75			
8	남미란	298	74.5			
9	최태련	297	74.25			
10	이선우	294	73.5			
11	서주연	292	73			
12	박재희	246	61.5			
13	이인숙	237	59.25			
14	배태성	231	57.75			
15	오영주	220	55			
16	한미성	214	53.5			
17						

| 그림 9-20 | "평균내림차순정렬" 매크로 수행 결과

9.4 VBA 이해하기

본 절에서는 VBA를 이해하기 위해 간단한 VBA 코드를 작성하여 엑셀 사용자 정의 함수를 정의해 보기로 한다. 작성할 함수의 예는 원금과 이율 그리고 기간이 주어질 때 이자액을 계산하는 함수이다. 이렇게 정의된 함수는 함수 마법사의 [사용자 정의 함수]에 등록되어 일반 함수처럼 사용할 수 있다.

① 새 통합 문서를 열고 [개발도구] 탭-[코드] 그룹의 [Visual Basic]을 선택한다.
② [삽입]-[모듈] 메뉴를 선택한다.

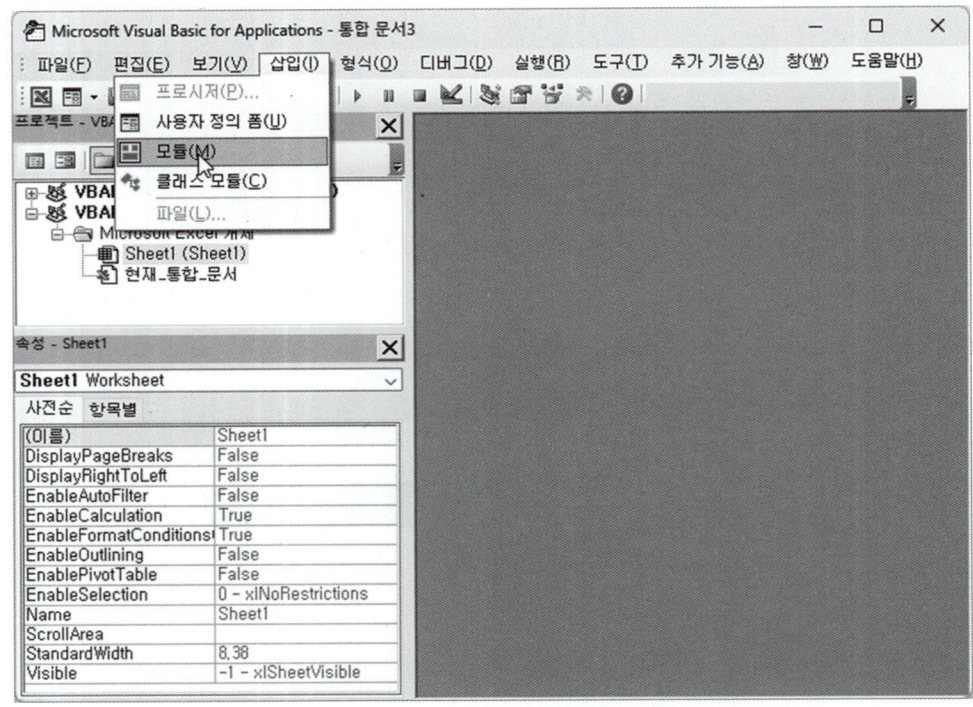

| 그림 9-21 | 모듈 삽입을 위한 메뉴

③ 모듈을 삽입하면 다음과 같은 코드 작성을 위한 창이 뜬다. 함수를 작성하기 위해서 [삽입]-[프로시저]를 선택한다.

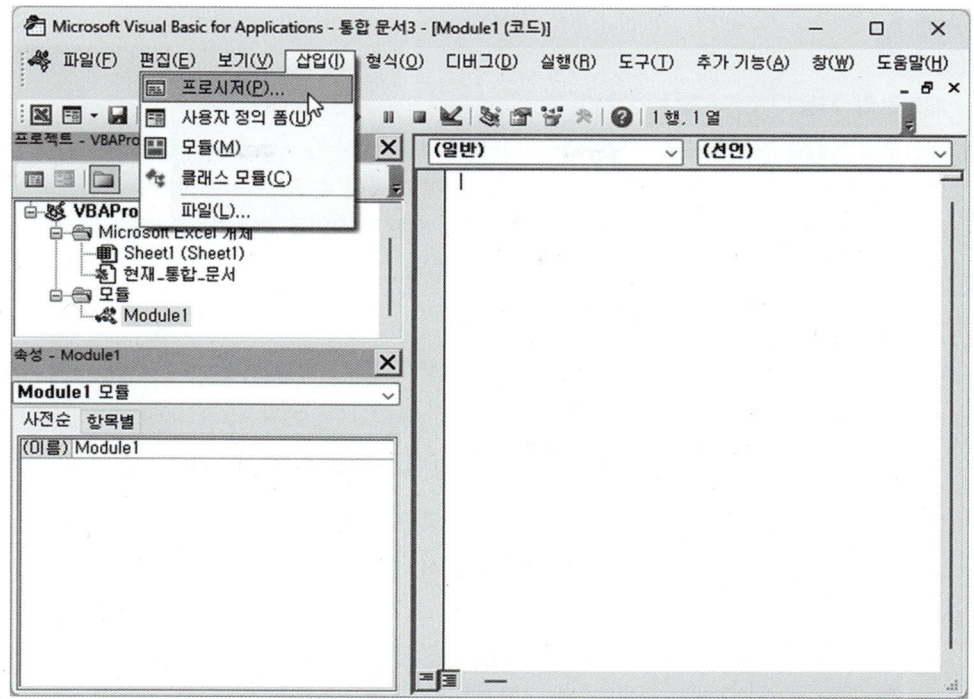

| 그림 9-22 | 프로시저 삽입을 위한 메뉴

④ [프로시저 추가] 대화상자가 나오면 함수의 [이름]을 "이자액"이라고 하고 [형식]을 [Function]이라고 지정한 후 [확인] 단추를 누른다.

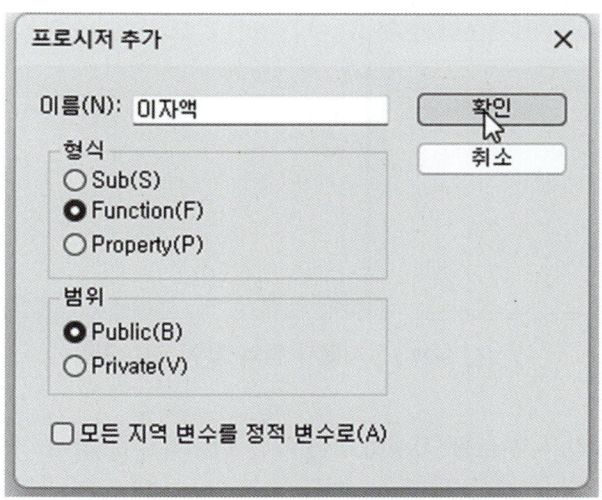

| 그림 9-23 | 새로운 프로시저 추가

9.4 VBA 이해하기   417

> **MEMO**
>
> **매크로와 사용자 정의 함수의 차이**
>
> 매크로는 Sub와 End Sub로 시작과 끝을 나타내는 반면 함수는 Function과 End Function 으로 표시한다. 매크로는 매크로 기록기를 사용하여 기록할 수 있는 반면 함수는 직접 비주얼 베이직 언어로 코딩해야 한다. 또한 매크로는 일련의 작업을 수행하는 역할을 하지만 함수는 입력값을 가지고 결과값을 리턴해주는 역할을 한다.

⑤ [모듈]의 코드 창에 자동으로 "이자액"이라는 이름을 갖는 Function이 삽입된다. "이자액"이라는 이름을 갖는 사용자 정의 함수를 정의한다. 이자액( )의 ( )안에 입력값으로 넘어오게 되는 변수를 정의하고 Function과 End Function 사이에 입력값을 가지고 수행하는 실제 계산식을 입력한다. 이 때 주의할 점은 함수명과 결과값을 받는 이름이 동일해야 한다.

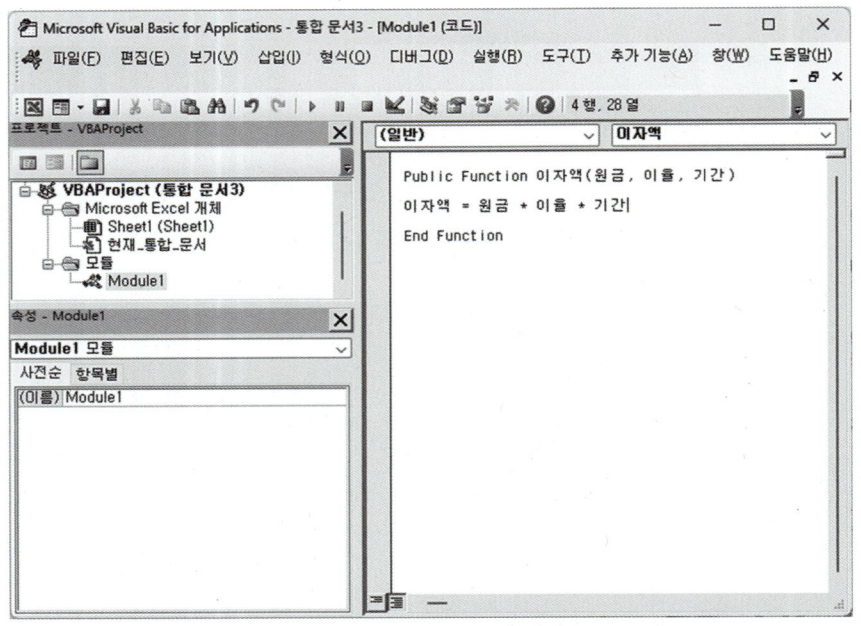

| 그림 9-24 | 사용자 정의 함수 코드 입력

⑥ 다음과 같은 시트를 작성하고 정의된 함수를 이용하여 계산해보자. E4 셀을 선택하고 함수 마법사를 수행한다. [함수 마법사] 대화상자가 나오면 [함수 범주]에서 [사용자 정의]를 선택하면 작성한 함수가 표시된다. 즉,

사용자 정의로 만들어진 함수는 자동적으로 엑셀의 함수 목록에 추가되어 일반함수처럼 사용될 수 있다.

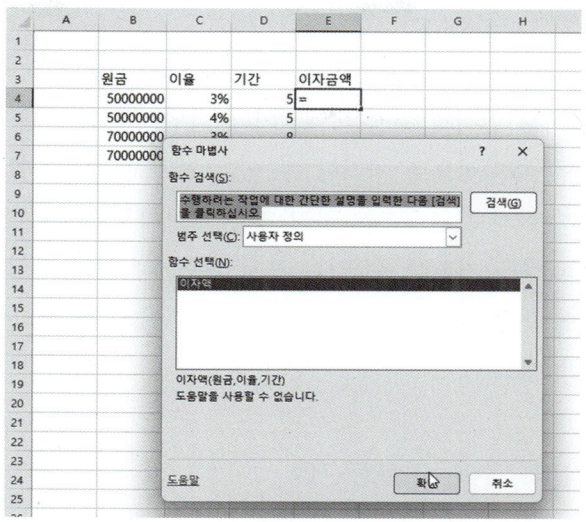

| 그림 9-25 | 사용자 정의 함수 호출

⑦ 다른 함수들과 마찬가지로 해당 함수의 인수를 입력하여 사용한다.

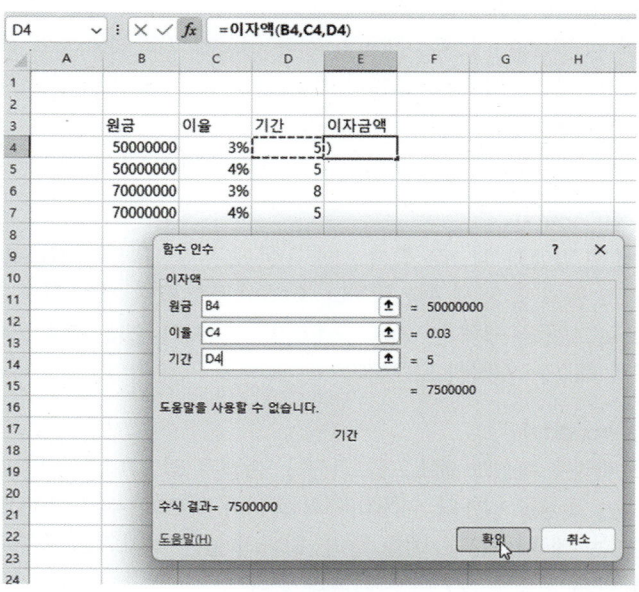

| 그림 9-26 | 정의된 함수 사용

9.4 VBA 이해하기

9.5 VBA 프로그램 작성하기

VBA는 비주얼 베이직 언어의 특징을 엑셀이나 액세스 등의 응용 프로그램과 결합하여 복잡한 업무를 대화식으로 처리할 수 있는 프로그램을 개발할 수 있도록 해준다. 프로그래밍 언어의 개념에 익숙하지 않은 초보자들도 VBA를 이용하면 해당 업무에서 복잡한 과정을 처리할 수 있는 프로그램을 손쉽게 작성할 수 있다.

VBA를 이용하여 학생의 이름을 입력했을 때 관련 정보를 조회하는 간단한 대화식 프로그램을 작성해보자.

1 VBA의 기본 개념 이해하기

VBA 프로그램을 작성하기 전에 다음과 같은 기본 개념을 알아두자.

① **개체(Object)**
엑셀을 구성하고 있는 모든 요소들은 개체이다. 엑셀 프로그램 자체도 개체이며, 통합문서, 시트, 셀 영역, 차트 등의 구성요소들은 모두 개체이다. 개체는 메소드와 속성을 가진다. 개체의 계층 구조에 따라 점(.)으로 표시한다. 예를 들어, A1 셀은 엑셀 프로그램의 통합문서 내의 시트에 포함된 개체로서, 이를 VBA 코드로 표현하면 다음과 같다.
　　Application.Workbooks.Worksheets.Range("A1")

② **컨트롤(Control)**
컨트롤은 앞에서 매크로 작성 시에 사용했던 [양식] 도구 모음의 단추나 텍스트 박스 등의 양식 도구를 말한다. 이러한 컨트롤도 개체 중의 하나이며 윈도우 프로그램을 구성하는 기본 요소로써 사용자가 쉽게 프로그램을 사용할 수 있도록 해주는 시각적 도구이다.

③ **속성(Property)**
모든 개체는 속성과 메소드를 가진다. 속성은 말 그대로 하나의 개체가 가질 수 있는 특성을 말한다. 개체마다의 속성이 다르며, 주로 개체에 적용될 값을 지정하는 데 사용된다. 예를 들어, 하나의 셀은 하나의 값을 가질 수 있는데, 이를 VBA 코드로 표현하면 다음과 같다.
　　Range("A1").value="VBA"

④ 메소드(Method)

메소드란 개체가 할 수 있는 행동이나 작업을 말한다. 개체마다의 메소드가 다르며, 주로 개체에 대한 작업을 정의할 때 메소드를 사용한다. 예를 들어 A1 셀의 값을 복사하여 A2 셀에 붙여넣는 작업을 VBA로 표현하면 다음과 같다.

　Range("A1").Copy Range("A2")

⑤ 이벤트(Event)

이벤트란 개체에 대한 사용자의 반응이나 환경에 대한 반응을 말한다. 셀을 선택하거나 사용자가 마우스를 클릭하는 등의 개체에 대한 사용자의 행동을 이벤트라 할 수 있다. 예를 들어 마우스를 클릭하는 이벤트가 발생했을 때에 셀의 색상이 바뀌어야 한다면 프로그래머는 셀의 색상을 바꿔주는 프로시저를 VBA 코드로 작성해주어야 한다.

엑셀에서 제공하는 개체는 약 500여 개로 그에 따라 무수히 많은 메소드와 속성을 가지고 있다. 이를 모두 암기하여 프로그래밍한다는 것은 비효율적이며 가능하지도 않은 일이다. 엑셀에서는 손쉬운 프로그래밍을 위하여 Visual Basic 창에서 이들을 확인할 수 있도록 해준다. [Visual Basic] 창에서 F2 키를 선택하면, 다음과 같이 엑셀에서 제공하는 개체와 그에 따른 속성 및 메소드의 목록이 나타난다.

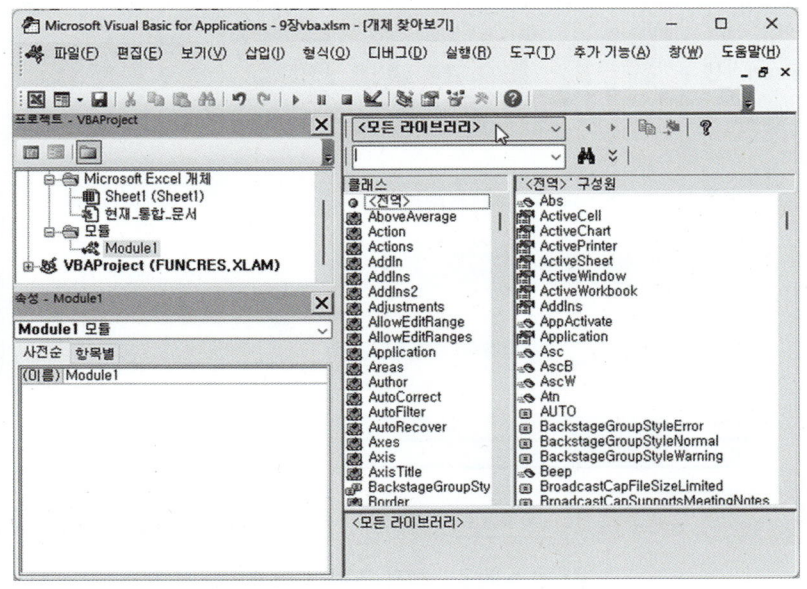

| 그림 9-27 | 엑셀 VBA의 개체, 메소드, 속성

왼편의 개체 표시 창의 제목 줄에 "클래스"라고 표시되어 있다. 클래스는 개체를 정의해 놓은 것으로 실제 프로그램에서 개체를 생성하거나 개체에 접근하는 방식이라고 생각하면 된다. 오른 편의 "'<전역>' 구성원" 목록에 각 개체의 속성과 메소드가 나타나 있다. 속성은 주로 명사형이며 모양의 아이콘으로 표시된다. 메소드는 주로 동사형이며 모양의 아이콘으로 표시된다.

2 성적 조회 프로그램 작성하기

VBA의 기본 개념을 기초로 컨트롤을 이용하여 학생의 이름을 기준으로 성적을 조회하는 간단한 대화식 프로그램을 작성해보자.

① 프로그램을 쉽게 작성하기 위해 셀 참조 대신 이름을 사용하기 위해 [컴퓨터 활용 능력 평가표] 통합문서의 [능력 평가표_1]시트의 F4-L18까지의 셀 범위를 선택한 후, "성적데이터"라고 이름을 정의한다.
② [컴퓨터 활용 능력 평가표] 통합문서에서 새로운 시트를 열어 "능력 평가표_6" 이라고 시트이름을 바꾼 후 다음과 같이 작성한다.

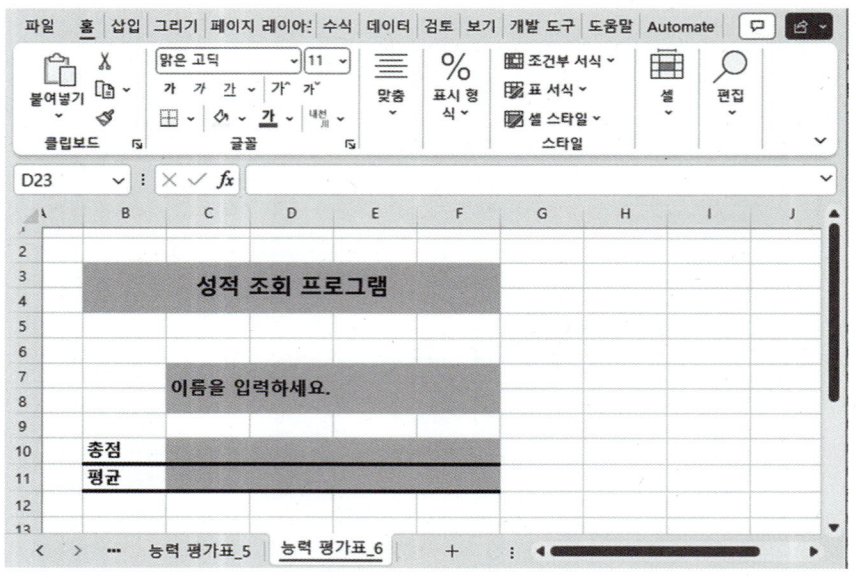

| 그림 9-28 | 성적 조회 시트 작성

③ 학생의 이름을 기준으로 성적을 조회하기 위해 콤보 상자를 작성해보자. [개발도구] 탭-[컨트롤] 그룹의 [삽입] 명령을 클릭한 후, [양식 컨트롤] 중에서 [콤보 상자]를 선택한다.

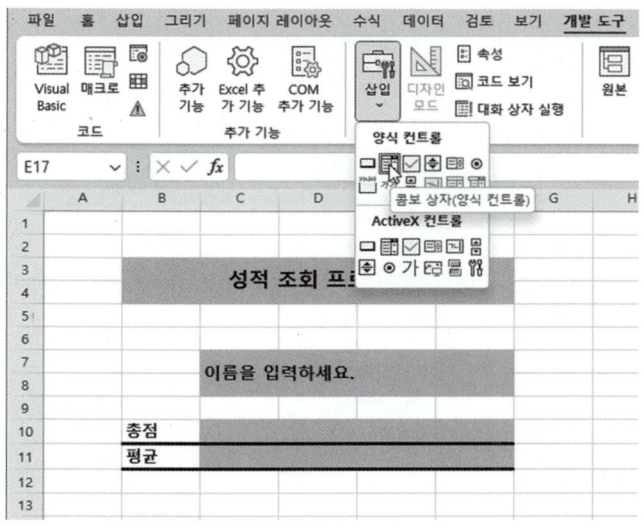

▮그림 9-29▮ [양식] 도구 모음에서 [콤보 상자] 선택

④ 마우스 포인터가 +로 바뀌면 '이름을 입력하세요'라고 입력한 우측에 적당한 크기로 마우스를 드래그하여 콤보 상자를 만든다. 추가한 콤보 상자를 선택한 후 단축 메뉴에서 [컨트롤 서식]을 선택한다.

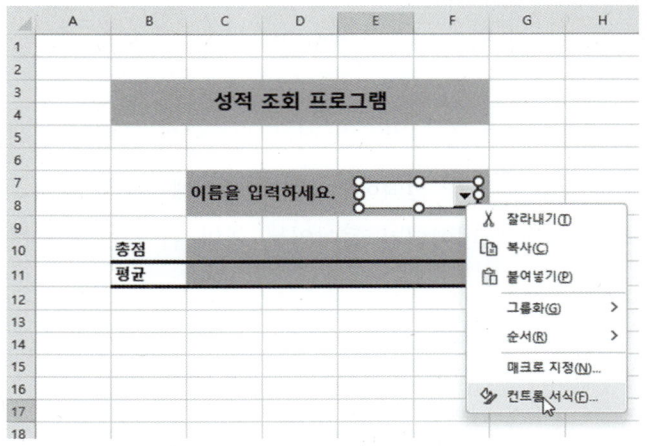

▮그림 9-30▮ 콤보 상자의 단축메뉴에서 [컨트롤 서식] 선택

⑤ 콤보 상자와 학생들의 이름 데이터를 연결하기 위해 [컨트롤 서식] 대화상자를 설정한다. [입력 범위]에 "성적데이터"를 입력하고, [셀 연결]에 G7 셀을 지정하고 [확인]을 선택한다. 여기서 [셀 연결]로 지정한 셀에는 성적 데이터 목록의 해당 학생의 데이터가 들어있는 행의 위치 정보가 표시된다.

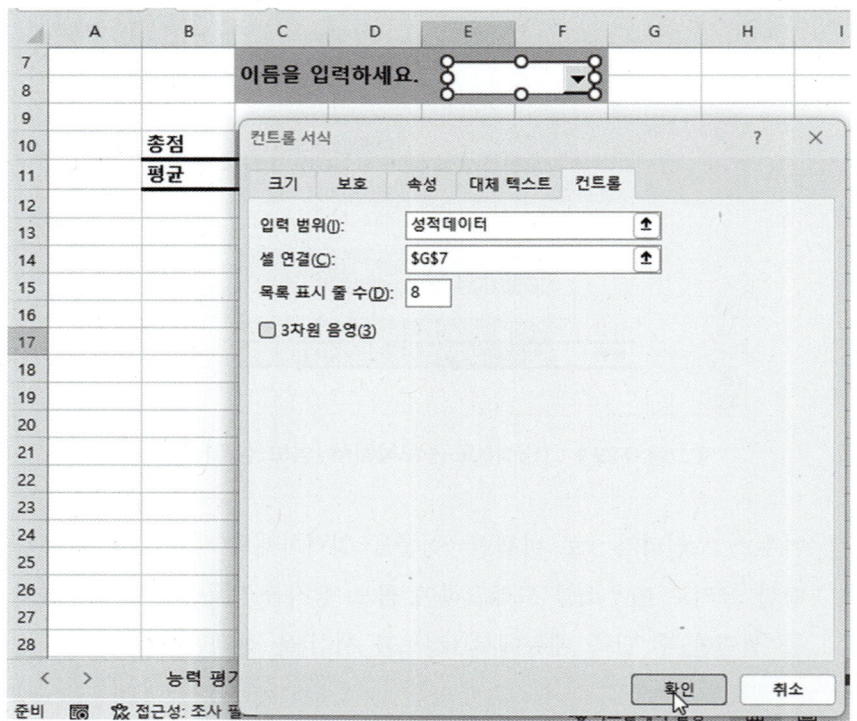

그림 9-31 콤보 상자 데이터 연결

⑥ 콤보 상자의 화살표를 클릭하면 성적 데이터의 학생들의 이름이 나타나며 임의의 학생의 이름을 선택하면 [셀 연결] 셀인 G7 셀에 성적 데이터 목록의 해당 학생의 데이터가 들어있는 행의 위치가 나타남을 알 수 있다.

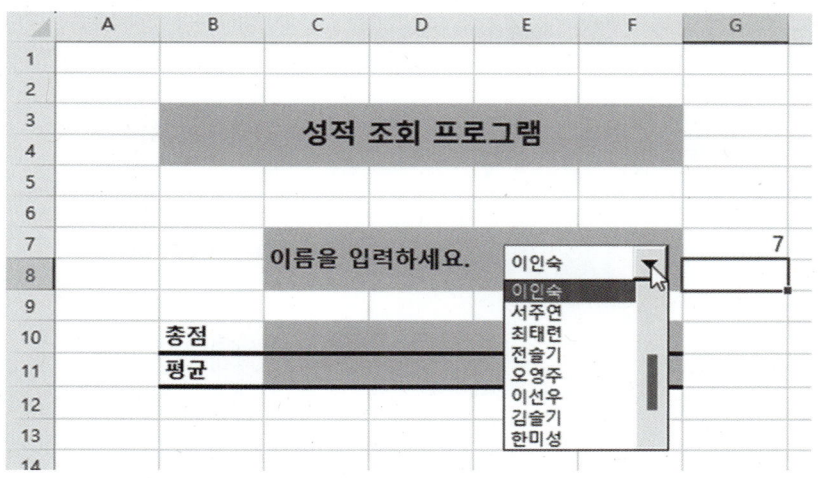

| 그림 9-32 | 학생의 이름과 연결된 콤보 상자

⑦ 콤보 상자에서 임의의 학생의 이름을 선택하면 [셀 연결] 셀인 G7 셀에 성적 데이터 목록의 해당 학생의 데이터가 들어있는 행의 위치가 나타남을 알 수 있다.

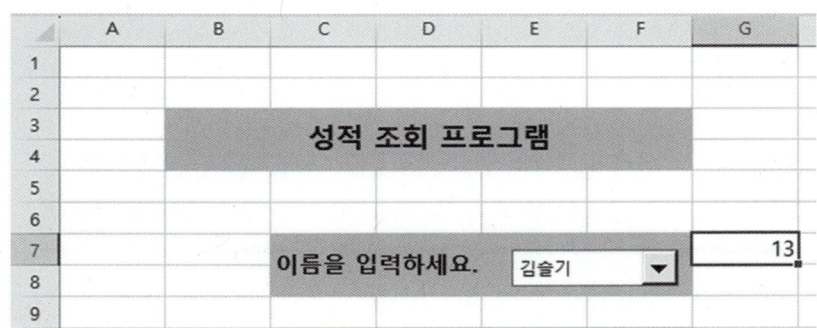

| 그림 9-33 | G7 셀에 나타난 학생 데이터의 행의 위치

⑧ 콤보 상자에서 학생의 이름을 선택하면 해당 학생의 각 항목의 데이터를 표시하도록 함수를 작성해보자. 해당 학생의 "총점"이 조회될 C10 셀을 선택하고 함수 마법사에서 INDEX 함수를 수행하여 다음과 같이 작성하고 [확인] 버튼을 선택한다.

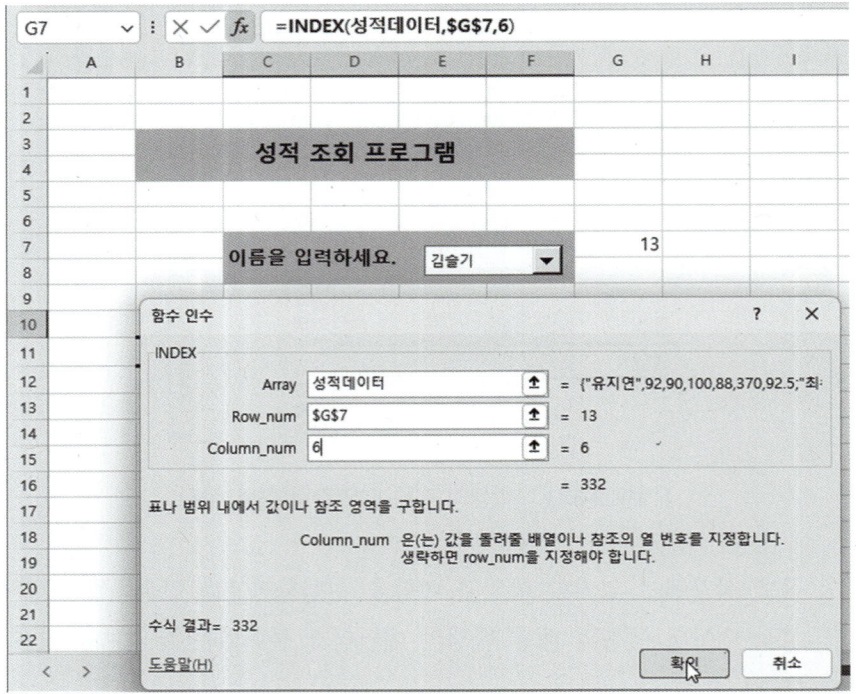

| 그림 9-34 | 학과 조회를 위한 INDEX 함수 작성

⑨ 동일한 방법으로 INDEX 함수를 사용해 다음의 셀들도 완성한다.

| 총점 | =INDEX(성적데이터,$G$7,6) |
| 평균 | =INDEX(성적데이터,$G$7,7) |

| 그림 9-35 | 관련 정보 조회를 위한 INDEX 함수 작성

⑩ G7 셀은 INDEX 함수의 행 번호를 위한 셀이다. 성적의 조회 시 나타날 필요가 없으므로 G열은 열 숨기기를 하여 표시하지 않는다.
⑪ 콤보 상자에서 학생 이름을 선택하면 학생의 성적 데이터가 조회되어 표시된다.

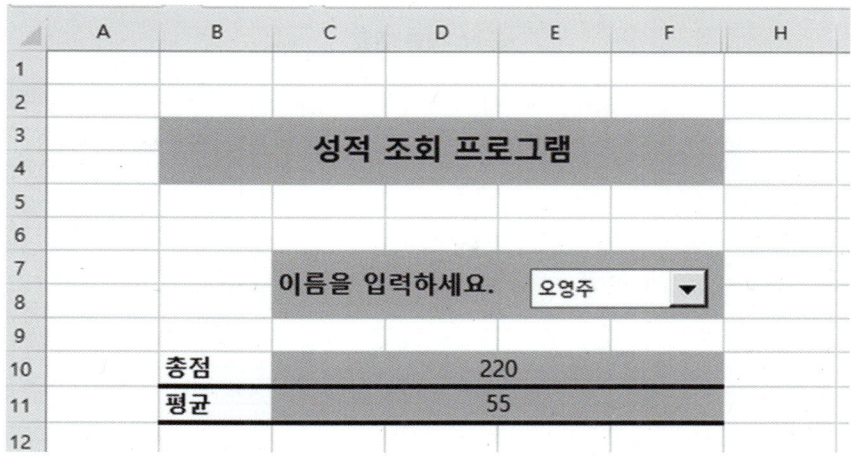

│그림 9-36│ 학생 이름으로 조회한 결과 화면

확인하기   [PC 매출 현황] 고급 필터 매크로 작성하기/[글자 반전] 매크로 작성하기

■ **[PC 매출 현황] 고급 필터 매크로 작성하기**

8장 확인하기의 [PC 매출 현황] 시트의 고급필터를 매크로로 작성해 보자.

[고급필터실행] 단추와 [고급필터삭제] 단추를 만들고, 각각에 고급 필터를 하는 매크로와 필터 결과를 지우는 매크로를 지정한다. [고급필터실행] 단추를 누르면 고급 필터 결과가 화면에 표시되고, [고급필터삭제] 단추를 누르면 필터 결과가 화면에서 삭제되어 초기화면 상태로 되돌아간다.

PC 매출 현황

일자	모델명	제조사	분류	수량	매출액	이익금	비고
2021-06-05	TM-K27C3	LENOVO	태블릿PC	7	₩ 6,230,000	₩ 1,059,100	
2022-12-02	DBGU8-71	LG전자	데스크탑	14	₩ 18,900,000	₩ 3,213,000	
2023-10-05	NHKQ-182	한성컴퓨터	노트북	22	₩ 21,714,000	₩ 3,691,380	대량구매
2022-02-01	NKG-01M2	애플	노트북	9	₩ 16,740,000	₩ 2,176,200	
2024-04-02	TLQ-H27C3	HP	태블릿PC	4	₩ 6,216,000	₩ 808,080	소량구매
2023-05-07	TM-K27C3	LENOVO	태블릿PC	18	₩ 16,020,000	₩ 2,082,600	
2022-06-05	DBGU8-71	LG전자	데스크탑	15	₩ 20,250,000	₩ 3,442,500	
2021-10-05	DSFX-031	삼성전자	데스크탑	9	₩ 11,160,000	₩ 1,897,200	
2024-01-09	TLQ-H27C3	HP	태블릿PC	26	₩ 40,404,000	₩ 5,252,520	대량구매
2021-05-19	NHKQ-182	한성컴퓨터	노트북	30	₩ 29,610,000	₩ 3,849,300	대량구매
2024-02-05	NKG-01M2	애플	노트북	9	₩ 16,740,000	₩ 2,176,200	
2021-01-09	TLQ-H27C3	HP	태블릿PC	3	₩ 4,662,000	₩ 606,060	소량구매
2023-11-08	DSFX-031	삼성전자	데스크탑	13	₩ 16,120,000	₩ 2,740,400	
2022-07-09	TM-K27C3	LENOVO	태블릿PC	32	₩ 28,480,000	₩ 4,841,600	대량구매
2022-04-11	NKG-01M2	애플	노트북	23	₩ 42,780,000	₩ 5,561,400	대량구매
2021-03-24	DSFX-031	삼성전자	데스크탑	7	₩ 8,680,000	₩ 1,128,400	

제조사	LENOVO	한성컴퓨터	삼성전자	LG전자	HP	애플
가격	890,000	987,000	1,240,000	1,350,000	1,554,000	1,860,000

분류	수량	이익금
노트북	>=30	
데스크탑		>=3000000

[고급필터실행] [고급필터삭제]

│그림 9-37│ [PC 매출 현황] 초기 및 고급필터삭제 매크로 실행 화면

2021-05-19	NHKQ-182	한성컴퓨터	노트북	30	₩ 29,610,000	₩ 3,849,300	대량
2024-02-05	NKG-01M2	애플	노트북	9	₩ 16,740,000	₩ 2,176,200	
2021-01-09	TLQ-H27C3	HP	태블릿PC	3	₩ 4,662,000	₩ 606,060	소량
2023-11-08	DSFX-031	삼성전자	데스크탑	13	₩ 16,120,000	₩ 2,740,400	
2022-07-09	TM-K27C3	LENOVO	태블릿PC	32	₩ 28,480,000	₩ 4,841,600	대량
2022-04-11	NKG-01M2	애플	노트북	23	₩ 42,780,000	₩ 5,561,400	대량
2021-03-24	DSFX-031	삼성전자	데스크탑	7	₩ 8,680,000	₩ 1,128,400	

제조사	LENOVO	한성컴퓨터	삼성전자	LG전자	HP	애플
가격	890,000	987,000	1,240,000	1,350,000	1,554,000	1,860,000

분류	수량	이익금
노트북	>=30	
데스크탑		>=3000000

[고급필터실행] [고급필터삭제]

모델명	제조사	매출액	이익금
DBGU8-71	LG전자	₩ 18,900,000	₩ 3,213,000
DBGU8-71	LG전자	₩ 20,250,000	₩ 3,442,500
NHKQ-182	한성컴퓨터	₩ 29,610,000	₩ 3,849,300

│그림 9-38│ [PC 매출 현황] 고급필터실행 매크로 결과 화면

POINT

① 매크로는 고급필터를 실행하는 매크로와 고급필터 결과를 삭제하는 두 개를 작성한다.
  – 매크로 1: 매크로 이름은 "고급필터하기", 단축키는 CTRL+q로 한다.
  – 매크로 2: 매크로 이름은 "필터결과지우기", 단축키는 CTRL+w로 한다.

② 도형을 이용하여 [고급필터실행] 단추와 [고급필터삭제] 단추를 만들고, 각각에 고급 필터를 하는 매크로와 필터 결과를 지우는 매크로를 지정하여 실행한다.

③ 작성된 통합문서를 "고급필터매크로.xlsm"으로 저장한다.

■ [글자 반전] 매크로 작성하기

8장 확인하기에서 작성한 데이터 통합 결과 시트를 이용하여 임의로 선택한 셀의 글자가 반전되도록 서식을 적용하는 매크로를 작성하고, 다시 원래 서식으로 되돌리는 매크로를 작성한다. 글자반전은 셀 채우기를 검정색으로 채우고, 글꼴을 흰색의 굵게로 바꾸는 것을 의미한다.

	A	B	C	D	E	F	G	H	I	J	K
3	서울					대전					
4	이름	직업	필기시험	실기시험		이름	직업	필기시험	실기시험		
5	유건호	공무원	80	70		이준영	회사원	80	70		
6	최미성	회사원	50	60		서민수	주부	90	90		
7	남수희	교사	70	70		최태성	군인	80	90		
8	배미란	학생	80	75		전혜린	학생	70	70		
9	하림이	교사	50	60		오선우	회사원	80	70		
10	김수란	주부	45	55		이슬기	교사	90	80		
11											
12											
13	부산					전국					
14	이름	직업	필기시험	실기시험			필기시험	실기시험			
15	한성주	학생	90	100		공무원	82.5	72.5			
16	박혜진	학생	50	80		회사원	75	62.5			
17	김덕진	회사원	90	50		교사	70	70			
18	이소라	주부	95	82		군인	85	75			
19	김민희	군인	90	60		학생	72.5	81.25			
20	정수용	공무원	85	75		주부	76.66667	75.66667			
21											
22											
23		글자반전하기				글자원래대로					
24											

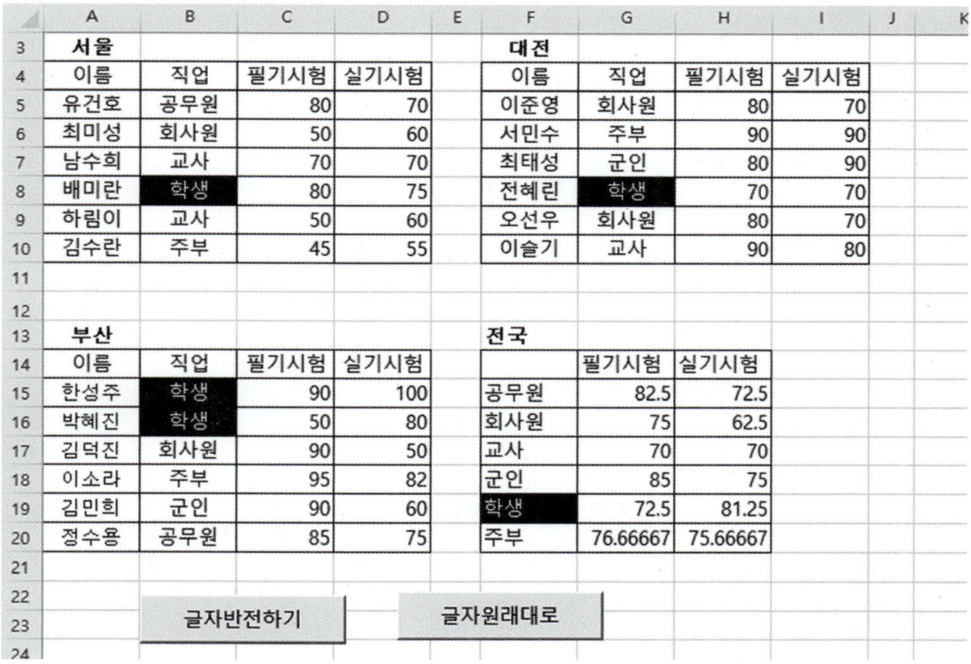

| 그림 9-39 | 글자반전하기/글자원래대로 매크로 작성

> **POINT**
> ① 글자를 반전하는 매크로와 글자를 원래대로 되돌리는 매크로 두 개를 작성한다.
>   – 매크로 1: 매크로 이름은 "글자반전하기", 단축키는 CTRL+r로 한다.
>   – 매크로 2: 매크로 이름은 "글자원래대로", 단축키는 CTRL+b로 한다.
> ② 양식컨트롤의 단추를 이용하여 [글자반전하기] 단추와 [글자원래대로] 단추를 만들고, 해당 매크로가 실행되도록 지정한다.
> ③ 직업이 학생인 모든 셀을 선택한 후, [글자반전하기] 단추를 클릭하여 글자 반전 매크로를 실행해본다. 반전된 임의의 셀을 선택한 후, [글자원래대로] 단추를 클릭하면 글자원래대로 매크로가 실행되어 원래 상태로 되돌아간다.